Sandra Landhäußer

Communityorientierung in der Sozialen Arbeit

Sozialraumforschung und Sozialraumarbeit
Band 2

Herausgegeben von
Fabian Kessl
Christian Reutlinger

Sozialraumforschung und Sozialraumarbeit finden ihren Ausgangspunkt in der konstitutiven Gleichzeitigkeit von sozialer Konstruktion und Wirkmächtigkeit (vor)herrschender Raumordnungen. Letztere prägen Prozesse der Raumkonstitution ohne soziale Praktiken vollständig zu determinieren. Raumordnungen sind wiederum das Ergebnis dieser sozialen Praktiken und insofern nicht über-historisch, das heißt keine natürlich bereits vorgegebenen Handlungseinheiten. Räume sind immer Sozial-Räume.
In der Sozialraumforschung steht die Analyse dieser Sozialräume im Zentrum des Interesses. Studien zur Sozialraumforschung untersuchen die spezifischen historischen Ordnungen des Räumlichen als Ergebnis politischer Kämpfe, die diese wiederum prägen.
Sozialraumarbeit ist die professionelle Arbeit an und mit diesen Sozialräumen. Ihren Ausgangspunkt sucht die Sozialraumarbeit deshalb nicht innerhalb spezifischer Territorien, sondern an den konkreten, aber heterogenen und dynamischen Orten und dem Zusammenspiel der unterschiedlichen Aktivitäten, die Räume (re-)konstruieren.

Sandra Landhäußer

Community-orientierung in der Sozialen Arbeit

Die Aktivierung
von sozialem Kapital

VS VERLAG FÜR SOZIALWISSENSCHAFTEN

Bibliografische Information der Deutschen Nationalbibliothek
Die Deutsche Nationalbibliothek verzeichnet diese Publikation in der
Deutschen Nationalbibliografie; detaillierte bibliografische Daten sind im Internet über
<http://dnb.d-nb.de> abrufbar.

Die vorliegende Arbeit wurde 2007 unter dem Titel „Nachbarschaft, Gemeinwesen und Sozialraum – Communityorientierung in der Sozialen Arbeit" an der Fakultät für Erziehungswissen-
schaft der Universität Bielefeld als Dissertation angenommen.

1. Auflage 2009

Alle Rechte vorbehalten
© VS Verlag für Sozialwissenschaften | GWV Fachverlage GmbH, Wiesbaden 2009

Lektorat: Monika Mülhausen

VS Verlag für Sozialwissenschaften ist Teil der Fachverlagsgruppe
Springer Science+Business Media.
www.vs-verlag.de

Umschlaggestaltung: KünkelLopka Medienentwicklung, Heidelberg
Druck und buchbinderische Verarbeitung: Krips b.v., Meppel
Gedruckt auf säurefreiem und chlorfrei gebleichtem Papier
Printed in the Netherlands

ISBN 978-3-531-16138-9

Inhalt

Abbildungsverzeichnis

Tabellenverzeichnis

Vorwort

Soziale Arbeit steht am Anfang des 21. Jahrhunderts in der grundlegenden Transformationsdynamik der sich verändernden wohlfahrtsstaatlichen Arrangements. Der nationalstaatliche Rahmen, der auch für die Implementierung und Etablierung der professionellen Sozialen Arbeit den primären Integrationskontext markiert hat, diffundiert zwar keineswegs als solcher, wird aber in seiner quasi selbstverständlichen Verkopplung zum wohlfahrtsstaatlichen Integrationsraum brüchig. In welchen Formaten sich die damit aktuell ausbildende postwohlfahrtsstaatliche Soziale Arbeit realisiert, ist daher eine höchst relevante Forschungsfrage für die Wissenschaft Sozialer Arbeit. Sandra Landhäußer bearbeitet diese Frage in der vorliegenden Studie *Communityorientierung in der Sozialen Arbeit: die Aktivierung von sozialem Kapital* aus einer sozialraumforscherischen Perspektive.

Das – semantische und konzeptionelle – Comeback der Communityorientierung, die bereits im Kontext der Settlementbewegungen um die vorvergangene Jahrhundertwende und den gemeinwesenbezogenen Programmen seit den 1960er Jahren im deutschsprachigen Kontext das prägende Leitbild einer reformerischen und explizit sozialpolitisch ausgerichteten Sozialen Arbeit war, lässt sich seit Anfang der 1990er Jahre in der sozialraumorientierten Reorganisation und Reprogrammierung der Sozialen Arbeit beobachten. Die sozialraumorientierte Neujustierung ist seither zu dem zentralen Leitbild der Modernisierung der bisherigen, wohlfahrtsstaatlich verfassten Sozialen Arbeit geworden. Sozialraumorientierung scheint also eine der zentralen Streben im Gefüge der post-wohlfahrtsstaatlichen Sozialen Arbeit zu werden.

Mit ihrer Studie bietet Sandra Landhäußer eine zweifache Systematisierung dieser Entwicklung an: Im ersten Teil rekonstruiert die Autorin die Genealogie eines zentralen Strangs der aktuell dominanten Rede vom Sozialraum in detaillierter Weise, nämlich die Rede von der Communityorientierung. Diese genealogische Skizze dient ihr als systematische Basis zu einer empirischen Überprüfung der zentralen Strategie der neuen Communityorientierung im zweiten Teil der Arbeit: der Annahme, das soziale Kapital der BewohnerInnen, insbesondere so genannter benachteiligter Stadtteile, müsse durch eine sozialraumorientierte Soziale Arbeit aktiviert werden.

In ihrer genealogischen Rekonstruktion zeigt Sandra Landhäußer die unterschiedlichen relevanten Entwicklungslinien von Communityorientierung als typisches Moment Sozialer Arbeit im wohlfahrtsstaatlichen Arrangement in einer bisher nicht da gewesenen Gründlichkeit auf. Dazu kontextualisiert sie unterschiedlich parallel stattfindende Diskussionen sowohl historisch als auch sozialstrukturell. Als erstes Moment stellt die Autorin dabei die Communityorientierung in ihrem früh-wohlfahrtsstaatlichen Format der Settlementarbeit in Großbritannien und den USA seit Ende des 19. Jahrhunderts dar. Daran anschließend systematisiert Sandra Landhäußer die gemeinwesenarbeiterischen Programme als Format der Kritik etablierter wohlfahrtsstaatlicher Strukturen in dessen Hochphase seit den 1960er und 70er Jahren. Und schließlich nimmt sie die Communityorientierung, wie sie sich aktuell in den sozialraumorientierten Programmen ausprägt, als Format einer sich post-wohlfahrtsstaatlich transformierenden Sozialen Arbeit in den Blick. Die Stärke dieser Rekonstruktion liegt nicht in der historiografischen Einordnung, sondern in einer genealogischen Aufklärungskraft, die damit für die aktuellen Diskussionen nutzbar gemacht wird – und deren Potenzial die Autorin im zweiten Teil selbst verdeutlicht, in dem sie die rekonstruierten genealogischen Entwicklungslinien als Deutungsfolie zur Interpretation ihres empirischen Datenkorpus nutzt.

Ein zentraler Begründungsstrang der Notwendigkeit einer sozialraumorientierten Neujustierung Sozialer Arbeit ankert in der ordnungspolitischen Annahme, die bundesdeutsche Gesellschaft unterliege einer immer stärkeren räumlichen Segregation, weshalb die Verbesserung materieller und immaterieller Lebensbedingungen innerhalb der jeweiligen betroffenen Wohnbevölkerung zur sozialpolitischen Kernaufgabe geworden sei. Eine solche Verbesserung sozialer Lebensverhältnisse sei sozialpädagogisch am effektivsten dadurch zu unterstützen, dass die Ressourcen und Potenziale innerhalb dieser BewohnerInnengruppen aktiviert werden – Ressourcen und Potenziale, die vor allem in den häufig ungenutzten Beziehungsstrukturen der BewohnerInnen, also deren (kollektivem) sozialem Kapital lagerten. Diesen unterstellten Zusammenhang überprüft Sandra Landhäußer in ihrer Studie auf Basis eines Sozialkapitalsurveys empirisch. Die Pointe des DFG-Forschungsprojektes *Räumlichkeit und soziales Kapital in der Sozialen Arbeit*, in dessen Rahmen die Autorin diese Surveydaten erhoben hat, war, die zu befragende Segregationsdiagnose an den Ausgangspunkt der Untersuchung zu stellen. Dazu wurde ein kommunal-administrativ als „besonders benachteiligter" Stadtteil einer mittelgroßen bundesdeutschen Stadt als Untersuchungsraum ausgewählt. Die Beziehungsnetzwerke und die damit verbundenen sozialräumlichen Praktiken der dortigen Wohnbevölkerung standen im Mittelpunkt des Untersuchungsinteresses und wurden deshalb in Form eines Sozialkapital-Surveys erhoben. Mit der vorliegenden Studie werden diese, für die deutschsprachige Wissenschaft Sozialer Arbeit bisher einmaligen Daten, nun umfassend zugänglich. Die Autorin macht dabei – in Korrespondenz zu maßgeblichen Untersuchungen aus der deutschsprachigen wie internationalen Stadtforschung – sehr deutlich, dass der unterstellte Quartierseffekt gegenüber dem Lageeffekt hinsichtlich der Beziehungsressourcen, über die die BewohnerInnen verfügen, und in Bezug auf damit verbundene Zugänge empirisch nicht signifikant ist. Die Reichweite dieser Erkenntnis ist immens, da damit die grundlegend ordnungspolitische Annahme der sozialraumorientierten Sozialen Arbeit selbst ins Schwanken gerät. Außerdem kann Sandra Landhäußer auf Basis der empirischen Daten einsichtig machen, dass der Stigmatisierungseffekt von Menschen, welche in den als „benachteiligt" identifizierten Wohnarealen leben, nicht nur immens ist, sondern auch die Gefahr besteht, dass er sich durch die sozialpädagogische und sozialarbeiterische Intervention noch weiter verstärkt. Auch dieser Befund stellt die Weiterentwicklung der sozialraumbezogenen Sozialen Arbeit vor die Aufgabe einer durchaus grundlegenden kritisch-reflexiven Überprüfung ihrer bisherigen konzeptionellen Vorannahmen. Die vorliegende Studie bietet, so lässt sich zusammenfassend sagen, eine höchst fundierte und dringend erforderliche Analyse der aktuellen Reden vom Raum und der damit verbundenen Neuordnungen des Räumlichen aus Sicht der Sozialen Arbeit an.

Wir freuen uns daher sehr, dass Sandra Landhäußer mit ihrer Studie nicht nur die erste Monografie zur Sozialraumforschung in der neuen VS-Reihe *Sozialraumforschung und Sozialraumarbeit* vorlegt, sondern zugleich eine kritisch-aufklärende Arbeit für die reflexive und kritische Weiterentwicklung eines zentralen Leitbilds der sich aktuell ausbildenden post-wohlfahrtsstaatlichen Sozialen Arbeit. Eine breite Rezeption ist dieser Studie daher sehr zu wünschen.

Essen und Rorschach im Oktober 2008
Fabian Kessl & Christian Reutlinger

1. Einleitung

Soziale Arbeit orientiert sich gegenwärtig scheinbar selbstverständlich am sozialen Raum von AkteurInnen. Auf den ersten Blick klingt dies nicht allzu verwunderlich, knüpft sie doch damit an ältere Traditionen communityorientierter Ansätze an. Und auch dass Soziale Arbeit mit den sozialen Beziehungen von Menschen befasst ist, scheint nahezu trivial, mehr oder weniger neu ist in diesem Zusammenhang die explizite Thematisierung mit Hilfe einer Raummetapher. Darüber hinaus rückt der lokale, soziale Raum von AkteurInnen derzeit in den Vordergrund der öffentlichen Aufmerksamkeit. So wird etwa die Entstehung einer „neuen Unterschicht" in Verbindung mit ihrem gemeinsamen Wohnen in spezifischen Stadtteilen problematisiert. Als wesentliches Problem gerät dabei ihre Exklusion und Segregation ins Blickfeld: Angehörige der Unterschicht seien von der „Mehrheitsgesellschaft" ausgeschlossen und würden ihre Kinder in eine abweichende Kultur ein sozialisieren. Aktuelle politische Programme greifen diese Form der Thematisierung auf, wie das Bund-Länder-Programm „Stadtteile mit besonderem Entwicklungsbedarf – die soziale Stadt" sowie das daran angelehnte Programm „Entwicklung und Chancen junger Menschen in sozialen Brennpunkten" (E&C).

Der nachteilige Effekt des Wohnens in spezifischen Stadtteilen wird im Rahmen solcher Problematisierungen häufig implizit unterstellt bzw. als bestätigt vorausgesetzt (vgl. u.a. Häußermann 2003). Vor diesem Hintergrund bestünde eine Lösung im Sinne des Abbaus von Benachteiligung darin, Menschen zum Umziehen in bessere Wohngebiete zu animieren wie es das „Moving to Opportunity experiment (MTO)" in einigen US-amerikanischen Städten von 1994 bis 1997 zum Ziel hatte. Eine andere Möglichkeit der Lösung wäre die Verbesserung der Bedingungen in diesen benachteiligenden Stadtteilen. Die Effekte solcher Maßnahmen sind in Ansätzen für den US-amerikanischen Bereich erforscht. Obgleich diese Befunde aufgrund der sozialstaatlichen und gesellschaftlichen Unterschiede zwischen den USA und der Bundesrepublik nicht unmittelbar übertragbar sind, machen diese Studien jedoch deutlich wie heterogen die empirischen Befunde sind bzw. welche Effekte unterschiedliche Wohngebiete auf unterschiedliche BewohnerInnen(gruppen) haben können. So werden beispielsweise auf der einen Seite langfristige Verbesserungen der ökonomischen Situation von afro- und lateinamerikanischen Familien durch Umzüge in Wohngebiete mit niedrigeren Armutsraten nachgewiesen (vgl. Timberlake 2007). Auf der anderen

Seite zeigen sich in einer über 17 Jahre andauernden Mortalitätsverlaufsuntersu-
chung quasi gegenteilige Effekte. Gegenstand der Untersuchung bildeten 8200
Befragte aus 4 kalifornischen Städten. Die Todesrate von Frauen mit geringem
Einkommen in bessergestellten Nachbarschaften war um 70% höher als bei
wohlhabenderen Frauen des gleichen Wohngebiets und um 60% höher als bei
ärmeren Frauen, die in Nachbarschaften mit hohen Armutsraten wohnen. Für
Männer war der Trend ähnlich, allerdings nicht ganz so stark. Als mögliche Er-
klärung der Unterschiede zwischen Einkommen und Wohngebiet wurden sowohl
ökonomische Faktoren, wie der schwerere Zugang zu kostenfreier medizinischer
Versorgung und sozialen Diensten, herangezogen, als auch soziale und psychologische Einflüsse (vgl. Winkleby/Cubbin/Ahn 2006).

Greift man die Hinweise aus diesen beiden Studien auf, so wäre zumindest
eine verkürzte Strategie der Motivation von ärmeren AkteurInnen zum Wegzug
aus schlechteren Wohngebieten ambivalent zu betrachten, nicht allerdings die
Verbesserung der Wohnbedingungen in diesen „benachteiligenden" Wohngebieten. Bezüglich der Lebenssituation von benachteiligten AkteurInnen bliebe dieser Vorgehensweise allerdings mit Blick auf die zweite Studie die Gefahr inhärent, dass damit die möglicherweise schlechtere Situation von ärmeren Personen
in besseren Wohngebieten aus dem Blick gerät. „Moreover, the study highlights
the needs of a population that may be overlooked and underserved by government agencies and health workers. ,There's a group of people really at risk that
we're not even thinking about.'" (Stanford School of Medicine 2006[1]) In jedem
Fall bliebe aber noch die Richtung einer Verbesserung der Lebensbedingungen
stattfinden ungewiss.

Für eine Bearbeitung der *sozialen* Bedingungen und Zusammenhänge u.a.
in Stadtteilen ist insbesondere Soziale Arbeit verantwortlich. Der moderne
Wohlfahrtsstaat im Ganzen kann dabei als „gesellschaftliche Integrationsinstanz"
(Lahusen/Stark 2003: 353) gelten, die versucht, kollektiv verursachten Risiken
entgegenzuarbeiten und soziale Sicherheiten herzustellen. Soziale Arbeit verkörpert in diesem Zusammenhang einen „Teil des institutionalisierten Versprechens
sozialer Integration" (Kessl 2005: 213). In den gegenwärtigen Debatten um die
(Neu)Justierung Sozialer Arbeit gewinnt die Solidarität in der lokalen, nahräum-
lichen Community an Bedeutung. In ihr soll das gesellschaftliche Integrations-
versprechen eingelöst werden. Deshalb rücken Begriffe wie lokale Solidarität,
Zusammenhalt, Inklusion und gemeinsam geteilte Normen und Werte stärker ins
Zentrum des Interesses. Elementare gesellschaftliche Probleme werden vor diesem Hintergrund in Gegenbegriffen zu nahräumlicher Integration, nämlich als

---

1   URL: http://med.stanford.edu/news_releases/2006/october/neighborhood.html; 1.9.2007

Desintegration, Individualisierung oder beispielsweise Anomie beschrieben. Diese Art und Weise der Problematisierung ist nicht neu:

> Concerns with neighbourhood, community and social cohesion have a long history in social policy and sociology. Indeed, it was these issues which were at the core of sociology in the first half of the 20th century. The rampant urbanisation of this period was seen to be producing a social order in which the traditional ties of community – shared space, close kinship links, shared religious and moral values – were being replaced by anonymity, individualism and competition (Forrest/Kearns 2001: 2125).

Für die Sozialpädagogik ist eine Bezugnahme auf soziale Beziehungen allgemein zentraler Bestandteil ihres Grundverständnisses. Joachim Henseler (2000: 9) bestimmt sie etwa als „die Wissenschaft, die das Soziale in der Pädagogik thematisiert. Sie problematisierte in ihren Anfängen den Verlust des sozialen Haltes des zur Individualisierung gezwungenen Menschen". Demzufolge lässt sich soziale Integration durch die Community als eine der elementaren Aufgaben sozialpädagogischen Handelns verstehen (vgl. Böllert 2001: 645ff.). Im aktuellen politischen und wissenschaftlichen Diskurs wird für diese Integration über die nahräumliche Community verstärkt der Begriff des (kollektiven) Sozialkapitals verwendet. Seine Förderung wird insbesondere dort als notwendig erklärt, wo der Niedergang von sozialem Kapital von verschiedenen Seiten beklagt wird. Prominentes Beispiel stellt der US-amerikanische Politikwissenschaftler Robert D. Putnam (1995) dar, der mit seinem Aufsatz „Bowling alone – America's declining social capital" internationale Aufmerksamkeit erfährt (für eine umfassende Kritik hierzu vgl. Helmbrecht 2005). Das große Interesse an dieser analytischen Kategorie lässt sich in einen Zusammenhang mit einer Neugestaltung der Rolle des (Sozial-)Staates stellen, der sich nun vermehrt am aktivierenden Paradigma ausrichtet und sich aus der Leistungsanbietung zurückzieht. Als Gewährleistungsstaat wird die Lücke, die der Staat durch seinen Rückzug hinterlässt, mit Hilfe der Aktivierung von Eigenverantwortung und bürgerschaftlichem Engagement geschlossen (vgl. Dahme et al. 2003). Insofern rückt auch die *Aktivierung* von Sozialkapital ins Zentrum und die Soziale Arbeit als Akteurin in den Vordergrund.

Angesichts dieser aktuellen Verschiebungen und neuen Herausforderungen ist Soziale Arbeit dringend gefordert, ihre Position in diesem Geschehen zu reflektieren und sich ihre historischen Grundlagen diesbezüglich zu vergegenwärtigen. Vor diesem Hintergrund widmet sich die vorliegende Untersuchung zwei Fragestellungen, die auf eine historische Selbstvergewisserung und eine empirische Überprüfung zentraler Deutungselemente in der communityorientierten Sozialen Arbeit abzielen:

1. Welche Entwicklungen von Communityorientierung lassen sich in der Sozialen Arbeit historisch rekonstruieren, und zwar am Beispiel der Settlementarbeit, der Gemeinwesenarbeit und der sozialraumorientierten Sozialen Arbeit?
2. Wie lässt sich die zugrunde liegende Programmatik im Rahmen von Communityorientierung auf der Basis empirischer Daten auf ihre Plausibilität
   hin einschätzen?

Communityorientierung rekurriert auf ein äußerst weitläufiges Feld, welches
unter zahlreichen Facetten beleuchtet werden kann. In der vorliegenden Arbeit
ist der Fokus auf die soziale Ebene gerichtet. Auf diese Weise stehen – bezogen
auf das Thema der Communityorientierung – Prozesse zwischen den Personen,
die einen Sozialraum konstituieren, so etwa zwischen den BewohnerInnen eines
Stadtteils, im Zentrum. Hieraus ergibt sich folgender Aufbau:

Im nächsten, dem zweiten Kapitel, wird ein Einblick in den gesellschaftlichen Entstehungskontext von Communityorientierung im 19. Jahrhundert gegeben. Hierbei werden zwei wesentliche gesellschaftliche Transformationen betrachtet und ihre Auswirkungen auf die sozialwissenschaftliche Theoriebildung
mit Blick auf die Frage nach der sozialen Ordnung skizziert: erstens, die in Industrialisierungsprozesse eingebettete Arbeitsteilung, zweitens, die zunehmende
Urbanisierung. Des Weiteren wird im 19. Jahrhundert die ,Entdeckung' eines
gesellschaftlich gestaltbaren Großraums, des „Sozialen", gemacht, der die Basis
für die Einrichtung eines wohlfahrtsstaatlichen Arrangements und damit auch für
die Soziale Arbeit legte.

Im dritten Kapitel findet – im Rahmen einer historischen Betrachtung – eine
Rekonstruktion der elementaren Ansätze von Communityorientierung in der
Sozialen Arbeit statt: die Settlementarbeit sowie die Gemeinwesenarbeit bzw.
-orientierung inklusive ihrer Weiterentwicklung zur stadtteilbezogenen Sozialen
Arbeit und dem Quartiersmanagement. Außerdem wird die aktuell dominierende
Form von Communityorientierung, die sozialraumorientierte Soziale Arbeit,
eingehender beleuchtet. Hierbei werden insbesondere der gesellschaftliche Entstehungskontext der Ansätze, die zugrunde liegende Problembeschreibung sowie
die angebotenen Lösungsstrategien detailliert dargestellt. In einem Resümee über
die Analyse der verschiedenen Formen von Communityorientierung bleiben –
ungeachtet der vielgestaltigen Unterschiede und facettenreichen Gemeinsamkeiten zwischen den Ansätzen – einige zentrale Aspekte auf den Ebenen der Problemdiagnose, der Zielformulierung sowie der ausgearbeiteten Maßnahmen gemeinsam: die sozial(räumlich)e Segregation und die Aktivierung sozialen Kapitals. Diese grundlegenden Elemente von Communityorientierung werden im
vierten Kapitel mit empirischen Daten konfrontiert und diskutiert. Die Daten

entstammen dem an der Universität Bielefeld durchgeführten Forschungsprojekt „Räumlichkeit und soziales Kapital in der Sozialen Arbeit. Zur Governance des sozialen Raums". Das vierte Kapitel unterteilt sich in zwei Unterkapitel: Im ersten Teil (4.1) wird die Grundannahme der sozial(räumlich)en) Segregation näher betrachtet. Anschließend (4.2) findet eine empirische Analyse von Strategien der Aktivierung sozialen Kapitals statt. Diese werden in Bezug auf ihre interne und wechselseitige Stimmigkeit befragt: so die Strategie der Solidarisierung, der Informalisierung und der Individualisierung. Vor dem Hintergrund der empirischen Ergebnisse, die Widersprüchlichkeiten und Fallstricke im Vorgehen der Aktivierung von sozialem Kapital und der Problematisierung von sozial(räumlich)er Segregation aufzeigen, folgt im fünften und letzten Kapitel ein Gesamtresümee. Darin werden die gesellschaftlichen Probleme, die im Rahmen aktuell dominanter, communityorientierter Maßnahmen ins Zentrum rücken, im Kontext des Exklusions- und Unterschichts- sowie des soziologischen Desintegrationsdiskurses verortet. Städtische Probleme werden im Rahmen eines kollektiven Fokus auf Desintegration als Mangel an sozialer Kohäsion redefiniert. Das politisch herzustellende Ziel lautet dann Integration bzw. Inklusion. Aufgrund der Fallstricke und Widersprüchlichkeiten in einer solchen Basis für Soziale Arbeit werden abschließend Ansätze favorisiert, die *soziale Gerechtigkeit* ins Zentrum stellen. In dieser Perspektive ginge es Sozialer Arbeit als *professioneller* Dienstleistung darum, durch die *individuelle* Erweiterung von Handlungsbefähigungen einen Beitrag zur Reduzierung sozialer Ungleichheit und zu den sozialen Bedingungen von Demokratie zu leisten.

2. Soziale Entwicklungen im 19. Jahrhundert und ihre Konsequenzen für die sozialwissenschaftliche Theoriebildung

Vor dem Hintergrund der Etablierung der Sozialwissenschaften als separatem wissenschaftlichem Zweig wird im 19. Jahrhundert verstärkt die Frage nach der sozialen Ordnung, nach den möglichen Bedingungen von Gesellschaft gestellt. Die ‚Entdeckung' eines eigenständigen, gesellschaftlichen Gegenstandes, der gewissen Gesetzmäßigkeiten unterliegt und deshalb systematisch erforscht werden kann, verkörpert gar den Ausgangspunkt für die Ausbildung der Sozialwissenschaften allgemein und der Soziologie im Speziellen (vgl. Kessl/Ziegler 2007). Mit der Gesellschaft als ihrem zentralen Gegenstand versuchen unterschiedliche Autoren eine Antwort auf die Fragen nach den Voraussetzungen und Gegebenheiten gesellschaftlichen Zusammenlebens zu finden. So formuliert etwa Georg Simmel (1858-1918) in einem Aufsatztitel die für die Soziologie klassische Fragestellung: „Wie ist Gesellschaft möglich?" (1908/1995). Insgesamt geben und gaben verschiedene Theorien aus unterschiedlichen Perspektiven und mit verschiedenen Schwerpunkten Antworten auf diese Herausforderung. So nehmen Staatstheoretiker, wie Thomas Hobbes (1588-1679) in seinem Leviathan (1651), bereits vor dem 19. Jahrhundert das Zustandekommen einer gesellschaftlichen Ordnung durch einen Gesellschaftsvertrag in den Blick. Auch John Locke (1632-1704) argumentiert in „Two Treatises of Government" (1689) vertragstheoretisch. Die Bedeutung der Zustimmung durch die Regierten wird von ihm ebenso hervorgehoben, wie von Max Weber (1864-1920), der in „Wirtschaft und Gesellschaft" (1922) Gehorsam als *freiwillige* Unterwerfung unter Herrschaft akzentuiert. Weber begreift Gesellschaft als einen Typus spezifischer sozialer Organisation. Einen wesentlichen Gegenstand der Diskussionen um soziale Ordnung stellt die Frage nach dem Verhältnis von Individualität und kollektivem Zusammenhalt dar. Die grundlegende Problematik beschreibt Simmel (1917: o.S.) treffend:

> „Die Gesellschaft will eine Ganzheit und organische Einheit sein, so daß jedes ihrer Individuen nur ein Glied ist; in die spezielle Funktion, die es als solches zu üben hat, soll es womöglich seine gesamten Kräfte gießen, soll sich umformen, bis es ganz zum geeignetsten Träger dieser Funktion geworden ist. Allein gegen diese Rol-

le sträubt sich der Einheits- und Ganzheitstrieb, den das Individuum für sich allein hat. Es will in sich abgerundet sein und nicht nur die ganze Gesellschaft abrunden helfen, es will die Gesamtheit seiner Fähigkeiten entfalten, gleichviel, welche Verschiebungen unter ihnen das Interesse der Gesellschaft forderte. Dieser Widerstreit zwischen dem Ganzen, das von seinen Elementen die Einseitigkeiten der Teilfunktion fordert, und dem Teil, der selbst ein Ganzes sein will, ist prinzipiell nicht zu lösen: man kann kein Haus aus Häusern bauen, sondern nur aus besonders geformten Steinen, keinen Baum aus Bäumen erwachsen lassen, sondern nur aus differenzierten Zellen".

Simmel beschreibt hier die Konkurrenz zwischen der möglichen Ausbildung von Individualität der in einer Gesellschaft lebenden Menschen und der kollektiven Verknüpfung, die diese Individuen – trotz oder gerade angesichts ihrer Individualität – in einen gemeinsamen Zusammenhang bringt. Diese Unterscheidung bietet eine spezifische Perspektive auf zwei große gesellschaftliche Transformationen des 19. Jahrhunderts: erstens, die in Industrialisierungsprozesse eingebettete Arbeitsteilung, zweitens, die zunehmende Urbanisierung. Diese Transformationen ermöglichten zum einen neue Formen der Individualität und zum anderen Debatten um neue Möglichkeiten der Herstellung eines kollektiven Zusammenhalts. Beide bilden den gesellschaftlichen Kontext, in dem sich die Settlementarbeit entwickelt, eine frühe Form der Communityorientierung, die sich breit etabliert und ihre Bedeutung bis heute nicht verloren hat. Außerdem wird im 19. Jahrhundert das ‚Soziale' als gesellschaftlich *gestaltbarer* Großraum entdeckt. Dieser Umstand wiederum bildet eine wesentliche Voraussetzung für die Etablierung der Sozialen Arbeit als Teil des wohlfahrtsstaatlichen Arrangements. Ausgehend von den aktuellen Fragen und Themen im 19. Jahrhundert scheint es nahezuliegen, dass Soziale Arbeit als gesellschaftliche Institution in den Vordergrund rückt, der die Aufgabe zukommt, die Integration der Gesellschaftsmitglieder in einen gemeinschaftlichen Zusammenhang zu unterstützen. Diese Zielerreichung kann mittels verschiedener Maßnahmen verfolgt werden. Eine davon stellt die Integration in und die Solidarisierung innerhalb der lokalen Community dar.

2.1 Urbanisierung und Individualisierung

Im 19. Jahrhundert ändert sich die Bevölkerungs- bzw. Siedlungsstruktur in der westlichen Welt grundlegend, als sich zahlreiche Nationen in überwiegend städtische Gesellschaften verwandeln. Gleichzeitig steigt die Größe der Städte massiv (vgl. Fulcher/Scott 2003: 502). Urbanisierung findet im Sinne eines „allgemeine[n], unaufhaltsame[n] und für viele Jahrzehnte irreversible[n] Prozess[es]"

(Reulecke 1985: 14) statt. Dies beinhaltet, dass die Zahl der Städte, der Anteil der städtischen Bevölkerung und damit auch die städtische Lebensweise zunehmen. Vor diesem Hintergrund bezieht sich die Unterscheidung zwischen quantitativer und qualitativer Urbanisierung zum einen auf die Zunahme, flächenmäßige Ausdehnung und bevölkerungsbezogene Vergrößerung von Städten, während sie qualitativ zum anderen die Ausweitung städtischer Lebens-, Wirtschafts- und Verhaltensweisen beschreibt (vgl. Bähr 2008). In Deutschland lebten um 1800 noch weniger als 10% der Bevölkerung in Gemeinden mit mehr als 5000 EinwohnerInnen, heute sind es etwa 84%. Für die westliche Welt lässt sich generell feststellen, dass heute rund vier Fünftel der Bevölkerung in Städten lebt.

Die soziologische Theoriebildung reagierte auf die Ausweitung der Urbanisierung und analysierte die sozialen Auswirkungen der zunehmenden Verstädterungsprozesse. Auch in sozialwissenschaftlich ausgerichteten Zugängen der Pädagogik erfuhren die Herausforderungen durch das Leben in einer Großstadt als Gegenstand der Analyse und Reflexion – insbesondere in Bezug auf veränderte Bedingungen des Aufwachsens von Kindern und Jugendlichen – ihre Aufmerksamkeit (vgl. Andresen 2007). In seinem 1903 erschienenen Aufsatz „Die Großstädte und das Geistesleben" widmet sich Georg Simmel (1858-1918) dem Thema Stadt und beschreibt, inwiefern großstädtisches Leben die Menschen verändert habe. Wesentliches Merkmal von ‚GroßstädterInnen' stellt auf der psychologischen Ebene eine „Steigerung des Nervenlebens" dar, d.h. einem Reichtum an Eindrücken in schnellem Wechsel, die eine „Steigerung des Bewußtseins" auslöse. Eine Folge dessen bilde jedoch die menschliche Reaktion der „Blasiertheit", die sich an der Abstumpfung gegenüber den Unterschieden zwischen Dingen erkennen lässt. Dies bringe es mit sich, dass in der Stadt lebende Menschen Situationen eher mit dem sachlichen Verstand als mit dem Gefühl erwidern und von daher intellektuelle „Verstandesherrschaft" quasi zum Schutz des eigenen Bewusstseins vorherrsche. Diese reservierte, sachliche Haltung gegenüber anderen Menschen und Dingen hänge eng mit der Ausbreitung der „Geldwirtschaft" und der Fixierung in feste Zeitschemata zusammen. Beides war notwendig, um industrielle und städtische Zusammenhänge trotz ihrer „funktionellen Größe jenseits ihrer physischen Grenzen" (Simmel 1903: o.S.) koordinierbar zu machen. Diese Darstellungen verbindet Simmel jedoch nicht mit einer Kritik am städtischen Leben und einer Verklärung des ländlichen Lebens, sondern er beschreibt die konstatierten Entwicklungen sachlich: Es „ist unsere Aufgabe nicht, anzuklagen oder zu verzeihen, sondern allein zu verstehen" (Simmel 1903: o.S.). Die städtische Lebensweise ermögliche größere Freiheit und einen spezifischen Typus großstädtischer Individualität, was durch die Anonymität einer numerisch und räumlich größeren Ausdehnung der Bevölkerung möglich werde. Insofern begreift Simmel das Leben in der Großstadt „nicht nur, wie zeitgenössisch üblich, als Entfremdungs-, sondern auch als Emanzipationszusammenhang" (Lindner 2004: 121f.). Gleichwohl sei durch die größere Anonymität auch eine größere Unpersönlichkeit, Gleichgültigkeit und Reserviertheit der BewohnerInnen untereinander vorhanden, was Gefühle der Einsamkeit wahrscheinlicher werden lasse. Aufgrund der größeren Dichte und Nähe der Menschen zueinander könnten sich die wechselseitigen Emotionen zwischen den BewohnerInnen gar bis zu gegenseitiger Fremdheit, Abstoßung und Antipathie entwickeln. Kleinstadt und Landleben, die sich im Vergleich zur Großstadt durch Kleinräumigkeit, Überschaubarkeit und durch eine geringere Personenzahl auszeichnen, dienen hierbei als kontrastierendes Gegenbild. Eine typische Figur, die diese Dichotomie zwischen ruralem und urbanem Leben theoretisch fasst, stellt die auf Ferdinand Tönnies „Gemeinschaft und Gesellschaft" (1887) zurückgehende Entgegensetzung von Gemeinschaft und Gesellschaft dar. Hierbei wird das Leben in der Großstadt antimodernistisch und wertend mit Anonymität, Gemeinschaftsverlust, Normen- und Werteverfall, Unsicherheit und Fremdheit assoziiert. Das mit einer Gesellschaft vergleichbare Leben gilt mit funktionalem Aufbau, Tauschbeziehungen, uneinheitlichen Werten, Masse, vertragsmäßiger Einigung und geregeltem Wettbewerb verbunden (vgl. Brint 2001: 2f.). Kontrastiert wird es mit dem gemeinschaftlichen Leben in einer kleinen, lokalen Einheit und dabei mit organischem Aufbau, geteilten Werten, geringer Personenzahl, häufiger Interaktion, Nähe und Vertrautheit gleichgesetzt. Den Prototyp hierfür stellen die Familie, das Haus sowie die Dorfgemeinde dar. Die Menschen seien hierbei durch affektive Bindungen wie Liebe, Treue, Freundschaft und/oder Ehrfurcht aneinander gebunden (vgl. Metzger 1913: 185).

In einer republikanisch inspirierten Tradition hat Alexis de Tocqueville (1805-1859) lokale Gemeinwesen in den Mittelpunkt seiner Analyse der Möglichkeiten und Bedingungen demokratischen Zusammenlebens in einer Gesellschaft gestellt. 1831 beauftragte ihn die französische Regierung, das Rechtssystem und den Strafvollzug in den Vereinigten Staaten von Amerika zu studieren. Tocqueville bereiste die USA mit seinem Freund Gustave de Beaumont. Auf der Basis der USA-Reise und den dort gemachten Erfahrungen schrieb er im Anschluss daran sein Werk „Über die Demokratie in Amerika" (Band 1: 1835, Band 2: 1840). Trotz oder gerade wegen der quasi unterstellten, da in den USA direkt beobachteten „Gleichheit der gesellschaftlichen Bedingungen" (Tocqueville 1835/1985: 15; 43f.) sieht er die Nachteile der Demokratie in Individualismus, Isolierung der Menschen, Freiheit und Egoismus. Er grenzt diese Regierungsform von der Aristokratie und vom Despotismus ab und beobachtet insbesondere im Rahmen der Industrialisierung – analog zur Aristokratie – die Gefährdung, dass kein Austausch zwischen den einzelnen Klassen existiert und somit „kein einigendes Band" um die Gesamtgesellschaft besteht. In Bezug auf

den vorherrschenden Egoismus und die Neigung zu materiellen Dingen verkörpert für ihn die Religion die regulierende Kraft (Tocqueville 1840/1985: 228ff.).
Die möglichen Nachteile der Demokratie sieht er am stärksten bei „großen
Staatsgeschäften", d.h. auf der Ebene von Nationen. Anders verhalte es sich
hingegen bei der lokalen „Gemeinde".[2] Administrative Dezentralisierung, politische Partizipation im lokalen Nahraum sowie das Bilden von Vereinigungen
seien notwendig, um Demokratie ‚durch und durch' zu etablieren. Die Staatsgewalt gehe dabei unmissverständlich vom Volke aus. „Das Volk beherrscht die
politische Welt Amerikas wie Gott das Universum. Das Volk ist Anfang und
Ende aller Dinge; alles geht vom Volke aus, alles in ihm auf" (Tocqueville
1835/1985: 49). Seine Vision stellt eine Gesellschaft als „freie[n] Zusammenschluss der Bürger" (Tocqueville 1835/1985: 24) dar, in der das Volk seine
staatsbürgerlichen Pflichten auf sich nimmt und keine Tyrannei und Willkür
herrscht. In den USA sieht er seine Vision verwirklicht, von daher beschreibt
und analysiert er die dortige Demokratie und die Bedingungen, um sie für Frankreich nutzbar machen zu können.

Bezogen auf die Frage der Möglichkeit gesellschaftlicher Ordnung und Integration angesichts von Urbanisierungsprozessen wird später angenommen,
dass sich lokale Communitys auch innerhalb von anonymen Großstädten entwickeln können oder natürlicherweise entwickeln (vgl. Gans 1962). Diese Perspektive greift die ‚Chicago School' auf. Im Sinne eines humanökologischen Ansatzes nehmen die Vertreter Roderick D. McKenzie und Ernest W. Burgess die „natürliche" Verteilung und Ansiedlung der Menschen über den städtischen Raum
in den Blick. „Aufgrund von Arbeitsteilung, Bevölkerungswanderung und Standortkonkurrenz kommt es zur räumlichen Absonderung und funktionalen Differenzierung" (Lindner 2004: 125). Diese Bereiche, in denen sich Menschen mit
als ähnlich betrachteten sozialen und kulturellen Merkmalen niederlassen, werden „natural areas" genannt. Mit Hilfe ihrer Unterscheidung kann eine Grundform residenzieller Segregation und auch die negativen Folgen sozialräumlicher
Ungleichheit in den Blick genommen werden. Hierbei wird von der räumlichen
Entfernung auf die soziale Nähe und Distanz zwischen Bevölkerungsgruppen
geschlossen (vgl. Dangschat 2000).

Im Kontext von Urbanisierung wird insgesamt die Frage nach dem gesellschaftlichen Zusammenhalt neu gestellt und diskutiert. Veränderte soziale Bedingungen erfordern neue, angepasste Antworten. Zum einen stellt sich hier die
Möglichkeit der Individualität in einem bis dahin nicht beachteten Kontext, zum
anderen provoziert dieser Ausgangspunkt – insbesondere unter individualisie

---

2   Diese Sicht auf die „große Gesellschaft" im Vergleich zur lokalen Community korrespondiert
     mit Deweys Analyse der Bedingungen, wie aus einer „Großen Gesellschaft" eine „Große Gemeinschaft" hergestellt werden kann (vgl. Dewey 1927/2001: 128ff.).

rungskritischen Gesichtspunkten – eine bislang nicht vorhandene Perspektive auf den sozialen Zusammenhalt. Eine dominante Reaktion auf diese Frage stellt der Rückgriff auf die kleine, überschaubare, lokal verortete, face-to-face Kontakte ermöglichende, nahräumliche Community dar.

2.2 Industrialisierung und Arbeitsteilung

Eine weitere große gesellschaftliche Transformation erlebt Europa im 18. und 19. Jahrhundert aufgrund der fortschreitenden Industrialisierung. Sie löste die in der vorindustriellen Zeit weit verbreitete, agrarische Produktionsform in ihrer Bedeutung ab. Mit der Abschaffung des Feudalismus und der Leibeigenschaft sowie der Zunahme der industriellen Produktionsform gehen sowohl Bevölkerungswachstum als auch Binnenwanderungen in die Städte einher, so dass diese gesellschaftlichen Prozesse als wesentliche Gründe für Urbanisierung identifiziert werden können (vgl. Häußermann 2001: 507ff.). Industrialisierung beginnt in Europa zunächst in England um die Mitte des 18. Jahrhunderts und später auf dem europäischen Kontinent. In Verbindung damit steht der (Aus)Bau neuer Verkehrswege, wie etwa die Eisenbahn. Außerdem verändern sich die Arbeitsbedingungen für ArbeiterInnen insofern, als dass für höhere Effizienz und Wachstum zunehmend in Arbeitsteilung produziert wird. Der Handel findet vermehrt auf globalisierten Märkten statt. Der Nährboden ist für eine steigende Kapitalisierung der Märkte bzw. den Kapitalismus bereitet (vgl. Holborn/Haralambos 2000: 7f.), d.h. Kapital gewinnt im Vergleich zu anderen Wirtschaftsfaktoren immer mehr an Bedeutung. Insbesondere für die breite Bevölkerung stehen damit nicht nur positive Veränderungen an, sondern schlechte Arbeits- und Lebensbedingungen führen zum Pauperismus und damit zur Entstehung der sozialen Frage.

Die Organisation von Arbeit und dabei insbesondere ihre differenzierte Aufteilung auf verschiedene Personen wird als zentrale gesellschaftliche Veränderung wahrgenommen und fließt somit auch in die soziologischen Analysen und Theorien dieser Zeit mit ein. Hierbei finden sich unterschiedliche Interpretationen der Arbeitsteilung (vgl. Müller/Schmid 1992). Simmel greift sie auf und beschreibt damit als weitere Besonderheit der städtischen Gesellschaft, dass sie sich ausdifferenziert und zunehmend arbeitsteilig agiert. Dies mache den Einzelnen „unvergleichlich" und „unentbehrlich", binde ihn aber gleichzeitig an alle anderen BewohnerInnen. Insofern wird hierdurch eine zunehmende Möglichkeit der Individualisierung, aber auch eine Form der kollektiven Einbindung durch Arbeitsteilung deutlich (vgl. Simmel 1903). Karl Marx (1818-1883) hingegen analysiert die – sich im Zuge des sich entwickelnden Kapitalismus ausweitende –

Arbeitsteilung im Kontext der Herausbildung einer konkurrierenden Bourgeoisie und eines ausgebeuteten Industrieproletariats. Als einzige Möglichkeit der Überwindung dieser ungleichen und ungerechten Klassenverhältnisse sieht er eine Revolution: den Umsturz bestehender gesellschaftlicher Verhältnisse. Marx und Friedrich Engels (1820-1895) haben darüber hinaus die Stadt als Spiegel der kapitalistischen Gesellschaft betrachtet. So hat etwa Engels (1845) in seinem Buch „Die Lage der arbeitenden Klasse in England" einen Zusammenhang zwischen den städtischen Lebens- und Arbeitsbedingungen und sozialer Struktur hergestellt. Auch Emile Durkheim (1858-1917) fokussiert in seinen Ausführungen auf die Entstehung von Arbeitsteilung (vgl. Durkheim 1893/1992). Diese habe sich einerseits im industriellen Arbeitsprozess als sinnvoll herausgebildet, war aber andererseits erst durch die steigende Dichte und Interaktionsfrequenz von Personen, etwa in Städten möglich. Durch die Ausdifferenzierung und Spezialisierung habe sich die mechanische Solidarität, die Gesellschaften in der vorindustriellen Zeit zusammengehalten habe, aufgelöst. Mechanische Solidarität beruht auf Ähnlichkeit der Gesellschaftsmitglieder und wird etwa durch gemeinsame Rituale und Routinen aufrechterhalten. Die wechselseitige Abhängigkeit besteht also weniger zwischen den einzelnen Mitgliedern, als vielmehr zum ganzen System, an dem wiederum alle teilhaben. Durch die Arbeitsteilung haben sich nun spezialisierte Arbeitsbereiche und damit auch eine Separierung der Menschen ergeben. Damit ging auf der sozialen Ebene eine Ausdifferenzierung in – teilweise widerstrebenden – Normen, Werten, Interessen und Subkulturen einher. Dieses Entstehen von Heterogenität habe jedoch nicht zu einem Zusammenbruch der sozialen Ordnung, sondern lediglich zur Ausbildung einer neuen Form der Solidarität geführt: der organischen Solidarität. Die so genannte organische Solidarität sei trotz Unterschiedlichkeit der Menschen möglich, denn sie beruht auf der wechselseitigen Abhängigkeit und Kooperation der Gesellschaftsmitglieder. Durch Arbeitsteilung ergebe sich eine steigende Kontakthäufigkeit und Abhängigkeit der Menschen untereinander. Sie werde dadurch nicht zu einem Problem des Zusammenhalts, sondern biete vielmehr die Basis für das Entstehen einer neuen Solidaritätsform. Für ihre Wirkung müsse sich allerdings noch eine gemeinsame Moral und ein Kollektivbewusstsein, etwa von gemeinsam geteilten Werten, anschließen. Arbeitsteilung selbst schärfe allerdings das moralische Bewusstsein, da der individuelle Egoismus Begrenzung findet, wenn der Mensch sich hierdurch seiner Verpflichtung dem Kollektiv gegenüber bewusst wird. Insofern beantwortet Durkheim die Frage nach der gesellschaftlichen Integration unter den Bedingungen von industrieller Arbeitsteilung mit dem Zusammenhalt durch organische Solidarität.

Das Gegenstück der integrierten und solidarischen Gesellschaft stellt bei Durkheim der anomische und desintegrierte Gesellschaftszustand dar. Anomie beschreibt einen Zustand fehlender Regulation und des Zusammenbruchs von Normen sowie der Ausbreitung von deviantem Verhalten. Als Bedingungen für Desintegration benennen Friedrichs und Jagodzinski (1999: 23ff.) in Anlehnung an Durkheim die Schwächung des Kollektivbewusstseins, die Pervertierung der Arbeitsteilung, soziale Ungleichheit an sich sowie ihre mangelnde Akzeptanz. Arbeitsteilung führe in diesem Zusammenhang nur zu Solidarität, wenn die eigene Position am Arbeitsmarkt mit den jeweiligen Fähigkeiten der Individuen korrespondiert, sprich „die sozialen Ungleichheiten die natürlichen Ungleichheiten genau ausdrücken" (Durkheim 1893/1992: 446). Diese Kongruenz zwischen beidem müsse zudem gesellschaftlich anerkannt sein, d.h. sie muss nicht nur bestehen, sondern auch von allen akzeptiert werden. Mit der Industrialisierung sei eine Befreiung von Zwängen und Beschränkungen, die vorher in weiten Teilen die Religion auferlegt habe, und damit eine Individualisierung der Menschen möglicher geworden. Dadurch würden die Individuen stärker voneinander separiert und soziale Bindungen geschwächt. Das Anomierisiko steige und die Ziellosigkeit der Menschen nehme zu. Demzufolge stellt die Arbeitsteilung auch hier zum einen die Chance auf größere Individualisierung dar, zum anderen vergrößert sie die Wahrscheinlichkeit auf Anomie. In Bezug auf die Arbeitsteilung bedeutet Anomie, dass Arbeit entfremdet, d.h. nur noch Routine ohne ein Überblicken des Gesamtzusammenhanges darstellt oder dass die Arbeitsteilung erzwungen ist (vgl. Durkheim 1893/1992: 440f.; 443ff.). Erzwungen ist die Arbeitsteilung deshalb schädlich, weil die Arbeit dann nicht – und dies ist auch eine der historisch späteren Kritiken an der fordistischen Produktionsweise – notwendigerweise den individuellen Fähigkeiten und Talenten entspreche. Dies stelle aber eine wichtige Voraussetzung für Solidarität dar: „Damit die Arbeitsteilung die Solidarität erzeugt, genügt es also nicht, daß jeder seine Aufgabe hat, es muß auch jene sein, die ihm liegt" (Durkheim 1893/1992: 444). Gleichzeitig begünstige relative Deprivation einen anomischen Zustand, da dann eine geringere Akzeptanz gegenüber sozialer Ungleichheit zu erwarten ist. Anomie und Desintegration beschreiben somit das Gegenbild zu gelungener gesellschaftlicher Integration und Solidarität. Durkheim benennt hier gleichzeitig die Bedingungen für anomische Arbeitsteilung, die – positiv gewendet – bei ihrer Berücksichtigung und Vermeidung gerade die Quelle für Solidarität unter den Bedingungen von bzw. gerade angesichts von Arbeitsteilung darstellen. Damit stellt bei ihm Individualisierung (durch Arbeitsteilung) kein Moment der Desintegration dar, sondern vielmehr den Generator für eine neue Form von Solidarität (vgl. Prisching 2003: 174f.).

Alles in allem wird im 19. Jahrhundert Individualität, in einem kollektiven Zusammenhang verstärkt, unter den Bedingungen von Urbanisierung und Arbeitsteilung betrachtet. Kollektive Ordnung und Zusammenhalt wird vor diesem

Hintergrund über organische Solidarität diskutiert. Eine gegenteilige Perspektive nehmen Marx und Engels ein, wenn sie die Arbeitsteilung prinzipiell als Konflikt behaftet wahrnehmen. Den Lösungen der Frage nach der gesellschaftlichen Ordnung – über arbeitsteilige Solidarität und über die lokale Community – ist dabei gemeinsam, dass sie Integration als Basis für ein gemeinsames Ganzes sehen. Mit diesem Ziel der gesellschaftlichen Integration ist Soziale Arbeit angesprochen, kann doch soziale Integration durch die Community als eine der elementaren Aufgaben sozialpädagogischen Handelns verstanden werden (vgl. Böllert 2001: 645ff.). Diese Aufgabe als staatlich zu verantwortende und institutionell abgesicherte kann mit der Entstehung des wohlfahrtsstaatlichen Arrangements ebenfalls auf das 19. Jahrhundert datiert werden.

2.3 Entdeckung des „Sozialen" und Entstehung Sozialer Arbeit

Die nachdrückliche Erfahrung von Unsicherheit ist im 19. Jahrhundert mit der „Entdeckung" eines gesellschaftlich gestaltbaren Großraums, des „Sozialen", verbunden. Sie kann als Versuch der Hervorbringung einer inklusiven gesellschaftlichen Ordnung gefasst werden. Evers und Nowotny (1985: 13) deuten die Zeit „des historischen Durchbruchs des Markt- und Industriesystems" als eine Phase der großen gesellschaftlichen Verunsicherung. Als Reaktion auf diese Unsicherheit werden Prozesse ausgelöst, in denen sich eine Gesellschaft auf Regulative und Institutionen verständigt, welche die Gefahren und Ungewissheiten kalkulierbar machen und sie minimieren. Damit werden historische Selbstverständlichkeiten und als natürlich erachtete Entwicklungen aus der privaten Verantwortung herausgenommen und zu einer öffentlich-gesellschaftlichen Aufgabe erklärt. Den institutionellen Ausdruck dieser kollektiven Sicherung sozialer Risiken bildet die Entstehung des wohlfahrtsstaatlichen Arrangements (vgl. Kessl/ Otto 2007). Dieses kann im Kontext der Frage nach dem gesellschaftlichen Zusammenhalt als eine standardisierte Form ‚erzwungener Solidarität' interpretiert werden (vgl. Otto/Ziegler 2005: 121). Vormals in der privaten Verantwortung liegende Gefahren werden in die Zuständigkeit des – nationalstaatlich begrenzten – Kollektivs gelegt. In diesem Kontext entwickelt sich die Soziale Arbeit als Teil des wohlfahrtsstaatlichen Arrangements. Ihr kommt dabei die Aufgabe zu, auf der Ebene von Lebensführung der Menschen einzugreifen und *soziale* Risiken zu minimieren.

Hierbei lassen sich die beiden bereits aufgegriffenen Formen der Herstellung einer inklusiven Ordnung, die gleichzeitig soziale Risiken kalkulierbarer machen soll, feststellen. Zum einen, die Integration in die lokale Community, in der ein sozialer Zusammenhang hergestellt wird, der Zugehörigkeit vermittelt und auch Risiken kollektiv absichert. Ein Beispiel für einen Beitrag Sozialer Arbeit findet sich in der Settlementarbeit, die Menschen aus der Nachbarschaft zusammenführt und durch Erziehungs- und Bildungsprozesse oder den Aufbau von Institutionen Menschen unterstützt. Zum anderen findet sich auch die Idee einer kollektiven Ordnung durch Arbeit im Durkheimschen Sinne einer organischen Solidarität. Ein Beispiel hierfür stellt die – lange vor dem 19. Jahrhundert in Europa stattfindende – Einrichtung von so genannten Arbeitshäusern dar, in denen obdachlose und von Armut betroffene Menschen von der Straße geholt und zum Arbeiten aktiviert wurden.

Beide Formen der Integration und Inklusion in die lokale Community sowie in Arbeit finden sich im aktuellen politischen Kontext, teilweise in amalgamierter Form. Die gesteigerte Bedeutung der Integration über den lokalen Nahraum wird vor einem neo-liberalen, politischen Hintergrund als ‚neo-soziale' Form der Regierung gedeutet (vgl. Kap. 3.3.1). Hierbei wird die lokale Community als bevorzugter Ort der Regierung neu entdeckt bzw. wiedererfunden (vgl. Clarke 2007: 57), und zwar als überschaubarer Ort unterhalb der nationalstaatlichen sowie der globalen Ebene und jenseits von Staat und Markt. Gleichzeitig kommt der Integration über Arbeit im aktuellen aktivierungspolitischen Diskurs ein großer Stellenwert zu, sei es unter dem Stichwort welfare-to-work oder workfare, die in westlichen Ländern als politischer Fokus etabliert wurden. Am Beispiel von Dänemark kann gezeigt werden, wie die kommunitäre Form der Integration in eine lokal verortete Gruppe zur Maßnahme der Wahl wird, wenn nicht in den Arbeitsmarkt integrierbaren Langzeitarbeitslosen sog. „Drop-in Centres" als Communities der Integration angeboten werden. Diese sollen Orte der Begegnung und des Aufenthalts für ‚benachteiligte' Menschen darstellen und werden in zahlreichen lokalen Communities eingerichtet. Karen Jespersen (2000), die frühere dänische Sozialministerin, bemerkte diesbezüglich, „that lack of communities, especially for vulnerable and marginal people, is the major challenge for a new welfare project" (Larsen 2004: 3). Hier haben marginalisierte Menschen die Möglichkeit, sich sozial integriert zu fühlen – angesichts des Versagens einer ArbeitnehmerInnenidentität –, im Austausch mit anderen Marginalisierten eine stabile Ich-Identität aufzubauen sowie Selbstdisziplin und Selbstkontrolle zu erwerben (vgl. Larsen 2004: 4).

Im Kontext eines solchen kollektiven Fokus auf überschaubare Personengruppen rücken theoriesystematisch Ideen des Kommunitarismus in den Vordergrund. Hier wird die Community, d.h. die vor Ort gelebte (lokale) face-to-face Gemeinschaft in den Mittelpunkt gerückt und als Ausgangspunkt der Überlegungen genommen. Ungeachtet der individuellen Unterschiede und Abgrenzungen zwischen verschiedenen Ansätzen wird das Einheit stiftende Moment von Axel Honneth (1995: 7f.) folgendermaßen beschrieben:

> „Was dem Lager der ‚Kommunitaristen' den Titel gab, war die vor allem gegen
> John Rawls gerichtete Idee, dass es immer der vorgängigen Rückbesinnung auf ei-
> nen Horizont gemeinschaftlich geteilter Werte bedarf, wenn über Fragen der gerech-
> ten Ordnung einer Gesellschaft sinnvoll entschieden werden soll."

Der Kommunitarismus wird von seiner Entstehung her in Abgrenzung zum Liberalismus bestimmt, wie dies etwa Michael J. Sandel als Begründer einer vor
allem gegen John Rawls gerichteten, kommunitaristischen Kritik am politischen
Liberalismus tat. Daniel Tröhler (2001) skizziert den Republikanismus als historische Quelle und politische Theorie des Kommunitarismus. Vom Ausgangspunkt der gemeinschaftlich geteilten Werte leitet sich hier die Forderung eines
Primats des Guten vor dem Rechten ab, während im Liberalismus die gegenteilige Vorstellung herrscht, „daß das Rechte gegenüber dem Guten Vorrang hat"
(Sandel 1984: 19).
   Die Verortung des Individuums in sozialen Bezugsgruppen wird im Kommunitarismus prima facie vorausgesetzt. Die Gruppe und die dort gelebte Kultur
werden als dem Einzelnen vorausgehend angenommen. Ein Kind werde in eine
solche Gruppe hineingeboren und die dort herrschende Kultur hineinsozialisiert.
Nur dadurch gelange es zu einer eigenen personalen Identität. Diese Identität
werde auf Basis von Selbstinterpretation hergestellt und mit ihr auch erst soziale
Wirklichkeit. Die Kriterien und Kategorien zu ihrer Herstellung gelten als „historisch und kulturell kontingent" (Rosa 2001: 60). Ihnen liegt eine Wertung
zugrunde, die von der Gemeinschaft bereitgestellt wird.

> „Ein Individuum gewinnt eine Identität somit dadurch, daß es in eine Gemein-
> schaft hineinsozialisiert wird, welche die zur Selbstinterpretation notwendigen Ka-
> tegorien bereitstellt und in einer ‚moralischen Topographie', einem vorgängigen Be-
> deutungshorizont verankert. Die moralisch-kognitive Landkarte dieser Gemein-
> schaft, Kultur oder Lebensform enthält dabei als starke Wertungen Definitionen des
> Wichtigen und Unwichtigen, Guten und Schlechten, aber auch dessen, worin ein gu-
> tes Leben besteht, was die Natur des einzelnen und der Gesellschaft ist, was eine ge-
> rechte Ordnung darstellt, was verläßliches Wissen garantiert usw" (Rosa 2001: 62f.).

Ein Kind bekommt dementsprechend die in der Gruppe gelebten kulturellen
Normen und Werte sowie auch sprachliche Bedeutungen vermittelt, denn ohne
die Gruppe stände ihm/ihr kein solcher Bedeutungshorizont zur Verfügung. Erst
auf dieser Basis sei es möglich, eine eigene, stabile individuelle Identität zu entwickeln, um autonom und selbstbestimmt handeln zu können. Insofern wird der
sozialen Gemeinschaft ein quasi ontologischer Status und eine konstitutive Bedeutung für das Leben von Individuen zugeschrieben:

> „The community is not simply an aggregation of individuals; nor is there simply a causal interaction between the two. The community is ... constitutive of the individual, in the sense that the self-interpretations which define him are drawn from the interchange which the community carries on" (Taylor 1985 zit in: Rosa 2001: 66f.).

In Abgrenzung zum Liberalismus wird behauptet, dass eine freiheitlich-partizipatorische Ordnung nur möglich sei, wenn die BürgerInnen ein loyales, nicht-instrumentelles Verhältnis zu dieser Ordnung entwickeln. Dementsprechend bestehe die Notwendigkeit, den Rahmen für diese Ordnung partizipatorisch und selbstverwalterisch zu gestalten. Damit gewinnen im Kommunitarismus u.a. folgende politische Aspekte an Bedeutung: Unter Vermeidung einer Mehrheitsdiktatur soll eine starke Demokratie in einem repräsentativen, partizipatorischen und kommunitären Staat entwickelt werden (vgl. Etzioni 1998: 284). Vor diesem Hintergrund sei eine Dezentralisierung von Entscheidungen, Zuständigkeiten und sozialen Aufgaben notwendig. Damit einher geht ein Primat der Familie (vgl. Etzioni 1998: 286) bzw. der Schule (vgl. Etzioni 1998: 288) als ergänzende und/oder kompensierende Erziehungsinstanz für Kinder. In diesem Kontext wird auf einer politischen Ebene generell eine stärkere Anwendung des Subsidiaritätsprinzips (vgl. Etzioni 1998: 290) als wesentlich erachtet. Diese Maßnahmen zielen allesamt darauf, die BürgerInnen mehr am politischen Entscheidungsprozess zu beteiligen, die Effekte der Partizipation sichtbar zu machen, Entscheidungswege transparenter und flexibler zu gestalten, um so ferner die Motivation zur Beteiligung zu steigern. Auch freiwilligen, zivilgesellschaftlichen Organisationen wird in diesem Kontext eine vermehrte Bedeutung zugesprochen, da sie die „Habits of the Heart" formen, wie es Robert N. Bellah et al. (1985) in Anlehnung an Alexis de Tocqueville formulieren, d.h. sie erziehen und bilden die Menschen nicht nur in Bezug auf ihre instrumentell und kognitiv, sondern auch auf ihre emotional und habituell vermittelten demokratischen Umgangsweisen miteinander:

> „Eine kommunitaristische Perspektive erkennt, daß individuelle Freiheit nur durch die Stärkung der zivilgesellschaftlichen Institutionen zu bewahren ist, in denen wir lernen, andere und uns selbst zu achten; [gleichzeitig lernen wir etwas über unsere] persönliche[n] und staatsbürgerliche[n] Pflichten [und Rechte, über] Selbstverwaltung[, sowie] anderen zu dienen – nicht nur unserem eigenen Ich" (Etzioni 1998: 282).

Derartige Grundprinzipien liegen auch der Communityarbeit zugrunde. Communityorientierung als Begriff wird in der vorliegenden Analyse benutzt, um Strategien Sozialer Arbeit zusammenfassend zu beschreiben, die sich nicht auf einzelne Personen oder Familien, sondern auf eine lokal zu verortende Gruppe, d.h.

die BewohnerInnen eines Stadtteils richten. In Bezug auf die BewohnerInnen wird angenommen, dass der nachbarschaftliche Zusammenhang ein bedeutendes, lebensweltliches Charakteristikum darstellt. Der englische Begriff der Community wird den deutschen Bezeichnungen ‚Gemeinwesen' oder ‚Sozialraum' vorgezogen, da diese mit spezifischen Traditionen in der Sozialen Arbeit verknüpft sind: Mit dem Begriff Community soll aber gerade – übergreifend über verschiedene Ansätze – die prinzipielle Ausrichtung Sozialer Arbeit an dem sozialen Zusammenhang in einem Stadtteil begrifflich gefasst werden.

Die Tradition der Communityorientierung lässt sich in den westlichen Industrienationen – mit dem Entstehen der Settlementarbeit – bis in die Zeiten der fortschreitenden Industrialisierung zurückverfolgen. Zunächst wird daher zu Beginn des nächsten Kapitels der Blick wieder zurück in das späte 19. Jahrhundert gerichtet. Die Settlementarbeit aus dem angelsächsischen Raum inspirierte die Vorgehensweisen in der Gemeinwesenarbeit und diese wiederum die sozialraumorientierte Soziale Arbeit. Diese drei Beispiele communityorientierter Ansätze werden im Folgenden in ihrem Entstehungskontext und in ihren Grundprinzipien dargestellt. Im Bezug dieser Ansätze auf die lokale Community wird ihr Problemfokus auf sozial(räumlich)e Segregationsprozesse deutlich, d.h. es geht um fehlenden Kontakt und Austausch zwischen verschiedenen Personen(gruppen). Die Strategien der Problemlösung lassen sich insgesamt mit der analytischen Kategorie des sozialen Kapitals fassen wie im Verlauf der Arbeit weiter zu zeigen sein wird.

3. Communityorientierte Ansätze – eine historische Betrachtung

Das wohlfahrtsstaatliche Arrangement und hiermit verbunden Soziale Arbeit und ihre Methoden waren von Beginn an, und sind bis heute, in einen nationalstaatlichen Kontext eingebettet. Nichtsdestotrotz beeinflussen sich die in den Nationalstaaten geführten Diskurse auf einer internationalen Ebene wechselseitig. Insofern ist es auf der einen Seite wichtig, internationale Entwicklungen und ihre Interdependenzen zur Kenntnis zu nehmen. Auf der anderen Seite setzen wohlfahrtsstaatliche Analysen – gerade wenn sie nicht international vergleichend angelegt sind – immer national spezifisch ausgestaltete wohlfahrtsstaatliche Arrangements samt darauf bezogener Diskurse voraus. Die vorliegende Studie beansprucht keinen international vergleichenden Zugang. Es geht vielmehr darum, im speziellen die Prozesse innerhalb des deutschen Kontextes zu beleuchten und dabei den international-westlichen Zusammenhang insofern mit einzubeziehen, als ein Austausch und eine (auch implizite) Bezugnahme hierauf stattfinden.

Soziale Arbeit – gerichtet auf lokale Personengruppen, d.h. Communities, Quartiere, Stadtteile, etc. – war im Verlauf der vergangenen 200 Jahre in den westlichen Ländern jeweils zu unterschiedlichen Zeitpunkten im Blickfeld sozialen Engagements. Eine frühe, gut dokumentierte und ausgearbeitete Form stellt die Settlementarbeit dar, die 1884 in Großbritannien durch die Gründung des Settlements Toynbee Hall maßgeblich geprägt wurde. U.a. beeinflusste sie die deutsche Debatte um die Gemeinwesenarbeit, der Stadtteilorientierung und dem Quartiersmanagement und diese wiederum maßgeblich die sozialraumorientierte Soziale Arbeit. Jene Ansätze sollen im Folgenden unter Berücksichtigung ihres gesellschaftlichen (Entstehungs-)Kontextes dargestellt und ihre wesentlichen Merkmale herausgearbeitet werden.

3.1 Die prä-wohlfahrtsstaatliche Idee: Settlementarbeit

Die Idee der Einrichtung von Settlements kann auf das späte 19. Jahrhundert datiert werden. Sie stellt eine Reaktion auf die verschiedensten gesellschaftlichen Probleme dar, die durch die Expansion der Industrie und das unkontrollierte Wachsen der Städte entstanden. Die Settlementarbeit als praktizierte Form sozi-

alarbeiterischen Handelns wird – mit Toynbee Hall – zunächst in London verwirklicht und von dort aus über die Grenzen Großbritanniens und Europas hi-
nausgetragen. Ihr wesentliches Merkmal stellt – analog zu der Bedeutung des
Wortes „(to) settle" – die Niederlassung gebildeter und wohlhabender Menschen
in einer Nachbarschaft, in der überwiegend arme Personen unter schlechten Lebensbedingungen wohnen, dar. Zentrales Charakteristikum ist hierbei, dass die
Menschen höherer Klassen sich in einem armen Stadtteil ansiedeln, um die Lebensbedingungen aus eigener Anschauung kennen zu lernen und mit den Menschen vor Ort gemeinsam Verbesserungsvorschläge zu erarbeiten. Als drei tragende Säulen werden der Settlementarbeit dabei „the home, the church, and the
university" (Mead 1907/08: 108) bescheinigt. VertreterInnen der Universität und
der Kirche setzten die Idee um, während „home" hier nicht nur den Wohnort
aller beteiligten Menschen bezeichnet, sondern auch den Ort, wo die eigenen
Interessen der SettlerInnen wie der BewohnerInnen liegen und man sie realisieren kann und möchte.

Zum zentralen Problem und damit auch zum Ansatzpunkt der Settlementarbeit wird die zunehmende Segregation und Spaltung der Gesellschaft entlang
von Klassenlinien erklärt. Daraus leitet sich das Ziel der Herstellung von Kontakt zwischen den Klassen sowie die Abmilderung von Klassenkonflikten und
-kämpfen ab (vgl. Reinders 1982; Pimlott 1935). Der soziale Austausch und
damit der Abbau von Barrieren zwischen den Klassen einer Gesellschaft sowie
die Herstellung von Kooperation aller Menschen stellt dabei die wesentliche
Arbeitsform dar. Von diesem Austausch sollen alle Beteiligten profitieren, wenn
das Ziel darin besteht, „to bring men and women of education into closer relati-
ons with the labouring classes for their *mutual* benefit" (Woods/Kennedy 1970
zit in. Reinders 1982: 43, kursiv S.L.). Zusätzlich sollen die höheren Klassen an
ihre soziale Verantwortung den Armen und Bedürftigen gegenüber erinnert werden. Diese Idee der „co-operation between the classes" wird laut Pimlott (1935:
447) bereits von den ‚religiösen Sozialisten'[3] unter Verweis auf den Idealismus
von John Ruskin (1819-1900) und Thomas Carlyle (1795-1881) dargelegt und
stark gemacht. Von diesen Ideen zeigt sich Arnold Toynbee sehr beeindruckt,
dessen Namen für das erste, in Großbritannien gegründete Settlement Pate steht:
Toynbee Hall. Es wird 1884[4] in London von mehreren Studierenden aus Oxford
und Cambridge gegründet und ist beeinflusst von den Ideen Arnold Toynbee's.

---

3   Der religiöse Sozialismus (engl. ‚Christian Socialism') stellt die „allgemeine Bezeichnung für
    die Verknüpfung und Legitimation von revolutionären oder Reformbestrebungen auf politi-
    schem, sozialen und wirtschaftlichem Gebiet mit christlichen Glaubensinhalten, aus denen die
    Forderung nach irdischem Frieden und Gerechtigkeit abgeleitet wird" (Fuchs-Heinritz/Laut-
    mann/Rammstedt/Wienold 1994: 618).

4   Toynbee Hall besteht bis heute und ist im Internet präsent unter http://www.toynbeehall.org.uk/
    default.asp; 25.07.2007.

Die Leitung übernimmt das Ehepaar Samuel und Henrietta Barnett. Canon Barnett ist Vikar der St. Jude Kirche im Londoner Bezirk Whitechapel.

Arnold Toynbee (1852-1881)

> „argued that the gap between social classes needed closing – and that those with money and education should spend time – and live – among the poor. That was the basic rationale for Toynbee Hall. The Barnett's began with 16 settlers – and out of their efforts grew a significant social welfare and education programme" (*http://www.infed.org/walking/wa-toynbee.htm*).

Das Ziel von Toynbee Hall besteht in der Herstellung einer Verbindung zwischen armen und reichen Menschen zur „gemeinsame[n] geistige[n] Erneuerung" (Eberhart 1995: 65). Die dabei gewonnenen Erkenntnisse sollen in vereinigten Bemühungen um Sozialreformen weitergeführt werden, was von Samuel Barnett als ‚praktischer Sozialismus' bezeichnet wird (vgl. Eberhart 1995). Da „die Voraussetzung wirklich durchgreifender Besserung sozialer Mißstände ein freundschaftliches Sich-Nahetreten von Helfer und Bedürftigem sei" (Picht 1913: 24), besteht die zentrale Maßnahme darin, in einem bestimmten Stadtbezirk, in dem vermehrt Menschen unterer Klassen wohnen, ein Settlementhaus aufzubauen, in dem Angehörige höherer Klassen mit der Bewohnerschaft des Stadtbezirks in Austausch kommen können. Außerdem soll Erziehung und Bildung der armen Menschen sowie Lernen und Einsicht der Reichen in andere Lebenszusammenhänge ermöglicht werden.

Bis zum Jahre 1911 entstehen in Großbritannien 46 Settlementhäuser. Das erste US-amerikanische Settlement wird 1886 von Stanton Coit – nach einem zweimonatigen Besuch von Toynbee Hall – in New York gegründet (vgl. Trolander 1991: 411). Hull-House, eröffnet im Jahr 1889, ist bereits das dritte Haus auf amerikanischem Boden, wird jedoch das Bekannteste. Um 1900 bestehen in den Vereinigten Staaten bereits über 100, 1911 über 400 Settlements (vgl. Pimlott 1935). Dabei stellt „Toynbee Hall [...] the inspiration and model for most of the American settlement houses" (Wade zit. in: Reinders 1982: 42) dar.

Die Settlementarbeit wird in der vorliegenden Untersuchung an dem Chicagoer Hull-House bearbeitet. Das Hull-House stellt ein gut ausgearbeitetes und mit zahlreicher Literatur belegtes Beispiel eines Settlementhauses dar, das seine historische Bedeutung in der Sozialen Arbeit bis heute bewahrt hat. Außerdem ist es in einen gut belegten theoretischen Rahmen eingebettet, den Pragmatismus. Damit wird auf ein außereuropäisches Beispiel der Settlementarbeit zurückgegriffen, für dessen detailliertes Verständnis der gesellschaftliche, US-amerikanische Kontext in Chicago (3.1.1) notwendig ist. Chicago stellt im Rahmen des dritten Kapitels eine wichtige, mehrfach wiederkehrende Station dar: Der Austausch mit den in Hull-House gewonnenen Erkenntnissen und die theoretischen Überlegungen des Pragmatismus mündeten Anfang des 20. Jahrhunderts in die Gründung der ‚Chicago School'. Sie beeinflusste Saul D. Alinskys theoretische Überlegungen, der ein Konzept von ‚community organizing' entwickelte, das er ab 1939 im Chicagoer Stadtteil ‚Back of the Yards' umsetzte und damit im Rahmen der Gemeinwesenarbeitsdiskussion – wenn auch verhalten – rezipiert wird (vgl. Bauer/Szynka 2004: 33ff.). Außerdem bildete Chicago *das* Forschungsfeld für die ‚Chicago School'. Diese wiederkehrende Station Chicago wird im weiteren Verlauf des Kapitels noch mehrfach aufzugreifen sein. Nach der Beleuchtung der praktischen Sozialen Arbeit und den Aktivitäten in Hull-House (3.1.2) wird die Idee der „Community" im Pragmatismus, der philosophischen Basis des Hull-Houses, skizziert (3.1.3) und im Rahmen eines Ausblicks die weiteren, internationalen Entwicklungen der Settlementbewegung nachgezeichnet (3.1.4).

3.1.1 Gesellschaftlicher Kontext in Chicago

An wesentlichen, gesellschaftlichen Entwicklungen finden in den USA im 19. Jahrhundert neben dem Unabhängigkeitskrieg/Bürgerkrieg, der Abschaffung der Sklaverei und den Auseinandersetzungen mit den UreinwohnerInnen Urbanisierungsprozesse statt. In der ersten Bundesbevölkerungszählung im Jahre 1790 beträgt der Anteil der Stadtbevölkerung an der Gesamteinwohnerzahl Amerikas noch 5,1%, 50 Jahre später fallen 10,8% der Bevölkerung in diese Kategorie. Nur eine einzige Stadt, New York, besitzt mehr als 250 000 EinwohnerInnen (vgl. Miller 1973: 3ff.). Wenige Jahre später beginnen die Städte nach und nach zu wachsen, so dass das 19. Jahrhundert „deserves recognition as the era of the first and perhaps the most severe urban explosion in American history" (Miller 1973: 25). Zum einen steigen die Bevölkerungszahlen durch den Faktor der Einwanderung. Im Jahre 1900 beträgt die EinwohnerInnenzahl in den USA 76 Mio., von denen 10 Mio. dorthin migriert waren. Die Kinderzahl dieser MigrantInnen liegt bei 26 Mio. (vgl. Eberhart 1995: 50f.). Es bestehen große Einwanderungsströme aus Irland, dem Südwesten Deutschlands und Skandinavien (vgl. Miller 1973: 37ff.). Zum anderen bringt das industrielle Wachstum in bestimmten Gebieten der USA einen starken Zustrom an Menschen in die Städte mit sich. So wächst in der zweiten Hälfte des 19. Jahrhunderts z.B. die Erdöl-, Stahl- und Eisenindustrie. Auch die Textilspinnerei und die Elektroindustrie florieren. Eine steigende Zahl von Menschen ist in Manufakturen beschäftigt. Die Arbeitsweise über Maschinen benötigt Energie, so dass günstige Stellen für Fabriken etwa in der Nähe von Wasser, Kohle oder Eisenvorkommen gesucht werden. Mit dieser Entstehung und Entwicklung industrieller Produktionsstätten geht gleichzeitig ein immenser Zuzug von Bevölkerungsteilen einher, die sich hierdurch Arbeit versprechen. Als Resultat entstehen große Fabrikstädte, wie z.B. die an den Great Lakes gelegene Stadt Chicago.

Zu Beginn des 19. Jahrhunderts ist der Staat Illinois nur gering besiedelt. In Fort Dearborn, „a frontier outpost on the southern edge of Lake Michigan at the mouth of the Chicago River" (Keating 1988: 12), leben lediglich einige Familien. Größere Ansiedelungen finden dort ab dem Jahre 1834 statt, als Farmer in dieses Gebiet ziehen, Land kaufen und sich dort niederlassen. Fort Dearborn wird zur Stadt Chicago. Im Laufe eines Jahrhunderts steigen die EinwohnerInnennzahlen gravierend und wachsen von etwa 4500 im Jahre 1840 auf über 3 Millionen im Jahre 1930 an (vgl. Philpott 1978: 7; Keating 1988: 176).

Dieser Anstieg in den Bevölkerungszahlen lässt sich zu einem großen Teil auf (Im-)Migration zurückführen. Das gravierende Bevölkerungswachstum führt zu Veränderungen gesellschaftlicher Strukturen: Im Jahr 1850 besteht die Hälfte der EinwohnerInnen aus ImmigrantInnen, im Jahr 1900 hingegen sind es vier Fünftel (vgl. Philpott 1978: 6ff.). Dem Bevölkerungswachstum folgt die geografische Ausdehnung der Stadt. Chicago wächst von 1837 bis 1960 von 10 auf 225 Quadratmeilen (vgl. Hennig 1999). Sie ist heute die drittgrößte Stadt der USA.

Die expandierende Industrie bringt einen Ausbau des Verkehrs-, insbesondere des Eisenbahnsystems mit sich. Der Arbeitskräftebedarf – besonders im Niedriglohnsektor mit schwerer, schmutziger Arbeit ohne besondere Qualifikation – wächst. Der größte Teil der arbeitnehmenden Bevölkerung arbeitet täglich zahlreiche Stunden unter schlechten Arbeitsbedingungen für niedrigen Lohn. Dies führt zur Entstehung zahlreicher Konflikte zwischen UnternehmensbesitzerInnen und ArbeiterInnen. Aufsehen erregt insbesondere ein ArbeiterInnenstreik in der Eisenbahnindustrie (vgl. Menand 2001: 289ff.).[5]
Dies bringt eine ganze Reihe an Problemen mit sich:

---

5   Der Großindustrielle George Mortimer Pullman baute und verpachtete verschiedene Eisenbahnluxuswaggons, durch die er sehr reich wurde. Für seine große Zahl an ArbeiterInnen baute er ganze Siedlungen, inklusive Einkaufsläden, Büchereien, Theater, Banken usw. Außerdem unterstützte er die Schulbesuche der Kinder seiner ArbeitnehmerInnen, so dass diese von der ersten bis zur achten Klasse frei waren. Dann zeichnete sich jedoch 1893 eine wirtschaftliche Depression ab. Massen von Arbeitslosen lebten in Chicago und die Pullman-Produkte sanken in der Nachfrage. Pullmans Reaktion darauf bestand in einer Lohnkürzung um 25% und er stellte ein Fünftel der Arbeitskraft in seinen Fabriken ein. Die Ausgaben, welche die ArbeiterInnen in ihren Siedlungen für ihren täglichen Bedarf erbringen mussten – z.B. für die Miete – wurden jedoch nicht angeglichen. Daraufhin traten die Pullman-ArbeiterInnen der American Railway Union bei und riefen einen Boykott der Pullman-Waggons aus (vgl. ausführlich bei Menand 2001: 289ff.).

„The streets are inexpressibly dirty, the number of schools inadequate, factory legislation unenforced, the street-lighting bad, the paving miserable and altogether lacking in the alleys and smaller streets, and the stables defy all laws of sanitation. Hundreds of houses are unconnected with the street sewer. The older and richer inhabitants seem anxious to move away as rapidly as they can afford it. They make room for newly arrived emigrants who are densely ignorant of civic duties" (Addams 1892: 227; Addams 1893b/2002: 30). "[M]any houses have no water supply save the faucet in the back yard; there are no fire escapes; the garbage and ashes are placed in wooden boxes which are fastened to the street pavements" (Addams 1892: 228).

Es herrscht viel Armut in jener Zeit, Kinderarbeit ist etwas Selbstverständliches. Hinzu kommt, dass zahlreiche Häuser überbelegt sind, da sich mehrere Familien den knappen Wohnraum teilen müssen. Außerdem nutzen viele BewohnerInnen nicht die Möglichkeit der politischen Einflussnahme. Beispielsweise wählen in einem Gebiet mit 50 000 BewohnerInnen nur 7072 (vgl. Addams 1893b/2002: 30f.).

Zusammenfassend lässt sich festhalten, dass hohe Immigrationszahlen eine Veränderung in der Zusammensetzung der Bevölkerung mit sich bringen und die kulturelle Heterogenität verstärken. Die daraus resultierenden neuen Herausforderungen werden durch enge Wohnverhältnisse und die damit zusammenhängenden Probleme in den Lebensbedingungen verstärkt. Gleichzeitig gehen mit der Umstellung auf vorwiegend industrielle Arbeitszusammenhänge menschenunwürdige Arbeitsbedingungen für viele Beschäftigte einher, die teilweise in Streiks ihren Ausdruck finden. In diesem Kontext treten die Gründerinnen des Settlements Hull-House an, um die Lebensbedingungen der BewohnerInnen Chicagos zu verbessern.

3.1.2 Das Beispiel Hull-House

Das erste Settlement in den USA stellt das von Stanton Coit gegründete ‚Neighborhood Guilt' dar, es folgen das ‚College Settlement' in der Rivington Street in New York, das ‚Andover House' in Boston sowie das Hull-House in Chicago (vgl. Carson 1990). Hull-House wird in Anlehnung an die in Toynbee Hall verwirklichten Ideen entwickelt. Das Hauptziel, mit dem die SettlementarbeiterInnen ihre Arbeit aufnehmen, besteht darin, städtische Lebensbedingungen zu verbessern und damit einhergehende Aufgaben zu meistern. Nicht die SettlerInnen bestimmen, welche Services angeboten werden, sondern sie reagieren auf die Bedürfnisse, welche die BewohnerInnen äußern (vgl. Lagemann 2002a: 25).

Dies impliziert, dass vom Problem aus gedacht wird, mit einem „broad, synthetic, problem-centered approach" (Lagemann 2002b: xiii).

Zu diesem Zweck gründen Jane Addams und Ellen Gates Starr 1889 in Chicago Hull-House. Jane Addams (1860-1935) wird im September 1860 in Cedarville (Illinois), einer Kleinstadt nahe Chicago, als achtes Kind einer Mittelschichtsfamilie geboren. Während ihre Mutter sehr früh stirbt, wird sie von ihrem Vater stark geprägt, einem Quäker, Staatssenator und Mühlenbesitzer. Von 1877-1881 besucht sie das ‚Rockford Seminary'[6] zum Studium von Literatur, Sprachen, Geschichte, Naturwissenschaften und Mathematik, an dem sie und Ellen Gates Starr sich kennen lernen. 1881 beginnt sie ein Medizinstudium, das sie aber – u.a. aus gesundheitlichen Gründen – nicht zu Ende bringen kann. In einer darauf folgenden Zeit der Suche nach einer Lebensperspektive (vgl. Lagemann 2002b) – die vorhandenen Rollenbilder für Frauen der Mittelschicht kann sie für sich nicht teilen – unternimmt sie 1883/85 eine erste Europareise, 1887/88 eine zweite und besucht dabei Toynbee Hall. Dadurch angeregt gründet sie zusammen mit Ellen Gates Starr 1889 Hull-House und findet darin eine alternative Lebensperspektive.

Die beiden Frauen mieteten ein Haus[7] an der Halsted Street, einer 32 Meilen langen, großen Nord-Süd-Durchfahrtsstraße, an der Kreuzung zur Polk Street (vgl. u.a. Addams 1910/1990). Das Haus lag in Nachbarschaft mit Menschen unterschiedlichster nationaler und kultureller Herkunft, so etwa Menschen mit italienischem und deutschem Migrationshintergrund, polnische, russische und jüdische Personen, kanadisch stämmige Franzosen, Iren und Amerikaner der ersten Generation (vgl. Addams 1892: 227; 1893b/2002: 29f.). Diese Diversität lieferte den Grund dafür, das Settlement an diesem Ort zu errichten. Ziel war es dezidiert, sich an die gesamte Nachbarschaft in ihrer Vielfalt zu wenden (vgl. Addams 1892: 229) und deren Angelegenheiten im gesamtgesellschaftlichen Zusammenhang zu betrachten: „Addams explores the problems encountered by families because of industrialism, capitalistic exploitation of workers, and immigration from rural to urban settings" (Seifried 1999: 216).

Nachdem Addams und Starr in Hull-House eingezogen waren, gesellten sich bald erste Freiwillige[8] zu den beiden Frauen, um sie in ihrem Vorhaben zu

---

6   Das Rockford Seminary war zu jener Zeit eines der ersten Colleges für Frauen (vgl. Deegan 1988: 4).

7   Das Haus wurde 1856 für Charles J. Hull gebaut, „one of Chicago's pioneer citizens" und Addams und Starr von Helen Culver, seinem „business partner, cousin and heir" überlassen (vgl. Addams 1920/1990: 11f.).

8   Auffällig ist hierbei, dass insbesondere Frauen an Hull-House mitwirkten. Ein möglicher Grund hierfür könnte in den ausgeprägten geschlechtsspezifischen Rollenmustern liegen. Es ist relativ typisch, dass an der Universität Männer beschäftigt sind, bei den ‚praktischen' Tätigkeiten hingegen Frauen (vgl. Lagemann 2002; Deegan 1988).

unterstützen.[9] Zunächst wurden ein Kindergarten und mehrere Gruppenaktivitäten für Kinder offeriert, binnen kurzer Zeit folgten verschiedene Angebote für Erwachsene, wie „lectures, clubs and classes" (vgl. Addams 1910: 89-112). Die angebotenen Aktivitäten[10] richteten sich zum einen nach den Bedürfnissen der BewohnerInnen der Nachbarschaft sowie zum anderen nach den Neigungen der freiwilligen HelferInnen (vgl. Moore 1897/1990: 42). Soweit möglich wurde eine Kooperation mit öffentlichen Einrichtungen angestrebt (vgl. Addams 1893b/2002: 37). Die Durchschnittsanzahl an Personen, die das Hull-House unter der Woche besuchten und an Angeboten teilnahmen, betrug Anfang der 1890er Jahre bereits 1000 Menschen (vgl. Addams 1893b/2002: 44). Im Sinne der Orientierung an aktuell auftretenden Problemen wurde außerdem ein Informations- und Dolmetscherdienst für neu in den USA angekommene MigrantInnen eingerichtet (vgl. Addams 1893b/2002: 39). Ferner wurden Arbeitsmarktangelegenheiten zu einem großen Thema, so etwa im 'women's trade union club' und im 'Working People's Social Science Club' (vgl. Addams 1893b/2002: 42f.). Im Rahmen der ArbeiterInnenbewegung machte sich Addams für die Einrichtung von Gewerkschaften stark. Sie erachtete diese als dringend notwendig, damit die ArbeitnehmerInnen ihre Interessen vertreten können, wie sie in ihrem Aufsatz ‚The Settlement as a Factor in the Labor Movement' aufzeigt (vgl. Addams 1895/2002: 46ff.). Die Aufgabe des Settlements bestand demnach u.a. darin, die Interessenvertretung der ArbeitnehmerInnen zu organisieren. Als Ar-

---

9   Wenn hier stark auf die beiden Gründerinnen des Hull-Houses und im besonderen auf die Figur Jane Addams sowie ihre veröffentlichten Schriften Bezug genommen wird, soll jedoch nicht der Einfluss und die wichtigen Beiträge vieler anderer Personen geschmälert werden, die sich an dem Unterhalt des Settlements beteiligen (vgl. u.a. Althans 2005). So etwa Julia Lathrop (vgl. Lagemann 2002: 24f.), die 1890 ins Hull-House kam. Als Juristin etablierte sie in Hull-House den ersten ‚juvenile court' in Illinois, gründete die ‚Immigrant's Protection League', wurde Leiterin des ersten ‚Children's Bureau' und war Präsidentin bei der ‚National Conference of Social Workers' (vgl. Althans 2005). Florence Kelley (vgl. Lagemann 2002: 25f.) trat dem Hull-House 1891 bei. Die Sozialistin und Sozialwissenschaftlerin organisierte 1895 gemeinsam mit Addams und anderen Hull-House Settlerinnen die Recherche und Publikation der ‚Hull House Maps and Papers' (vgl. Althans 2005). Zentrale Frauen stellten außerdem Mary Rozet Smith sowie Louise de Koven Bowen, u.a. großzügige Geldgeberin an das Hull-House, Präsidentin der ‚Juvenile Protective Association' und schlussendlich Präsidentin der ‚Hull-House Association' (vgl. Bryan/Davis 1990: 134), dar. Alice Hamilton, eine Ärztin, betrieb eine „well-baby clinic" (vgl. Hamilton 1943/1990: 109ff.).

10   Die „evening clubs and classes" beinhalten laut eines Planes aus dem Jahre 1895 Angebote wie etwa Sprachen, Musik, Geschichte, Singen, Sport, Mathe, Zeichnen, Physik, etc. (vgl. Moore 1897/1990: 43). Außerdem finden öffentliche Diskussionen, Konzerte und Theateraufführungen statt (vgl. Addams 1908). Auch im Rahmen der „University Extension Bewegung" werden Bildungsangebote wie etwa Literaturkurse, Mathematik, Physik, Elektrizität/Strom gemacht. Es finden außerdem Koch-, Näh-, Stick- und Flickkurse statt. Viele Angebote werden dabei von Personen übernommen, die nicht in Hull-House wohnen. (vgl. Addams 1892) Außerdem betrieb es eine eigene „day nursery", hatte eine öffentliche Badeanstalt und eine Spielfläche.

beitskämpfe, wie etwa der Pullman-Streik stattfinden, sind die Einstellungen hierzu in Hull-House uneinheitlich. Während Kelley ihm gegenüber positiv eingestellt ist, stellt Addams sich nicht parteilich auf die Seite der ArbeiterInnen, sondern bedauert die Konfrontation an sich.[11] Sie sieht sich insgesamt als kritische Patriotin mit der Aufgabe, Mängel in der amerikanischen Gesellschaft aufzuzeigen (vgl. Polacheck 1989: 103f.).

Das mit der Errichtung des Settlements Hull-House insgesamt verfolgte Ziel fasst Kelley (1898) wie folgt zusammen: „to provide a centre for a higher civic and social life to institute and maintain educational and philanthropic enterprises, and to investigate and improve the conditions in the industrial districts of Chicago". Insofern werden die zentralen Ziele auf zwei Ebenen verortet: Zum einen geht es um die Erforschung und Verbesserung der (materiellen) Lebensbedingungen im industriell geprägten Stadtteil, zum anderen werden Erneuerungen im sozialen Zusammenleben anvisiert. Um Bildungsprozesse und philantropische Ideen zu institutionalisieren, soll Hull-House ein Zentrum für ein reichhaltiges bürgerschaftliches und soziales Leben repräsentieren. Darüber hinaus verkörpert es einen „experimental effort to aid in the solution of the social and industrial problems which are engendered by the modern conditions of life in a great city" (Addams 1910: 125ff.). Als experimentell kann es deshalb bezeichnet werden, weil es einen Versuch darstellt, die aktuellen, dringlichen Aufgaben zu lösen, aber keinen absoluten Anspruch auf endgültige Problemlösung erhebt. Betont wird vielmehr die notwendige Offenheit, mit der sich auch ein Settlement flexibel halten muss, sich an neue Gegebenheiten und Erfahrungen anzupassen. „Hull-House became a laboratory for experiments in human needs. These experiments were so ably demonstrated that the city fathers could not ignore them" (Polacheck 1989: 74). Diese in Chicago gemachten Erfahrungen sollen später über die Stadtgrenzen hinaus getragen werden.

Die hinter Hull-House liegende Idee und Philosophie steht in enger Verbindung zum Pragmatismus. Es bestanden persönliche Beziehungen und reger Austausch zwischen Jane Addams und den universitären Vertretern des Pragmatismus, hierbei vor allem mit John Dewey und George Herbert Mead. Zentraler normativer Bezugspunkt sowohl des Hull-Houses als auch des Pragmatismus

---

11 Addams analysiert die aktuelle Situation unter Rekurs auf die Auseinandersetzung zwischen Shakespear's Figur des König Lear und seiner Tochter Cordelia. Ihre Interpretation des Streiks besteht darin, dass sie den angeblichen Antagonismus zwischen Pullman auf der einen Seite und den ArbeiterInnen auf der anderen Seite als Missverständnis deutet. Ihrer Meinung nach sind Gegensätze grundsätzlich unnötig und basieren nur auf tatsächlichen Unterschieden. Vielmehr sieht sie die Interessen der Menschen in einer Gesellschaft immer als miteinander verwoben und damit als Einheit. So auch die Interessen von allen am Streik Beteiligten. Da diese sich jedoch auf der Basis der Annahme eines grundlegenden Gegensatzes gegenseitig bekämpfen, interpretiert sie den Streik als Tragödie. (vgl. Menand 2001: 314ff.).

bildet Demokratie. Die (lokale) Community stellt dabei einen wichtigen Ausgangspunkt dar.

3.1.3 „Community" im Pragmatismus

Die grundlegende Frage sozialen Zusammenlebens bzw. nach dem sozialen Zusammenhang ist für Dewey lebendiger Existenz inhärent:

> „Assoziation im Sinne von Verbindung und Verknüpfung ist ein 'Gesetz' aller bekannten Existenz. Einzelne Dinge handeln, aber sie handeln im Zusammenhang. [...] Die Frage, wie Individuen dazu kommen, assoziiert zu sein, ist sinnlos. Sie existieren und operieren in Assoziationen." (Dewey 1927/2001: 34f.)

Assoziationen bestehen dadurch, dass das Handeln verschiedener Individuen in wechselseitigem Zusammenhang steht und werden quasi naturalistisch begründet. Sie gelten nicht nur für Menschen, sondern „ist ein Gesetz aller bekannten Existenz" (Dewey 1927/2001: 34f.). Im Unterschied zu tierischen Assoziationen ist es Menschen allerdings möglich, Handlungen und ihre Folgen zu beobachten, sie auch mit anderen Handlungen als zusammenhängend wahrzunehmen und zu reflektieren. Dadurch ist ein Handeln von Menschen in komplexeren Zusammenhängen möglich.

Die Organisation und Ausgestaltung von verschiedenen Assoziationen wiederum kann sehr unterschiedlich sein. Eine Gemeinschaft stellt dabei eine spezifische Form der Assoziation von Individuen dar, die sich dadurch unterscheidet, dass nicht nur die Folgen miteinander verknüpften Handelns wahrgenommen, sondern diese auch von allen Mitgliedern der Gruppe gewünscht und angestrebt werden. Obwohl die assoziierte Tätigkeit durch die Begegnung von Menschen allein vorhanden ist, existiert eine Gemeinschaft unter Menschen hingegen nicht von selbst, sondern sie wird hergestellt. Hierzu ist Kommunikation notwendig, da Erfahrungen und zugeschriebene Bedeutungen kommuniziert werden müssen, um alle Mitglieder am gemeinsamen Bedeutungshorizont zu beteiligen. Auf dieser Basis kann sich ein gemeinsames Interesse an geteilten Bedeutungen und Folgen entwickeln. Gemeinschaft wird daraufhin definiert als „eine Ordnung von Energien [...], die in eine Ordnung von Bedeutungen umgewandelt ist, welche von all jenen, die mit der verbundenen Tätigkeit befasst sind, geschätzt werden und auf welche diese untereinander Bezug nehmen" (Dewey 1927/2001: 132). Damit es zu der Bildung einer Gemeinschaft kommt, müssen bestimmte Bedingungen (z.B. Austausch) vorhanden sein und es ist bestimmte Aktivität (z.B. Kommunikation) notwendig. Prinzipiell ist auch eine Gesellschaft eine spezifische Form der Assoziation von Menschen. Aufgrund ihrer Größe und damit auch

Unüberschaubarkeit im nationalstaatlichen Kontext beschäftigt Dewey (vgl. 1927/2001) allerdings die Frage, wie es möglich ist, aus einer ‚Großen Gesellschaft' eine ‚Große Gemeinschaft' herzustellen. Vor diesem Hintergrund wird auch eine Gesellschaft definiert als „eine Anzahl von Menschen, die zusammenhalten, weil sie nach gleicher Richtung, in gleichem Geiste und in Erstrebung eines gleichen Zieles arbeiten" (Dewey 1900/2002: 29).

Als normativer Bewertungsmaßstab für Gesellschaften werden zwei zentrale Kriterien für soziale Gruppen generell und somit auch für Gesellschaften formuliert: „zahlreich[e] und mannigfaltig[e] [...] bewusst geteilte[...] Interessen [sowie] voll[es] und frei[es] [...] Wechselspiel mit anderen sozialen Gruppen" (Dewey 1916/2000: 115). Hierbei wird unterstellt, dass bis zu einem gewissen Punkt beide Merkmale in jeder sozialen Gruppe realisiert sind, d.h. dass bestimmte *gemeinsame Interessen der Mitglieder* vorliegen und *Austausch mit anderen Gruppen* besteht. Grundsätzlich bezieht sich das erste Kriterium auf einen ungehinderten Austausch unter den Mitgliedern innerhalb einer Gruppe, während das zweite den Austausch mit anderen sozialen Gruppen als Anknüpfungspunkt nimmt. Je stärker eine Gruppe diese Merkmale erfüllt, als desto demokratischer kann sie bezeichnet werden.

Die Idee der Demokratie steht mit jener der Gruppe bzw. Gemeinschaft insofern in Verbindung, als dass Demokratie

> „als die Idee des Gemeinschaftslebens selbst [bezeichnet wird.] Sie ist ein Ideal im einzig verständigen Sinne eines Ideals: nämlich, bis zu ihrer äußersten Grenze getriebene, als vollendet und vollkommen betrachtete Tendenz und Bewegung einer bestehenden Sache. [...] Das klare Bewusstsein eines gemeinschaftlichen Lebens, mit allem, was sich damit verbindet, konstituiert die Idee der Demokratie" (Dewey 1927/2001: 129).

Demzufolge bedingen sich Gemeinschaft und Demokratie wechselseitig: Die Möglichkeit einer großen Zahl bewusst geteilter Interessen besteht vor allem dann, wenn alle Mitglieder die gleiche Möglichkeit der Beteiligung haben und sie sich deshalb auch alle damit identifizieren können. Außerdem sind zahlreiche gemeinsame Unternehmungen und Erfahrungen als Grundlage für ihr Entstehen nötig. Ist dieses Kriterium der zahlreichen verschiedenen gemeinsam geteilten Interessen realisiert, so besteht laut Dewey eine „größere Zuversicht, daß das wechselseitige Interesse auch als Faktor in der Regelung sozialer Beziehungen anerkannt wird" (Dewey 1927/2001: 120).

Das demokratische Zusammenleben in einer Gemeinschaft bringe für *alle* Mitglieder positive Folgen mit sich und sei deshalb auch für alle erstrebenswert. So führe dieser rege und freie Austausch auf der Ebene der Erziehung und Bildung zu verschiedenartigsten geistigen Anregungen, die durch neue Herausforderungen das Denken, die Flexibilität und die Problemlösefähigkeit aktivieren und fördern können. Hierdurch werde nicht nur das Denken des Einzelnen angeregt, sondern der ungehinderte Wechselverkehr bringe außerdem eine „dauernde Umgestaltung des sozialen Verhaltens, seine beständige Neuanpassung an die durch mannigfaltige Wechselwirkung entstehenden neuen Sachlagen" (Dewey 1916/2000: 120) mit sich. Auch auf der gesellschaftlichen Ebene sei somit der freie Austausch für die Anpassung an neue gesellschaftliche Bedingungen wesentlich. Prinzipiell werde aber Demokratie als normativer Bezugspunkt vorausgesetzt.

Die beiden Merkmale demokratisch organisierter Gemeinschaften waren unter den gesellschaftlichen Zuständen in Chicago gegen Ende des 19. Jahrhunderts allerdings nur rudimentär gegeben. Aufgrund der großen Differenzen und Pluralität sowie ihrer Gegensätze war insbesondere der Austausch *zwischen* den gesellschaftlichen Gruppen behindert. Eine notwendige Maßnahme bestand demzufolge in „bringing people together, of doing away with barriers of caste, or class, or race, or type of experience that keep people from real communion with each other" (Dewey 1902/1990: 107). Dies stellt die soziale Dimension und Funktion von Demokratie dar, bei der Interaktion, wechselseitiger Austausch und Kooperation im Mittelpunkt stehen. Hierzu ist es allerdings notwendig, dass alle Menschen ihre Bedürfnisse auch artikulieren und einbringen können. Da dies aktuell nicht gegeben war, fungierte Hull-House als Raum, dies anzubahnen und durchzusetzen. Diese Vorstellung einer idealen demokratischen Community „namely, that it is 'a mode of associated living, of conjoint communicated experience' – were actually instantiated at Hull House" (Seigfried 1999: 213). Die aktuellen Herausforderungen, die sich aufgrund der gesellschaftlichen Situation entwickelt und die Gesellschaft 'undemokratischer' haben werden lassen, werden durch den Versuch der Erzeugung von demokratischen Bedingungen zu überwinden gesucht. Getreu dem Motto: „In diesem Sinne ist die Kur für die Leiden der Demokratie mehr Demokratie." (Dewey 1927/2001: 127)

Diese Idee eines Ortes des sozialen Austauschs wird von Jane Addams explizit als Ziel des Hull-Houses formuliert: „Hull-House endeavors to make social intercourse express the growing sense of the economic unity of society. It is an effort to add the social function to democracy" (Addams 1893a/2002: 14). Unter Berücksichtigung ihres kooperativ-demokratischen Gesellschaftsmodells wird die soziale Segregation in Hull-House zu überwinden gesucht. Hierbei spielen Klassenschranken (k)eine zentrale Rolle. „I object to the word class. It is unAmerican. There are no classes in this country. The people are all Americans with no dividing line drawn" (Addams 1899/2002: 124 zit. in Tröhler 2005). Für die Verwirklichung von Demokratie sei es von daher unabdingbar, von einem bisher nur politisch-prozedural durchgesetzten Verständnis im Sinne von demokratischen Wahlen zu einem freien, wechselseitigem Austausch zu gelangen. It „contains the desire to make the entire social organism democratic, to extend democracy beyond its political expression" (Addams 1893a/2002: 15). Um diese Intention zu erreichen, wurde als notwendig angesehen, das Leben der Menschen zu teilen, sich mit ihnen zu identifizieren und sie in ihrem Prozess zu unterstützen. Dass Addams und Starr als Frauen aus der Mittelschicht zu ärmeren, benachteiligten BewohnerInnen in Kontakt und Austausch treten, stellt von daher einen ersten Versuch dar, Barrieren zu überwinden, aber wurde gleichzeitig als angemessenes Mittel angesehen, über den Kontakt und die genaue Kenntnis der Lebensbedingungen adäquatere Unterstützung bieten zu können.

Die Idee des wechselseitigen Austauschs führte dazu, dass in Hull-House Menschen sämtlicher Hintergründe und Überzeugungen zusammentreffen sollten:

> „men and women, rich and poor, immigrant and native American, laborer and employer, socialist and capitalist, Jew and Christian – could meet to share experiences, educate each other, and work together solving problems. Personal growth and social liberation through mutual education and cooperation was the objective" (Rockefeller 1991: 208).

Impliziert wird hierbei, dass wechselseitiger Austausch gleichzeitig eine wechselseitige Abhängigkeit mit sich bringe. Bezogen auf die Trennung in unterschiedliche Klassen der Gesellschaft bedeute dies, dass sie in reziprokem Abhängigkeitsverhältnis stehen. Diese Abhängigkeit bestehe deshalb, weil Demokratie als normativ beste Regierungs- und Lebensform den Austausch und die Kooperation mit sich bringe. Da dies unter den aktuellen Lebensumständen nicht gegeben sei, stellt das Settlement gleichzeitig einen Versuch dar, „to relieve [...] the over-accumulation at one end of society and the destitution at the other; but it assumes that this over-accumulation and destitution is most sorely felt in the things that pertain to social and educational advantage" (Addams 1893a/2002: 25f.). Dies impliziert, dass insbesondere die ungleiche Verteilung von sozialen Vorteilen und Bildungschancen als relevant erachtet werden. In Anlehnung an die „University Extension Movement" bestand ein Bestreben in der Ausweitung von Bildungsmöglichkeiten auf breitere gesellschaftliche Gruppen (vgl. Addams 1893a: 18). Das Bestreben besteht darin, besonders den Angehörigen unterer Klassen, Bildungsangebote zukommen zu lassen bzw. sie daran zu beteiligen, d.h. „democratically extending the benefits of education to all classes" (Seigfried 1999: 213f.). Erziehung und Bildung werden hier u.a. im Sinne von Empowerment verstanden, das meint, dass hierüber Menschen in die Lage versetzt werden, ihre eigenen, die wechselseitigen sowie die gesellschaftlich geteilten Ziele zu verfolgen und zu realisieren (vgl. Lagemann 2002: 38).

Der Bedarf an Settlementarbeit wird dabei auf zwei Ebenen verortet: zum einen auf einer subjektiven, zum anderen auf einer objektiven. Der objektive Wert besteht in der Bearbeitung gesellschaftlich anfallender Themen (vgl. Addams 1893b/2002: 29ff.). Den subjektiven Verdienst fasst Addams in drei Prinzipien zusammen: Erstens gehe es – wie oben bereits angesprochen – darum, die demokratische Organisation der Gesellschaft über ihre rein politische Ausdrucksform hinaus auszuweiten und vielmehr das soziale Zusammenleben selbst zu demokratisieren. Ein zweites Prinzip bildete „the impulse to share the race life, and to bring as much as possible of social energy and the accumulation of civilization to those portions of the race which have little" (Addams 1893a/2002: 15). Wie schon in Addams eigenen biografischen Angaben angedeutet, dauerte es eine gewisse Zeitspanne, bis sie eine Richtung für ihr Leben bestimmt hatte. Dies wurde dadurch erschwert, dass die gängigen Rollenbilder, die für „gebildete Mittelschichtsfrauen" zu dieser Zeit existierten, für sie nicht in Frage kamen. Zwar hatte sie die Möglichkeit, am Rockford Seminary zu studieren, aber keine Gelegenheit, ihr theoretisches Studium in Praxis bzw. in Aktion umzusetzen. Sie sah es als Verdammung zum Nichtstun an und fühlte sich dabei nutzlos. Von daher erachtete sie es als große gesellschaftliche Schwierigkeit, dass wohlhabende junge Frauen – wie sie selbst – soziale Probleme sehen, aber keine Möglichkeit haben, sie zu verringern. „They feel a fatal want of harmony between their theory and their lives, a lack of co-ordinaton between thought and action" (Addams 1893a/2002: 17). Dieser versagte Wunsch nach Handlung wird von ihr als ebenso problematisch eingeschätzt wie das Notleiden der großen Bevölkerungsmassen (vgl. Addams 1893a/2002: 19ff.). Denn sie ist der Ansicht, dass diese wohlhabenden Frauen in sich den dringenden Impuls verspüren, von dem Überfluss in ihrer eigenen Schicht an bedürftige Menschen weiterzugeben. Ein drittes Prinzip des Settlements resultiert aus dem Wunsch einer „certain renaissance of Christianity, a movement toward its early humanitarian aspects" (Addams 1893a/2002: 15). Addams hatte im Jahre 1887 für vierzehn Tage die Katakomben Roms untersucht. Dabei reifte in ihr die Meinung, dass insbesondere die frühe Deutung des Christentums vermittelt werden sollte. Diese Auffassung wurde dabei allerdings nicht in engerem Sinne religiös oder kirchlich gebunden verstanden, sondern vielmehr sei das „gegenseitige kameradschaftliche Verhältnis der frühen Christen [...] wahre Demokratie gewesen und im Dienste des sozialen Fortschritts, der Hilfe, den Armen, der Kinder und den Alten gewidmet" (Tröhler 2005). Eine Verbindung zwischen Settlements und der Kirche bestand laut Starr (1895) im Allgemeinen nicht: Settlements sind „with a very few exceptions [...] not in any formal or organic or even generally recognized sense connected with the church". Die Verbindung zum frühen Christentum wurde folglich mehr auf einer ähnlichen inhaltlichen Ebene gesehen, wenn wechselseitige

Unterstützung und Kooperation zentrale Elemente darstellen. Vor diesem Hintergrund ist auch Addams Positionierung zu verstehen, wenn sie sagt: „The Settlement is not a charity, it is not a church, it is more an educational group than anything else, a state of mind, an attitude of the heart, a union of souls – a spirit" (Addams 1929: 157).

Philosophisch wurde die Settlementidee u.a. inspiriert von John Ruskin (1819-1900) und Thomas Carlyle (1795-1881). Die Begeisterung hierfür teilte sich Addams etwa mit Arnold Toynbee, dem Namensgeber von Toynbee Hall. Auch der ‚religiöse Sozialismus' sowie der Fabianismus[12] dienen als beeinflussende IdeengeberInnen. Zu Beginn wurde in hohem Maße die Philosophie von Toynbee Hall vertreten, später entfernte sich Addams davon. Ursprünglich gestartet mit vorwiegend philanthropischen Ideen, distanzierte sie sich später auch von diesen (Addams 1893b/2002: 45), denn sie machte die Erfahrung, dass die Menschen vor Ort bessere Ideen davon hatten, was ihre Lebenssituation verbessern könnte, als sie selbst und ihre KollegInnen. Einseitige Hilfe in einem topdown Prozess sah sie daher als falsch und ineffektiv an. Die BewohnerInnen „require only that their aspirations be recognized and stimulated, and the means of attaining them put at their disposal" (Addams 1893b/2002: 45). Dies sei aber weniger Philanthropie, sondern vielmehr die Pflicht von guter Staatsbürgerschaft. Aus dieser Überzeugung heraus setzte sie sich dafür ein, „to correct for the antidemocratic animus" (Menand 2001: 311f.). Es sollte vielmehr darum gehen, Klassengrenzen zu überwinden und eine Idee der Kooperation, des Austauschs und der demokratischen Partizipation zu etablieren. Dewey zitiert Addams und bemerkt, dass „[t]here was no special aim because [a settlement] wasn't a thing but a way of living – hence had the same aims as life itself" (Dewey 1894 zit. in Menand 2001: 312).

In diesem Kontext kommt der lokalen Community als Ansatzpunkt für sozialarbeiterisches und sozialpädagogisches Handeln eine zentrale Rolle zu. Sie bildet in dieser Auffassung den Anknüpfungspunkt zur Veränderung der aktuellen Situation.

> „Ms. Addams wished to live in the community as an equal participant in the local issues of the day. Unlike the social workers and society matrons who visited the poor and then returned to their middle class homes every evening, Ms. Addams and her colleagues lived where they worked. The 'settlement' concept was central to the success of the Hull House community, and the practice of 'neighbors helping neighbors' became a cornerstone of the Hull House philosophy" (Luft 2002).

---

12 Der Fabianismus bezeichnet die Theorie und Lehre der 1883 in London gegründeten Fabiangesellschaft. Er „propagiert gegenüber dem Liberalismus ein wissenschaftlich gestütztes Kontrollsystem von Wirtschaft und Gesellschaft, um einen demokratischen Sozialismus zu verwirklichen" (Fuchs-Heinritz/Lautmann/Rammstedt/Wienold 1994: 194).

Das Wohnen der SettlerInnen in der unmittelbaren Nachbarschaft stellte ein praktisches Beispiel dar, nachbarschaftliche Hilfe vorzuleben. Darüber hinaus bot es den SettlerInnen die Möglichkeit, detaillierte Einblicke in das lokale Leben zu erhalten.

> „A settlement accepts the ethics of its contemporaries that the sharing of the life of the poor is essential to the understanding and bettering of that life; […] The social injury of the meanest man not only becomes its concern, but by virtue of its very locality it has put itself into a position to see, as no one but a neighbor can see, the stress and need of those who bear the brunt of the social injury. A settlement has not only taken a pledge towards those thus injured, but it is placed where the motive-power for the fulfilment of such a pledge is constantly renewed. Propinquity is an unceasing factor in its existence" (Addams 1895/2002: 47).

Diese Einblicke in lokale Probleme und die Bedürfnisse der BewohnerInnen stellte eine zentrale Notwendigkeit zur Entwicklung einer umfassenden Problemsicht dar, um somit den dort lebenden Menschen zielgerichteter begegnen zu können. Es ging gerade nicht darum, ihnen ihre eigene Problemdeutung und -lösung überzustülpen, sondern sich an den Ideen und Bedürfnissen der BewohnerInnen zu orientieren. Dieses ist aber nur in einer möglichst weitgehenden Einsicht, in Kontakt und Austausch darüber, zu erreichen. Daher wird zum einen über das Zusammenwohnen und die Problembearbeitung versucht, ein Stück weit egalitäre Strukturen zwischen SettlerInnen und BewohnerInnen zu etablieren. Auf der anderen Seite wird dabei ein Ungleichgewicht in Bezug auf Fähigkeiten, Tatkraft und Unternehmungsgeist diagnostiziert. „A settlement neighborhood, like all the humbler life of America, suffers from the continual loss of its abler members. The better educated sons and daughters move away; the more energetic and enterprising immigrants stay but a relatively short time" (Kelley 1898: 550f.). Daraus ergibt sich die Notwendigkeit, genau an diesem Ort Bildungsangebote zu machen und alltägliche face-to-face Beziehungen zu demokratisieren.

Versteht man Demokratie in Anlehnung an den Pragmatismus als spezifische Form des Zusammenlebens und der miteinander geteilten Erfahrung, so wird deutlich, dass vor diesem Hintergrund Demokratie in der nachbarschaftlichen Community beginnen müsse (vgl. Tröhler 2005 unter Rekurs auf Dewey). Hier besteht eine zentrale Möglichkeit für face-to-face Kontakte und Interaktionen. Insofern finden sich in der Settlementarbeit zwar lokale Bezüge, die ein Stück weit immer territorial rückgebunden sind. Allerdings steht mit dem Bezugspunkt der Community verstärkt eine lokale Gemeinschaft im Vordergrund, so dass zwar der räumlichen Nähe, nicht aber einem Territorium an sich Bedeutung zukommt (vgl. McDowell 1929).

3.1.4 Weiterentwicklung der Settlementarbeit

Für Hull-House selbst wird in den Jahren nach dem ersten Weltkrieg vieles schwieriger, so etwa das Aufbringen von Spenden zur Unterstützung der Aktivitäten, wie auch das Motivieren von SettlerInnen zur Teilnahme (vgl. Morss Lovett/Ludmann 1969: 166ff.). Allerdings existiert Hull-House bzw. die spätere Einbindung in die Hull-House Association (vgl. www.hullhouse.org, 07.08.07) bis heute. Auch Toynbee Hall ist bis zum gegenwärtigen Zeitpunkt aktiv und entwickelt und fördert soziale Programme auf lokaler Ebene (vgl. www.toynbeehall.org.uk; 07.08.07). Die ‚Jane Addams Hull-House Association' bietet auch heutzutage in und um Chicago soziale Dienste zur Verbesserung der Lebensbedingungen und Unterstützung bei politischen Reformen und Initiativen an. Das u.a. von Stanton Coit in New York gegründete, erste US-amerikanische Settlement ‚Neighborhood Guild' wurde 1892 zum 'University Settlement' und ist nach wie vor im Herzen der 'Lower East Side' angesiedelt und richtet seine Arbeit an die BewohnerInnen der umliegenden Community (vgl. www.universitysettlement.org; 07.08.07). Dieses wiederum ist Mitglied im 'United Neighborhood Houses' (UNH)[13], der 1919 gegründeten Mitgliederorganisation von New York City's Settlementhäusern und Community Zentren. In einem Zusammenschluss und einer Weiterentwicklung der US-amerikanischen Settlementbewegung wurde 1911 die „National Federation of Settlements and Neighbourhood Centres" gegründet. Auf internationaler Ebene wurde 1926 in Amsterdam die „International Federation of Settlements and Neighbourhood Centres"[14] ins Leben gerufen, welche die Settlements und Nachbarschaftshäuser seit nun mehr als 80 Jahren weltweit vertritt (vgl. Götze Robert o.J.). Zwar wurde die Geburtsstunde der Settlementbewegung mit der Gründung von Toynbee Hall eingeläutet, welches als großes Vorbild für viele Settlements – auch auf dem nordamerikanischen Kontinent – diente. Nichtsdestotrotz bestanden eine Reihe von Unterschieden zwischen den Settlementbewegungen in den USA und GB (vgl. Reinders 1982). Insbesondere durch das Wirken von Jane Addams gewann die US-

---

13 Das 'Mission Statement' der UNH vom Dezember 2006 lautet: "UNH promotes and strengthens the neighborhood-based, multi-service approach to improving the lives of New Yorkers in need and the communities in which they live. A membership organization rooted in the history and values of the settlement house movement, UNH supports its members through policy development, advocacy and capacity-building activities." www.unhny.org/about/index.cfm; 07.08.07.

14 Der Verband ist im Internet präsent unter http://www.ifsnetwork.org; 25.07.07. Der Internationale Verband der Settlements (IFS) ist ein Zusammenschluss von nationalen, regionalen und lokalen Organisationen, die sich dafür einsetzen, Gemeinwesen in unserer Gesellschaft zu stärken. Seine Mitgliedschaft umfasst multifunktionale, im Gemeinwesen verankerte Organisationen auf der ganzen Welt: von Nord-Amerika und Europa bis zu Süd-Amerika sowie Nah- und Fernost.

amerikanische Seite an Bedeutung und führte letztendlich zu einer Internationalisierung des Settlementgedanken.

Nach dem zweiten Weltkrieg nahm jedoch die Idee der „residence" in der ‚benachteiligten' Nachbarschaft ab. Es gab und gibt zwar weiterhin Häuser, in denen Freizeitaktivitäten und Bildungsangebote für den Stadtteil stattfinden, aber vermehrt ohne dass die SozialarbeiterInnen dort wohnen und leben. Viele bezeichnen sich heute eher als „community organizations". Im Vergleich mit anderen europäischen Ländern stellt Mead (1907/08) fest, dass Settlements stärker in GB und den USA, allerdings weniger in Ländern wie Deutschland oder Frankreich vertreten waren. Den Unterschied führt er auf das Ausmaß an Demokratie zurück, dahingehend, dass Frankreich mit seinen Schichten und Klassen sowie Deutschland mit einer hoch bürokratisch organisierten, von oben gelenkten Gesellschaft keinen geeigneten Nährboden für die Idee bereithielten. Alice Salomon (1901/1997) führt einen wesentlichen Unterschied zwischen den USA bzw. GB und Deutschland darauf zurück, dass es in Deutschland weniger möglich war, dass junge Mädchen und Frauen sich vom Elternhaus lösen und in das Settlement einziehen konnten. Aus diesem Grund habe man auf ein zentral liegendes Haus verzichtet und eher losere Formen der Organisation gewählt, wie sie etwa zuerst 1893 als „Mädchen- und Frauengruppen für soziale Hilfsarbeit" in Berlin gegründet wurden. In Deutschland existiert – in Anlehnung an die Settlementbewegung – eine Tradition der Nachbarschaftshäuser, die allerdings u.a. aufgrund nationaler Besonderheiten, nicht die Bekanntheit und Aufmerksamkeit erfuhren, wie die Settlementhäuser in GB und den USA. Jedoch dienten sie als wichtige Grundlage für die Verbreitung der Gemeinwesenarbeit in Deutschland nach dem zweiten Weltkrieg.

3.2 Die (anti-)wohlfahrtsstaatliche Idee: Gemeinwesenarbeit

GWA wird in Deutschland zunächst als dritte Methode neben der Einzelfallorientierung und der Gruppenarbeit verstanden. Einzelfallorientierung gilt dabei als eher psychologische Vorgehensweise. Ihr wird zugeschrieben, dass sie, besonders in der Phase der methodischen Erneuerung nach dem zweiten Weltkrieg, Aufmerksamkeit erfährt (vgl. Vogel/Oel 1966: 1f.). Eine Veröffentlichung von Hertha Kraus, die um 1950 einen deutschen Sammelband zum Thema „Social Case Work" herausgibt und damit US-amerikanische Ideen in Deutschland zugänglich macht, bildet den Auftakt für einen deutschen Diskurs zu diesem Thema (vgl. Müller 2006). Die Rezeption der Gruppenarbeit hingegen verläuft eher zurückhaltend (vgl. Gebhard 2002), während der Einzelfallorientierung eine hohe Bedeutung zukommt. Im Laufe der Entwicklung von GWA wird versucht, die Methodendifferenzierung zu überwinden und GWA nicht als eine Methode neben anderen, sondern vielmehr als zugrunde liegendes Arbeitsprinzip zu erfassen.

Vor diesem Hintergrund gliedert sich das folgende Unterkapitel wie folgt: In einem ersten Schritt wird die Debatte um Entstaatlichung im Deutschland der 1970er Jahre als eine Hintergrundfolie für die Gemeinwesenarbeit (GWA) skizziert (3.2.1). Anschließend wird knapp auf die Vorläufer von GWA in Deutschland, die Nachbarschaftsheime, eingegangen (3.2.2). Danach werden verschiedene Formen und Ansätze, wie sie im Rahmen von GWA als spezielle, dritte Methode Sozialer Arbeit entwickelt und rezipiert wurden, dargestellt (3.2.3). Dabei finden auch im Ausland begründete Ansätze Berücksichtigung, insofern sich ein Einfluss auf die GWA-Debatte in Deutschland ausmachen lässt. GWA als allgemeines Arbeitsprinzip wird unter 3.2.5 ausführlicher behandelt und von der „Gemeinwesenorientierung im Kontext kommunaler Sozialarbeitspolitik" (vgl. 3.2.4) abgegrenzt. Das Arbeitsprinzip GWA wird schließlich zur stadtteilbezogenen Sozialen Arbeit (3.2.6) weiterentwickelt und zum Quartiersmanagement (3.2.7) ausgebaut.

3.2.1 Staatskritischer Kontext

Der deutsche Sozial- bzw. Wohlfahrtsstaat wird seit Beginn seines Bestehens von unterschiedlichen Seiten und mit verschiedenen Argumenten angegriffen, in Frage gestellt oder kritisiert. Ein Höhepunkt der Kritik des wohlfahrtsstaatlichen Arrangements lässt sich auf die 70er Jahre des 20. Jahrhundert datieren. Mit der Verlangsamung des Wirtschaftswachstums erfährt die Frage nach der Verteilung des Sozialprodukts eine neue Aufmerksamkeit. Die Feststellung finanzieller Krisen spitzt diese Frage noch zu (vgl. Strasser 1979: 82ff.). Vor dem Hintergrund eines universellen Anspruchs auf wohlfahrtsstaatliche Leistungen wird „[d]ie Frage nach dem Verhältnis von öffentlicher und privater Verantwortung für die Wohlfahrtsproduktion [...] zu einem zentralen politischen Konfliktfeld" (Kaufmann 2006: 50). Von verschiedenen Seiten wird dabei der Ruf nach einer Begrenzung der staatlichen Zuständigkeit bis hin zu breiten Entstaatlichungsforderungen laut. Im Zuge dessen finden das Subsidiaritätsprinzip sowie die Selbsthilfeidee verstärkte Aufmerksamkeit. Eine Auswirkung besteht in einer „neue[n] Form der Bürokratie- und Professionskritik" (Kaufmann 2006: 52), in welcher der Einfluss staatlicher Institutionen von VertreterInnen unterschiedlichster politischer Couleur angegriffen wird. Im Zentrum steht die Forderung nach einer Befreiung der Menschen von diesen Eingriffen sowie nach einer Rückverlagerung von Verantwortung in lebensweltliche, private Kontexte.

In einer *konservativ-liberalen* Lesart argumentiert der Vertreter der ‚nivellierten Mittelstandsgesellschaft', Helmut Schelsky (1978), als er als wichtigste, geistig-politische Grundsatzentscheidung für die nächsten zwei Jahrzehnte formuliert, ob der selbstständige oder der betreute Mensch das Ziel der Politik darstellen soll. Dieser Entscheidung wird gar weltgeschichtlicher Einfluss und weittragende Modellwirkung zugeschrieben. Er hält es für unabdingbar, dass eine langfristige Politik zwischen diesen beiden Alternativen wählen muss. Welche der beiden Alternativen er für erstrebenswert hält, wird deutlich, als er auf das konkrete Entwerfen und Durchsetzen des „Gegenprogramm[s] der Freiheit und Selbständigkeit" (Schelsky 1978: 17) des Menschen abzielt. Ein betreuter Mensch wird mit Unselbstständigkeit, Abhängigkeit, rationalisierter und normierter Arbeit sowie einem verschulten, beruflichen Alltag assoziiert. Um diese abhängig machenden Prozesse weiter voranzubringen, stünden verschiedene Berufsgruppen in einer gemeinsamen Front: IndustriemanagerInnen, Gewerkschaftsbosse, PlanungsbürokratInnen und PädagogInnen. In seiner Kritik spielt er Selbstbestimmung und soziale Gerechtigkeit gegeneinander aus, wenn er die (rhetorische) Frage aufwirft: „Hält man bei uns die soziale Gerechtigkeit für gefährdeter oder die freie Selbstbestimmung der Person?" (Schelsky 1978: 20) Soll es eher um die Frage einer „gerechteren Verteilung des Sozialprodukts oder [...] der selbständigeren Bestimmung des eigenen Lebens gegenüber bürokratischen und sonstigen sozialen Vormundschaften" (Schelsky 1978: 20) gehen? Hierbei unterstellt er den „Vormundschaften" eine Macht erhaltende Vorgehensweise, d.h. dass sie mit allen Mitteln versuchen, sich zu legitimieren. Diese Mittel beinhalten auch eine Inszenierung von sozialer Ungerechtigkeit:

> „Oder sollte die demonstrative Ausbreitung des geborgten Elends aus aller Welt [...] und die fast einer Gehirnwäsche gleichenden Medienbetonung der ‚Randgruppen', sollte also diese Dramaturgie der sozialen Ungerechtigkeit bei uns etwa nur dazu dienen, der weitaus größten Mehrzahl unserer Bevölkerung, die längst selbstständig ist und ihre sozialen Interessen durchaus selbständig bestimmen und durchsetzen kann, die Hilfs- und Betreuungsbedürftigkeit einzureden, um die wachsende Herrschaft der Betreuer- und Vormundschaftsgruppen zugleich zu begründen und zu verharmlosen?" (Schelsky 1978: 22).

Der sozial selbstständige Mensch, den es zu schützen und zu fördern gilt, basiert auf einer moralischen Selbstständigkeit, die er in Gefahr sieht, wenn sie dem kollektiven Gewissen von Gruppen untergeordnet und somit unter Meinungsherrschaft und Außensteuerung unterworfen wird. Eine Sozialstruktur, die gerade nicht freiheitsfeindlich ist, habe deshalb die Aufgabe, individuelle Verantwortungsbereitschaft zu fördern. Dass er diese – durch das Handeln von staatlichen (Wohlfahrts)institutionen im Sinne kollektiver Risikoabsicherung – in Gefahr sieht, wird deutlich, als er die Frage aufwirft, wovon wir morgen leben werden. Er stellt hierbei zwei Optionen zur Auswahl: „Immer noch von der über Jahrhunderte erworbenen moralischen Substanz der individuellen Verantwortung, der Selbständigkeit der Person oder von der entlastenden Anonymität der im günstigsten Falle wohlgemeinten Kollektivbeschlüsse" (Schelsky 1978: 38f.).

Bei Schelsky wird hier in der Staatskritik eine liberale, von einer individuellen Verantwortung ausgehende Perspektive deutlich. Staatliche Eingriffe werden mit der Einschränkung des Individuums und der Unterwerfung unter kollektive Entscheidungen gleichgesetzt. Im gleichen Jahrzehnt existiert auch eine kritische Debatte über staatliche Institutionen wie z.B. die Schule oder das gesamte Bildungssystem. Zentrale Kritik wird am Monopol der Schule auf Lern- und Bildungsprozesse geübt. Menschen könnten viel besser ohne staatlichen Zwang und staatliches Eingreifen ganz alltäglich in ihrer Lebenswelt lernen.

> „Das Schlimmste, was man Menschen antun kann, ist ihnen zu helfen. Aus dieser Überzeugung heraus halte ich das ganze Schul- und Bildungskonzept für Quatsch, denn hier werden permanent neue Lernsituationen geschaffen. Aber die Welt ist die eigentliche Lernsituation. Wir brauchen nicht mehr zu tun, als den Menschen ihre Autonomie zu geben, und die Freiheit, sich auf ihre Weise zu entwickeln" (Goodman 1971).

Auch hier wird die Freiheit und Autonomie der Menschen betont, die sich in einer Unabhängigkeit von staatlichen Institutionen entwickeln solle. Diese Form der Argumentation ist analog zur Debatte um Antipädagogik zu sehen, in deren Rahmen geplante und gezielte Beeinflussung von Menschen abgelehnt wird (vgl. Braunmühl 1975).

In einer *links-alternativen* Lesart wird bei Ivan Illich (1972) in seiner Schrift „Entschulung der Gesellschaft. Entwurf eines demokratischen Bildungssystems" die Abschaffung des Schulsystems bzw. laut von Hentig (1972: 12) – im Vorwort zu Illichs Buch – eine „radikale Trennung von Staat und Erziehung" eingefordert. In eine ähnliche Richtung argumentiert Illichs Diskussionspartner Everett Reimer (1972), dessen Buch „Schafft die Schule ab! Befreiung aus der Lernmaschine" explizit als Ergebnis eines Gedankenaustauschs mit Illich charakterisiert wird. Für Illich hat die Schule in dem durchaus erstrebenswerten Ziel der gleichen Bildungschancen versagt. Sie ist vielmehr „zur Weltreligion eines modernisierten Proletariats geworden und macht den Armen des technischen Zeitalters leere Erlösungsversprechungen" (Illich 1972: 25). Darüber hinaus ist sie selbst eine der primären Ursachen für die Ausbreitung sozialer Ungleichheit, da sie die Zuteilung der gesellschaftlichen Chancen auf sich monopolisiert hat. Stattdessen sollte jede/r auf öffentliche Kosten die Möglichkeit haben, sich zu einem selbst gewählten Zeitpunkt bestimmte Fertigkeiten anzueignen. Außerdem sollten Bildungsprozesse vielmehr freiwillig und unter Gleichgesinnten entstehen, indem man ein Netz aus „geselligen Institutionen" (vgl. Illich 1972: 65) errichtet, die es jedem ermöglichen, ein bestimmtes Anliegen mit anderen zu teilen. Gleichzeitig wird die Verantwortung für Veränderungen bei den einzelnen Individuen verortet. Eine liberale Gesellschaft sei geradezu unvereinbar mit dem Bestehen einer Schule, wobei sich seine Entschulungsforderung allerdings nicht auf diese beschränkt, sondern auf die Gesellschaft als Ganzes bezieht. Entschulung wird hierbei gleichgesetzt mit der Abschaffung von Institutionen generell.

> „Wohlfahrtsbürokraten beanspruchen nämlich ein berufliches, politisches und finanzielles Monopol über die gesellschaftliche Phantasie und stellen Richtlinien dafür auf, was wertvoll und was erreichbar ist. Dieses Monopol ist das Grundübel für die Modernisierung der Armut. Jedes einfache Bedürfnis, auf das man eine institutionelle Antwort findet, gestattet es, eine neue Klasse von Armen und eine neue Begriffsbestimmung der Armut zu erfinden" (Illich 1972: 18).

Insofern wird – über die staatskritische Einstellung hinaus – der Wohlfahrtsstaat geradezu für das Entstehen von sozialen Problemen verantwortlich gemacht, mit der Unterstellung, er entmündige die BürgerInnen, mache sie abhängig, unterminiere Selbsthilfekräfte und erzeuge damit erst Probleme. Eine Debatte, die in neuerer Zeit in Bezug auf das deutsche Sozialsystem nicht unbekannt erscheint. Kritisiert wird hierbei eine Pädagogisierung der Menschen (vgl. Kessl/Reutlinger 2007: 75). „Entschulung ist deshalb die Grundvoraussetzung jeder Bewegung für die Befreiung des Menschen" (Illich 1972: 58). Nicht ohne Zufall mag es daher sein, dass Illich in seinem Vorwort den geistigen Austausch und die Nähe zu Paulo Freire erwähnt. Dieser hatte zwei Jahre zuvor ein Buch mit dem Titel „Pädagogik der Unterdrückten" veröffentlicht, in dem er – auf Brasilien bezogen – einen Entwurf der Befreiung der Unterdrückten von den Unterdrückern mittels Revolution und Pädagogik skizziert. Die Notwendigkeit einer Revolution sei durch eine Wandlung der gesellschaftlichen Strukturen entstanden, in der sich Unterdrückungsstrukturen tief in das Bewusstsein der Menschen eingegraben hätten. Auch er lehnt das traditionelle Verhältnis zwischen LehrerInnen und SchülerInnen ab, in dem das Unterdrücker-Unterdrückten-Verhältnis lediglich reproduziert werde. Insofern besteht „[b]efreiende Erziehungsarbeit [...] in Aktionen der Erkenntnis, nicht in der Übermittlung von Informationen" (Freire 1970: 84). Die Mittel hierzu sind dauerhafter Dialog und Reflexion, damit sich die Unterdrückten ihrer Situation bewusst werden. Die Verantwortung zur Veränderung wird – auch hier – bei den Unterdrückten selbst gesehen, denn wenn diese nicht mit den Unterdrückten zusammen geschehe, so reproduziere auch diese wiederum das Verhältnis zwischen Unterdrückern und Unterdrückten. Von daher sei eine selbsttätige Emanzipation der Unterdrückten zentral:

„Die problemformulierende Bildungsarbeit als humanistische und befreiende Praxis geht von der grundlegenden These aus, daß Menschen, die der Herrschaft unterworfen sind, für ihre Emanzipation kämpfen müssen. Für dieses Ziel befähigt sie Lehrer und Schüler, Subjekte des Erziehungsprozesses zu werden, indem sie Autoritarismus und entfremdenden Intellektualismus überwindet. Sie befähigt Menschen auch, ihre falsche Auffassung der Wirklichkeit zu überwinden" (Freire 1970: 92).

Insofern werden sowohl in einer konservativ-liberalen als auch in einer links-alternativen Lesart Forderungen nach stärkerer Eigentätigkeit und Eigenverantwortung des Individuums, nach vermehrter Entwicklung und Lernen in informellen Kontexten sowie nach möglichst geringer bzw. keiner (gezielten und geplanten) Beeinflussung von Menschen laut. Größere Autonomie und Freiheit von Menschen stehen demnach im Zentrum. Somit lässt sich konstatieren, dass der Entstaatlichungsgedanke für AnhängerInnen unterschiedlichster politischer Richtungen gleichermaßen – allerdings aus unterschiedlichen Gründen – attraktiv sein kann. Für konservative VertreterInnen impliziert Entstaatlichung eine konsequentere Realisierung des Subsidiaritätsprinzips, für links-alternative AnhängerInnen eine Autonomie gegenüber staatlichem, negativ bewertetem Zugriff sowie in liberaler Lesart einen möglichst geringen Eingriff des Staates in das autonom zu gestaltende Leben von einzelnen Individuen.

Vor dem Hintergrund dieser staatskritischen Debatten entsteht ein Bedeutungszuwachs der lokalen und sich damit näher an der Lebenswelt seiner BürgerInnen befindenden Ebene. Auch Thomas Schmid (1988: 117ff.) vereint sein Plädoyer für Entstaatlichung mit den Begriffen „Gemeinde, Gemeinwesen und Bürger". Zwar gibt es auf der lokalen Ebene Bestrebungen, staatliche Institutionen dort anzusiedeln, um sie so niedrigschwelliger und passgenauer gestalten zu können, gleichzeitig geht damit aber auch eine verstärkte Forderung nach informeller Problemlösung in Abgrenzung zu staatlichem Eingriff einher. Die Bevorzugung freiwilliger, informeller, geselliger Kreise unter Gleichgesinnten zur Erlangung von Bildungsprozessen, wie sie Illich (1972) fordert, wäre ein Beispiel hierfür. In der Sozialen Arbeit steht mit diesem staatskritischen Kontext, der mit einer Krise und weitreichenden Kritik am Wohlfahrtsstaat einhergeht, ein Plädoyer für eine Deprofessionalisierung und Informalisierung sozialer Dienste in Verbindung. Aus diesem Grund ist es nicht verwunderlich, dass im Kontext dieser Debatten um Entstaatlichung die Selbsthilfe einen immensen Aufschwung erfährt. Auch hier findet sich diese Allianz unterschiedlichster politischer Richtungen, die Olk/Heinze (1989: 236) zu der Einschätzung veranlassen, dass „Liberalismus, Konservativismus, Anarchismus sowie Sozialismus […] mit gutem Recht als Quelle der Selbsthilfeidee bezeichnet werden" können. Für den Konservatismus steht dabei – wie bereits angesprochen – das Subsidiaritätsprinzip im Vordergrund. Für den Anarchismus sei das Prinzip der gegenseitigen Hilfe, für den Liberalismus die Stärkung individueller Selbstverantwortung sowie für den Sozialismus die Selbsthilfe als Form wechselseitiger Solidarität konstitutiv. Allen gemeinsam dürfte hierbei – in Anlehnung an eine konsumkritische Haltung – die Furcht vor der Gefährdung der Autonomie von Menschen durch ein Übermaß an (staatlichen) Dienstleistungen sein (vgl. Schwendter 1989). In diese Zeit lassen sich verschiedene Ansätze zu Gemeinwesenarbeit stellen, interpretieren und diskutieren.

3.2.2 Vorläufer der Gemeinwesenarbeit: die Nachbarschaftsheime

Als eine Form der Vorläufer von Gemeinwesenarbeit können in Deutschland die Nachbarschaftsheime gesehen werden, die in Anlehnung an die Tradition der Settlementbewegung ins Leben gerufen wurden. Eines der ersten Nachbarschaftsheime ist das ‚Soziale Arbeitsgemeinschaft Berlin-Ost‘, welches im Jahr 1911 von Friedrich Siegmund-Schultze gegründet wird. Es folgen weitere und die Zahl an Neugründungen steigt verstärkt nach dem zweiten Weltkrieg. 1951 schließen sich die meisten Heime zum ‚Verband deutscher Nachbarschaftsheime e.V.‘ zusammen und bleiben bis weit in die 60er Jahre hinein – besonders im Rahmen von entstehenden Satellitenstädten – aktiv. Ab 1971 nennt sich der Dachverband deutscher Nachbarschaftsheime in ‚Verband für sozial-kulturelle Arbeit‘[15] um (vgl. Müller 2006: 198ff.). Im Mittelpunkt der Arbeit stehen etwa die Unterstützung zur Verbesserung der Lebensbedingungen im Stadtteil sowie Betreuung und sozialpädagogische Angebote für Kinder und Jugendliche.

Einen anderen Impuls erhält die Idee der Communityorientierung in der Nachkriegszeit nach dem zweiten Weltkrieg im Zuge von Reeducation-Bemühungen der Alliierten. So halten verschiedene Konzepte von Community Work[16] in Deutschland Einzug. Besonders nachdrücklich wirken hierbei die Ideen aus den USA, aber auch aus England und den Niederlanden. Erwähnt werden in diesem Zusammenhang vielfach die Verdienste von Hertha Kraus, einer

---

15 „Der Verband für sozial-kulturelle Arbeit ist der bundesweite Dach- und Fachverband für Einrichtungen, Vereinigungen und Projekte der sozial-kulturellen Arbeit, die sich je nach Region und Tradition u.a. „Bürgerzentrum", „Nachbarschaftsheim", „Gemeinwesenprojekt" oder „sozial-kulturelle Einrichtung" nennen. Der Verband für sozial-kulturelle Arbeit ist u.a. Mitglied im *Paritätischen Wohlfahrtsverband e.V., Gesamtverband,* Frankfurt, und in der *International Federation of Settlements and Neighbourhood Centres,* Minneapolis (USA)." (Homepage des Verbandes: *http://www.stadtteilzentren.de/;* 5.4.07).

16 Community Work beinhaltet hier die Begriffe ‚Community Organisation‘ und ‚Community Development‘, über die im deutschen Sprachgebrauch eine sehr unterschiedliche Begriffsverwendung vorherrscht. Einen Versuch der Systematisierung haben Martin Rudolf Vogel und Peter Oel (1966) vorgelegt.

Quäkerin, die vor dem zweiten Weltkrieg bereits in die Entwicklung von Nachbarschaftsheimen involviert war, dann aber in die USA emigriert ist. Sie macht nach dem Krieg viele US-amerikanische Ideen für Deutschland zugänglich (vgl. Müller 2006).

Eine tiefere Rezeption und auch eigene Auseinandersetzungen mit der Thematik sowie das verstärkte Aufkommen von Gemeinwesenarbeit finden in Deutschland in den 60er Jahren statt. Hierbei lassen sich drei Ebenen der Rezeption unterscheiden: Die literarische, die Ebene der Curricula für die Ausbildung von SozialarbeiterInnen und die Ebene der praktischen Tätigkeit. Erstens entstehen so praktische Gemeinwesenarbeitsprojekte, zweitens wird sie als Teil der (Methoden)Ausbildung in die Curricula integriert und drittens findet eine – wenngleich selektive – literarische Auseinandersetzung mit der Thematik – insbesondere anhand der Lehrbücher von Murray G. Ross und Jo Boer – statt (vgl. Müller 1971: 228ff.). Im folgenden Unterkapitel wird die literarische Rezeption der 60er und 70er Jahre fokussiert.

3.2.3 Methodische Ansätze der Gemeinwesenarbeit

Gemeinwesenarbeit kann allgemein beschrieben werden, als eine

> „sozialräumliche Strategie, die sich ganzheitlich auf den Stadtteil und nicht pädagogisch auf einzelne Individuen richtet. Sie arbeitet mit den Ressourcen des Stadtteils und seiner BewohnerInnen, um seine Defizite aufzuheben. Damit verändert sie dann allerdings auch die Lebensverhältnisse seiner BewohnerInnen" (Oelschlägel 2001: 653).

Ein Gemeinwesen wird somit als (sozial)räumliches, d.h. geografisches Gebiet definiert, in dem ressourcenorientiert die Lebensverhältnisse verbessert werden sollen. In der Literatur findet sich u.a. die Differenzierung in ein geografisches, ein funktionales und ein kategoriales Gemeinwesen. Eine funktionale Beschreibung[17] definiert ein Gemeinwesen als eine Gemeinschaft von geteilten Interessen oder Aufgaben wie beispielsweise ein Arbeitszusammenhang in einer Fabrik oder eine Gewerkschaft (vgl. u.a. Ross 1968: 59). Kategoriale Gemeinwesenarbeit bezieht sich auf das Ziel, strukturelle Benachteiligungen von bestimmten Bevölkerungsgruppen abbauen zu wollen (vgl. Wendt 1989: 8). Der gängigste,

---

17 Für Ross beispielsweise gelten zwar auch funktionale Gemeinwesen als unterstützenswert, allerdings würde es das Ziel der Gemeinweseneintegration mit sich bringen, dass ein Prozess initiiert werden soll, der „ein Identitätsgefühl im breiteren Gemeinwesen" schafft (Ross 1968: 141). Von daher liegt bei ihm der Schwerpunkt auf einem geografischen Gemeinwesen. Ein funktionales würde demnach eher eine Subgruppe desselben darstellen.

explizite oder implizite Bezugspunkt der Charakterisierung eines Gemeinwesens stellt allerdings ein geografisches Gebiet dar.

In der deutschsprachigen Literatur werden verschiedene Ansätze der Gemeinwesenarbeit unterschieden. So wird etwa vielfach zwischen der wohlfahrtsstaatlichen, der integrativen, der aggressiven und der katalytischen bzw. aktivierenden Form differenziert (vgl. u.a. Karas/Hinte 1978; Seippel 1974: 113ff.). Eine weitere Unterteilung in gewisse „Spielarten" (Müller 1971: 237ff.) findet in den Kategorien konservativ, reformpädagogisch und aggressiv statt. Hierbei scheint die Kategorie integrativ stark mit reformpädagogisch sowie wohlfahrtsstaatlich mit konservativ zusammenzuhängen, so dass in der folgenden Beschreibung die Merkmale reformpädagogisch/integrativ, aggressiv, konservativ/ wohlfahrtsstaatlich und katalytisch/aktivierend dargestellt werden. Eine weitere Unterscheidung, die zur Unterteilung der gemeinwesenarbeiterischen Ansätze herangezogen, allerdings hier nicht weiter verfolgt, wird, ist die, zwischen systemerhaltend und systemverändernd (vgl. u.a. Iwaskiewicz 1972: 21). Von VertreterInnen einer systemverändernden Perspektive werden mit dem Vorwurf der Systemerhaltung der integrative und der wohlfahrtsstaatliche Ansatz kritisiert, da diese nicht zu einer Veränderung des (kapitalistischen) Systems beitragen würden.

3.2.3.1 „Reformpädagogische/integrative" Gemeinwesenarbeit

Das Kennzeichen „reformpädagogisch/integrativ" wird in erster Linie mit dem Namen Murray G. Ross in Verbindung gebracht. Dieser rückt zentrale Entwicklungen in Nordamerika in den Fokus. Des Weiteren werden die Schriften von Jo Boer und dem Übersetzer ihres Standardwerkes „Gemeinwesenarbeit. Community Organization – Opbouwwerk", Kurt Utermann, hinzugezählt. Sie beinhaltet eine niederländische Auseinandersetzung mit dem Thema Gemeinwesenarbeit sowie mit der amerikanischen Variante von Community Organization.

Murray G. Ross
Murray G. Ross betont die aktuell wachsende Bedeutung der örtlichen Gemeindeebene und die zunehmende Notwendigkeit von Gemeinwesenarbeit vor dem Hintergrund von technischen Entwicklungen in Zusammenhang mit Prozessen der Verstädterung und Industrialisierung. Seine Beschreibung gilt somit für industrialisierte Länder. In einer modernisierungs- und individualismuskritischen Analyse problematisiert er insbesondere die gesellschaftlichen Veränderungen, die in Zusammenhang mit zunehmenden städtischen Lebensbedingungen stehen.

Zugehörigkeitsgefühle zu einem Gemeinwesen würden zerstört und brächten das Verschwinden alter Verhaltensmuster, Verwirrung, Desintegration, Unsicherheit und Identitätsverlust mit sich (vgl. Ross 1968: 17ff.; 92ff.). Gleichzeitig entstehe die „Schwierigkeit, gemeinsame und verbindende Wertvorstellungen (als Grundbestandteil einer Kohäsion) zu entwickeln und aufrechtzuerhalten" (Ross 1968: 94). Unter Verweis auf Lindemann betont Ross die Wichtigkeit für Gesellschaften, *Einheit trotz Vielfalt* herzustellen. Mittels Rekurs auf Wirth stellt er Konsens als zentrale gesellschaftliche Herausforderung dar. Aktuell bestehe die Tendenz zur Abkapselung großer Untergruppen und damit zur Entstehung von sozialen Spannungen. In Analogie zum pragmatischen Demokratieverständnis sieht er dies als Gefahr für Demokratie und arbeitet die Notwendigkeit heraus, Austausch herzustellen, Spannungen zu reduzieren sowie aktive Beteiligung hervorzubringen. Neben den negativen gesellschaftlichen Auswirkungen gäbe es dabei auch individuelle Nachteile, da sich die Schranken der aktiven Beteiligung negativ auf die persönliche Entwicklung auswirkten. Nach Ross' Vorstellung wird nämlich die uneingeschränkte, aktive Auseinandersetzung mit der Umwelt als Entwicklungsaufgabe für geistige und seelische Gesundheit angesehen (vgl. Ross 1968: 94ff.). Vor diesem Hintergrund gewinne die Notwendigkeit der Schaffung von Gemeinschaftsstrukturen eine neue Bedeutung.

In einer viel zitierten Definition von Ross wird Gemeinwesenarbeit bestimmt als

> „Prozeß, in dessen Verlauf ein Gemeinwesen seine Bedürfnisse und Ziele feststellt, sie ordnet oder in eine Rangfolge bringt, Vertrauen und den Willen entwickelt, etwas dafür zu tun, innere und äußere Quellen mobilisiert, um die Bedürfnisse zu befriedigen, daß es also in dieser Richtung aktiv wird und dadurch die Haltungen von Kooperation und Zusammenarbeit und ihr tätiges Praktizieren fördert" (Ross 1968: 58ff.; vgl. auch 105).

In dieser Definition steht am Beginn des Gemeinwesenarbeitsprozesses die Bewusstwerdung von Bedürfnissen und Zielen. Diese Formulierung legt nahe, dass es um *gemeinsame* Bedürfnisse von Mitgliedern eines Gemeinwesens geht. Neben diesem Bewusstwerdungs- und Zielfindungsprozess sollen auch individuelle Veränderungen angeregt werden: nämlich das Entwickeln von Vertrauen in die eigene Fähigkeit zu handeln. Neben der Mobilisierung von Quellen innerhalb des Gemeinwesens können dementsprechende Quellen – wo nötig – von außerhalb hinzugezogen werden. Im Zentrum steht das aktiv Werden, d.h. die individuelle Handlung zur Verbesserung der Situation in Verbindung mit kollektivem Agieren, durch welches kooperative Haltungen und praktische Zusammenarbeit gefördert werden. Dieser kollektiven Komponente misst er, gegenüber dem Ziel der Verbesserung der Lebensbedingungen für die Bevölkerung, den größeren

Wert bei. Wichtiger sei es, bei den BewohnerInnen die Kompetenz zu erhöhen, zukünftige Projekte besser bewältigen zu können (vgl. Ross 1968: 64f.). Als grundlegendes Fernziel wird formuliert: „in dem Gemeinwesen die Fähigkeit zu entfalten, sich künftig als eine lebendige Einheit mit seinen Bedürfnissen, Problemen und gemeinsamen Anliegen auseinanderzusetzen" (Ross 1968: 65). Es geht um die Befähigung der Gruppe, sich gemeinsame Anliegen bewusst machen sowie diese erreichen zu können. Jene Zielvorstellung korrespondiert mit den zentralen Aufgaben, die einem Gemeinwesenarbeiter auferlegt werden: der Planung von konkreten Problemlösungen, d.h. Definition eines bearbeitbaren Problems, Auswählen der Lösung, Planung der Aktionen, etc. und der „Gemeinwesenintegration". Diese wird als Prozess beschrieben, in dem kooperative Haltungen entwickelt und Zusammenarbeit gelernt werden sollen. Als Ergebnis werden eine „vermehrte Identifizierung mit dem Gemeinwesen, erhöhtes Interesse und Teilhabe an den gemeinschaftlichen Angelegenheiten [sowie] gemeinsame Wertvorstellungen und Möglichkeiten, sie zu verwirklichen" (Ross 1968: 66) angeführt. Diese Folgen werden als per se gut und erstrebenswert unterstellt. So werde damit etwa Pluralität und Differenz überwunden, da gemeinschaftliche Normen und Werte entwickelt werden. Zum einen werde eine Toleranz für Unterschiede, zum anderen eine Basis für Gemeinsames ausgebildet. Es gehe hierbei jedoch nicht um Standardisierung, sondern vielmehr um Einigung auf einen gemeinsamen Nenner. Auswirkungen für den Einzelnen bestünden etwa in „seelischer Sicherheit" und einer Bereicherung des eigenen Lebens. Impliziert ist auch eine präventive Funktion, da das Gemeinwesen in die Lage versetzt wird, anfallende Angelegenheiten selbstständig zu lösen. Was diese Bestimmung von Gemeinwesenarbeit wesentlich von anderen Definitionen unterscheidet, ist, dass strukturelle Veränderungen hier keine Berücksichtigung finden. Dies ist sicherlich ein zentraler Grund für die Zuordnung dieses Ansatzes zur Kategorie reformpädagogisch. Die integrative Einordnung erklärt sich aus der Zielformulierung der Gemeinwesenintegration.

Die methodischen Vorgehensweisen differenziert Ross in drei verschiedene Formen (vgl. Ross 1968: 31ff.; Ross 1956): Bei dem „Vorhaben mit *bestimmtem* Programminhalt" (reform orientation), hat ein/e GemeinwesenarbeiterIn als Minderheit im Gemeinwesen ein bestimmtes Ziel, z.B. eine Einrichtung zu errichten. Hierfür sucht er/sie sich (einflussreiche) Verbündete im Gemeinwesen, um das Ziel durchzusetzen und zu erreichen. Der Unterschied zu einem „Vorhaben mit *allgemeinem* Programminhalt" (planning orientation) besteht darin, dass das Programm bei letzterem breiter angelegt ist, so dass ein größerer Planungs- und Arbeitsprozess notwendig wird. Ein Beispiel hierfür könnte die Erweiterung und Koordinierung verschiedener sozialer Dienste im Gebiet sein. Bei der dritten Form unter dem Motto „Der Prozess selbst ist das Ziel" (process orientation) geht es schließlich nicht mehr darum, ein bestimmtes inhaltliches Ziel zu erreichen, sondern vielmehr einen Prozess kollektiver Wertentwicklung und Aktion in Gang zu bringen. Diese Form stellt für Ross die entscheidende Vorgehensweise, entsprechend dem übergeordneten Ziel der Gemeinwesenintegration, dar, da die Entwicklung kollektiver Identität für ihn über der konkreten Problemlösung steht. Eingebettet ist die Gemeinwesenarbeit jedoch stets in eine konkrete Problemlösung. Nicht immer um des Problems Willen, sondern vielmehr um durch den Lösungsprozess Kompetenzen der kollektiven Problemlösung für die Zukunft zu entwickeln. Insofern ist an der Beschaffenheit der Schwierigkeiten, um die man sich mit Hilfe von Gemeinwesenarbeit kümmert, zentral, dass sich möglichst viele Personen und Gruppen aus dem Gemeinwesen für diese interessieren. „Daher ist es wichtig, solche Probleme in den Mittelpunkt zu stellen, an denen sich allgemeines Interesse und Besorgnis entzünden könnte" (Ross 1968: 143).

Weiterhin ordnet Ross GWA in Bezug auf verschiedene Aspekte auf einer Skala an (vgl. Ross 1968: 42ff.): So würde sich jede Arbeit auf einer Zeitachse zwischen strikter Zeitbegrenzung und „genügend Zeit" einordnen lassen. Ferner variiert sie auf einer Skala der Zielsetzungen. Die beiden Pole werden hier mit spezifischer Reform oder Planung auf der einen Seite, was stärker auf der inhaltlichen Ebene angesiedelt ist, und sozialer Therapie auf der anderen Seite beschriftet. Bei sozialer Therapie wird der Prozess der sozialen Veränderung betont wie etwa das Entwickeln von kollektiven Werten und gemeinschaftlichen Aktionen. Auf der Methodenskala kann das Vorgehen auf der Bandbreite zwischen dem Aufzwingen, etwa von bestimmten Zielen, und vollständiger Selbstbestimmung aller BewohnerInnen abgesteckt werden.

Insgesamt wird die Entwicklung von Gemeinwesen als Grundlage für Selbstbestimmung der Bevölkerung in einer Demokratie erachtet und Selbsthilfe als entscheidendes Kennzeichen eines jeden Programms angesehen. Eingebettet ist dieses Ziel in spezifische (anthropologische) Wertorientierungen. So wird Vertrauen in „Wert und Würde des Individuums" (Ross 1968: 91) entgegengebracht und davon ausgegangen, „daß jeder Mensch die Möglichkeiten und Fähigkeiten [hat], sein eigenes Leben zu führen, die Freiheit, seine eigene Individualität zum Ausdruck zu bringen, die allen sozialen Wesen innewohnende Fähigkeit zu wachsen und sich zu entfalten" (Ross 1968: 91). Hierbei wird deutlich, dass beschränkende strukturelle Faktoren keine Berücksichtigung finden, wenn von einer prinzipiellen Freiheit und naturgegebenen, positiven Fähigkeit der Menschen ausgegangen wird. An individuellen Rechten werden in erster Linie die Befriedigung *physischer* Bedürfnisse sowie Unterstützung in krisenhaften Ausnahmesituationen reklamiert. Gleichzeitig bringe es die natürliche Ausstattung jedes Menschen mit sich, dass er/sie die Lebensbedingungen zu verbessern sucht sowie soziale Bezüge so gestalten will, dass sie „Wachstum und individu-elle Entwicklung" (Ross 1968: 91) anregen.

Die Aufgaben von professionellen GemeinwesenarbeiterInnen werden in vier unterschiedlichen Rollen verdeutlicht: dem Leiter, ‚Befähiger', Sachver-ständigen und Sozialtherapeuten (vgl. Ross 1968: 179ff.). Die primäre Rolle stellt dabei der Leiter dar, „der dem Gemeinwesen hilft, seine eigenen Zielset-zungen zu formulieren und durchzusetzen" (180). Der ‚Befähiger' soll den Pro-zess der GWA ermöglichen. Als Sachverständigem obliegt es der Fachkraft, „Daten und direkten Rat in jenen Bereichen zu vermitteln, über die er mit Sach-autorität sprechen kann" (198), z.B. die Beschaffung und das Einbringen von Forschungsergebnissen, Hilfsquellen, Methoden des Vorgehens, etc. In der Rolle als Sozialtherapeut besteht die Aufgabe primär in der Diagnose und Behandlung des Gemeinwesens als Ganzem, wenn etwa zwischenmenschliche Spannungen eine fruchtbare Zusammenarbeit des Kollektivs verhindern. Hiermit werden unterschiedliche Aspekte der Berufsrolle von GemeinwesenarbeiterInnen ange-sprochen. Die Rolle als Sozialtherapeut wird jedoch als bei den Fachkräften wenig anerkannt eingeschätzt.

Grundsätzlich wird deutlich, dass der kollektive, gemeinschaftliche Rahmen eines Gemeinwesens immer vorausgesetzt wird. Es sind nur kooperative Lö-sungsmöglichkeiten denkbar. Zuviel Konkurrenz, Disharmonie, Konflikt und Protest werden als kontraproduktiv erachtet, da sie „vernünftige Diskussionen" (Ross 1968: 141) verhindern und damit dem Ziel der Schaffung von Identitätsge-fühl im Gemeinwesen entgegenwirken. Den Ausgangspunkt bildet dabei die Vorstellung, dass auch Konflikte letztlich unter dem Dach einer grundlegenden Übereinkunft der Beteiligten stattfinden. Diese Übereinkunft soll letztlich dar-über hergestellt werden, dass sich die Beteiligten zu Beginn des Prozesses auf ein gemeinsames Problem, das möglichst viele betrifft, einigen. Generell spielt hier – ähnlich der Settlementarbeit – Kommunikation und Interaktion bei der Entwicklung eines Gemeinschaftsgefühls eine große Rolle, eine Beziehung, die Ross durch einen Verweis auf Dewey selbst herstellt (vgl. Ross 1968: 158). Im Prozess der Problemfindung und -lösung spielen weiterhin Gruppenprozesse wie Arbeitsweise, Führung und Leitung eine entscheidende Rolle. Aus dem Fokus auf das Kollektive und Gemeinschaftliche ergibt sich, dass die von Ross vorge-schlagene gemeinwesenarbeiterische Vorgehensweise blind gegenüber sozialer Ungleichheit sowie gesellschaftlichen Machtungleichheiten bleibt. Die einzige Möglichkeit der Überwindung derselben, bestünde in einer – eher unwahrschein-lichen – kooperativen Anerkennung als Problem und Einigung auf eine gemein-same Lösung. Gleichzeitig wird diese Problemlösung in ein quasi autonomes Gemeinwesen hineinverlagert, während Verursachungszusammenhänge über dieses hinaus unberücksichtigt bleiben müssen.

Jo Boer/Kurt Utermann

Den Ausgangspunkt von GWA bei Boer/Utermann bildet die Feststellung, dass die moderne Gesellschaft bewusst bemüht sei, sich in einer Art und Weise zu arrangieren, die menschliche Bedürfnisse optimal zufrieden stellen. Als Teil der Wohlfahrt gehört u.a. hierzu das Kreieren eines günstigen sozial-kulturellen Klimas innerhalb der Gesellschaft, da dieses große Bedeutung für die Persönlichkeitsentwicklung von Menschen habe. Eine optimale Gestaltung impliziere somit die Verhinderung negativer Entwicklungen in modernen Gesellschaften, wie etwa Gefühle „der Entfremdung, der Einsamkeit und Frustration" (Boer/Utermann 1970: 2) sowie die Unzufriedenheit darüber, dass den BürgerInnen über viele Regelungen von ‚oben' und ‚außen' das Gefühl von Einflusslosigkeit vermittelt wird. Vor diesem Hintergrund wird GWA definiert als Arbeitsformen, die „auf die Verbesserung der sozio-kulturellen Umgebung gerichtet sind und dies in methodischer Weise unter fachkundiger Begleitung tun, während zugleich die Bevölkerung an diesem Prozeß selbst aktiv teilnimmt" (Boer/Utermann 1970: 15). Unter der sozio-kulturellen Umgebung wird hier die gesellschaftliche Situation bzw. die soziale Struktur verstanden, in dem Sinne, wie der Mensch in soziale Beziehungen und Bindungen eingebettet ist. GWA wird folglich notwendig,

- bei gesellschaftlichen Defiziten und Mangelerscheinungen (z.B. Desintegration und Kommunikationsschwäche)
- bei der Notwendigkeit der Entwicklung neuer Formen des Zusammenlebens (z.B. in Neusiedlungsgebieten)
- und bei großen gesellschaftlichen Veränderungen (z.B. durch ökonomische und technische Entwicklungen) (vgl. Boer/Utermann 1970: 16ff.).

Gesellschaft und Individuum werden kultur-anthropologisch in Wechselwirkung bzw. als komplementär gesehen. Der Mensch sei zwar geprägt von der Gesellschaft, habe aber auch Freiheiten und Wahlmöglichkeiten. Entstehen soziale Probleme, so können diese entweder in unzureichender Anpassung des Menschen an die gesellschaftlichen Bedingungen, d.h. in einem individuellen Defizit bestehen oder aber soziale Probleme können umgekehrt aus einer unzureichenden Anpassung der Gesellschaft an die Bedürfnisse von Individuen resultieren. Die Gestaltung und Optimierung der gesellschaftlichen Bedingungen, d.h. der sozial-kulturellen Umgebung, ist die konkrete Aufgabe von GWA. Diese Arbeit geschieht mit den betroffenen Menschen zusammen.

Zwei Gruppen von Faktoren werden für das Funktionieren von Gesellschaften als wesentlich erachtet:

- „die so genannte soziale ,Ausrüstung' der Gesellschaft, das Gesamt der sozialen Vorkehrungen und Einrichtungen (materieller wie immaterieller Art)

Hierzu gehören beispielsweise Gebäude, Spielplätze, Kontakt- und Begegnungszentren, Vereine etc.

- die Integrations- oder Desintegrationsprozesse und das Ganze der zwischenmenschlichen Beziehungen" (5f.).

Notwendig seien folglich sowohl materielle Bedingungen wie *Orte* der Begegnung als auch immaterielle Gegebenheiten wie etwa das *Arrangement* eines Vereins. Diese bilden die Basis, dass zwischenmenschliche Beziehungen entstehen und gelebt werden können. Sind diese beiden Faktoren nicht in optimalem Maße gegeben, so kann GWA hier ansetzen. Auch Boer und Utermann unterscheiden hierbei zwischen territorialem und funktionalem Gemeinwesen. Die Aufgabe von GemeinwesenarbeiterInnen ist dabei vergleichbar mit einem Katalysator. Es wird versucht, die bestehenden Bedürfnisse der Bevölkerung eines Gebietes bzw. Region oder einer Gruppe

> „über Gemeinwesenarbeit mit ihren Arten und Weisen des Vorgehens [zu aktualisieren]. Dadurch kann hier Gemeinwesenarbeit katalytisch wirken und Entwicklungen der Zusammenarbeit und der aktiven Beteiligung an der Lösung der Probleme in Gang bringen" (Boer/Utermann 1970: 212f.).

Das Ziel der GWA kann zusammengefasst werden als Versuch, die soziokulturelle Umgebung von Menschen – zusammen mit ihnen – zu verbessern. Sie leistet außerdem einen Beitrag zur Demokratisierung der Gesellschaft, in dem „Glieder des Gemeinwesens durch ihre konkrete Beteiligung und die Erfahrungen, die hierbei zu gewinnen sind, aktiv am demokratischen Lebens- und Lernprozeß im Gemeinwesen mitwirken" (Boer/Utermann 1970: 224). Dieses gemeinschaftliche Zusammenwirken wird als Integration gefasst, wodurch sich die Kategorisierung dieses Ansatzes unter dem Stichwort ,integrativ' begründen lässt. Es geht demnach um die Lösung alltäglicher Probleme vor Ort, um individuelle Kompetenzentwicklung zur demokratischen Teilhabe und somit um Demokratisierung im Nahraum. Analog zur Bestimmung von GWA durch Ross werden kollektiv einheitliche, optimale Bedingungen unterstellt, während unterschiedliche, konfliktträchtige Perspektiven bzw. der Umgang damit außen vor bleiben müssen. Des Weiteren bleibt bei einer derartigen Sichtweise der Gestaltungsbereich auf die unmittelbar nahräumliche Umgebung beschränkt.

3.2.3.2 „Aggressive/konfliktorientierte" Gemeinwesenarbeit

Eine aggressive gemeinwesenarbeiterische Vorgehensweise wird für Deutschland als wenig rezipiert bzw. als in der Praxis wenig erprobt erachtet (vgl. Karas/Hinte 1978). Will man diese spezifischen VertreterInnen zuordnen, so wird sie wesentlich mit dem Namen von Saul Alinsky, darüber hinaus mit dem von Danilo Dolci und Ralph M. Kramer in Verbindung gebracht (vgl. Müller 2006). Auch Harold Specht wird dazu gerechnet, der die Taktiken von GWA auf einem Spektrum von Kooperation, Konkurrenz-Kampagne, Disruption (zielt darauf, das Zielsystem in seiner üblichen Arbeit zu unterbrechen) und Gewalt auffächert (vgl. Specht 1971). Ebenfalls passt der Entwurf einer konfliktorientierten GWA unter der Herausgeberschaft von Bahr/Gronemeyer in diese Schematik.

Saul Alinsky
Saul Alinsky studiert Archäologie, Soziologie und Kriminologie an der Chicago School of Sociology. Sein Soziologielehrer ist Robert E. Park. Als großer Meilenstein in seiner Arbeit wird 1939 die Gründung des ‚Back-of-the-Yards Neighborhood Councils' zur Organisierung der Chicagoer Hinterhöfe betrachtet. Anlass hierzu ist die Erkenntnis, dass bedrohliche, chronische soziale Probleme, wie etwa Arbeitslosigkeit, Krankheit, Delinquenz und miserable Wohn- und Arbeitsbedingungen im Viertel, nur im Zusammenschluss aller betroffenen und beteiligten Menschen und Organisationen gelöst werden können. Die Rahmenbedingungen machen folglich eigene Handlungen notwendig, da ansonsten nichts geschehen würde bzw. die Erfahrung gemacht wurde, dass die Interessen von außerhalb häufig im Kontrast zu den eigenen stehen (vgl. Alinsky 1941). Alinsky versucht ein Bündnis zwischen SlumbewohnerInnen, katholischen Kirchengemeinden und lokalen Geschäftsleuten herzustellen, die gewerkschaftliche Organisation der Schlachthofarbeiter zu initiieren und Druck auf die Hausbesitzer auszuüben (vgl. u.a. Müller 2006; Sanders 1970). Außerdem gründet er die Woodlawn Organisation zur Verhinderung der Totalsanierung eines Wohngebiets, das überwiegend von Schwarzen bewohnt wurde. Mit dem Areal sollte die Universität Chicago erweitert werden. Er bzw. die BewohnerInnen schaffen es, das Ziel der Totalsanierung zu verhindern sowie den sozialen Wohnungsbau im Viertel auszuweiten.

In Alinskys Gesellschaftsbild wird die US-amerikanische Gesellschaft in drei Klassen eingeteilt: die Besitzenden, die Besitzlosen sowie der Mittelstand bzw. die Mittelschicht (vgl. Alinsky 1974: 13ff.). Die Mittelschicht differenziert er je nach ihrem Einkommen ebenfalls in drei Gruppen, und zwar in die untere, mittlere und obere Mittelschicht. Sein grundlegendes Ziel ist die Veränderung vorliegender gesellschaftlicher Strukturen. Die zentrale Schlüsselkategorie stellt dabei Macht dar. Es geht darum, Menschen, die keine Macht besitzen, zu be-mächtigen. Hierbei solidarisiert sich Alinsky konsequent mit den Besitzlosen und versucht diese gegen die Besitzenden zu aktivieren und zu bemächtigen. Es geht um eine Aktivierung zur Selbsthilfe. Eine Möglichkeit, das selbst gesteckte Ziel zu erreichen, stellt die Suche nach Verbündeten dar, die – aus welchem Grund auch immer – am gleichen Ziel interessiert sind. Als Verbündete eignen sich etwa Personen der Mittelschicht.

In seiner Vorgehensweise verlässt sich Alinsky auf eine demokratische Teilnahme der Bevölkerung, denn „[k]eine Clique oder Gruppe, keine Lobby oder noch so gutwillige Verwaltung kann die Interessen der Bevölkerung so eindeutig vertreten wie die Bevölkerung selbst" (Alinsky 1971: 196). Eine de-mokratische Bevölkerung besteht dabei in

> „einer gesunden, aktiven, Anteil nehmenden interessierten, selbstbewussten Be-völkerung, die durch eigene Anteilnahme und eigenes Interesse informiert, erzogen, und vor allem im Glauben an sich selbst bestärkt wird – an sich selbst, ihre Nach-barn und die Zukunft. [...] Die Leute selbst werden die Probleme lösen, die im Zu-sammenhang mit einer veränderten Welt entstehen" (Alinsky 1971: 196).

Jedoch verhindern die etablierten Machtstrukturen, dass die Besitzlosen an ge-sellschaftlichen Prozessen teilhaben und ihre Probleme lösen können. Deshalb geht es Alinsky darum, sie zu organisieren. Denn mit Masse könne man die Macht durch Geld ausgleichen. Hierunter versteht er „mit ihr zu sprechen, sie zusammenzurufen, damit sie miteinander sprechen kann und zu einer allgemei-nen Übereinstimmung kommt" (Alinsky 1971: 197f.). Basierend auf der An-nahme, dass sich die mittellose Bevölkerung ihrer *gemeinsamen* Interessen be-wusst wird und sich organisieren muss, um dann gemeinsam gegen die etablierte Machtstruktur anzugehen, also die mächtigere, reiche Bevölkerung zu treffen. Das Prinzip ist hierbei, mit den Aktionen immer an dem Erfahrungshorizont der mittellosen Menschen anzusetzen und den des Gegners zu verlassen, um ihn zu verwirren.[18] Weil man es jedoch eigentlich nie erreicht, die komplette Bevölke-rung mit einzubeziehen, geschieht die Organisation zunächst darüber, dass man ‚informelle Führer' bzw. ‚Repräsentanten' auswählt, die von der lokalen Bevöl-

---

18 Ein Beispiel für eine Aktion stellen etwa die Drohungen gegenüber einem großen Warenhaus dar, das sich konsequent weigerte, Menschen mit dunkler Hautfarbe zu beschäftigen. Hiergegen wandte man sich, indem man damit drohte, dass eine Masse an Menschen samstags im Ein-kaufszentrum auftreten, die Kassen verstopfen, sich alle Waren nach Hause liefern lassen und dann die Annahme verweigern würde. Der Bürgermeister der Stadt Chicago wurde zum Nach-geben gezwungen, indem man damit drohte, den großen, städtischen Flughafen dadurch lahm zu legen, dass eine große Zahl von Menschen rund um die Uhr die Toiletten belegen würde (vgl. Alinsky 1971).

kerung als solche akzeptiert und anerkannt sind. Diese zu finden, sei die erste und schwierigste Aufgabe von GWAerInnen. Mit ihnen arbeiten Professionelle dann weiter, indem sie helfen, dass die Akzeptanz dieser informellen FührerInnen auf möglichst viele Bereiche ausgeweitet wird. Letztlich soll eine so genannte ‚Volksorganisation' aufgebaut werden, in der und durch die die Interessen der breiten Bevölkerung realisiert werden (vgl. Alinsky 1971: 197ff.).

Das dahinter liegende Ziel stellt Gerechtigkeit in dem Sinne dar, dass Lebenschancen gerechter verteilt werden sollen.

> „Mein Ziel ist die Organisation zur Erlangung und Anwendung der Macht. Ich bin der Auffassung, daß ein Verständnis der Machtanwendung zum Zwecke einer gerechteren Verteilung der Lebenschancen für alle Menschen das Ende der Revolution und den Beginn der Konterrevolution ankündigt" (Alinsky 1974: 6).

Diese gerechtere Verteilung der Lebenschancen geht einher mit der Forderung nach einer gerechteren Verteilung von Macht. Umverteilung von Macht ist das Mittel, welches dazu führen soll, dass Chancen gerechter verteilt werden. Dahinter liegt die Idee einer Demokratisierung von Gesellschaft, in der Überzeugung, „daß das Volk, wenn es die Macht hat zu handeln, auf lange Sicht auch meist die richtigen Entscheidungen treffen wird. Die Alternative hierzu wäre die Herrschaft durch eine Elite" (Alinsky 1974: 8).

Deutlich wird hierbei, dass Alinsky vielfach in Dualismen denkt und auch von einem „Dualismus der Realität" (Alinsky 1974: 12) ausgeht. So beispielsweise, wenn er die Gegensätzlichkeit von Besitzenden und Besitzlosen betont. Alinsky geht von der Unvermeidbarkeit einer gerechteren Verteilung von Wohlstand aus, getragen von der Erkenntnis, dass Armut und Reichtum in einer Gesellschaft zusammenhängen. „Eine wichtige Revolution der nächsten Zukunft wird die Zerstörung der Illusion sein, der Wohlstand des einzelnen ließ sich von dem der anderen loslösen" (Alinsky 1974: 17). Ein Leben nach dem Prinzip der Gerechtigkeit wird als am meisten praktikabel und als überlebensfördernd dargestellt.

> Nach meiner Überzeugung lernt der Mensch langsam, daß der moralische Lebenswandel am leichtesten praktizierbar ist und den einzigen Weg zum Überleben weist. Langsam lernt er, daß er entweder seinen materiellen Reichtum teilen muß oder alles verlieren wird" (Alinsky 1974: 18).

Der dahinter liegende Gedanke besagt, dass bei bestehender Ungleichverteilung Menschen mit Wohlstand in ständiger Angst leben müssen, dass Menschen in Armut nach diesem trachten und ihn an sich bringen möchten, wodurch ersterer Leben bedroht sei. Insgesamt ist sich Alinsky jedoch bewusst, dass viele Probleme in großen Verursachungszusammenhängen stehen. Deshalb ist die lokale Ebene der Ort, wo Widerstand und Revolution anfängt. Zu einem späteren Zeitpunkt sollen diese jedoch ausgeweitet werden – indem auf überregionaler Ebene Organisationen gegründet und Aktionen durchgeführt werden (vgl. Alinsky 1970). Während das Gemeinwesen also den spezifischen Ausgangspunkt darstellt, sollen solche Organisationen auf die Veränderung großer sozioökonomischer Angelegenheiten abzielen, d.h. die Aufmerksamkeit richten „toward those larger socioeconomic issues which converge upon that scene to create the plight of the area" (Alinksy 1941: 798). Als Erfolg versprechend wird hierbei angesehen, dass BürgerInnen erkennen, dass ihre Probleme in einem größeren gesellschaftlichen Zusammenhang stehen und andere Gemeinwesen die gleichen Probleme besitzen, so dass es sinnvoll ist, sich zusammenzuschließen, um diese vereinigt angehen zu können.

Insgesamt wird deutlich, dass Alinsky die Verantwortung für gesellschaftliche Veränderung in die Hände der benachteiligten Personen selbst legt. Analog zum integrativen Ansatz sind auch hier nur solche Probleme artikulierbar, die eine große Zahl von Menschen gemeinsam betreffen. Für einen bottom-up-Prozess stellt das lokale Gemeinwesen den ersten Ansatzpunkt dar. Das dezidierte Ziel besteht jedoch in der Ausweitung auf die Gesamtgesellschaft.

Hans-Eckehard Bahr/Reimer Gronemeyer

In der sogenannten konfliktorientierten, aggressiven GWA, die in einem von Bahr/Gronemeyer herausgegebenen Band (1974) ausführlich erläutert wird, stellt soziale Ungleichheit in kapitalistisch organisierten Gesellschaften die zentrale Ausgangsbasis für gemeinwesenarbeiterisches Handeln dar. Sie bezieht sich deshalb nicht auf funktionale oder territoriale Gemeinwesen, sondern vielmehr auf ‚benachteiligte' Menschen an sich, die dazu befähigt werden sollen, ihre Rechte einklagen zu können. Hierbei werden die Parallelen zu Alinsky erkennbar, für den die Bemächtigung von besitz- und machtlosen Menschen zur Durchsetzung von gemeinsamen Interessen ebenfalls im Zentrum steht. Als Ziel der konfliktorientierten GWA wird „Gleichheit für alle" (Seippel 1974: 118) formuliert. Zur Erlangung derselben wird mit disruptiven Taktiken versucht, gesellschaftliche Macht umzuverteilen und die kapitalistische Gesellschaftsordnung dezidiert zu beseitigen. Dem entgegen stehe eine stark ausgeprägte gesellschaftliche Apathie als Ergebnis von Sozialisationsprozessen. Unter Rekurs auf die kritische Sozialisationsforschung werden Sozialisationsbarrieren und Sozialisationsdefizite (vgl. Seippel 1974: 120ff.) festgestellt, die durch Gemeinwesenarbeit abgebaut werden sollen. Die Apathie wird durch die Anregung von Lernprozessen zu überwinden gesucht. Hierdurch erlangt der Nahraum seine Bedeutung, da dieser den zentralen Erfahrungsraum von Menschen verkörpert. Die Aufgabe der GWA ist auch hier katalytisch, wenn sie in den betroffenen Menschen auf der Basis von Erfahrungen Kräfte wecken möchte. Neben dem lokalen Bezugspunkt wird der Einflussbereich hier ebenfalls auf die Gesamtgesellschaft auszuweiten versucht und gesellschaftliche Ursachen von Ungleichheit in den Blick genommen. Für dieses abstrakte Fernziel seien dennoch *konkrete* Aktionen, etwa im lokalen Nahraum notwendig. Gemeinwesenarbeit wird dabei politisch verortet, wenn demokratische Teilhabe inklusive sozialer und ökonomischer Gleichstellung zum wesentlichen Ziel erklärt wird. Über die unmittelbare lokale, soziale Ebene hinaus inszeniert GWA deshalb auch Veränderungen in Bezug auf die „[g]esetzliche Institutionalisierung des Innovationsimpulses mit Auswirkungen auf strukturelle Veränderungen [sowie die] Durchsetzung von *politischer Partizipation* als Machtfaktor in Entscheidungsprozessen" (Seippel 1974: 125).

Insbesondere durch den Hinweis auf Sozialisationsdefizite wird die Analogie zum Empowermentansatz (vgl. u.a. Herriger 2006) deutlich, dessen Merkmal es ist, auf einer sozialpsychologischen Ebene zu argumentieren und gesellschaftliche Veränderungen zunächst durch eine Veränderung der betroffenen Menschen einzuleiten (zu einer umfassenden Kritik des Empowermentkonzeptes: vgl. Bröckling 2003). Insofern findet auch im Ansatz von Bahr/Gronemeyer eine Responsibilisierung ‚benachteiligter' Akteure statt, ihrer ‚benachteiligten' Situation entgegenzuwirken.

3.2.3.3 „Katalytische/aktivierende" Gemeinwesenarbeit

Bei Karas/Hinte (1978) wird GWA definiert als Methode,

> „die einen Komplex von Initiativen auslöst, durch die die Bevölkerung einer räumlichen Einheit gemeinsame Probleme erkennt, alte Ohnmachtserfahrungen überwindet und eigene Kräfte entwickelt, um sich zu solidarisieren und Betroffenheit konstruktiv anzugehen[.] Menschen lernen dabei, persönliche Defizite aufzuarbeiten und individuelle Stabilität zu entwickeln und arbeiten gleichzeitig an der Beseitigung akuter Notstände (kurzfristig) und an der Beseitigung von Ursachen von Benachteiligung und Unterdrückung" (Karas/Hinte 1978: 30f.).

GWA richtet sich folglich an solche BewohnerInnen, die sich ihrer gemeinsamen Probleme bisher nicht bewusst geworden sind, die Ohnmachtserfahrungen gemacht, noch eher wenig bzw. keine eigenen Kräfte entwickelt und sich nicht solidarisiert haben. Diese Probleme sind in Zusammenhang zu sehen. Durch das Erkennen von Gemeinsamkeiten und einem sinnvollen Solidarisieren miteinander werden machtvolle Erfahrungen gemacht, die bisher als Einzelperson nicht möglich waren und deshalb zu Frustration und Ohnmacht geführt haben. Es wird versucht Veränderungen sowohl individuell, als auch strukturell durchzusetzen: auf der einen Seite das Erreichen von individuellem Lernen und persönlicher Stabilität, auf der anderen Seite die Beseitigung kurzfristiger, akuter Notstände sowie längerfristiger Ursachen von Benachteiligung und Unterdrückung.

Diese Form der GWA wurde in Auseinandersetzung mit anderen, in den vorherigen Kapiteln behandelten Formen von GWA und der Literatur von Richard und Hephzibar Hauser entwickelt. Sie wird propagiert von Fritz Karas und Wolfgang Hinte[19] (vgl. Karas/Hinte 1978: 47ff.). Ihre Abgrenzung zu aggressiven, konfliktorientierten Formen scheint jedoch an vielen Stellen fließend. Laut Hauser und Hauser (1971) besteht eine ‚vollkommene' Gesellschaft aus der organischen Verwobenheit von Gemeinschaft, Staat und Kultur. Eine Gemeinschaft ist dabei, „die Gesamtsumme der aktiven und freiwilligen Gruppenbildungen einer Gesellschaft, ist die Quelle aller direkten Macht" (Hauser/Hauser 1971: 73). Diese Macht kann zwar an Repräsentanten bis in die höchsten Ebenen übertragen werden, hat ihren Ausgangspunkt jedoch in der Bevölkerung selbst. Die Macht der Gemeinschaft steht in einem reziproken Verhältnis zur Macht des Staates, der aus der Gesamtheit der administrativen und technischen Dienste zur Organisation des ‚Establishment' besteht. D.h. eine schwache Gemeinschaft bedingt einen starken Staat bzw. lässt ihn zu und umgekehrt bewirkt ein starker Staat eine schwache Gemeinschaft wie es beispielsweise in einer Diktatur vorstellbar wäre. Ebenso schwächen ein starker Staat und ein zu ausgeprägtes Expertentum die Gemeinschaftskultur und das Verantwortungsgefühl. Die Kultur als drittes zentrales Element einer Gesellschaft verkörpert geistigen Einfluss und wird vertreten von der Einflusselite. Laut Hauser/Hauser (1971: 78ff.) hat diese jedoch stark an Einfluss verloren und nimmt ihre Aufgabe, schöpferische Kraft der Gesellschaft zu sein sowie Fehlentwicklungen und den negativen, zerstörerischen Handlungen der Macht- und Establishmentelite entgegenzuwirken, nicht angemessen wahr. Als erstrebenswert gilt eine optimale, gesunde Mischung der drei gesellschaftlichen Teile. Aktuell wird als wünschenswerte Veränderung eine Stärkung der Einflusselite und eine Schwächung des übermächtigen Staates formuliert.

Als sechs gemeinsame Nenner in einer Gesellschaft werden gemeinsame Werte (1), die Intensität des Gemeindelebens (2), die Verbreitung, allgemeine Zugänglichkeit und das Leben des kulturellen Erbes (3), Wärme und Intensität

---

19   Wolfgang Hinte und seine Blickrichtung auf Gemeinwesenarbeit wird im Verlauf der Arbeit noch an verschiedenen Stellen thematisiert werden. Zu seinem theoretischen Hintergrund sei gesagt, dass er sich nach eigener Einschätzung der Gestalttherapie, Carl Rogers, der humanistischen Psychologie, der TZI, dem symbolischen Interaktionismus und der Antipädagogik verbunden fühlt (vgl. Hinte/Lüttringhaus/Oelschlägel 2001).

des Familienlebens (4), die Wohlfahrt- und Sozialverwaltung (5) sowie Gesetz, Polizei und öffentliche Ordnung (6) beschrieben (vgl. Hauser/Hauser 1971: 180ff.). Die letzten beiden Nenner greifen dann, wenn Menschen nicht selbst in der Lage sind ihre Probleme zu lösen bzw. wenn sich diese der Gesellschaft bzw. ihren Normen und Werten gegenüber schädigend verhalten. In diesem Sinne stehen die Nenner 1-4 und die Nenner 5 und 6 ebenfalls in einem reziproken Verhältnis, d.h. der Staat muss umso mehr eingreifen, je schwächer die Gemeinschaft ist. Prinzipiell gilt dabei jedoch die Gemeinschaft in ihrem Handeln als überlegen und bevorzugt. Aus diesem Grund ist es auch Aufgabe des Staates, den Gemeinsinn zu stärken.

Einem für alle Beteiligten profitablen, regen Familienleben wird als wichtige Möglichkeit von Gruppenerfahrungen und -training ein großer Stellenwert beigemessen. Deshalb werden familiäre Veränderungen in der derzeitigen Gesellschaft kritisiert und problematisiert, so etwa zunehmende Schrumpffamilien als Gegenstück zur Großfamilie, Ein-Elternfamilien, die Überbetonung der leiblichen Aspekte von Geschlechtlichkeit sowie die neu entwickelte Lebensvorstellung, dass junge Menschen weit entfernt von Freunden und Verwandten leben (vgl. Hauser/Hauser 1971: 345ff.). Daraus resultierende negative Folgen stellen etwa Einsamkeit, Verzweiflung, Apathie und Gewalt dar. Insgesamt werden wesentliche gesellschaftliche Probleme als mangelnde Gemeinschaftskultur gedeutet, so etwa Intoleranz und Gewalt. Umgekehrt hängt ein funktionierendes Gemeinschaftsleben untrennbar mit einer funktionierenden Gesellschaft zusammen. Aus diesen verwerflichen Entwicklungen heraus wird die Notwendigkeit einer neuen Familienbildung proklamiert. Im Rahmen dessen steht der Aufbau von Wahlverwandtschaften im Zentrum. Da physische Nähe hierfür als Voraussetzung gilt, könne diese optimalerweise in einer lebendigen Nachbarschaft verwirklicht werden (vgl. Hauser/Hauser 1971: 354ff.). Darauf aufbauend kann sich eine neue Gemeinwesenkultur auf den Ebenen kleine Familie, Block, Nachbarschaft und Gemeinwesen entwickeln. Zur Unterstützung derselben müssten Kontakte und Begegnungen, wie beispielsweise in Nachbarschafts- oder Gemeinwesenzentren, gefördert werden (vgl. 363ff.). Hier könnten Menschen Unterstützung darin erfahren, durch gemeinsame Ziele und Bedürfnisse in Austausch zu kommen. Dies wird als wichtige Voraussetzung dafür gesehen, dass kollektive Probleme gemeinsam gelöst werden können. Somit werden die Selbsthilfekräfte gesteigert und eine Abhängigkeit von Experten ist nicht erforderlich. Die Verantwortung für die Umwelt und die sozialen Bedingungen wird vielmehr bei den BürgerInnen selbst verortet. Genau in der Umwelt und den sozialen Bedingungen wird aber auch der Ort der Verursachung sowie der Lösung von erheblichen gesellschaftlichen Problemen gesehen. Aus diesem Grund wird die Kontrolle über diese Bedingungen als eine wesentliche, individuelle Kompetenz erachtet,

die allerdings in der Bewusstwerdung mit Gleichgesinnten ihre wesentliche Ver-
änderungskraft entwickelt (vgl. Hauser/Hauser 1971: 328ff.).

An die Ausführungen von Hauser und Hauser (1971) anknüpfend problematisieren auch Karas und Hinte (1978: 11ff.) den Zusammenbruch alter, gesellschaftlicher Strukturen im Zuge der Industrialisierung, wie etwa die Großfamilie
als Sozialisationsinstanz sowie Produktions- und Erwerbsgemeinschaft, die ihren
Mitgliedern Schutz und Sicherheit geboten hat. Die Nachbarschaft, das Dorfvier-
tel bzw. die Stadt, Peers und Subkulturen (bspw. Zünfte) sind weitere Institutionen, deren Zerfall von Karas und Hinte beklagt wird. Diese Strukturen hätten
starke Bindungen, engen Zusammenhalt, feste Hierarchien sowie ein religiös-
mythisches Wertsystem mit sich gebracht. Im Laufe der Industrialisierung sei es
zunehmend zur Kleinfamilie, Schrumpffamilie bzw. Ein-Elternfamilie, zur Trennung von Arbeitsplatz und Familie, zur Entfremdung durch Arbeit und weniger
sozialem Lernen für Kinder gekommen, was zur Auflösung früherer Gemeinschaftsstrukturen führte. Weitere Probleme entstünden dadurch, dass der Wohlfahrtsstaat zwar gewisse Aufgaben der alten Gemeinschaft übernommen habe,
damit einher aber eine Gefahr der Apathisierung und zunehmenden Bürokratisierung gehe. Auch ein gestiegener Wertepluralismus sowie eine Polarisierung
zwischen den Generationen werden parallel zu steigenden Arbeitslosenzahlen als
problematisch erachtet (vgl. Karas/Hinte 1978: 19ff.). Somit werden hier moder-
nisierungs- und individualisierungskritische Deutungsmuster offensichtlich, die
eine Veränderung dessen, was vorher war, als Verschlechterung einstufen. Die
Auswirkung auf die Bürgerschaft bestünde in Apathie, so dass SozialarbeiterInnen für ihre Lösung der Probleme keine Unterstützung in der Bevölkerung erfahren. Deshalb gehe es darum, die Bevölkerung zu aktivieren und Prozesse im
Sinne eines Katalysators anzustoßen. Das Ziel der katalytischen, aktivierenden
GWA bestehe in der Herstellung einer herrschaftsfreien Gesellschaft mit hoher
Solidarität und großen Möglichkeiten der Selbstentfaltung (vgl. Karas/Hinte
1978: 47ff.).

Ein erster Schritt hierzu ist der Aufbau von Basisstrukturen durch Selbsthilfegruppen, d.h. Menschen mit den gleichen Problemen erkennen dies und schließen sich zusammen. Um deren Selbstbezogenheit aufzuweichen wird es als
wichtig erachtet, dass sich die Gruppen gegenseitig unterstützen, um eine Struktur des Gebens und Nehmens aufbauen zu können. Gleichzeitig soll eine Aktivierung von Menschen stattfinden, die sich ehren- bzw. nebenamtlich engagie-
ren. Bei Problemen von Ehepaaren und Familien soll die Bildung von Ehepaar-
bzw. Familienselbsthilfegruppen angeregt werden. Um dem Problem der Klein-
und Ein-Elternfamilien entgegen zu wirken, wird propagiert, durch Wahlverwandtschaften Sippenstrukturen von etwa 15-20 Erwachsenen aufzubauen, die

insbesondere für das Groß- und Erziehen der Kinder verwandtschaftliche Funktionen übernehmen können (vgl. Karas/Hinte 1978: 49ff.).

Zur Überwindung der politischen Apathie der BürgerInnen wird ein Erfahrungsraum für politische Partizipation angestrebt, in dem die Betroffenen von den GWAerInnen zu eigenständigen Handlungen im Blick auf Veränderungen motiviert werden. Positive Lernerfahrungen sollen Vertrauen schaffen und das Bedürfnis nach Selbstbestimmung fördern. Als gemeinsame Wertbasis und kleinster gemeinsamer Nenner bieten sich nach Meinung der Autoren die Menschenrechte an. An Arbeitsprinzipien wird dabei an einer Vorstellung von Graswurzeldemokratie und einem konsequenten Ansatz bei den Betroffenen selbst festgehalten. Dies impliziert, dass die Ziele der Arbeit ‚ideologiefrei' und offen bleiben bzw. so gestaltet werden wie die beteiligten Personen sich entscheiden (vgl. Karas/Hinte 1978: 56ff.). Große Bedeutung kommt dabei der sogenannten Peer-Group zu, d.h. den BürgerInnengruppen mit Gleichgesinnten, in denen Solidarität erlebt und ‚kollektive' Kompetenzen erlernt werden könne. Zu diesen Kompetenzen gehört der gelernte Umgang mit Konflikten. Konflikte werden zwar nicht als Mittel der ersten Wahl angesehen, aber beim Versagen von kooperativen Vorgehensweisen können diese sich als durchaus angebracht erweisen. Darüber hinaus sei es wichtig, dass Menschen den Umgang damit erlernen, da sie aufgrund unterschiedlicher Interessen im Gemeinwesen vorkommen können. Möglichen Konflikten werde vorgebeugt, wenn in einer ganzheitlichen Sicht mit dem kompletten Gemeinwesen bzw. allen Gruppierungen im Gemeinwesen in den gesellschaftlichen Zusammenhängen gearbeitet wird (vgl. Karas/Hinte 1978: 65ff.).

Insgesamt wird in dieser katalytischen, aktivierenden Form von GWA im Rahmen einer modernisierungs- und individualisierungskritischen Gesellschaftsanalyse ein lokaler Fokus auf die Herstellung von Gemeinschaft herausgestellt. Im Zuge der Kompetenzstärkung bei einzelnen Personen und kollektiv im GW wird allerdings auch hier eine kollektive Problemlösungsperspektive offensichtlich, bei der individuelle Interessen hinter den gemeinschaftlichen Interessen zurücktreten (müssen). Fraglich bleibt auch an dieser Stelle, wie die Übertragung der lokalen Perspektive und Ergebnisse auf überregionale bzw. gesamtgesellschaftliche Zusammenhänge im Einzelnen vor sich gehen soll. Gleichzeitig stellt sich die Frage, wie das Ziel einer herrschaftsfreien Gesellschaft an eine ideologiefreie und offene GWA gekoppelt sein kann, wenn sich diese gänzlich den Bedürfnissen der betroffenen Menschen verpflichtet. Konflikt beladene Interessen werden im Rahmen eines harmonischen Gesellschaftsbildes in den Hintergrund gedrängt. Die optimistische Einschätzung von ehrenamtlichem Engagement und Selbsthilfegruppen bringt darüber hinaus eine Informalisierung von Hilfe und Problemlösungen mit sich.

3.2.3.4 „Konservative/wohlfahrtsstaatliche" Gemeinwesenarbeit

Diese Form von GWA weicht grundlegend von anderen Formen der GWA ab, als es hier nicht (in erster Linie) um die Beteiligung von BewohnerInnen oder Betroffenen geht, sondern vielmehr um die Strukturierung und Koordinierung sozialer Dienste. SozialarbeiterInnen sind hier von kommunalen Behörden angestellt und haben die Aufgabe, die Dienste vor Ort zu koordinieren (vgl. Kap. 3.3 über Sozialraumorientierung) bzw. eine optimale Passung zwischen den sozialen Dienstleistungen und den Menschen zu erreichen. Sie knüpfen Kontakte zu den Institutionen vor Ort und stimmen die Hilfen für die BewohnerInnen ab, um etwa Mehrfachbetreuung zu vermeiden. Außerdem wird versucht, die Kommunikation zwischen Diensten und AdressatInnen zu verbessern. Im Vordergrund steht ein Prozess, der eine Balance zwischen den sozialen Bedürfnissen und den sozialen Angeboten (sowohl die materiellen als auch die psychologischen Hilfsangebote) im Gemeinwesen oder einer sonstigen geografischen Größenordnung hervorbringt und unterhält. Sie umfasst sowohl die Ausdehnung des Hilfsangebots als auch deren Einrichtung, Reorganisation und Koordination (vgl. Hartwieg o.J.: 56).

Dieses zentrale Merkmal der Koordinierung und Strukturierung sozialer Dienste wird – (möglicherweise) auf der Basis, dass Betroffenenbeteiligung ein zentrales Merkmal von GWA darstellt – von kritischen Stimmen beanstandet (vgl. Seippel 1974: 115f.; Karas/Hinte 1978: 31ff.). AdressatInnen sozialer Dienste würden in diesem Ansatz nicht emanzipiert, sondern darauf reduziert, ihre Bedürfnisse zu äußern, was ihre Unmündigkeit jedoch zementieren und gesellschaftliche Strukturen unangetastet lassen würde.

3.2.3.5 Milieuarbeit

Mit der Bezeichnung Milieuarbeit wird an dieser Stelle auf einen von dänischen AutorInnen verwendeten Begriff verwiesen. Unter diese Bezeichnung fällt eine ressourcenorientierte, professionelle sozialarbeiterische Vorgehensweise, welche das physische, psychische und soziale Milieu, in dem Menschen leben, in den Mittelpunkt ihrer Arbeit stellt. Die Verbesserung der allgemeinen Lebensbedingungen im Bezirk verkörpert dabei das dahinter liegende, professionelle Ziel. In Anlehnung an andere Ansätze von GWA sehen sich SozialarbeiterInnen auch hier in einer Katalysatorenrolle: Es gehe darum, Rahmenbedingungen zu schaffen, in denen sich die BewohnerInnen ihrer Probleme und Unterdrückung bewusst werden und diese zur Handlung zu aktivieren (vgl. Friese 1989: 39ff.). Besonders durch die Katalysatorenrolle wird deutlich, dass – entsprechend zu den anderen Ansätzen – auch hier die Aktivität und Selbsthilfe der Betroffenen im Vordergrund steht und zwar in Abgrenzung zu staatlichen Hilfen. BürgerInnen sollen „ohne staatliches Eingreifen klarkommen, und zwar dadurch, daß sie sich gegenseitig unterstützen" (Friese/Jensen 1989: 162). Es geht somit darum, Menschen zu befähigen, selbst Verantwortung zu übernehmen. Vor diesem Hintergrund wird eine antistaatliche Einstellung deutlich, so dass Graswurzelbewegungen und Hilfe zur Selbsthilfe als beste Problemlösungen erachtet werden. Gleichzeitig ist die Annahme vorherrschend, dass Milieuarbeit sich selbst immer auf dem Kontinuum zwischen Verschleierung/Befriedigung und Aufdecken/Mobilisieren bewegt (vgl. Friese/Jensen 1989: 162ff.).

Durch das Ziel einer Verbesserung der Lebensbedingungen zum Vorteil aller BewohnerInnen wird der präventive Ansatz von Milieuarbeit begründet. Sie ist sich dabei bewusst, dass sie nur Probleme, die *im* Gemeinwesen auftreten, bearbeiten kann und damit außerhalb liegende Ursachen außen vor bleiben. Allerdings wird als weiterführender Anspruch formuliert, dass, wenn Menschen eine kollektive Problemlösestruktur entwickelt haben, sie diese auch für gesellschaftliche Verhältnisse generell anwenden können (vgl. Friese 1989: 47ff.). Von professioneller Seite sollte hierbei ein fachübergreifender Ansatz vorherrschen, so dass das komplette Gemeinwesen multiperspektivisch in den Blick genommen wird.

3.2.4 Gemeinwesenorientierung im Kontext kommunaler Sozialarbeitspolitik

Die Debatte um eine kommunale Sozialarbeitspolitik entwickelte sich als Reaktion auf eine verstärkte Therapeutisierung und Pädagogisierung der Sozialarbeit unter Vernachlässigung ihrer politischen Dimension. Dieses „Beziehungsparadigma" (Müller/Olk/Otto 1983) betont persönliche Interaktion und die unmittelbare Beziehung zwischen KlientInnen und Professionellen. Hiergegen wendet sich die kommunale Sozialarbeitspolitik, wenn mit ihr wieder der gesellschaftspolitische Fokus ins Zentrum gerückt werden soll. Hintergrund dieser Forderung bildet die These einer ohnehin vorhandenen „Politikimmanenz" (Olk/Müller/Otto 1981: 7) der Sozialarbeit. Sie ist über die Beteiligung von SozialarbeiterInnen an der Verteilung von Lebenschancen und an der Definition und Lösung sozialer Probleme (vgl. Müller/Olk/Otto 1983: 139) unausweichlich existent und ist im Rahmen ihrer Nicht-Berücksichtigung eher verschleiert, denn bestreitbar. Von daher wird als zentrale *politische* Aufgabe von Sozialarbeit die Herstellung von Gegenöffentlichkeit sowie Einmischung (vgl. u.a. Mielenz 1981), etwa auf der Ebene der Problemdefinition, gesehen. Gemeinsame Fluchtlinie dieser Forderung bildet das sozialarbeiterische Ziel der kompensatorischen Beeinflussung von Lebenschancen (vgl. Müller/Olk/Otto 1983: 136ff.). Neben dieser eher ‚internen' Abgrenzung, innerhalb der Ausrichtung von Sozialarbeit, wird gleichzeitig auf der gesamtgesellschaftlichen Ebene eine (u.a. finanzielle) Krise des Wohlfahrtsstaates festgestellt sowie Kritik an Tendenzen der ‚Ökonomisierung', ‚Bürokratisierung' und ‚Verrechtlichung' im Rahmen sozialer Dienstleistungen geübt, die sich in Ineffektivität, Unüberschaubarkeit und Funktionslosigkeit niedergeschlagen hätten (vgl. Brunkhorst/Sünker 1985; Olk/Otto 1989).

Vor dem Hintergrund dieser Kritik an aktuellen Entwicklungen innerhalb des Wohlfahrtsstaates ist auch eine breite Selbsthilfebewegung und damit implizierte Forderung nach Deprofessionalisierung, Entstaatlichung, Dezentralisierung und Laiisierung sozialer Dienste zu sehen (vgl. 3.2.1). Selbsthilfe kann einerseits als Vorläufer professioneller Dienstleistung aufgefasst werden. Andererseits ist ihre Verbreitung auch in Relation zu einer Kritik an einer Professionalisierung zwischenmenschlicher Beziehungen – im Sinne einer Expertokratie – zu sehen (vgl. Schwendter 1989). Damit einher geht die Aufwertung der kommunalen Ebene zur Steuerung der Sozialarbeit, die „mit dem offensichtlichen Scheitern der reaktiv-kompensatorischen Einzelfallorientierung herkömmlicher Sozialarbeit" (Müller/Olk/Otto 1983: 143) begründet wird. Eine Strategie hierbei stellt die administrative Dezentralisierung sozialer Dienstleistungsproduktion (vgl. Olk/Otto 1979: 124ff.) in verschiedenen Dimensionen dar:

„1. Die räumliche Dekonzentration sozialer Dienste
2. Die Delegation von Entscheidungsbefugnissen auf die ‚klientennahe' Ebene der Administrationen
3. Die Delegation der Kontrolle über kommunale Ressourcen auf die Ebene lokaler Bürgerschaft" (Olk/Otto 1079: 129).

Im Rahmen dieser Dezentralisierung auf die lokale, soziale Ebene würden fallübergreifende, präventive Maßnahmen vor Ort möglich. Gleichzeitig könne schneller, unbürokratischer und flexibler auf Problemlagen reagiert werden. Dezentralisierung unterstütze außerdem, dass die gesamten lokalen Zusammenhänge und nicht mehr nur der verkürzte Einzelfall in den Blick genommen wird. Dies impliziere auf politischer Ebene, soziale Kommunalpolitik als ressortübergreifende Perspektive zu verstehen. Partizipation der BürgerInnen und Betroffenen bei Entscheidungen, Problemdefinitionen und der Gestaltung der lokalen Lebensverhältnisse und damit auch eine stärker bedürfnisorientierte Vorgehensweise spielen gleichwohl eine große Rolle. Möglicherweise in Anlehnung an die ohnehin erstarkte Selbsthilfebewegung gilt es außerdem als Aufgabe sozialer Dienste, für die Erhaltung und Stärkung informeller Hilfenetze, Selbsthilfekräfte und informeller Gruppen in der unmittelbaren Lebenswelt der Betroffenen einzu-

treten. Im Rahmen der externen Dezentralisierung steht die Auslagerung öffentlicher Aufgaben auf informelle Sozialkontexte zur Debatte (vgl. Olk/Otto 1979).
   Die Forderung nach einer ähnlichen Ausrichtung von Sozialarbeit wird aktuell in der Favorisierung von Regionalkonferenzen als eine Strategie der Mitgestaltung auf lokaler Ebene deutlich (vgl. Schulze-Krüdener/Homfeldt 2001). Die beiden Autoren beschreiben eine gegenwärtig stattfindende und notwendige Renaissance einer lokalen Sozialarbeitspolitik sowie der „Region" in der Sozialen Arbeit. Um regional spezifischen Entwicklungs- und Problemstellungen gerecht werden zu können, wird hierbei die lernende Region in den Vordergrund gestellt, bei der regionale Akteure Sozialer Arbeit ein längerfristiges Netzwerk bilden.

3.2.5 Gemeinwesenarbeit als Arbeitsprinzip

GWA wurde insbesondere nach dem zweiten Weltkrieg an verschiedenen Stellen als dritte Methode der Sozialarbeit neben der Einzelfallorientierung und der Gruppenarbeit verstanden. Im Laufe der Zeit der Weiterentwicklung von GWA wird diese Methodendifferenzierung jedoch zu überwinden gesucht und GWA nicht als eine Methode neben anderen, sondern vielmehr als zugrunde liegendes Arbeitsprinzip zu bestimmen versucht. Oelschlägel[20] (1984: 228) begründet dies durch einen Bedeutungsverlust der GWA als abgeschlossenes Arbeitsfeld und als dritte Methode. Sie habe sich vielmehr mit einzelnen Elementen in den Gesamtbereich sozialer Berufe ausgedehnt als ein die Tätigkeit strukturierendes Prinzip. Als eine der ersten haben Boulet/Krauß/Oelschlägel (1980) eine systematische, grundlegende Darstellung von der Gemeinwesenarbeit als Arbeitsprinzip vorgelegt.

Gesellschaftliche Rahmenbedingungen

Die gesellschaftlichen Rahmenbedingungen, unter denen das Arbeitsprinzip GWA notwendig wird, sind eng an den modernisierungs- und individualisierungskritischen Kontext der unterschiedlichen Formen von GWA angelehnt. Problematisiert werden auch hier die immer eklatanter hervortretenden „Folgen gesellschaftlicher Widersprüche" (Hinte 1994), die sich etwa in „gesellschaftlichen Verwerfungen, Polarisierungen, Spaltungen und institutionellen Verkrustungen" (Klöck o.J.) und der steigenden sozialen Ungleichheit und Armut mani-

---

20 Dieter Oelschlägel ist ebenfalls ein wichtiger Vertreter der GWA. Er selbst stellt sich theoretisch geprägt in die Tradition von Husserl, Schütz/Luckmann, Habermas, den Marxismus und die kritische Psychologie (vgl. Hinte/Lüttringhaus/Oelschlägel 2001).

festieren. Im politischen Bereich werden gleichzeitig ein sinkendes Vertrauen und eine rückläufige Wahlbeteiligung konstatiert. Auf der Ebene von individuellen Lebensentwürfen werden ihre Pluralisierung und die damit einhergehende Auflösung traditioneller Familienstrukturen kritisiert. Hinzu kommt eine starke Problematisierung der sozialen Gestaltung von Gesellschaft, insbesondere ihre Zersplitterung in unterschiedliche Teilgruppen. Nicht mehr die Spaltung der Gesellschaft in 1/3 vs. 2/3 sei heute noch das dramatische Problem, sondern vielmehr, dass sich das untere gesellschaftliche Drittel in vielzählige Gruppen zergliedere und sich die hierdurch entstehenden Subkulturen gegenseitig bekämpften (vgl. Hinte 2003). Damit gehe „ja auch eine völlig ineffektive Nutzung gesellschaftlicher Ressourcen" (Hinte 1994) einher, da dieses untere Drittel durch seine Zersplitterung zusätzlich entkräftet werde und so dessen (politische) Teilhabe an Gewicht verliere. Damit in Zusammenhang gebracht wird ebenfalls der sinkende Einfluss, wenn sich diese Menschen „in apathische[m] oder auch gewalttätige[m] Verhalten ausdrückende Demoralisierungsprozesse" (Hinte 1994) flüchten und eine Zunahme rechtsextremer Gruppierungen u.a. aufgrund vermehrter Suche nach Sündenböcken zur Folge haben. Neben dem Verlust an Macht der Benachteiligten – u.a. wenn sie in unterschiedliche Gruppen zersplittert sind (und somit quasi kein Klassenbewusstsein ausbilden) – kommt hier ein weiterer Aspekt von Kritik an mangelndem sozialen Kontakt und Austausch hinzu, wenn die Zunahme von Subkulturen sowie der Verlust von Konsensfähigkeit und gemeinsamen Werten ins Zentrum gerückt werden. Dieses Auseinanderdriften und die wachsende Kluft werden zwar speziell für die Ränder der Gesellschaft konstatiert, es gelte aber auch als allgemeingesellschaftliches Phänomen, wenn „einst bindungsfähige Instanzen wie Religionen, Parteien und Ideologien […] an Bedeutung" (Hinte 1994) verlieren. Vor diesem Hintergrund wird GWA als Reaktion (der Sozialarbeit) auf Vergesellschaftungsprozesse und -anforderungen (vgl. Oelschlägel 1986: 18f.) bezeichnet. Sie bezieht sich in ihrer täglichen Arbeit auf ein Gemeinwesen, d.h. auf den Ort, wo die Menschen und ihre Probleme bzw. erschwerte Bedingungen anzutreffen sind (vgl. Oelschlägel 1986: 16; Klöck o.J.). Dabei zielt sie auf die Verbesserung von Lebensbedingungen sowie auf (soziale) Gerechtigkeit und gerechtere Lebensverhältnisse (vgl. Hinte 1994). Daneben werden weitere positive Nebeneffekte gesehen, die sich hervorragend zur fachlichen und fiskalischen Begründung eignen. So komme ein positives soziales Klima in einer Stadt als „weicher" Standortfaktor den ansässigen Unternehmen zugute. Bürgerbeteiligungsverfahren z.B. bei Grünflächen- oder Bauprojekten stützen eine Identifikation der Bürgerinnen mit ihrem Wohnumfeld und können somit Zerstörungen reduzieren helfen (vgl. Hinte o.J.).

Professionelle Prinzipien und Maßnahmen

Ein antipädagogischer Fokus wird u.a. in der Ablehnung deutlich, Menschen zu verändern. Es gehe vielmehr darum, mit den BewohnerInnen gemeinsam die Lebensräume zu gestalten und zu verändern:

> „Wir haben kein Interesse, Menschen zu verändern, wir haben in der Gemeinwesenarbeit ein großes Interesse, Lebensräume, in denen Menschen leben, zu gestalten, und so zu verändern, daß die Menschen sagen, jetzt ist es hier besser als vorher, und das möchten wir gerne gemeinsam mit den Menschen dort tun. […] wir richten unseren Blick auf Wohngebiete und wollen innerhalb dieser Wohngebiete, innerhalb dieser Stadtteile soziale Räume, Bedingungen, beeinflussen, verändern und verbessern" (Hinte 2002b: 5f.).

Dabei ist der Fokus ganzheitlich auf den Stadtteil gerichtet, da ein individueller Ansatz als pädagogisch und paternalistisch und somit abzulehnen sei. Im Zuge dieser antipaternalistischen Haltung rückt die Selbsthilfe der BewohnerInnen ins Zentrum. Gleichzeitig wird eine Bevorzugung informeller Hilfe deutlich, wenn festgestellt wird, dass

> „so manches sozialpädagogisches Angebot […] auch von der Nachbarin erbracht werden [kann…]. So manche Unterstützung für Familien kann durch die Peergroup erbracht werden, in der der Jugendliche drinnen ist. So manche Unterstützung für Familien kann erbracht werden durch andere Gruppierungen in denen Vater oder Mutter integriert sind" (Hinte 2002b: 21).

Zwar wird nicht generell der Nutzen von professionellen Angeboten und professioneller Leistung bestritten, aber dort wo Menschen sich selbst bzw. wechselseitig in ihrer Nachbarschaft oder in anderen Gruppierungen helfen können, wird dies als prinzipiell zu bevorzugende Vorgehensweise erachtet. Professionelle Leistung steht dabei teilweise unter dem Verdacht, BürgerInnen zu bevormunden und zu klientisieren. Diese Haltung gegenüber der Selbsthilfe von BewohnerInnen wird ebenfalls in einem stark basisdemokratischen Fokus deutlich, der auf Partizipation und demokratische Selbstermächtigung setzt. Direkter Kontakt und Austausch könne dabei dem Bedeutungsverlust von politischer Beteiligung entgegenwirken. (vgl. Hinte 2003) Damit bleibe jedoch die Selbstständigkeit und Autonomie von BewohnerInnen gewahrt. Über die Partizipation selbst wird die Handlungsfähigkeit in Bezug auf die alltägliche Lebensführung vergrößert. Diese Form der Beteiligung schließt Maßnahmen der Aktivierung von Menschen ein. Im Zuge von Empowerment sollen sie zu Subjekten aktiven Handelns und Lernens werden und hierdurch zunehmend Kontrolle über ihre Lebensverhältnisse erwerben (vgl. Oelschlägel 2004).

Mit dem deutlichen Fokus auf Selbsthilfekräfte und Partizipation geht eine so genannte Ressourcenorientierung einher. Rothschuh (2000; 2001) macht dies deutlich, wenn er sich unter Verweis auf Kretzmann/McKnight (1993) für ein ‚Asset-Based Community Development (ABCD)' stark macht. Hierbei gehe es darum, dass Gemeinwesen von innen heraus – unter Rückgriff auf ihre zahlreichen vorhandenen Ressourcen, Talente und Fähigkeiten – aufzubauen. Erst später könne auf Ressourcen von außen zugegriffen werden, denn alleine würde dies abhängig und passiv machen. Beim Gemeinwesenaufbau sei aber die ressourcenorientierte in Abgrenzung zu einer defizitorientierten Sichtweise wichtig, denn „[m]it der Definition der Probleme wird determiniert, wie sie angegangen werden, nämlich durch defizit-orientierte Politik, Wissenschaft und Soziale Arbeit. Die betroffenen Menschen übernehmen dann die Defizitsicht in ihr Selbstbild" (Rothschuh 2000). Defizitorientierung wird somit in erster Linie wegen ihres möglichen Schadens für die betroffenen BewohnerInnen kritisiert. Wenn diese ein negatives Bild in sich aufnehmen, würden sie u.a. in ihrer Handlungsfähigkeit geschwächt werden. Genau deshalb sei eine Verbindung der Aktivierung von Ressourcen im Stadtteil mit der außerhalb notwendig, d.h.

> „sowohl auf Stadtteilebene als auch auf Verwaltungsebene vorhandene Ressourcen zu akquirieren, zu bündeln, abzurufen, aber auch neue einzuklagen oder zu entwickeln und Geldströme in solche Stadtteile zu lenken, die zu verslummen drohen und ausgegrenzt werden" (Hinte 1994).

Um die unterschiedlichsten Ressourcen im Stadtteil zu bündeln, wird versucht, sowohl BewohnerInnen als auch Institutionen zu vernetzen, damit aus diesem Netz heraus ein tragfähiges und handlungsfähiges Gemeinwesen entstehen kann (vgl. Oelschlägel 2004). Dieser Aspekt ist im Laufe der Entwicklung von Gemeinwesenarbeit in größerer Verbreitung hinzugekommen, war doch in den 1970ern die starke Orientierung an sozialen Diensten noch als konservativ und systemerhaltend kritisiert worden (vgl. konservative/wohlfahrtsstaatliche GWA Kap. 3.3.3.4). Vor diesem Hintergrund hat sich ebenfalls die Rolle von Professionellen verändert, hin zu einer intermediären Instanz (vgl. Hinte 1994; s.u.). Für die (formelle und informelle) Vernetzung auf der Ebene von Institutionen und Professionellen ist gleichzeitig eine Dezentralisierung und Öffnung sozialer Dienste unabdingbar, d.h. sie müssen vor Ort im Stadtteil präsent sein. Damit geht auch eine Abwendung von Spezialisierungen in der Zuständigkeit hin zu arbeitsfeld- und trägerübergreifenden Denk- und Handlungsansätzen (vgl. Klöck o.J.) einher. Als handlungsleitend gilt dabei die Sicht der BewohnerInnen im Sinne einer Lebensweltorientierung. Thematisiert werden in erster Linie ‚gemeinsame', d.h. gleiche Probleme von mehreren Personen sowie zwischenmenschliche Angelegenheiten im Gemeinwesen (vgl. Oelschlägel 2004).

Das professionelle Prinzip lautet sowohl bei der Gemeinwesenarbeit, als auch – wie Karas und Hinte (1980: 120f.) in Bezug auf Gruppenarbeit als Arbeitshilfe für die Arbeit mit BürgerInnengruppen im Gemeinwesen formuliert haben – Prävention. Eine Problementstehung soll möglichst verhindert werden, indem man auf die Menschen zugeht „wenn sie noch nicht auffällig geworden sind (wenn das Kind noch nicht in den Brunnen gefallen ist…)" (Karas/Hinte 1980: 121). Die Erfahrungen in der Gruppe könnten Selbstbewusstsein sowie Unterstützung vermitteln.

Weiterhin entscheidend ist der gesamtgesellschaftliche Fokus der Gemeinwesenarbeit. Anvisiert wird, die sich im Stadtteil abbildenden, gesamtgesellschaftlichen Fragen, wie etwa Segregation, Zersplitterung, steigende Armut, Auflösung von gemeinsam geteilten Werten, etc. zu lösen.

> „Die Hoffnung des Ansatzes liegt darin, daß gesellschaftliche Strukturen dann langfristig beeinflußt werden können, wenn Bürger aus ihrer Passivität erwachen und sich zunächst in ihrem eigenen, überschaubaren Lebensbereich Fähigkeiten aneignen, die ihnen helfen, ein Stückchen mehr Selbstbestimmung im Alltag zu verwirklichen und solche Bedingungen und Strukturen zu beeinflussen, unter denen sie leiden" (Karas/Hinte 1980: 23).

In einer Zusammenschau wurden in der neueren Literatur folgende Leitstandards der GWA entwickelt (vgl. Hinte/Lüttringshaus/Oelschlägel 2002: 264ff.; Gillich 2004: 9 in Anlehnung an die Werkstatt GWA 1999):

- zielgruppenübergreifendes Handeln
- Orientierung an den Bedürfnissen und Themen der Menschen
- Förderung der Selbstorganisation und der Selbsthilfekräfte
- Nutzung der vorhandenen Ressourcen
- Verbesserung der materiellen Situation und der infrastrukturellen Bedingungen
- Verbesserung der immateriellen Faktoren (in Bezug auf das soziale und kulturelle Leben)
- ressortübergreifendes Handeln
- Vernetzung und Kooperation (der BewohnerInnen und Professionellen).

Die Rolle der Professionellen
Die professionellen Aufgaben haben sich im Laufe der Entwicklung gewandelt. Sie gehen über die Aktivierung und Mobilisierung der BewohnerInnen hinaus und arbeiten nun nicht mehr nur mit den BewohnerInnen, sondern auch mit den im Stadtteil vorhandenen Institutionen. Damit hat sich das Bild von der professi-

onellen Zuständigkeit gewandelt: Professionelle werden nun als intermediäre Instanzen verstanden, die zwischen der institutionellen und der lebensweltlichen Ebene ausgleichen sollen. Sie sind „vermittelnde Instanzen zwischen der Lebenswelt und den Interessen der Bürgerinnen im Stadtteil einerseits und den Entscheidungsträgerinnen und steuernden Instanzen in Politik, Verwaltung und Unternehmen andererseits" (Hinte 1994). Trotz ihrer VermittlerInnenrolle bleiben sie dabei parteilich für diejenigen, „die benachteiligt, ausgegrenzt und auf der Verliererseite sind" (Hinte 1994). Dies bedeutet, Austausch- und Entscheidungsfindungsprozesse zu initiieren, zu organisieren und diese zu stärken, damit ‚benachteiligte' Menschen anschließend in Aushandlung mit VertreterInnen der öffentlich-politischen Seite treten können. Umgekehrt geben die VermittlerInnen wichtige Informationen über die Realität im Stadtteil an Verwaltung und Politik weiter. Sie sind damit auf der einen Seite bei den BewohnerInnen anerkannt und bekommen so wichtige Einblicke in deren Probleme und Lebenswelt. Auf der anderen Seite sind sie in der Lage, Informationen in einer Weise zu bündeln und weiterzuliefern, dass Behörden diese verwerten können (vgl. Hinte 2003).

3.2.6 Stadtteilbezogene Soziale Arbeit

Stadtteilbezogene Soziale Arbeit (SSA) stellt die Weiterentwicklung des Arbeitsprinzips GWA dar (vgl. Hinte 1986: 23). Somit sind wesentliche Elemente aus der GWA auch in der SSA enthalten. Ein wesentliches Unterscheidungsmerkmal, das allerdings als Kritikpunkt bei der GWA als Arbeitsprinzip in Abgrenzung zu früheren Ansätzen bereits thematisiert wurde, ist das dezidierte Ziel, über die SSA die GWA zu entpädagogisieren. Eine pädagogische Vorgehensweise wird damit gleichgesetzt, dass GWAer bestimmte Ziele haben, d.h., sie das Verhalten von Menschen mit speziellen Methoden in eine bestimmte Richtung beeinflussen – bzw. sie erziehen[21] – wollen. Eine solche pädagogisierte Soziale Arbeit wird wesentlich dem Einfluss aus dem anglo-amerikanischen Raum zugeschrieben. (vgl. Hinte 1989: 29) Unter Rekurs auf die Antipädagogik[22] versucht Hinte die GWA als stadtteilbezogene Soziale Arbeit dezidiert nicht pädagogisch zu beschreiben und fordert Non-Direktivität, indem er den Umstand, dass der Stadtteil als Lebenswelt den Bezugrahmen professioneller Arbeit darstellt, ins

---

21   Hinte kritisiert diese Pädagogisierung der GWA am Beispiel des Ansatzes von Ross (vgl. Kap. 3.3.3.1) sowie in sog. fortschrittlichen GWA-Konzepten, bei denen nach wie vor – wenn auch implizit – Richtungen und Ziele genannt werden, auf die hingearbeitet werden soll (vgl. Hinte 1986 In: Mühlfeld/Oppl/Weber-Falkensammer/Wendt: 25ff.).

22   Hierbei wird auf AutorInnen wie Braunmühl 1975/1978, Kupfer 1978 und Miller 1978 verwiesen (vgl. Hinte 1986: 31).

Zentrum rückt. Pädagogische Vorgehensweisen werden als arrogant und anmaßend sowie bestenfalls folgenlos und schlimmstenfalls gegenteilige Effekte hervorrufend beschrieben (vgl. Hinte 1986: 32). Außerdem hätte sich die GWA im Rahmen ihrer Entwicklung zum Arbeitsprinzip für jede Form von Sozialer Arbeit von den öffentlichen Institutionen funktionalisieren lassen und sei beispielsweise als zuständig für bestimmte Randgruppen erklärt worden, was jedoch dem Grundprinzip der zielgruppenübergreifenden Arbeit widerspreche (Hinte 1989: 30f.). Als weiterer Anlass für die Weiterentwicklung der GWA bot sich die Möglichkeit der Überwindung einiger ihr inhärenter Probleme, so etwa die unzureichende theoretische und konzeptionelle Präzisierung sowie die „erfahrungsbedingten und historisch gewachsenen Berührungsängste [...] der GWA mit Institutionen" (Hinte 1989: 31). Damit verbunden war ein erschwerter Weg der Etablierung von GWA. Vor diesem Hintergrund schien eine Annäherung an und Zusammenarbeit mit Institutionen strategisch sinnvoll, „ohne diese vorschnell abzuwerten oder sie dem Verdikt der Systemstabilisierung zu unterwerfen" (Hinte 1989: 33). Diese sollte im Rahmen von SSA erfolgen. Gleichzeitig wurde es als sinnträchtig angesehen, den Stadtteil als Handlungsebene heranzuziehen und somit die ‚Krise des Sozialstaats' zu nutzen. Mit ihr ging eine Aufwertung der kommunalen Ebene einher. Gleichzeitig konnte dort angesetzt werden, wo sich die Probleme der Betroffenen zeigen. Zugleich schien sich hiermit die wohl realistische Erkenntnis durchzusetzen, dass sich „überlokale Entstehungszusammenhänge [...] – entgegen mehrer Illusionen einiger GWA-Traditionalisten – auch weiterhin der organisierten Macht kleiner Bewohnergruppierungen" (Hinte 1989: 34) entziehen. Gleichwohl wird auch in der SSA die Mobilisierung der kommunalen Ebene als Gegenmacht zur Gesamtgesellschaft als Ziel formuliert.

Parallel hierzu erscheint jedoch das in der GWA vorhandene, obgleich häufig in weiter Ferne anmutende Ziel der Veränderung gesellschaftlicher Verhältnisse und des Beitrags zu mehr sozialer Gerechtigkeit doch auf ein sehr niedriges Niveau herunter gebrochen, wenn konstatiert wird:

- „SSA ändert nichts an der Massenarbeitslosigkeit (sie schafft aber in bescheidenem Umfang Arbeit sowohl für einige Bewohner als auch für Professionelle).
- SSA verbessert nicht grundsätzlich die materielle Situation verarmter Bevölkerungsgruppen (sie schafft jedoch Kontakt zu ihnen und leistet Unterstützung bei der Bewältigung von Alltag).
- SSA ändert nichts an gesellschaftlich produzierter Not und Ungerechtigkeit (aber sie stellt sich parteilich den Folgen)" (Hinte 1989: 38).

Insofern rückt unter politischer – im Vergleich zu pädagogischer – Arbeit „kontaktreiche Hilfestellung in Notlagen, […] lebensweltbezogene Organisation von Betroffeneninteressen und respektvolle Stärkung von Selbsthilfekräften" (Hinte 1986: 31) in den Vordergrund. Dabei mischt sie sich auch in unterschiedliche kommunale Politikbereiche mit einer offenen Haltung ein. Wenn der Stadtteil in den Fokus des Interesses gerückt wird, so impliziert dies eine *ganzheitliche* Sicht auf diesen als Lebenswelt der BewohnerInnen sowie seine Wahrnehmung als System. Die Systemschau schließt ein, den Stadtteil als Zusammenspiel wechselseitiger Beziehungen und Abhängigkeiten zwischen den Teilen eines Ganzen sowie als prozesshafte Abfolge von Geschehnissen zu betrachten. Problemlösungsstrategien werden interaktiv im Prozess der Beziehung zwischen den Betroffenen entwickelt (vgl. Hinte 1986: 33ff.). Dass es hierbei prinzipiell um eine Installation von dauerhaften Beteiligungsstrukturen „von unten" aber mithilfe kommunaler Unterstützung geht, wird in folgender Beschreibung von Stadtteilbezogener Sozialer Arbeit in der Tradition von GWA deutlich:

> „ein[…] projekt- und themenunspezifischen Prozess einer (in der Regel) mehrjährigen Aktivierung der Wohnbevölkerung, der […] sich […] vornehmlich über eine Vielzahl kleinerer Aktivierungsaktionen darauf richtet, anhand direkt geäußerter und durchaus häufig wechselnder Interessen der Wohnbevölkerung gleichsam eine ‚Grundmobilisierung' eines Wohnquartiers zu bewirken, die dann den Humus für größere Einzelprojekte darstellt" (Hinte o.J.).

Auch die Konstruktion des Stadtteilbezugs als Arbeitsprinzip, vergleichbar der Weiterentwicklung innerhalb der GWA, ist darauf aus, die Zersplitterung in einzelne Methoden Sozialer Arbeit sowie die Bezugnahme auf einzelne Arbeitsfelder zu überwinden. Gleichzeitig gibt es Versuche, die GWA von der Sozialarbeit abzugrenzen, „die Sozialstaatsillusionen und den alten Etatismus abzustreifen und zivilgesellschaftliche Alternativen ernster zu nehmen" (Klöck o.J.).

3.2.7 Stadtteil- bzw. Quartiersmanagement

Quartiersmanagement (QM) wiederum stellt auf der einen Seite eine Weiterentwicklung der Stadtteilbezogenen Sozialen Arbeit auf der Grundlage von GWA dar. Basierend auf der

> „gewonnenen Erkenntnis, daß der enge Bereich des Sozialen nur ein Teilsegment ganzheitlicher Stadtteilarbeit darstellt, so daß die in den 70er Jahren entwickelten Theorien und Prinzipien eine Fortentwicklung zum ‚Quartiersmanagement' nahelegten" (Hinte o.J.).

Auf der anderen Seite existiert Quartiersmanagement auch losgelöst von einer Tradition in der GWA. Unabhängig von seinen Wurzeln kann QM allgemein als managerielle Strategie der integrierten Stadt(teil)entwicklung verstanden werden.

Ziel dieser kommunalen Strategie ist analog zur GWA und zur SSA die Verbesserung von Lebensbedingungen, und zwar vornehmlich in benachteiligten Wohnquartieren. Lediglich als Mittel ist hierbei die „Aktivierung, Organisation und Training von Betroffenen(-Gruppen)" (Hinte o.J.), aber auch die Akquirierung, Bündelung und das *Management* von materiellen und personellen Ressourcen von Bedeutung. Auch hier wird – analog zur SSA – die Kooperation mit der Verwaltung oder anderen Institutionen angestrebt. Wesentliche Neuerung stellt somit die Einführung des Managementsbegriffs und damit die Anschlussfähigkeit an die verstärkten manageriellen Diskurse seit den 1990ern dar. Laut Lüttringhaus (2001: 82) war ein Grund für die Neuausrichtung von einer zu engen Anbindung an den sozialen Bereich weg zu kommen. Außerdem hätte die Arbeit von Professionellen der SSA ohnehin schon häufig Managementaufgaben umfasst. „Management, verstanden als Tätigkeit, bei der es darum geht, Bedarfe und Themen zu bündeln, Ressourcen und Ideen zu erspüren, Menschen und Ressourcen zusammenzuführen und Projekte zu entwickeln" (Lüttringhaus 2001: 82). In Anlehnung an die Weiterentwicklung im Rahmen der GWA als Arbeitsprinzip ist es ebenfalls explizites Kennzeichen der auf der Grundlage von Quartiersmanagement professionell Arbeitenden, dass sie ‚intermediäre Instanzen'[23] darstellen,

> „die zwischen der Bürokratie (im weitesten Sinne) und der Lebenswelt der Menschen in den Wohnquartieren angesiedelt sind und in beide Welten hineinwirken. Auf der Seite des Wohnquartiers geht es darum, kollektive Aspekte individueller Betroffenheit zu organisieren, Menschen an einen Tisch zu bringen, Nachbarschaften zu stärken, lokale Potentiale zu mobilisieren – schlagwortartig gesagt: um Kommunikation, Ideenproduktion sowie Organisation von Menschen und Ressourcen. Auf der Seite von Politik, Verwaltung und Institutionen geht es darum, Ressourcen zu bündeln und nutzbar zu machen für die Arbeit im Stadtteil" (Hinte o.J.).

In einer Mittlerfunktion zwischen Staat bzw. Ökonomie, d.h. System und Lebenswelt (vgl. Habermas 1988), ist es somit die Aufgabe der Intermediären, Kommunikation, Dialog und Verständnis nach allen Seiten vorzubereiten: sowohl zwischen den BewohnerInnen selbst, als auch zwischen den VertreterInnen der Bürokratie und zwischen beiden Seiten. Dabei gilt es allerdings als unabdingbar, dass diese Mittler die Möglichkeit haben, unabhängig zu handeln und

---

23   Laut Fehren (2006) wurde dieses Prinzip entwickelt in Ersetzung der vorherigen Vorgehensweise der Parteilichkeit. Diese sei jedoch etwa aufgrund der Heterogenität im Quartier selten mit einer zielgruppenübergreifenden Arbeit vereinbar.

nicht zu eng an der Ebene der Verwaltung angesiedelt zu sein (vgl. Fehren 2006). Mit dieser Tätigkeit der Professionellen in den verschiedenen Gruppen und zwischen den Ebenen wird offensichtlich, dass auch im Rahmen von QM die Aufgabe der system- und staatskritischen Haltung, wie sie bereits in der SSA vorhanden war, weitergeführt wird. Die Impulse für das Initiieren von Aktivitäten und Projekten sind pragmatischer und breiter angelegt. Es beschränkt sich nicht mehr nur auf das reine Interesse an den Bedürfnissen der BewohnerInnen. Darüber hinaus spielen gesamtgesellschaftlich bestimmte Bedarfe und Problemlagen eine Rolle.

Mit Blick auf die GWA insgesamt wird allerdings ein eher negativer Ausblick für die derzeitige Situation der professionellen Entwicklung gezeichnet. Es gäbe bis heute nur sehr wenige gut ausgebildete GemeinwesenarbeiterInnen (abgesehen von dem ‚Institut für Stadtteilbezogene Soziale Arbeit und Beratung‘ (ISSAB) in Essen), keine langjährig bestehende Ausbildungsinstanz für Gemeinwesenarbeit im Hochschulbereich sowie keine gewachsenen und einflussreichen berufsständischen Organisationen (vgl. Grimm/Hinte 2003).

Insgesamt lässt sich festhalten, dass die GWA und ihre weiterentwickelten Formen der SSA und des QMs in Einklang mit der Settlementarbeit das Ziel verfolgen, die *materiellen* Lebensbedingungen von Menschen zu verbessern. Außerdem zielen alle darauf, die *soziale* Lebenssituation zu verändern.[24] Diese sozialen Aspekte variieren jedoch von Ansatz zu Ansatz. So bestehen die Ziele etwa in Integration, Solidarität und Identifikation, sozialer Gerechtigkeit, Empowerment und Aktivierung, Hilfe zur Selbsthilfe, etc. Bezugspunkt bildet hierbei zumeist das territorial verortete Gemeinwesen, wenn es stets um face-to-face Kontakte, Nachbarschaften, Stadtteile oder Quartiere als Anknüpfungspunkte geht. Von daher findet hier eine Verbindung von geografischen und sozialen Aspekten statt.

Insgesamt dienen folgende formulierte Grundprinzipien von GWA als Zusammenfassung der zentralen Fluchtlinien. GWA arbeite ...

- ressourcenorientiert
- bedürfnisorientiert
- zielgruppenübergreifend
- ressortübergreifend
- auf Vernetzung und Kooperation hin ausgerichtet
- beteiligungsorientiert und

---

24 Die Unterscheidung zwischen materiell und sozial schließt sich an die Differenzierung von Hinte/Lüttringhaus/Oelschlägel (2001: 265) zwischen materiell (inkl. infrastrukturell) und immateriell an.

▪ niedrigschwellig (vgl. Gillich 2004; vgl. Hinte/Lüttringhaus/Oelschlägel 2001: 264ff.; vgl. Lüttringhaus 2004: 18f.).

Sie ist dabei auf die

▪ Unterstützung der Selbstorganisation und Selbsthilfe

hin ausgerichtet.

Anknüpfend an die genannten Grundprinzipien der GWA benennt Hinte (2005) für einen sozialraumbezogenen Ansatz in der Tradition der GWA sehr ähnliche methodische Blickrichtungen und Prinzipien: Es gehe erstens darum, sich konsequent an den Interessen der BewohnerInnen zu orientieren. Weiterhin stehe zweitens im Vordergrund, die dort lebenden Menschen in ihren Selbsthilfekräften und ihrer Eigeninitiative zu unterstützen. Drittens werde der Ressourcenorientierung ein großer Stellenwert zugeschrieben, und zwar als Nutzung der Ressourcen der Menschen und des Sozialraums. Viertens sei ein zielgruppenübergreifender Ansatz zentral, d.h. es wird prinzipiell nach Interessen und Aktivitäten für alle BewohnerInnen gesucht und nicht nur für spezielle Zielgruppen. Fünftens gehe es darum, einen bereichsübergreifenden Ansatz zu verwirklichen, der darauf zielt, Kompetenzen verschiedener Sektoren zu nutzen und nach Anknüpfungspunkten für integrative Projekte zu suchen. Und sechstens werde versucht, eine Kooperation und Koordination der sozialen Dienste zu erreichen und Absprachen, gemeinsame Aktionen und Projekte anzuregen (vgl. Hinte 2005). Die genannten Prinzipien einer sozialraumbezogenen Perspektive werden an dieser Stelle explizit in die Tradition von GWA gestellt. Von daher ist die große Übereinstimmung der Prinzipien hier nicht verwunderlich. Aber auch ohne eine explizite Verortung der sozialraumbezogenen- bzw. sozialraumorientierten Perspektive in der Tradition der GWA werden die Affinitäten in den Grundprinzipien zwischen beiden deutlich. Diese werden insbesondere nach dem nächsten Kapitel offensichtlich, in dessen Zentrum die sozialraumorientierte Arbeit steht.

3.3 Die (post-)wohlfahrtsstaatliche Idee: Sozialraumorientierte Soziale Arbeit

Eine Orientierung am Sozialraum gewinnt im Verlauf der 1990er Jahre fachlich wie politisch erheblich an Bedeutung und etabliert sich zunehmend als eine generelle Perspektive personenbezogener sozialer Dienstleistungen. Im Folgenden sollen daher unterschiedliche Aspekte von Sozialraumorientierung aufgezeigt und näher beleuchtet werden. Ähnlich wie die Settlementarbeit nicht losgelöst von ihrem historischen Kontext der Urbanisierung, Industrialisierung und Kapitalisierung betrachtet werden kann und der Diskurs zur Gemeinwesenarbeit ohne dessen staatskritischen Hintergrund unvollständig bleibt, so lässt sich auch eine sozialraumorientierte Soziale Arbeit ohne die Berücksichtigung des aktuellen politischen Hintergrundes nicht durchschauen (3.3.1). Vor dem Hintergrund dieses Kontextes werden dann zwei aktuelle Beispiele von sozialraumorientierten Programmen, die Bund-Länder-Programme „Stadtteile mit besonderem Entwicklungsbedarf – die soziale Stadt" sowie „Entwicklung und Chancen junger Menschen in sozialen Brennpunkten" (E&C) dargestellt (3.3.2). Im Anschluss hieran wird eine analytische Perspektive auf den Sozialraumdiskurs gerichtet. Dabei werden die Elemente der Segregation, des sozialen Raums sowie des sozialen Kapitals dargelegt (3.3.3). Das Kapitel schließt mit der Verortung sozialraumorientierter Strategien im aktuellen Diskurs um soziale Exklusion (3.3.4).

3.3.1 Community als Ort fortgeschritten liberaler Regierungsweisen

Auf die nachdrückliche Erfahrung von Unsicherheit (Evers/Nowotny 1985) folgt im 19. Jahrhundert mit der „Entdeckung" eines gesellschaftlich gestaltbaren Großraums: das „Soziale". Es werden Prozesse ausgelöst, in denen sich Gesellschaften auf Regulative und Institutionen verständigen, welche die Gefahren und Ungewissheiten kalkulierbar machen und sie minimieren. Damit werden historische Selbstverständlichkeiten und als natürlich erachtete Entwicklungen aus der privaten Verantwortung herausgenommen und zu einer öffentlich-gesellschaftlichen Aufgabe erklärt. Den institutionellen Ausdruck dieser kollektiven Sicherung sozialer Risiken bildet die Entstehung des wohlfahrtsstaatlichen Arrangements (vgl. Kessl/Otto 2007). Diese basiert auf dem Versuch der Hervorbringung einer inklusiven gesellschaftlichen Ordnung, bei der vormals in der privaten Verantwortung liegende Gefahren in die Zuständigkeit des – nationalstaatlich begrenzten – Kollektivs gelegt werden. Soziale Arbeit ist als Teil des wohlfahrtsstaatlichen Arrangements zu verstehen. Ihr kommt die Aufgabe zu, auf der Ebene von Lebensführung der Menschen einzugreifen und ‚soziale' Risiken zu minimieren.

Dabei ist jedoch das „Soziale"

> „keine zeitlose Existenzform menschlicher Sozialität [...]. Vielmehr bezeichnete es innerhalb eines eingegrenzten geografischen und zeitlichen Feldes die Bedingungen, unter denen die intellektuellen, politischen und moralischen Instanzen und Institutionen der Menschen an bestimmten Orten und in spezifischen Zusammenhän-

gen über ihre gemeinsamen Erfahrungen nachdachten und auf sie Einfluss nahmen" (Rose 2000: 75).

Auf der Basis der Tatsache, dass dieser soziale Großraum keine zeitlose Selbstverständlichkeit darstellt, wird er in den 80er Jahren des 20. Jahrhunderts der Auflösung bezichtigt: Die Rede vom „Tod" oder dem „Ende" des „Sozialen" findet statt (vgl. Baudrillard 1983 zit. in: Rose 2000). Im Zuge dieser Diagnose einer abnehmenden Bedeutung des „Sozialen" tritt die Vorstellung, dass die Summe der Gesellschaft mehr sei, als die Summe ihrer Teile zugunsten einer stärkeren Orientierung am Individuum in den Hintergrund. Das Individuum wird allerdings nicht als völlig isoliert, sondern vielmehr als in Gemeinschaften eingebettet betrachtet, und zwar unter der Annahme, dass "there is no such thing as Society. There are individual men and women and there are families" (Thatcher 1993: 626). Diese Aussage verweist auf zwei Besonderheiten im Rahmen des Bedeutungsrückgangs des Sozialen: Zum einen wird anhand der Betonung von Familie, neben dem Hinweis auf einzelne Männer und Frauen, erkennbar, wie das Soziale zwar in den Hintergrund, die Community bzw. die Gemeinschaft allerdings in den Vordergrund tritt. Gleichzeitig steht das Zitat von Thatcher in einem Kontext, in dem sie die Eigenverantwortung der BürgerInnen – im Gegensatz zu einer passiven Erwartungshaltung gegenüber staatlicher Versorgung – fordert. Diese Gleichzeitigkeit der Hervorhebung von Selbstverantwortung und -aktivität auf der einen Seite und der Akzentuierung von Gemeinschaft auf der anderen verweist auf zentrale Merkmale neuer Mentalitäten und Strategien des Regierens, die Nikolas Rose als „fortgeschritten liberal" (Rose 2000: 78) und Pat O'Malley (1999: 95) als „post-social regimes of government" bezeichnet haben. Hierbei wird die lokale Community als bevorzugter Ort der Regierung neu entdeckt bzw. wiedererfunden (vgl. Clarke 2007: 57). An die Stelle zentral organisierter Formen von „government" treten kommunitäre Strategien des „governance", in der Selbstregierungsweisen an Bedeutung gewinnen (vgl. Kessl/Landhäußer/Ziegler 2006: 196ff.).

Anknüpfend an den gesellschaftspolitischen Kontext der Gemeinwesenarbeit in den 70er Jahren lässt sich feststellen, dass die Kritik an einer Pädagogisierung und an entmündigenden Verhaltensweisen von staatlichen Institutionen nicht zu einer Ent-Pädagogisierung geführt hat, sondern vielmehr in eine veränderte Pädagogik mündete (vgl. Kessl/Reutlinger 2007: 75f.). Im Mittelpunkt stehen nun *aktivierungspädagogische* Strategien (vgl. Kessl 2006), die den Menschen pädagogisch beeinflussen und dabei versuchen, die Abhängigkeit und Betreuung durch Aktivierung von Eigeninitiative und Selbstverantwortung zu überwinden. Problemgruppen, die sich dieser Logik verweigern, werden diszipliniert über Bestrafung. Im Zuge lokaler Kriminalprävention findet eine „Kriminalisierung von subkulturellen und armutsbedingten Verhaltensweisen" (Stövesand 2004) statt. Insofern bleibt zwar die Betonung einer Zurückhaltung des Staates vorhanden, mit einer Aktivierung der Selbsthilfekräfte in der Community wird jedoch gleichzeitig – in der Logik des „dritten Weges" – eine Ebene zwischen Markt und Staat in die Pflicht genommen. Es zeichnen sich „(Selbst)-Regulierungsmodi ab[...], in denen sich ein verändertes Verhältnis zwischen (Zivil)Gesellschaft, Markt und Staat ausdrückt" (Mayer 2001). Die Anschauungen des „dritten Weges" als Reaktion auf die erfahrenen Grenzen von Staat und Markt finden ihren gegenwärtigen Niederschlag in der Politik der New Labour Partei Großbritanniens. Diese hat Ende der 1990er Jahre einen ,New Deal for Communities' (NDC[25]) ins Leben gerufen, mit dem die Regierung multiple Deprivation in so genannten ,sozialen Brennpunkten' beheben möchte (vgl. kritisch hierzu: Wallace 2007). Im Mittelpunkt des Projekts steht eine Erhöhung von „community capacity (i.e., enabling people to do more for themselves)" (http://www.neighbourhood.gov.uk/page.asp?id=617; 18.09.2007). An diesem Ziel wird erneut die Verlagerung der Verantwortung für das Beheben von Deprivation in die lokale Community und die Aktivierung ihrer Selbsthilfekräfte deutlich. Hierbei wird ebenfalls eine neue genderspezifische Rollenverteilung offensichtlich. Janet Newman (2004) verweist auf die den Frauen in diesem Diskurs zukommende Bedeutung:

> "Women are being encouraged to see themselves as active citizens, fostering community cohesion. The new concepts of personhood being produced through social governance are, then, gendered concepts. Women are both the agents of social governance and the primary objects of governmental strategies concerned with social inclusion, active citizenship, community well being" (Newman 2004: 24).

Diese grundlegenden Veränderungen des Sozialen sowie die veränderte Rolle, die Sozialer Arbeit in diesem Zusammenhang zukommt, haben mittlerweile zu der Einschätzung geführt, dass sich das wohlfahrtsstaatliche Arrangement gegenwärtig als „Post-Wohlfahrtsstaat" beschreiben lässt (vgl. Bütow/Chassé/Hirt 2007). Die Aufgabe Sozialer Arbeit verschiebt sich hierin auf eine „Aktivierung gemeinwohlkompatibler Eigenverantwortung" (Ziegler 2007).

---

25 "New Deal for Communities (NDC) is a key programme in the Government's strategy to tackle multiple deprivation in the most deprived neighbourhoods in the country, giving some of our poorest communities the resources to tackle their problems in an intensive and co-ordinated way. The aim is to bridge the gap between these neighbourhoods and the rest of England. [...]The keys to change are: improving local services, increasing community capacity (i.e., enabling people to do more for themselves); and adopting an evidence-based approach to delivering change (i.e., getting proof of what works in practice)" (http://www.neighbourhood.gov.uk/page.asp?id=617; 18.09.2007).

Im Zuge eines Fokus auf die lokale Community scheint es offensichtlich, dass communityorientierte Maßnahmen in den Mittelpunkt rücken. Ein Beispiel hierfür stellen die beiden Programme „Stadtteile mit besonderem Entwicklungsbedarf – die soziale Stadt" und „Entwicklung und Chancen junger Menschen in sozialen Brennpunkten" (E&C) dar.

3.3.2 Die Programme „Soziale Stadt" und „E&C"

Die Schaffung des Bund-Länder-Programms „Stadtteile mit besonderem Entwicklungsbedarf – die soziale Stadt" findet unter der Koalition von SPD und Bündnis 90/Die Grünen im Jahr 1999 statt. Angeknüpft wird mit diesem Programm an eine bereits bestehende, im November 1996 von der Ministerkonferenz ARGEBAU beschlossene Bund-Länder-Gemeinschaftsinitiative „Soziale Stadt". Dem Deutschen Institut für Urbanistik (Difu) kommt in dem Programm „Soziale Stadt" die Funktion einer Vermittlungs-, Beratungs- und Informationsagentur zu. Es stellt insgesamt die Programmbegleitung, gleichzeitig werden so genannte Programmbegleitungen-vor-Ort (PvO) eingerichtet (vgl. Becker et al. 2002: 12). Zunächst werden 16 von den Ländern ausgewählte Modellgebiete in das Programm aufgenommen. Im Laufe der Jahre kommen weitere Modellgebiete hinzu. So existieren 2004 bereits 363, im Jahr 2005 392 Programmgebiete. In einer ersten Phase (1999-2003) findet die Implementation des Programms „Soziale Stadt" durch das Difu statt, in einer zweiten (ab November 2003-2006) wird vermehrt die Forschungsbegleitung zum Programm fokussiert. Dezidierter Ansatzpunkt des Programms sowie auch der Initiative – und hier zeigt sich der prototypische Charakter im Rahmen der vorliegenden Arbeit – stellt die wachsende „sozialräumliche Spaltung" (Becker et al. 2003a) deutscher Städte in Verbindung mit der zunehmenden „Entstehung benachteiligter Stadtteile" (Becker et al. 2002: 15ff.) dar. Auf der Ebene der BewohnerInnen sei damit eine steigende „soziale und räumliche Ausgrenzung" (Becker et al. 2002: 13ff.) verbunden. Von daher bestünde die dringende Notwendigkeit eines Unterbrechens der „Abwärtsspirale" (Becker et al. 2002: 17ff.) für diese Stadtteile und die dort lebenden Menschen.

In den Modellgebieten „mit besonderem Entwicklungsbedarf" sowie zusätzlich in 13 strukturschwachen ländlichen Räumen wird neben der „Sozialen Stadt" das stärker sozialpädagogisch ausgerichtete Programm „Entwicklung und Chancen junger Menschen in sozialen Brennpunkten" (E&C) realisiert. Auch hier zeigt sich bereits in der Namensgebung, dass der Fokus dezidiert auf ‚soziale Brennpunkte' gerichtet wird und ein sozialräumlicher Ansatz zugrunde liegt. E&C wird vom Bundesministerium für Familien, Senioren, Frauen und Jugend

(BMFSFJ) komplementär zu den stadtentwicklungspolitischen Maßnahmen im Programm „Soziale Stadt" mit dem Charakter eines „Leitprogramms des Bundes" und koordiniert vom Bundesministerium für Verkehrs-, Bau- und Wohnungswesen, entwickelt (vgl. SPI/Regiestelle E&C 2000: 8). Bezüglich der ‚sozialen Brennpunkte' werden durch das Programm folgende Zielsetzungen formuliert:

> „Einerseits will es
> - über die im Rahmen des Kinder- und Jugendplanes des Bundes geförderte Infrastruktur der Kinder- und Jugendhilfe Ressourcen und Maßnahmen für diese Sozialräume mobilisieren,
> - die Arbeit im Rahmen der Kinder- und Jugendhilfe in diesen Räumen qualifizieren und weiterentwickeln,
> - den Blick in der Kinder- und Jugendhilfe stärker als bisher auf die Probleme und Schwierigkeiten junger Menschen in diesen Sozialräumen richten" (SPI/E&C 2000: 8).

Ein weiteres Beispiel in diesem Zusammenhang stellt das an die Entwicklungspolitik der Weltbank angelehnte Programm "Lokales Kapital für Soziale Zwecke" (LOS) mit seinem Programmteil "Lokales Kapital in der Sozialen Stadt" dar. Mit einer Laufzeit von 2003-2006 richtet es sich ebenfalls an die Modellgebiete der „Sozialen Stadt". Es wird aus dem Europäischen Sozialfonds (ESF) finanziert. Mit dem Ziel der Verbesserung der sozialen und beruflichen Integration in diesen Sozialräumen ist der inhaltliche Fokus auf den Erwerb von Qualifikationen zur beruflichen Integration und von Kompetenzen zur selbstständigen Lebensbewältigung gelegt. Als wichtigste Ziele werden genannt:

- „Unterstützung einzelner Aktionen zur Förderung der beruflichen Eingliederung,
- Unterstützung von Organisationen und Netzen, die sich für benachteiligte Menschen am Arbeitsmarkt einsetzen,
- Unterstützung bei der Existenzgründung und bei der Gründung von sozialen Betrieben" (Regiestelle LOS o.J.: 1).

Die Idee besteht in einer Aktivierung der sozialen Potenziale vor Ort, da mit Hilfe von Mikroförderungen die Selbstorganisationskräfte durch lokale Initiativen angeregt und unterstützt werden sollen. Die Zielgruppe der Unterstützung wird – in Abgrenzung zu E&C – auf alle Altersgruppen der BewohnerInnen, die besondere Unterstützung bei der beruflichen und sozialen Integration benötigen, festgelegt. Im Zentrum stehen daher als übergreifende Ziele – in Anlehnung an die Europäische Beschäftigungsstrategie – folgende:

- „Vollbeschäftigung,
- Steigerung der Arbeitsplatzqualität und der Arbeitsproduktivität,
- Sozialer Zusammenhalt und soziale Integration" (Regiestelle LOS 2004: 7).

Die Gebiete des Modellprogramms „Soziale Stadt" – und damit auch von E&C und von LOS – weisen 2003 eine durchschnittliche Bevölkerungszahl von 8 415 Personen auf. Mit einer Ost-West-Differenz liegen dabei die mit 13 700 Personen größten Gebiete in Sachsen-Anhalt, während Niedersachsen, Baden-Württemberg und Rheinland-Pfalz mit etwa 3 700 Menschen die geringste EinwohnerInnenzahl aufweist (vgl. Becker et al. 2003a: 67). Da teilweise ein Fokus auf Kernbereiche innerhalb von Gebieten gerichtet wird, fällt die Zahl der BewohnerInnen dort noch geringer aus. Für das Jahr 2005 wird im Gebietszuschnitt die Veränderung konstatiert, dass die Gebiete mit durchschnittlich 6 666 EinwohnerInnen zahlenmäßig etwas kleiner geworden sind. Insgesamt schwankt die EinwohnerInnenzahl von 23 (Schwabach - Schwalbenweg) bis zu 43 976 (Düsseldorf - Flingern-Oberbilk) Personen (vgl. Difu 2006a).

Die Kennzeichen der ausgewählten Modellgebiete sind dabei vielfältig: In Abb. 1 sind diese aus zwei Befragungen des Difu von 2000/2001 und vom Herbst 2002 dargestellt (n=222). Befragt wurden die kommunalen AnsprechpartnerInnen für die Programmgebiete der „Sozialen Stadt". Mehrfachnennungen waren dabei möglich (vgl. Difu 2006b).

In der dritten Befragung des Difu (2006a) hat sich bezüglich der Probleme in den Modellgebieten eine deutliche Verschiebung dahingehend ergeben, dass die Feststellung des schlechten Images der Gebiete von 35% auf 85,3% gestiegen ist und unter den besonders wichtigen Problemen sogar die Liste anführt. Auch Konflikte im Zusammenleben werden mit fast drei Viertel (im Vergleich zu knapp der Hälfte zuvor) heute vermehrt wahrgenommen. Um dem Umstand Rechnung zu tragen, dass nicht nur die Problematiken der Stadtteile im Modellprogramm Berücksichtigung finden, sondern auch im Stadtteil vorhandene Ressourcen und Potenziale miteinbezogen werden, wurden ebenfalls die Ressourcen und Potenziale der Programmgebiete in den ersten beiden Befragungen des Difu 2000/2001 und 2002 erhoben: n=222, Mehrfachnennungen waren möglich (vgl. Abb. 2).

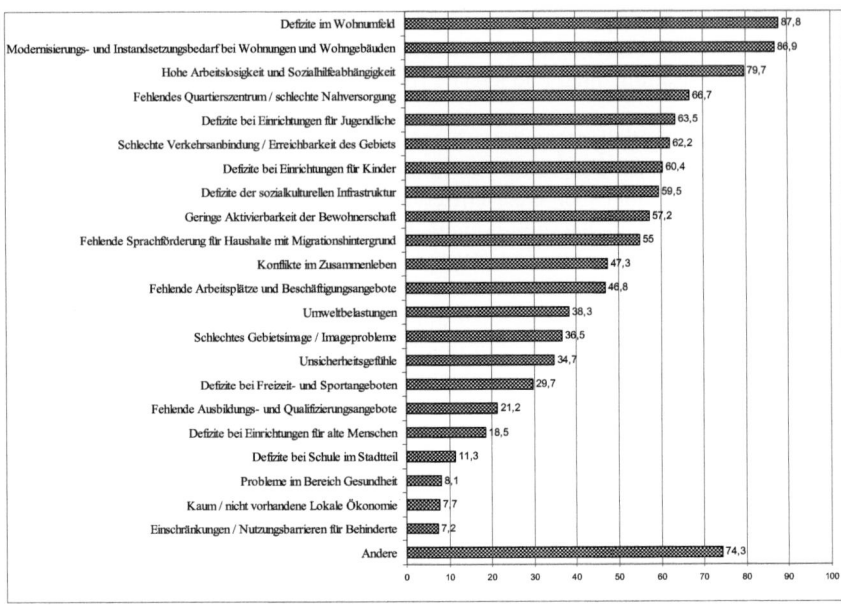

Abb. 1:   Probleme in den Programmgebieten der „sozialen Stadt" (aus: Becker et al. 2003a: 62)

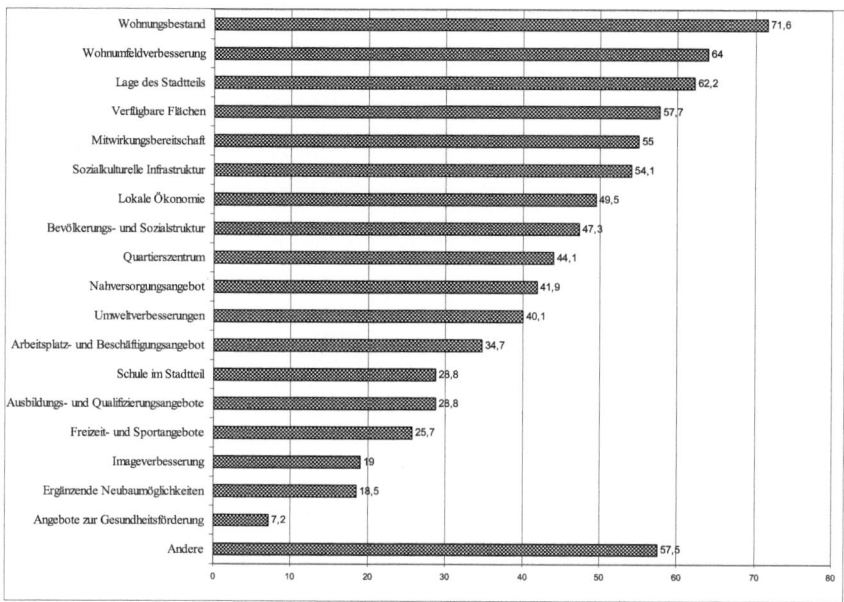

Abb. 2:   Ressourcen und Potenziale in den Programmgebieten (aus: Becker et al. 2003a: 62)

In der dritten Befragung wurde eine Veränderung der Ressource „Mitwirkungsbereitschaft der BewohnerInnen" – als ein wesentliches Element der Förderung
von Beteiligung, Aktivierung und Qualifizierung zur Mitwirkung – beobachtet.
Von 55% (vgl. Abb. 2) der Gebiete, für welche die Mitwirkungsbereitschaft in
den ersten beiden Befragungen bereits als Ressource festgestellt wurde, hat sich
diese Zahl auf fast 80 Prozent der Gebiete erhöht. Auch die Kooperationsbereit-
schaft der Schulen im Stadtteil hat sich von 29% auf zwei Drittel der Gebiete
ausgeweitet (vgl. Difu 2006a).

An statistischen Aussagen über die soziodemografischen Merkmale der BewohnerInnen der Modellgebiete werden insbesondere die Arbeitslosen- sowie
die Sozialhilfequote herangezogen. Die Arbeitslosigkeit beträgt im Schnitt 19%,
außerdem wird – im Vergleich zur Gesamtstadt – eine hohe Quote an SozialhilfeempfängerInnen beobachtet (vgl. Becker et al. 2002: 16f.). Vor allem für die
alten Bundesländer lässt sich darüber hinaus ein erhöhter Anteil an MigrantInnen
feststellen (Difu 2006a). Für die Begründung der Aufnahme des Gebiets in das
Modellprogramm ist hierbei jeweils der Vergleich zur Gesamtstadt zentral,
„denn es muss nachgewiesen werden, dass für die ausgewählten Gebiete im Vergleich zu anderen Stadtteilen ein dringlicherer Handlungsbedarf besteht, ihrer

Entwicklung deshalb eine höhere Priorität einzuräumen ist und Ressourcen verstärkt in diese Quartiere zu lenken sind" (Difu 2006a).

In der folgenden Abbildung sind die Arbeitslosenquoten der Gesamtstadt sowie der Modellquartiere ersichtlich. Hierbei fällt auf, dass die Quoten in den Modellgebieten – ähnlich zur Gesamtstadt – zwischen unter 10% und (über) 25% liegen. Lediglich in der Häufigkeit der jeweiligen Quoten sind die Arbeitslosenquoten über 15% in den Problemquartieren besonders hoch.

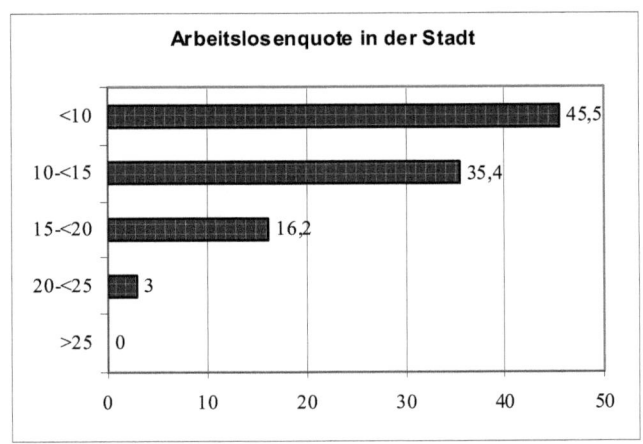

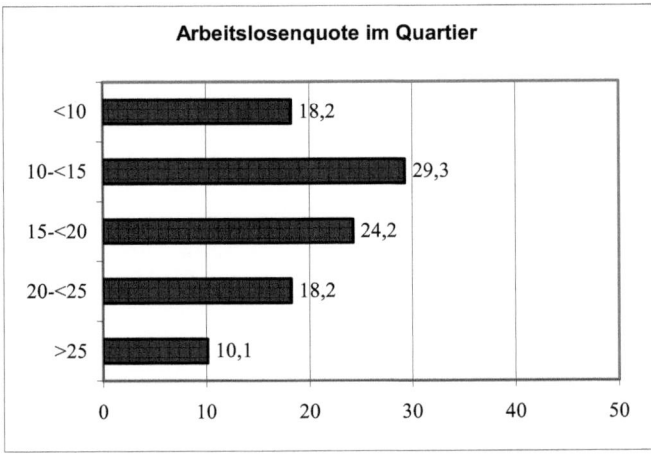

Abb. 3:   Arbeitslosenquote in Stadt und Quartier der „sozialen Stadt" (n=99; Zweite Befragung - Difu 2002) (aus: Becker et al. 2003a: 63)

Ähnlich verhält es sich mit den Sozialhilfequoten: Auch hier streuen die Werte in den Modellquartieren zwischen unter 5% und über 25%. In der Gesamtstadt sind die Quoten unter 10% allerdings häufiger vorzufinden als in den einzelnen Quartieren. Umgekehrt sind in den Modellgebieten Werte über 15% zahlreicher anzutreffen als in der gesamten Stadt.

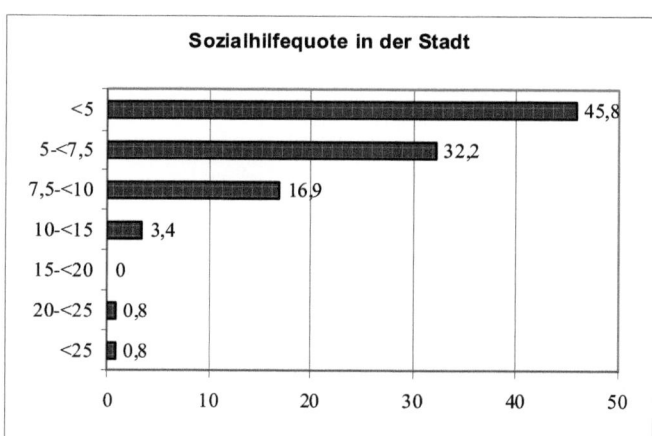

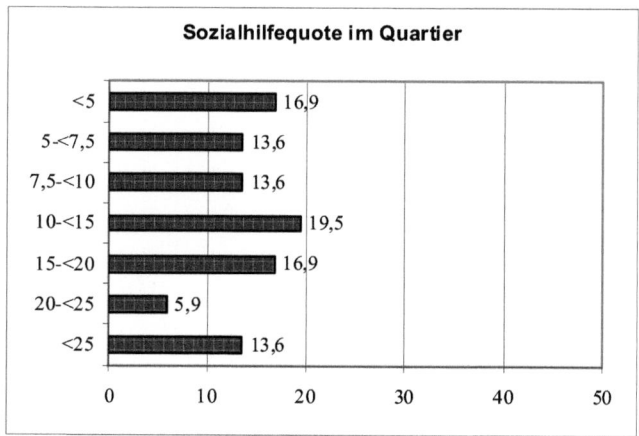

Abb. 4:   Sozialhilfequote in Stadt und Quartier der „sozialen Stadt" (n=118; Zweite Befragung - Difu 2002) (aus: Becker et al. 2003a: 63)

Ein weiteres Merkmal, das häufig mit so genannten städtischen Problemgebieten in Verbindung gebracht wird, ist der MigrantInnenanteil. Hier sind die Anteile von 15% bis über 30% MigrantInnenanteil häufiger zu finden als in der Gesamtstadt.

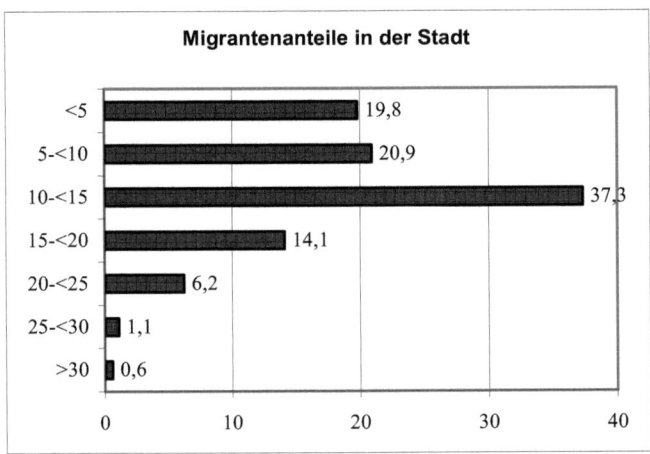

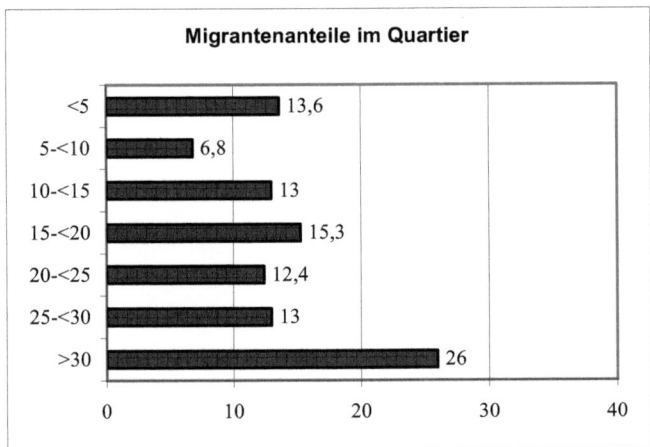

Abb. 5:   Anteil der MigrantInnen in Stadt und Quartier der „sozialen Stadt" (n=177; Zweite Befragung - Difu 2002) (aus: Becker et al. 2003a: 65)

Die Altersstruktur stellt sich in den Modellgebieten als vergleichsweise jung dar. Dies bedeutet, dass Menschen bis 18 Jahre deutlich überrepräsentiert und alte Menschen eher unterrepräsentiert sind (vgl. Becker et al. 2003a: 65). Die Begründung der Gebietsauswahl durch die Quoten zur Arbeitslosigkeit und zum Sozialhilfeempfang im Vergleich zwischen Problemgebiet und der Gesamtstadt haben Häußermann (2004: 275) zu der Einschätzung einiger Defizite bei der Gebietsauswahl veranlasst. In vielen Fällen hätten keine Zahlen zur Arbeitslosenquote vorgelegen. Außerdem seien die Zahlen zur Arbeitslosigkeit und zum Sozialhilfeempfang in einigen Gebieten ähnlich der Gesamtstadt, in anderen Fällen sogar niedriger als in der Gesamtstadt ausgefallen.

Neben den Einschätzungen zur Infrastruktur des Wohngebiets, der Qualität des Wohnumfelds sowie der Wohnungen, der institutionellen Ausstattung sowie den soziodemografischen Merkmalen der BewohnerInnen ist für die Soziale Arbeit insbesondere die soziale Zusammensetzung der Quartiere relevant. Diesbezüglich werden verschiedene Problemfaktoren in Bezug auf die ‚benachteiligten' Gebiete identifiziert (vgl. Becker et al. 2002: 16; vgl. auch SPI/E&C 2000: 9ff.): Es wird eine Entmischung der Quartiere festgestellt, d.h. dass einkommensstärkere Haushalte wegziehen und verstärkt benachteiligte Menschen sowie Menschen mit Migrationshintergrund zuziehen. Hierdurch wird eine erhebliche Fluktuation der BewohnerInnen ausgelöst. Gleichzeitig findet sich ein hoher Anteil (vor allem) Alleinerziehender (Frauen). Insofern scheinen hier sämtliche, als typisch für „soziale Brennpunkte" geltende Merkmale der BewohnerInnen in beträchtlicher Konzentration zusammenzukommen: hohe Arbeitslosigkeit, beträchtlicher Empfang von Tranferzahlungen, hoher MigrantInnenanteil, großer Anteil von Kindern und Jugendlichen sowie erheblicher Anteil Alleinerziehender (Frauen). Insbesondere aufgrund der ethnischen Heterogenität werden dabei Konflikte zwischen verschiedenen Bevölkerungsgruppen beobachtet, gleichzeitig auch eine erhöhte Wahrnehmung so genannten devianten Verhaltens: Vandalismus, Kriminalität, Drogen- und Alkoholmissbrauch, etc. Auf der zwischenmenschlichen Ebene werden nicht vorhandene soziale Kontakte problematisiert, die zu fehlendem Zusammengehörigkeitsgefühl, Vereinsamung und Anonymität führen. Die BewohnerInnen selbst seien durch Hoffnungs- und Perspektivlosigkeit sowie durch geringe Eigeninitiative gekennzeichnet. In einer Zusammenführung dieser Faktoren wird deutlich, dass insgesamt das soziale Milieu dieser StadtteilbewohnerInnen untereinander problematisiert wird. Als schwierig wird dabei eine geringe Ausprägung der Netzwerke, vorherrschende, deviante kulturelle Normen und Werte, abweichende Verhaltensweisen sowie deviante Sozialisation der in diesem Milieu aufwachsenden Kinder und Jugendlichen betrachtet. In den Problemquartieren

„gibt es keine ausgeprägten sozialen Netzwerke mehr. In einigen Gebieten ist die Entstehung einer ‚abweichenden Kultur' von Kindern und Jugendlichen zu beobachten, die in einem Umfeld mit nur wenigen positiven Vorbildern und Repräsentanten eines ‚normalen' Lebens den Sinn von Schule, Ausbildung und Beruf nicht mehr vermittelt bekommen. Staatliche Transferleistungen und Kleinkriminalität ersetzen in einem durch Arbeitslosigkeit geprägten Umfeld oftmals Arbeit als materielle Basis für Lebensunterhalt und Konsum" (Becker et al. 2002: 17).

Die Quartiere wirken sich somit – aufgrund der ungünstigen Rahmenbedingungen – auf ihre bereits diskriminierten BewohnerInnen zusätzlich benachteiligend aus. Dem Quartier komme somit ein eigenständiger Effekt hinsichtlich Benachteiligung zu.

Speziell auf Kinder und Jugendliche im Rahmen des Programms E&C übertragen geht man davon aus, dass diese in solchen Quartieren „stärkerer und vielfältigerer Gefährdung ausgesetzt [sind] als in anderen behüteteren Sozialräumen [und] die Entwicklung und Folgen für Kinder und Jugendliche in diesen städtischen Quartieren mittel- und langfristig für verheerend" (SPI/Regiestelle E&C 2000: 8) eingeschätzt werden müssen. Weiterhin ergibt sich der besondere Fokus auf den (‚benachteiligten') Stadtteil aus dem Umstand, dass

„Kinder, Jugendliche und junge Erwachsene in besonderer Weise an ihre Familie, an ihr direktes Umfeld, ihren Sozialraum gebunden sind. Ihre Erfahrungs-, Identifikations-, Integrations- und Kommunikationsmöglichkeiten prägen ihre Entwicklung und befördern oder beeinträchtigen ihre Zukunftschancen" (SPI/Regiestelle E&C 2000: 19).

Insofern erweise sich eine Orientierung an diesem lokalen Sozialraum für Soziale Arbeit als sinnvoll. Im Zuge dessen hat E&C in den Jahren 2005/2006 insbesondere die drei Schwerpunkte der Arbeitsförderung für benachteiligte Jugendliche, Orte der Bildung im Stadtteil und für Menschen mit Migrationshintergrund die Förderung des Spracherwerbs und der Integration allgemein (vgl. SPI/E&C 2006: 40f.) gesetzt. Im Rahmen dieser Orientierung wird eine direkte Verbindung zu stadtteilbezogenen Ansätzen und der Gemeinwesenarbeit gezogen. Unter Rekurs hierauf werden folgende Prinzipien als wesentlich erachtet:

- „Orientierung an den Selbsthilfekräften und der Betroffenheit von Bürgern
- Prävention
- Ganzheitlichkeit
- Verbesserung der materiellen Situation
- Dezentralisierung
- Kooperation und Koordination" (SPI/E&C 2000: 18).

Zusammenfassend visiert E&C folgende Handlungsebenen und Ziele an: Im Zuge eines Angehens gegen Marginalisierung, Isolierung, Konflikte, fehlende Teilhabe und Partizipation besteht ein Ziel in der Herstellung sozialer und ethnischer Integration. In Bezug auf den öffentlichen Raum und seine Sicherheit soll Vernachlässigung, Verwahrlosung, Zerstörung, deviantes Verhalten, Kriminalität und Unsicherheitsgefühle bekämpft werden. Im Bereich Wohnen und Wohnumfeld stehen Maßnahmen gegen Abwanderung, Leerstand, Verdrängung, bauliche Vernachlässigung und unzureichende Grün- und Freiflächen auf der Tagesordnung. Darüber hinaus werden ausreichende, qualitativ hochwertige, fördernde und kompensierende Angebote der sozialen Infrastruktur, an Schulen und in Bezug auf Kinder, Jugendliche und Familienförderung gefordert. Ein weiterer Bereich stellen die Arbeitsmarktpolitik und die Wirtschaftsförderung. Hier steht ein Einsatz für genügend Lehrstellen und Arbeitsplätze im Zentrum. Insgesamt soll dabei ein Ansatz an besonders benachteiligten Lebenslagen fokussiert werden. Auch Aspekte von Gesundheitsförderung sind unabdingbar. Und schließlich werden in Bezug auf Steuerungsinstrumente und Ressourceneinsatz die mangelnde Flexibilität im Ressourceneinsatz und lokale und landesweite Steuerungsmöglichkeiten auszubauen gesucht (vgl. SPI/E&C 2000: 43).

Die Ergebnisse und Erfolge des Programms E&C – wie sie in dem letzten Zwischenbericht aus dem Jahr 2006 beschrieben werden (vgl. SPI/E&C 2006) – liegen nach einer Laufzeit von gut fünf Jahren aus der Sicht der zuständigen Regiestelle sowie der Stiftung SPI insbesondere in der Gestaltung der Außendarstellung auf der Programmplattform, der Erweiterung des Beteiligtenkreises sowie der Veranstaltung von fachlich hochwertigen Fachtagungen und damit insgesamt einer Verbesserung der fachlichen Diskussion. Beteiligung neuer Akteure bezieht sich dabei auf die Mitarbeit bei Veranstaltungen der Regiestelle E&C sowie in der Nutzung des Onlineangebots. Gemessen wird dieser Erfolg an den steigenden TeilnehmerInnenzahlen auf E&C-Fachveranstaltungen sowie der zunehmenden BesucherInnenzahlen der Internetplattform und den zahlreichen AbonenntInnen des E&C-Newsletters. Die Beteiligten aus den E&C-Gebieten decken dabei ein breites Spektrum an beruflichen Zugehörigkeiten im Rahmen des Stadtteils ab. In Bezug auf den Schwerpunkt der Vernetzung und gemeinsamen Projektentwicklung in den Modellgebieten wird es als Erfolg betrachtet, dass sich die Zusammenarbeit deutlich in Richtung Querschnittsprojekte verlagert hat. Die Verbesserung der fachlichen Diskussion und des fachlichen Standards wird in der Akzeptanz und Anerkennung von Beteiligungsverfahren, der Orientierung am Paradigma der Sozialräumlichkeit sowie von integrierten Handlungsansätzen in den verschiedenen Disziplinen gesehen (vgl. SPI/E&C 2006: 40f.). Die integrierten Teilprogramme trügen mit ihrem experimentellen Charakter ebenfalls zu einer Weiterentwicklung der fachlichen Erörterungen bei. Insgesamt gelangen SPI und E&C deshalb zu der Einschätzung, „dass die Philosophie, die dem Programm zugrunde liegt, den aktuellen Bedarf getroffen hat" (vgl. SPI/E&C 2006: 41).

Auch die Erfolge des Programms „Soziale Stadt" werden weniger an den Verbesserungen in den Stadtteilen gemessen, als an den erfolgreichen manageriellen Verfahrensumsetzungen. Dies wird auf die Programmlaufzeit von nur sieben Jahren zurückgeführt:

> „Angesichts der noch kurzen Laufzeit des Programms verwundert es nicht, dass sich die Ergebnisse sowohl der Programmbegleitung durch das Difu als auch der Evaluierungen vor allem auf den instrumentell-strategischen Bereich der Programmumsetzung und damit auf die Organisation und Verfahren bezogen; Befunde zu den Wirkungen des Programms in den Quartieren konnten dagegen nur in ersten Ansätzen erfasst werden" (Becker et al. 2006b: 9).

Die Veränderungen in den Programmgebieten werden vielmehr den Beschreibungen der kommunalen AnsprechpartnerInnen entnommen. Sie berichten von materiellen Verbesserungen im Wohnumfeld, im sozialkulturellen Infrastrukturangebot, der Wohn(ungs)qualität und dem Aufbau eines Quartierszentrums. In Bezug auf nicht-materielle Erfolge werden Besserungen im Zusammenleben, die Integration von Schulen ins Quartier sowie der Ausbau von Beteiligungsmöglichkeiten und die Stärkung der Eigeninitiative der BewohnerInnen genannt. Hinsichtlich Bildung seien nur geringe Erfolge erzielt worden. Die Maßnahmen zur Integration von MigrantInnen seien geringfügig effektiver gewesen. Teilweise konnten Ausbildungs- und Beschäftigungsmöglichkeiten im Stadtteil geschaffen werden (vgl. Becker et al. 2006b: 162f.).

Anhand dieser Beschreibung von sozialraumbezogenen Programmen wurde erstens deutlich, dass ihre Begründung über die sozialräumliche Spaltung von Städten stattfindet. Zweitens wird der explizite Fokus auf sogenannte benachteiligte Stadtteile gerichtet. Und drittens werden materielle, symbolische, soziale und arbeitsmarktbezogene Probleme in den Vordergrund gerückt. Diese Begründungsmuster sowie die zentralen Probleme werden in einem nächsten Schritt für sozialraumorientierte Vorgehensweisen generell auf einer analytischen Ebene in den Blick genommen.

3.3.3 Sozialraumorientierte Vorgehensweisen – eine analytische Perspektive

Segregation

In den letzten Jahren wird eine steigende (sozialräumliche) Segregation für Deutschland festgestellt und aufgrund ihres Zuwachses zunehmend problematisiert. Dabei wird vielfach ein Bezug zum städtischen Raum hergestellt. Anhand einer Sichtung von Publikationstiteln zu diesem Thema wird deutlich, dass sich eine Auseinandersetzung mit Segregation zunächst auf bestimmte Gebiete, wie Ostdeutschland [„Soziale Segregation in ostdeutschen Städten" (1999)] oder altindustrielle Ballungsräume [„Bevölkerungsrückgang, Segregation und soziale Stadterneuerung im altindustriellen Ballungsraum" (2004)] sowie gewisse Städte in Deutschland, wie Berlin [„Berlin: Von der geteilten zur gespaltenen Stadt? Sozialräumlicher Wandel seit 1990" (2000)], beziehen kann. Die Segregation von Menschen in Armut und mit Benachteiligungen in bestimmten Wohnquartieren bildet dabei einen der häufigsten Bezugspunkte. Dies wird evident an Beispielen wie „Armut in der Stadt: zur Segregation benachteiligter Gruppen in Deutschland" (1999), „Segregierte Armut in der Stadt" (2001), „Sozialräumliche Segregation in Hannover: Armutslagen und soziodemographische Strukturen in den Quartieren der Stadt" (2001), „Segregation und Wohngebiete mit verdichteten sozialen Problemlagen" (2002), „Potenziale und Defizite von Segregation in Wohnquartieren und die Möglichkeiten der sozialen Vernetzung durch das Bund-Länder-Programm ‚Stadtteile mit besonderem Entwicklungsbedarf – Soziale Stadt' am Beispiel des Stadtteils Leer-Ost" (2005). Ein weiterer elementarer Ansatzpunkt von Segregation besteht in der Thematisierung ethnischer Gruppen [„Segregation und Integration: Entwicklungstendenzen der Wohn- und Lebenssituation von Türken und Spätaussiedlern in der Stadt Nürnberg" (2005)] bzw. der Verwobenheit von sozialer Ungleichheit und ethnischer Zugehörigkeit [„Überlagerung von sozialer und ethnischer Segregation in Hamburg" (2001)]. Auch eine Segregation nach Alter wird festgestellt [„Ausmaß und Ursachen der demographischen Segregation städtischer Bevölkerung (1998)"]. Insgesamt wird eine Zunahme der Korrelation von sozialer, ethnischer und demografischer Segregation festgestellt (vgl. Strohmeier/Kersting 2003).

Mehr oder weniger synonym verwendet werden – ebenfalls in Bezug auf Städte – ferner die Begriffe Polarisierung und Spaltung, z.B. in: „Es trennt sich die Spreu vom Weizen …": die sozialräumliche Polarisierung der Städte (1996), „Polarisierung in den Städten" (1998), „Das arme Berlin: sozialräumliche Polarisierung, Armutskonzentration und Ausgrenzung in den 1990er Jahren" und z.B. in: „'Soziale Stadt'. Ein Programm gegen die sozialräumliche Spaltung in den Städten (2000), „Ankoppeln statt abhängen!: Das Handlungskonzept gegen die soziale Spaltung der Stadt" (2006). Die Entwicklung urbaner Segregation besteht neben weiteren Stadtentwicklungsprozessen wie Suburbanisierung von Familien mittlerer Schichten und Gentrifizierung innerstädtischer Altbauquartiere durch neue Lebensstilgruppen, die zu einer räumlichen Trennung sozialer Gruppen ihren Beitrag leisten. Weiterhin wird eine bevölkerungsmäßige Schrumpfung der

Städte konstatiert [„Die Ambivalenz städtischer Schrumpfung: zwischen Gestaltungsspielräumen und Zukunftsängsten"].

Besonders problematisiert und für Soziale Arbeit relevant ist an diesem Thema die Verknüpfung (sozialräumlicher) Segregation, Polarisierung und Spaltung mit dem Thema der Armut und Benachteiligung. Da (zusätzliche) Benachteiligung als eine der zentralsten Folgen von Segregation verhandelt wird, erscheint die Hinwendung der Sozialen Arbeit hierauf naheliegend. Die besondere Beachtung der *sozialräumlichen* Segregation geht damit einher, dass in der Sozialen Arbeit weniger ‚benachteiligte' Menschen als vielmehr benachteiligende Wohngebiete, in denen sich Ungleichheit sozialräumlich manifestiere, in den Mittelpunkt der Aufmerksamkeit rücken. Besonders werden demnach Gebiete in den Blick genommen, die folgende, sich wechselseitig verstärkende Merkmale aufweisen (vgl. Kollobay 2001): das Vorliegen sozialer Probleme und ein schlechtes Image. Eine Vermietung sei – wenn überhaupt – nur an bestimmte Personengruppen möglich. Eine verminderte Rendite – durch teilweisen Leerstand und aus abnehmender Miethöhe – führe zur Vernachlässigung in notwendigen Sanierungen und damit zur Vernachlässigung des Wohnraums. Geringe BewohnerInnenidentifikation erleichtere Schmierereien, Müllansammlungen, Vandalismus und Substanzverlust.

Der Problematisierung *steigender* (sozialräumlicher) Segregation steht jedoch keineswegs eine eindeutige empirische Datenlage gegenüber (vgl. Kap. 4.1). Sie bleibt indes nicht folgenlos für Soziale Arbeit, wird Segregation gegenwärtig als zentrale Begründung für die Notwendigkeit sozialraumorientierter Strategien herangezogen (vgl. u.a. Herriger 2006: 65ff.; Knopp 2006: 80; Becker et al. 2003a). Den Hintergrund bildet die Annahme, dass das Wohnen in so genannten ‚sozialen Brennpunkten' die ohnehin schon ‚benachteiligten' AdressatInnen Sozialer Arbeit zusätzlich benachteilige, d.h. dass soziale *und* räumliche Disparitäten Hand in Hand gehen (vgl. Klagge 2000). Gleichzeitig wird diese Form der Benachteiligung durch das Wohngebiet als wesentlich angesehen. Ihr Ausdruck in der aktuellen Politik zeigt sich an der Etablierung von gebietsbezogenen Bund-Länder-Programmen (vgl. 3.3.2).

Ungeachtet der Tatsache, ob sozialräumliche Segregation tatsächlich aktuell zunimmt oder nicht, werden – insbesondere in der Relevanz für Soziale Arbeit – hieraus negative Effekte unterstellt. Für die Begründung der Notwendigkeit professionellen Eingreifens Sozialer Arbeit ist dabei die Unterstellung eines zusätzlichen Benachteiligungseffektes des Wohnquartiers zentral, d.h. dass aus ‚benachteiligten' Quartieren *benachteiligende* Gebiete werden. Soziologisch werden die Auswirkungen von Segregation auf der materiellen, der politischen, der symbolischen und der sozialen Ebene gesehen. Auch die eventuell daraus resultierenden Benachteiligungen durch Segregation werden auf diesen Ebenen verortet und da die sozialräumliche Segregation im Vordergrund steht, diese als Quartierseffekte verhandelt (vgl. u.a. Janßen 2004; Häusermann/Siebel 2004: 165). Auf der materiellen Dimension werden z.B. die vor Ort vorhandene Infrastruktur, die Umweltbedingungen und die Verkehrsanbindungen betrachtet, die je nach Ausstattung die Gesundheit beeinträchtigen sowie die Handlungsmöglichkeiten und individuelle Lebensführung einschränken oder erweitern können. In Bezug auf die politische Repräsentanz des Stadtteils ginge es um die Frage, ob Personen im Stadtteil leben, die in der Lage und bereit sind, das Quartier bzw. seine Interessen auf politischer Ebene zu vertreten und einzubringen. Unter symbolischer Dimension sei das ,Image' des Quartiers zu verstehen, welches sich auf das Selbstbild der BewohnerInnen auswirken und/oder Chancen außerhalb des Quartiers etwa in Bezug auf einen Arbeitsplatz erschweren oder erleichtern könne. Auf der sozialen Ebene gehe es um die Leistungsfähigkeit der (sozialräumlichen) Netzwerke sowie die Qualität des sozialen Zusammenlebens im Stadtteil, ob es sich beispielsweise friedlich oder konfliktträchtig gestaltet. Gleichzeitig wird dem Quartier bzw. den Beziehungen, in denen man sich dort bewegt, eine Sozialisationswirkung zugeschrieben.

Aus diesen möglichen Auswirkungen seien jeweils – positiv wie negativ – Vor- und Nachteile von Segregation ableitbar (vgl. Häußermann/Siebel 2002 zit. in: Löw/Steets/Stötzer 2007: 42). Materielle Vorzüge können verbucht werden, wenn die Infrastruktur besonders gut ausgebaut ist. Sozialer Nutzen könne sich im Rahmen von Vertrautheit und ressourcenstarken Netzwerken ergeben, der sich auf politischer Ebene in einer machtvollen, gemeinsamen Interessens- und Willensbildung niederschlagen kann. Ebenso könne eine gute Wohngegend auf der symbolischen Ebene Vorteile verschaffen, wenn eine hoch bewertete Adresse den BewohnerInnen anderweitige Privilegien eröffnet. Beeinträchtigungen treten dann auf, wenn das Quartier, in dem Menschen leben, negative Effekte auf diese hat. Hierbei können sich auf der materiellen Ebene etwa minderwertige Angebote und eine schlechte Infrastruktur nachteilig auf die BewohnerInnen auswirken. Mangelnde politische Repräsentanz trete etwa dann auf, wenn die BewohnerInnen eines Stadtteils nur zu einem geringen Prozentsatz wählen gehen. Nachteile aus einem negativen Gebietsimage können daraus resultieren, dass BewohnerInnen aufgrund der negativen Zuordnung zu ihrem Wohnort stigmatisiert werden. Soziale Defizite können entstehen, wenn wenig bzw. wenig hilfreiche Kontakte im Stadtteil bestehen oder etwa Konflikte und Vorurteile zwischen BewohnerInnengruppen geschürt werden. Gleichzeitig wird über die Theorie sozialen Lernens und Netzwerktheorie ein negatives Sozialisationslernen begründet, wenn im Sinne von Milieueffekten beispielsweise deviante Normen und Werte verinnerlicht werden (vgl. hierzu die Debatte um die ,neue Unterschicht'). Insgesamt wird ergo eine steigende sozialräumliche Segregation festgestellt und ihre negativen Auswirkungen werden analytisch auf vier verschiedenen Ebenen verortet. In einem nächsten Schritt stellt sich die Frage, ob die in den Bund-Länder-Programmen klar geografische Zuständigkeit auch im Rahmen sozialraumorientierter Vorgehensweisen generell gefordert wird.

Der soziale Raum

Die Bestimmung des sozialen Raums im Diskurs um sozialraumorientierte Vorgehensweisen in der Sozialen Arbeit gestaltet sich – trotz oder gerade aufgrund seiner Aktualität und Verbreitung – recht heterogen. In dem Projekt „Räumlichkeit und soziales Kapital in der Sozialen Arbeit. Zur Governance des sozialen Raums" (für eine genauere Projektbeschreibung vgl. Kap. 4.1.1) wurden in einem Stadtteil zu allen relevanten Einrichtungen und Institutionen im Stadtteil Kontakt aufgenommen und – auf verschiedenen Hierarchieebenen – leitfadengestützte ExpertInneninterviews durchgeführt (n=12). Die Befragung zielt auf die Rekonstruktion der Sozialraumorientierung der ExpertInnen. Zwar wird hierbei nicht – wie in der vorliegenden Arbeit vorgesehen – die programmatische Ebene analysiert, allerdings liefert die herausgearbeitete Strukturierung der Raumbezüge[26] in den Beschreibungen der Arbeit der Professionellen wertvolle Hinweise für eine Gliederung des Diskurses. Es werden eine territoriale Raumkonstruktion und eine Konstruktion des pädagogischen Raums unterschieden (vgl. Tab. 1). Diese Differenzierung scheint mit einer Charakterisierung von Philipp Sandermann und Ulrike Urban (2007) zu korrespondieren, die zwei Ebenen der sozialpädagogischen Fachdiskussion zur Sozialraumorientierung in der Jugendhilfe identifizieren. Diese werden als hilfreich erachtet, um die Debatte kategorial einzufangen: die eine kann als „sozialgeographisch-infrastrukturell ausgerichtete Ebene sozialraumorientierter Jugendhilfe" benannt werden, die zweite als „aneignungstheoretisch-subjektorientierte Ebene sozialraumorientierter Jugendhilfe" (vgl. Sandermann/Urban 2007).

Im Sozialkapitalprojekt wird die territoriale Raumkonstruktion in einen Fokus auf das Zuständigkeitsgebiet und den Nahraum weiter unterteilt. Mit ihrem Zuständigkeitsgebiet beschreiben die Professionellen die Grenzen des Territoriums, für dessen BewohnerInnen sie zuständig sind. In diesem Gebiet werden spezielle Probleme bzw. ein bestimmter Bedarf verortet. Der Nahraum wird eher zur Beschreibung von Ressourcen und Möglichkeiten genutzt, da die Professionellen hier den BewohnerInnen räumlich nah sein und niedrigschwellige Angebote machen können. Die Konstruktion eines pädagogischen Raums differenziert sich in einen Raum zwischen KlientInnen und Professionellen sowie den Raum

---

26 Die Auswertung der ExpertInneninterviews und somit auch die vorliegende Strukturierung wurde von Birte Klingler vorgenommen.

der Institution aus. Zu diesem pädagogischen Raum soll Zugang verschafft werden. Er erfüllt eine kompensatorische bzw. ergänzende Funktion in Bezug auf Annahmen über Bedarfe der jugendlichen BewohnerInnen. Es geht darum, Angebote bereitzustellen, die ansonsten in der Umgebung fehlen, Defizite auszugleichen und unterschiedlichen Gruppen Raum zu bieten, um ungestört eigenen Aktivitäten nachgehen zu können (vgl. Klingler et al. 2007).

I. territoriale Raumkonstruktion	II. Konstruktion eines pädagogischen Raums
1. Zuständigkeitsgebiet	*1. Raum zwischen AdressatInnen und Professionellen*
2. Nahraum	*2. Raum der Institution*

Tab. 1:   Raumkonstruktionen von Professionellen der Sozialen Arbeit

Interessant ist in diesem Zusammenhang, dass die Professionellen der Sozialen Arbeit die Raumbezüge auf der territorialen Ebene überwiegend dazu nutzen, die Probleme ihrer AdressatInnen zu beschreiben. Der pädagogische Raum, sei es jener zwischen AdressatInnen und Professionellen oder der Institution, dient hingegen zur Verortung der Problemlösung. Im Diskurs um sozialraumorientierte Soziale Arbeit geschieht die Konstruktion eines pädagogischen Raums zentral in den Ansätzen, die eine räumliche Aneignung von Kindern und Jugendlichen in den Mittelpunkt rücken (vgl. u.a. Deinet 2006). Sozialräume werden dabei als „subjektive Aneignungsräume" (Deinet 2006: 44) verstanden. Hierbei steht jedes einzelne Kind und jede/r Jugendliche/r als handelndes Subjekt mit seinem/ihrem individuellen Sozialraum im Vordergrund. Die Aneignung von Raum wird dabei als zentrale, von Sozialer Arbeit zu unterstützende Bildungsaufgabe bestimmt. In der Programmatik der Bund-Länder-Programme (vgl. Kap. 3.3.2) wird die territorial bzw. ‚sozialgeographisch-infrastrukturell ausgerichtete Ebene' sowohl zur Problembeschreibung als auch zur Problemlösung genutzt. U.a. aufgrund deren Prominenz wird an dieser Stelle in aktuellen Sozialraumdiskursen die territoriale bzw. die communitybezogene Ebene als dominant eingeschätzt.

Die Orientierung am Sozialraum stellt in diesem Zusammenhang eine Verbindung her zwischen verschiedenen Forderungen, die seit den 1990er Jahren verstärkt an die Soziale Arbeit gerichtet werden: verstärkt präventive Arbeit zu leiten und adressatInnenorientiert zu agieren (vgl. Kessl/Landhäußer/Ziegler 2006). Prävention soll überwiegend dadurch erreicht werden, dass Angebote und Maßnahmen fallübergreifend und frühzeitig ansetzen, d.h. indem frühzeitig nicht nur auf Problemgruppen reagiert, sondern mit allen Mitgliedern eines Sozialraums gearbeitet wird, könne die Entstehung von Problemen möglicherweise verhindert werden: „Soziale Arbeit soll nicht warten bis das Kind in den Brunnen gefallen ist, sondern […] dazu beitragen, dass Probleme möglichst gar nicht entstehen" (Münchmeier 2003: 2). Damit könne gleichzeitig eine höhere Effektivität und Effizienz erreicht werden, wenn so mehr Fälle durch „[f]rühzeitiges Tätigwerden mit geringem Aufwand" (Liedtke/Juchem-Voets 2006: 19) bewältigt werden können. Eine Orientierung am Sozialraum sei außerdem eine spezifische AdressatInnenorientierung, d.h. eine Ausrichtung an den Bedarfen und Bedürfnissen, Zielen und dem Willen der AdressatInnen (vgl. Weißenstein 2006). Dies sei u.a. dadurch möglich, dass Professionelle durch die dezentrale Arbeit an den BewohnerInnen des Zuständigkeitsgebiets ‚nah dran' sein können. Insofern gehe es ergo der sozialraumorientierten Sozialen Arbeit auf der sozialen Ebene um frühzeitiges, präventives Arbeiten mit allen BewohnerInnen, nah an ihren Bedürfnissen zu sein und Netzwerke zu knüpfen. Dabei gehe es um die Überwindung von Einzelfallorientierung hin zur Berücksichtigung des sozialen Kontextes:

> „So versucht die Fallarbeit in der klassischen deutschen Sozialarbeit für ein Leben fit zu machen, das aber oft nur mit einem guten Beziehungsnetz gemeistert werden kann. Sozialraumorientierte Arbeit hingegen fragt, ob nicht unsere gesellschaftlichen Vorstellungen vom Erfolg die Rolle des Einzelnen übertreiben und die Potenziale von Netzwerken unterschätzen" (Früchtel/Cyprian/Budde 2007: 84).

Dieser Verweis auf die Ressourcen durch die Netzwerke von AkteurInnen lässt sich – insbesondere in Anknüpfung an internationale Debatten – als soziales Kapital beschreiben.

Soziales Kapital
Sozialkapital ist in internationalen Debatten zu einem Schlüsselbegriff avanciert, der zusammenfassend beschreibt, was communityorientierte Vorgehensweisen herzustellen trachten: die Generierung ‚nahräumlicher Gemeinschaft' (vgl. Otto 2003). Auch James deFilippis (2001) stellt für die USA fest, dass soziales Kapital in nur einem halben Jahrzehnt zu einem grundlegenden Gegenstand für PraktikerInnen und ForscherInnen im Feld der Communityentwicklung geworden ist. Die große Bedeutung der Netzwerke von AkteurInnen und die Ressourcen, die sie durch die Beziehung mit anderen Menschen erhalten, verweist auf eine Bestimmung sozialen Kapitals, wie sie Pierre Bourdieu vertritt. In diesem Zusammenhang stellt es eine sozialstrukturell ungleich verteilte, intersubjektiv eingebettete aber individuell zu verwertende Ressource da, welches Individuen dadurch Vorteile verschafft, dass sie in bestimmte Netzwerke eingebunden sind. In

Abgrenzung zu ökonomischem und kulturellem Kapital wird Sozialkapital folgendermaßen bestimmt:

> „Das Sozialkapital ist die Gesamtheit der aktuellen und potentiellen Ressourcen, die mit dem Besitz eines dauerhaften Netzes von mehr oder weniger institutionalisierten *Beziehungen* (kursiv im Original, SL) gegenseitigen Kennens und Anerkennens verbunden sind; oder, anders ausgedrückt, es handelt sich dabei um Ressourcen, die auf der *Zugehörigkeit zu einer Gruppe* (kursiv im Original, SL) beruhen" (Bourdieu 1992: 63).

Kapital stellt bei Bourdieu akkumulierte Arbeit dar, die eine gewisse Zeitaufwendung voraussetzt. In Bezug auf soziales Kapital bedeutet dies, dass ständig Zeit und andere Ressourcen aufgewendet werden müssen, um die sozialen Beziehungen zu pflegen. Kapital allgemein ist gesellschaftlichen Strukturen immanent, da es das Funktionieren der Gesellschaft bestimmt. Prinzipiell kann es dabei in objektivierter oder in verinnerlichter, inkorporierter Form vorliegen. In Bezug auf soziales Kapital ist sein Wert von dem Umfang der sozialen Beziehungen, die man hat und von den Kapitalien, welche die anderen Netzwerkmitglieder angesammelt haben, abhängig.

Bei Bourdieus Bestimmung von sozialem Kapital steht das Individuum im Vordergrund, da es um Vorteile geht, die Menschen aufgrund ihrer Gruppenzugehörigkeit – im Vergleich zu AkteurInnen, die diesem Netzwerk nicht angehören – haben. Von daher lässt sich diese Form auch als individuelles Sozialkapital bestimmen. Einen anders gelagerten Fokus weist die Definition sozialen Kapitals von dem Politikwissenschaftler Robert D. Putnams auf, der ganze Gruppen, Stadtteile, ja auch Nationen in den Vordergrund rückt, so dass sich die Bezeichnung als kollektives Sozialkapital anbietet. Putnam – in Neo-Tocquevill'scher Tradition stehend – definiert soziales Kapital als „features of social organization such as networks, norms and social trust that facilitate co-ordination and co-operation for mutual benefit" (Putnam 1993: 36), i.e. "that enable participants to act together more effectively to pursue shared objectives [...] Social capital, in short, refers to social connections and the attendant norms and trust" (Putnam 1995: 664f.). Seine erste Verwendung der Kategorie des sozialen Kapitals findet in „Making Democracy Work" (1993) über Italien und die italienische Politik statt. Später überträgt er diese auf den US-amerikanischen Kontext, etwa in „Bowling alone: The Collapse and Revival of American Community" (2000), in dem er die negativen Auswirkungen des Niedergangs von sozialem Kapital in den USA aufzeigt.

Bei Putnam stellt soziales Kapital eine „wertmäßig aufgeladene Kategorie" (Mayer 2001) dar, die auf das Wohlergehen von Individuen, Stadtteilen, Regionen und ganzen Nationen verweist. Gemeinschaften profitieren von Sozialkapital als Ganzes, da es Probleme des *kollektiven* Handelns verringert. Hierzu leisten etwa gemeinsame Normen und Werte und gegenseitiges Vertrauen ihren Beitrag. Kollektivem Sozialkapital wird dabei eine positive Wirkung zugeschrieben: Es ist Antriebskraft für die wirtschaftliche Entwicklung, verringert Kriminalität, soziales Zusammengehörigkeitsgefühl wirkt sich auf die psychische Gesundheit aus, hängt mit der Qualität der öffentlichen Verwaltung und schließlich mit der Demokratie als solcher zusammen (Putnam/Goss 2001: 19). Im Gegenzug werden sozialräumliche Konzentrationen von Problemlagen, wie etwa Kriminalität als Ausdruck und Ergebnis mangelnden lokalen Sozialkapitals gedeutet. Die internationale Verbreitung der Putnamschen Lesart von sozialem Kapital fand insbesondere durch die Weltbank statt, die im Post-Washington Consensus ihre rein neo-liberale Politik überwinden wollte, um Marktdefizite auszugleichen (vgl. Mayer 2001). Im Allgemeinen ist diese Form des Sozialkapitals attraktiv für politische EntscheidungsträgerInnen, da sie eine kostengünstige Lösung zahlreicher, aktueller Probleme verspricht.

Zusammenfassend lässt sich festhalten, dass sich mit der Kategorie des sozialen Kapitals die Strategien und Ziele von sozialraumorientierten Vorgehensweisen sowohl beschreiben als auch analytisch in den Blick nehmen lassen (vgl. Kap. 4.1.1). Es geht dabei insgesamt um soziale Beziehungen – von bzw. zwischen BewohnerInnen eines Stadtteils – sowie die positiven Wirkungen, die sich aus diesen Kontakten ergeben (können).

3.3.4 Sozialraumorientierte Soziale Arbeit und die Thematisierung von Exklusion

Die aktuelle Bedeutungszunahme von communityorientierten Vorgehensweisen ist neben dem steigenden Einfluss von neo-sozialen Gorvernancestrategien in der lokalen Community und dem rückläufigen Gewicht des nationalstaatlichen Kontextes insgesamt in eine veränderte Thematisierung der drängenden sozialen Probleme eingebettet. Diesbezüglich ist auffällig, dass der Exklusionsbegriff eine steigende Verwendung findet. Er ersetzt gar an vielen Stellen Armut, die bisher als zentrales Problem gedeutet wurde. Der positive Gegenbegriff zu Exklusion wird in Inklusion oder auch Integration gesehen. Die fast inflationäre Verwendung trägt allerdings nicht unbedingt zur begrifflichen Schärfe. Insofern ist eine systematische Unterscheidung von drei *Exklusionsdiskursen* hilfreich: RED, SID und MUD (vgl. Levitas 1998). RED, der ‚redistributionist egalitarian discourse', hatte seine Konjunktur eher in den 70er und 80er Jahren des letzten Jahrhunderts und bezeichnete eine relationale, gesellschaftliche Perspektive auf soziale Ungleichheit, die Exklusion als eine Folge extremer Armut und Deprivation verhandelte. Zu Beginn der 90er Jahre rückten jedoch verstärkt SID (‚social integrationist discourse') und MUD (,moral underclass discourse') bzw. eine Mischung aus beiden ins Zentrum der Betrachtung. Bei SID wird zur Begegnung von Exklusion auf bezahlte Arbeit als Form gesellschaftlicher Integration gesetzt. Im MUD-Ansatz hingegen rücken die moralische Verfasstheit und das Verhalten spezieller Gesellschaftsmitglieder in den Mittelpunkt. Beiden ist gemeinsam – und hierüber zeigt sich die Anschlussfähigkeit an die Problematisierung von Segregation und Spaltung –, dass ein horizontales Gesellschaftsbild gezeichnet wird, in dem eine imaginäre Linie der Spaltung (wie beispielsweise über fehlende bezahlte Arbeit oder unangemessener Moral) gezeichnet wird. Diese Spaltung gilt es mit Hilfe von Inklusions- bzw. Integrationsmaßnahmen zu beseitigen. Zentrales Unterscheidungsmerkmal bleibt hierbei, woran es den Ausgeschlossenen eigentlich fehlt: „In RED, they have no money; in SID they have no (paid) work; in MUD they have no morals" (Levitas 2003) (zur Kritik an SID und MUD: vgl. Klein/Landhäußer/Ziegler 2005).

Auf der politischen Ebene der EU schlägt sich die Dominanz des Exklusionsbegriffs sowie seine Fokussierung auf Erwerbsarbeit und moralisches Verhalten etwa in der Forderung nieder, dass alle Mitgliedsländer der EU alle zwei Jahre einen ,National Action Plan for Social Inclusion' vorlegen sollen. Diese Pläne repräsentieren die gegenwärtigen politischen Strategien gegen soziale Exklusion. GB hat beispielsweise 1997 das Projekt der SEUs (d.h. Social Exclusion Units) ins Leben gerufen (vgl. http://www.neighbourhood.gov.uk/page. asp?id=630; 21.09.2007). Peter Mandelson (1997 zit. in Lavalette/Mooney 1999) aus dem Umfeld der Labour-Regierung hat die SEUs mit folgenden Worten begründet: „This is about more than poverty and unemployment. It is about being cut off from what the rest of us regard as normal life. It is called social exclusion, what others call the underclass." Die Verwendung des Exklusionsbegriffs wird an vielen Stellen darüber begründet, dass er ein breiteres Spektrum an sozialen Problemen abdecke, als etwa Armut. Exklusion wird gar zu einem der schwierigsten Probleme der Gesellschaft erklärt. SEU "has led to innovative thinking in addressing some of society's most difficult problems" (vgl. http://www.neighbourhood.gov.uk/page.asp?id=630; 21.09.2007). Im Rahmen dieses SEU findet eine Zusammenarbeit mit dem ,Neighbourhood Renewal Unit' statt, ein ,National Strategy Action Plan, der 2001 ins Leben gerufen wurde. Die dahinter liegende Vision der Regierung stellt folgende dar: "narrowing the gap between deprived neighbourhoods and the rest of the country, so that within 10 to 20 years, no-one should be seriously disadvantaged by where they live" (http://www.neighbourhood.gov.uk/publications.asp?did=85; 21.09.2007). Der damalige Regierungschef Tony Blair hat 1998 (zit. in Walker 2007) in seiner Einführung zum ,Social Exclusion Unit (SEU) report' diesen mit folgenden Worten hinterlegt:

> "'Bringing People Together: A National Strategy for Neighbourhood Renewal':
> 'We all know the problems of our poorest neighbourhoods'. In case 'we' do not
> know the problems of these areas, he helpfully points us towards, 'decaying hous-
> ing, unemployment, street crime and drugs. People who can, move out. Nightmare
> neighbours move in'."

Hierbei wird deutlich, wie in einer Verbindung der Problematisierung von Exklusion als drängendem Problem mit sozialräumlicher Segregation und dem
Schwerpunkt auf so genannte ‚soziale Brennpunkte' eine neue Ausrichtung politischen Handelns forciert wird. Es scheint dabei eindeutig, wo die Ursachen für
die entstandenen Probleme zu verorten sind: in den problembehafteten Nachbarschaften oder bei deren BewohnerInnen selbst. Dies wird daran deutlich, wie im
Kontext der SEUs soziale Exklusion bestimmt wird:

> "Social exclusion […] relates to being unable to participate fully in normal social
> activities, or to engage in political and civic life. This may be because of people
> themselves, or the areas where they live, experiencing high crime, poor housing,
> high unemployment, low incomes etc" (http://www.idea.gov.uk/idk/core/page.do?
> pageId=71633; 21.09.2007).

Themen, die mit Hilfe der SEUs angegangen werden, sind u.a. die Reduktion
von: Teenagerschwangerschaften, Obdachlosigkeit und Schulausschluss sowie
die Verminderung der Zahl an jungen AusreißerInnen, SchulschwänzerInnen und
der Rückfallquote bei Ex-Gefangenen (vgl. Office of the Deputy Prime Minister
2004), kurz gesagt: sämtliche Formen so genannten anti-sozialen Verhaltens. Die
Themen dieser Reporte verdeutlichen die Verschiebungen, die in den letzten
Jahren bei der Thematisierung von Exklusion stattgefunden haben. Die genannten Beispiele für Themen, die mit Hilfe der SEUs bearbeitet werden sollen, sind
eher im MUD-Ansatz zu verorten. In dessen Zentrum steht die Veränderung und
Anpassung moralisch verwerflichen, devianten Verhaltens. Neben MUD steht
aktuell der SID-Ansatz im Zentrum politischen Handelns wie anhand der Bedeutung von ‚Workfare'-Maßnahmen zu sehen ist.

Insgesamt zeichnet sich somit ein verdichtetes gesellschaftspolitisches Bild
des Kontextes ab, in dem sozialraumorientierte Strategien in der Sozialen Arbeit
in den Vordergrund rücken konnten: Die Problematisierung sozialer und sozialräumlicher Segregation geht damit einher, dass Exklusion zum zentralen gesellschaftlichen Problem avanciert. In der damit verbundenen Debatte um das Entstehen einer ‚Underclass' bzw. einer ‚neuen Unterschicht' stehen eine deviante
Moral, abweichendes Verhalten sowie divergente Normen und Werte als Begründung für die Zugehörigkeit im Fokus. Diese Merkmale werden verstärkt bei
BewohnerInnen bestimmter ‚benachteiligter' Wohngebiete und Stadtteile iden-

tifiziert. Insbesondere auf diese Wohngebiete bzw. seine BewohnerInnen richten sich sozialraumorientierte Strategien Sozialer Arbeit.

3.4 Fazit: Zentrale Elemente der Communityorientierung

Das dritte Kapitel befasste sich bisher mit der Frage, welche Entwicklungslinien von Communityorientierung in der Sozialen Arbeit historisch rekonstruierbar sind. Am Beispiel der Settlementarbeit, der Gemeinwesenarbeit und der sozialraumorientierten Sozialen Arbeit wurden diese in ihren Grundzügen dargestellt.

Systematisierung der dargestellten Ansätze
Um die dargestellten, facettenreichen und mit unterschiedlichen Schwerpunkten arbeitenden Ansätze nochmals grundlegend nachvollziehen und einordnen zu können, sollen sie im Folgenden hinsichtlich ihrer zentralen Perspektive auf Community auf einer Metaebene näher beleuchtet und verglichen werden. Bei dieser vergleichenden Betrachtung stehen – u.a. mit Blick auf das nächste Kapitel – die zentralen Aspekte der Problembeschreibung sowie der darauf abgestimmten Lösung im Mittelpunkt. Geeignet erscheint hierfür ein Modell, welches die Grundannahmen und Intentionen von communityorientierten Politiken anschaulich aufzeigen und strukturieren kann, wie das von Marilyn Taylor (2003), welches eine Einteilung der Ansätze entlang vier heuristischer Ebenen erlaubt. In der Tabelle werden in der ersten Spalte die verschiedenen Problembereiche aufgezeigt bzw. unterschiedliche Ebenen der „Störung" unterschieden, auf denen Probleme im Bereich Community angesiedelt sein können. Taylor unterscheidet hierbei zwischen einem Defizit innerhalb der Community ('community deficit') und einer Störung auf der Ebene des Systems ('system failure'), der Strukturen ('structural failure') und der Regierung ('government failure').

Explanations	*The policy solution*
1. Community deficit a. Skills and knowledge deficit Technological incapacity	Capacity-building Skilling up Training
b. Loss of community Community Pathology	Restoring community Community organising; Re-engineering community
2. System failure	a. Making the state work better Coordination Consultation
	b. Community management
3. Structural failure	a. Resistance
	b. Economic development Physical development and attracting business investment Social enterprise
4. Government failure	a. Marketisation Consumer charters and targets Participation Community management
	b. Governance Partnership

Tab. 2:   Systematisierung von Community Politiken (Auszug aus: "Recurring themes in community change policies". In: Taylor 2003: 18)

Communitydefizit

Die Feststellung eines Communitydefizits wird unterteilt in (a) ein Wissens- sowie Fähigkeitendefizit ('skill and knowledge deficit') sowie (b) einem Rückgang an Gemeinschaftlichkeit ('loss of community') bzw. einem krankhaften Zustand, in dem sich die Community befindet ('community pathology'). Entsprechend lautet die politische Reaktion und Lösung auf ein solches Defizit (a), die Leistungsfähigkeit zu verbessern. Ein Rückgang an Gemeinschaft bzw. ihre Pathologie (b) hingegen legen es nahe, mit der Wiederherstellung einer funktionstüchtigen Gemeinschaft entgegenzuwirken. Die professionelle Antwort im Kontext Sozialer Arbeit hierauf lautet Communityentwicklung und 'Community-

Organising'. Dabei wird versucht, wechselseitige Selbsthilfe zu aktivieren sowie Erziehungs- und Bildungsprozesse anzuregen.

Ansätze, die ein Defizit im Bereich von Wissen und Fähigkeiten fokussieren, gehen davon aus, dass die BewohnerInnen erst (wieder) in die Lage versetzt werden müssen, am sozialen, wirtschaftlichen und politischen Leben teilzuhaben, da ihnen die Fähigkeiten hierzu fehlen. Insofern werden hier die Selbsthilfekräfte zur Verbesserung der Lebensbedingungen aktiviert. Bei Ansätzen, die hingegen eine Schädigung der Community ins Zentrum rücken, findet sich im Allgemeinen eine Problematisierung der Schwächung traditioneller Bindungen und der Fragmentierung der Gesellschaft, gekoppelt an mangelnde Kohäsion. Ein Beispiel hierfür ist die Deutung von steigender Kriminalität als Desintegrationsprozess, der durch eine Schwächung des kommunitären Zusammenhalts verursacht ist. Insofern werden auftretende Probleme nicht nur mit den Bindungen in der Community in direkten Zusammenhang gebracht, sondern auch die Problemlösung unmittelbar dort verortet. Das Ziel der Wiederherstellung einer funktionierenden Community lässt hierbei zwei Lesarten der Einschätzung zu: zum einen impliziert diese Problemlösung eine relative Unabhängigkeit von staatlichem Einfluss (vgl. Nisbet 1953 zit. in Taylor 2003: 20), zum anderen findet dabei eine Verlagerung der Verantwortung auf ‚benachteiligte' Menschen selbst statt.

Die *Settlementarbeit* setzt auf der Ebene der Herstellung von Kontakt und Austausch an, der unter den aktuellen gesellschaftlichen behindert ist. Man geht davon aus, dass wechselseitiger Austausch dazu führt, dass die Sichtweisen der InteraktionspartnerInnen ausgetauscht werden und Kooperation stattfindet. Die basisdemokratische Partizipation aller Beteiligten spielt eine wesentliche Rolle. Ihr Hauptansatzpunkt liegt somit in den sozialen Bezügen in der lokalen Community, so dass die Settlementarbeit schwerpunktmäßig auf der ersten Ebene – dem ‚Community Deficit' – zu verorten ist.

Die meisten ProtagonistInnen der Gemeinwesenarbeit (GWA) sind ebenfalls innerhalb dieser ersten Tabellenzeile, der Diagnose eines Defizits der Community zu verorten: so fokussieren etwa die Ansätze von Murray Ross, Jo Boer und die Milieuarbeit auf die Unfähigkeit der lokalen Gemeinschaften, kollektive Probleme gemeinsam zu lösen. Bezüglich des Ansatzes von *Murray Ross* zeigt sich dies bei einer genaueren Betrachtung seines Hauptaspekts der Gemeinweseintegration: ein Prozess, in dem kooperative Haltungen entwickelt und Zusammenarbeit gelernt werden sollen. Als Ergebnis desselben finde eine „vermehrte Identifizierung mit dem Gemeinwesen, erhöhtes Interesse und Teilhabe an den gemeinschaftlichen Angelegenheiten [sowie] gemeinsame Wertvorstellungen und Möglichkeiten, sie zu verwirklichen" (Ross 1968: 66) statt. Der Fokus auf die vermehrte Identifikation mit dem Gemeinwesen und der Etablierung kollektiver Wertvorstellung deutet eher auf die zweite Strömung (1b) hin, in der ein Rückgang von Gemeinschaftlichkeit unterstellt wird und es darum geht, eine funktionierende Community (wieder)herzustellen. Bei Ross besteht das grundlegende Fernziel in der Entfaltung der Fähigkeit im Gemeinwesen, „sich künftig als eine lebendige Einheit mit seinen Bedürfnissen, Problemen und gemeinsamen Anliegen auseinanderzusetzen" (Ross 1968: 65). Insofern sind in seinem Ansatz sowohl die Problematisierung eines Fähigkeitendefizits (1a) als auch eines zu gering ausgeprägten Zusammenhalts (1b) vorhanden.

Bei *Jo Boer und Kurt Utermann* steht die Gestaltung und Optimierung der gesellschaftlichen Bedingungen, d.h. die Verbesserung der sozio-kulturellen Umgebung im Vordergrund. Es geht um die Lösung alltäglicher Probleme vor Ort, um individuelle Kompetenzentwicklung zur demokratischen Teilhabe und somit letztlich um eine Demokratisierung im Nahraum. Die betroffenen Menschen sind hieran unmittelbar beteiligt, ihre Kompetenzen und Fähigkeiten werden aufgebaut. Eine Einordnung in die erste Tabellenzeile ist daher legitim. Gleichzeitig lässt sich dieser Ansatz auch in Teilen innerhalb der zweiten Strömung verorten. Analog zu Ross und im Einklang mit der Zuordnung beider Ansätze zur Kategorie ‚integrativ' bildet auch bei Boer und Utermann die Integration in und das Zusammenleben im lokalen Gemeinwesen den Kern der Zielsetzung. GWA wird u.a. dann notwendig, wenn gesellschaftliche Fehlentwicklungen, wie desintegrativ bedingte Kommunikationsschwächen, ausgeglichen werden müssen.

Die *Milieuarbeit* stellt eine ressourcenorientierte, professionelle sozialarbeiterische Vorgehensweise dar, welche das physische, psychische und soziale Milieu, in dem Menschen leben, in den Mittelpunkt ihrer Arbeit stellt. Als angestrebtes Ziel gilt hierbei die Verbesserung der allgemeinen Lebensbedingungen im Bezirk. Die SozialarbeiterInnen sehen sich in einer Katalysatorenrolle: Es gehe darum, Rahmenbedingungen zu schaffen, damit sich die BewohnerInnen ihrer Probleme und Unterdrückung bewusst werden, um so einen aktivierenden Impuls zu setzen. Insofern findet auch hier die Unterstellung eines Kompetenzdefizits bei den in der lokalen Community lebenden Menschen statt. Sie sollen sich ihrer Probleme und Unterdrückung durch Milieuarbeit erst bewusst werden. Auf der Ebene von Communityarbeit steht deshalb die Weiterentwicklung der Community im Vordergrund, im Zuge der – in aktivierungspädagogischer Logik – die Erweiterung der Fähigkeiten anvisiert wird.

In dieser ersten Kategorie lassen sich ferner die Überlegungen von *Fritz Karas und Wolfgang Hinte* verorten. Sie diagnostizieren sowohl einen Gemeinschaftsverlust als auch ein Defizit in der lokalen Community, wenn sie GWA als Prozess bestimmen, der

„einen Komplex von Initiativen auslöst, durch die die Bevölkerung einer räumlichen Einheit gemeinsame Probleme erkennt, alte Ohnmachtserfahrungen überwindet und eigene Kräfte entwickelt, um sich zu solidarisieren und Betroffenheit konstruktiv anzugehen[.] Menschen lernen dabei, persönliche Defizite aufzuarbeiten und individuelle Stabilität zu entwickeln und arbeiten gleichzeitig an der Beseitigung akuter Notstände (kurzfristig) und an der Beseitigung von Ursachen von Benachteiligung und Unterdrückung" (Karas/Hinte 1978: 30f.).

Hier ist der Defizitbegriff bereits Bestandteil der Definition. Es gehe darum, „persönliche Defizite aufzuarbeiten", Stabilität auszubilden und über die Bewältigung von Problemen eine gemeinsame Problemlösefähigkeit zu entwickeln. Damit erscheint die Verortung in der ersten Tabellenzeile evident. Das Erwerben von Solidaritätsfähigkeit sowie das gemeinsame Bewusstsein und Bezwingen von Problemen deuten wiederum stärker auf die zweite Strömung hin, da hier die Zusammengehörigkeit der Community im Vordergrund der Problembearbeitung steht. In Bezug auf die Weiterentwicklung zum *Arbeitsprinzip GWA* lässt sich festhalten, dass die mit den BewohnerInnen gemeinsame Gestaltung und Veränderung der Lebensräume im Mittelpunkt des Ansatzes steht. Die Vorgehensweise unterliegt dabei bestimmten Prinzipien, wie dem zielgruppenübergreifenden Handeln, der Orientierung an den Bedürfnissen und Themen der Menschen sowie der Nutzung der vorhandenen Ressourcen. Die Förderung von Selbstorganisation und Selbsthilfekräfte sowie das Ziel der Verbesserung der immateriellen Faktoren in Bezug auf das soziale und kulturelle Leben deuten hierbei nach wie vor in die Richtung der Unterstellung eines Defizits der Community, auch wenn explizit ressourcenorientiert gearbeitet wird. Ohne dieses Defizit wäre GWA quasi nicht notwendig. Da jedoch auch hier ressortübergreifendes Handeln sowie die Vernetzung und Kooperation der BewohnerInnen und Professionellen Berücksichtigung findet, zeigt sich hier eine erste Annäherung an die Systemebene der zweiten Tabellenzeile. Deutlich wird dies auch in den Prämissen der *Stadtteilorientierten Sozialen Arbeit (SSA)*. Genauere Ausführungen hierzu werden – vor allem unter Rekurs auf das *Quartiersmanagement (QM)* – im nächsten Punkt zur ‚Störung des Systems' erfolgen. Ein Grund für die Weiterentwicklung zur SSA bestand in der unzureichenden theoretischen und konzeptionellen Präzisierung der GWA, ein anderer in den erfahrungsbedingten und historisch gewachsenen Berührungsängsten der GWA mit Institutionen sowie ein erschwerter Weg der Etablierung von GWA. Vor diesem Hintergrund schien eine Annäherung an und Zusammenarbeit mit Institutionen strategisch sinnvoll, so dass sich auch hier ein Anschluss an die Systemebene zeigt. Da sich jedoch in der Weiterentwicklung gleichzeitig – in Anlehnung an Habermas – die Trennung einer System- und Lebensweltebene abzeichnet, so scheint in Bezug auf die Lebenswelt auch im Rahmen von SSA weiterhin eine Unterstellung eines Defizits der Community stattzufinden. Trotz ihres dezidiert anti-pädagogischen Impetus geht es um eine „lebensweltbezogene Organisation von Betroffeneninteressen und respektvolle Stärkung von Selbsthilfekräften" (Hinte 1986: 31). Außerdem werden Problemlösungsstrategien interaktiv in der Beziehung zwischen den Betroffenen zur Installation von dauerhaften Beteiligungsstrukturen „von unten" mithilfe kommunaler Unterstützung entwickelt. Aus diesen Gründen scheint in weiten Teilen doch ihre Verortung im Rahmen der ersten Tabellenzeile angemessen.

Mit dem Fokus auf die (lokale) Community wird jedoch sowohl in den Ansätzen der Milieuarbeit als auch bei Karas und Hinte der Anspruch formuliert, nicht nur lokale Probleme vor Ort zu lösen, sondern prinzipiell auch darüber hinaus gesellschaftliche Strukturen verändern zu wollen. Unklar bleibt dabei allerdings vielfach, wie letztendlich die Übertragung der lokalen auf die gesamtgesellschaftliche Ebene stattfinden soll.

Störung des Systems
Innerhalb der zweiten Tabellenzeile, der Ebene des Systemversagens, stellt es die erklärte Lösung dar, den Staat funktionstüchtiger zu machen und ein entsprechendes ‚Community Management' zu etablieren. Es geht darum, administrative Mängel und Unzulänglichkeiten im Serviceangebot in ‚benachteiligten' Gebieten zu beseitigen, etwa über eine bessere Koordinierung der unterschiedlichen Dienste und eine größere Partizipation der AdressatInnen. Damit geht die Forderung nach einer stärkeren Dezentralisierung staatlicher Aufgaben in Verbindung mit einer Anwendung des Subsidiaritätsprinzips einher. Dies ist insbesondere im *konservativ/wohlfahrtsstaatlichen Ansatz der GWA* ein elementarer Bestandteil. Hier steht die Koordination zwischen Institutionen sowie ihre Strukturierung und Leistungsfähigkeit bezüglich der Passung zu den Bedürfnissen der AdressatInnen im Vordergrund.

Außerdem passt die ‚*Gemeinwesenorientierung und kommunale Sozialarbeitspolitik*' in dieses Schema. Hier wird insbesondere der gesellschaftspolitische Fokus ins Zentrum gerückt. Außerdem werden die Herstellung von Gegenöffentlichkeit sowie eine Einmischung in für die Individuen relevante Lebensbereiche vorgenommen. Oberstes Ziel stellt die kompensatorische Beeinflussung von Lebenschancen dar. Besonders deutlich wird die Zugehörigkeit in diese Kategorie, wenn die Aufwertung der kommunalen Ebene als Steuerungsebene der Sozialarbeit gefördert sowie eine administrative Dezentralisierung sozialer Dienstleistungsproduktion zu erreichen versucht wird. Das Ziel besteht dabei in einer Verbesserung der Funktionsfähigkeit des Systems mit Hilfe managerieller Veränderungen. Wenn in diesem Ansatz informelle Kontexte und Selbsthilfekräfte gestärkt werden sowie eine Verlagerung öffentlicher Aufgaben auf informelle Sozialkontexte stattfinden soll, so lässt sich jedoch auch unterstellen, dass eine Verortung im Kontext der ersten Tabellenzeile möglich ist.

Im Rahmen dieser zweiten Strömung, bei der Störungen des Systems im Zentrum stehen, kann die Maßnahme des ‚Community Management' mit dem *Quartiersmanagement (QM)* in Verbindung gebracht werden. Insofern scheint zwischen der GWA und dem Quartiersmanagement eine Verschiebung im Fokus stattgefunden zu haben. Die GWA war zeitlich zunächst stärker auf der Ebene der Unterstellung eines Communitydefizits zu verorten. Ein wesentlicher Grund hierfür mag in der Ablehnung jeder Berücksichtigung oder (Zusammen)Arbeit mit staatlichen Institutionen liegen. Im Zentrum steht stets die lokale Community. Im Rahmen der Weiterentwicklung zum QM wird jedoch eine Kooperation mit der Verwaltung oder anderen Institutionen in Betracht gezogen. Somit bleibt die Arbeitsweise zwar einerseits ressourcenorientiert, bedürfnisorientiert, zielgruppenübergreifend, beteiligungsorientiert und niedrigschwellig in der lokalen Community und mit den Betroffenen vor Ort. Darüber hinaus wird jedoch eine ressortübergreifende und auf Vernetzung und Kooperation hin ausgerichtete Arbeit, die sowohl BewohnerInnen als auch Professionelle und Institutionen vernetzen möchte, in den Fokus gerückt. Vor diesem Hintergrund scheint hier eine Entwicklung weg von der reinen Einordnung auf der Ebene Communitydefizit, hin zu einer Verortung auf der Systemebene stattgefunden zu haben. Aktuell kann diese Strömung mit dem Programm „Soziale Stadt" in Verbindung gebracht werden, welches ebenfalls die Lebensbedingungen in Quartieren mit Hilfe von Strategien des Quartiersmanagement verbessern will.

Strukturelle Störung
Wird ein strukturelles Versagen unterstellt, so kann (3a) die Reaktion im Widerstand bestehen. Ziel der professionellen Community Arbeit stellt dann die Initiierung von politischem Empowerment dar. Auf der Ebene der Betroffenen geht es dabei um Organisation, Konfrontation und Protest. Diese Elemente lassen sich den ‚*aggressiven/konfliktorientierten' Ansätzen* nach Hans-Eckehard Bahr und Reimer Gronemeyer sowie Saul Alinsky zuordnen. Ihre politische Lösung lautet Widerstand. Soziale Ungleichheit in kapitalistisch organisierten Gesellschaften verkörpert nach *Bahr und Gronemeyer* die elementare Ausgangsbasis für gemeinwesenarbeiterisches Handeln. Sie bezieht sich auf ‚benachteiligte' Menschen an sich, die dazu befähigt werden sollen, ihre Rechte einklagen zu können. Als Ziel der konfliktorientierten GWA wird „Gleichheit für alle" (Seippel 1974: 118) gefordert. Zur Erlangung derselben wird mit disruptiven Taktiken versucht, gesellschaftliche Macht umzuverteilen und die kapitalistische Gesellschaftsordnung zu beseitigen. Insofern passt diese Form von GWA augenfällig in diesen

Ausschnitt der Schematisierung. Neben dem lokalen Bezugspunkt wird der Einflussbereich auf die Gesamtgesellschaft auszuweiten versucht. In *Saul Alinsky's* Ansatz von GWA stellt Macht die zentrale Schlüsselkategorie dar, wenn Menschen, die keine Macht besitzen, bemächtigt werden sollen. Politisches Empowerment stellt demnach eine favorisierte Form der Maßnahme dar. Hierbei solidarisiert sich Alinsky konsequent mit den Besitzlosen und versucht diese zu aktivieren und zu bemächtigen, und zwar gegen die Besitzenden. Es geht um eine Aktivierung zur Selbsthilfe unter Einbezug von Verbündeten. Da etablierte Machtstrukturen die Teilhabe der Besitzlosen an gesellschaftlichen Prozessen verhindern, stelle ihre Organisation die einzige Alternative dar, denn alleine mit Masse könne die Macht durch Geld ausgeglichen werden. Die bevorzugte Lösung zum Abbau gesellschaftlicher Ungerechtigkeit besteht daher im Widerstand gegen vorherrschende Strukturen.

Wird hingegen dem strukturellen Versagen (3b) mit der Anregung wirtschaftlicher Entwicklung geantwortet, so befindet man sich mitten im Diskurs um lokale Ökonomie bzw. Gemeinwesenökonomie, die zwar im vorherigen Kapitel nicht explizit als eigener Ansatz behandelt wurde, aber gleichwohl im Kontext der GWA eine wesentliche Rolle spielt. Nach Susanne Elsen (2004: 202) lässt sich Gemeinwesenökonomie bestimmen als „[s]ozialökonomisches Agieren im Kontext der Gemeinwesenarbeit[, das] der Bedarfsdeckung, Existenzsicherung und gesellschaftlichen Integration der örtlichen Bevölkerung [dient und] die sozialwirtschaftliche Basis des sozialen Zusammenlebens" verkörpert. Diese Notwendigkeit der lokalen Selbstorganisation der Existenzsicherung ergibt sich umso mehr, je näher die wirtschaftlichen Entwicklungen auf dem freien Markt strukturell an ihre Grenzen kommen und sich Verschlechterungen für viele Menschen abzeichnen. So etwa in Zeiten steigender Massenarbeitslosigkeit, Langzeitarbeitslosigkeit, Armut und der Schwächung der Basis für die Absicherung durch wohlfahrtsstaatliche Leistungen (vgl. Elsen 1997). Hierbei gewinnen lokale, weltmarktunabhängige, informelle Formen der Organisation etwa in Genossenschaften und genossenschaftlichen Fonds an Bedeutung. Wichtige Handlungsfelder stellen dabei die Schaffung dezentraler Arbeitsorganisation, aber auch lokale Konsum-, Wohnungs- und Sozialgenossenschaften dar. Allerdings werden der Gemeinwesenarbeit und der lokalen Ökonomie in Deutschland eine schwierige Beziehung und – in Einklang mit dem verhaltenen Einfluss gemeinwesenarbeiterischer Handlungsansätze – ein schwerer Stand nachgesagt, da sich diese Arbeitsform nur schwer etablieren kann und konnte (vgl. Elsen 2004: 198f.). Gleichzeitig hat sich seit den 1970er Jahren etwa im Bereich Arbeit dennoch eine Bandbreite an ‚zweiten' und ‚dritten' Arbeitsmärkten entwickelt, in denen sich zu älteren Traditionen lokaler Verankerung von

Klein- und Mittelbetrieben auch neue Akteure lokaler Ökonomie hinzugesellt haben (vgl. Breckner/Gonzalez 2005).

Störung auf der Ebene der Regierung
Als vierte und letzte Option kann das Versagen auf der Ebene der Regierung (,government failure') eingestuft werden. Auch hier lassen sich zwei Strömungen unterscheiden: Die Verortung der politischen Lösung kann dabei (4a) in ,marktwirtschaftlichen Aspekten' oder (4b) eher im Bereich ,Governance' stattfinden. Im Rahmen der Kategorie 4a steht die Annäherung von Wohlfahrt an den Markt im Zentrum. Diese Einführung von Marktprinzipien hat neue Wege des Empowerments der NutzerInnen sozialer Dienste eröffnet. Im Zuge dessen sind selbstbewusste und einflussreiche NutzerInnennetzwerke und -bewegungen entstanden. Sie erreichen damit größere Kontrolle und Mitsprache über die von ihnen in Anspruch genommenen Dienste. Als Beispiel hierfür kann das ,Shaping Our Lives National User Network' in Großbritannien dienen. Gestützt wird diese von der Vision, dass gleichberechtigte Gesellschaftsmitglieder mit gleichen Möglichkeiten über ihr Leben bestimmen und Kontrolle über ihre genutzten Unterstützungsdienstleistungen ausüben. Sie formulieren ihre Ziele und Prinzipen folgendermaßen: Entwicklung von lokalen NutzerInnenbeteiligungen, Mitspracherecht für NutzerInnen, Zusammenarbeit über alle NutzerInnengruppen hinweg in gleichberechtigter und zugänglicher Weise, qualitative Verbesserung der von den Betroffenen bezogenen Unterstützungsleistungen, Entwicklung von Kontakten zu anderen nationalen und internationalen NutzerInnengruppen (vgl. http://www.shapingourlives.org.uk/about.html; 10.08.2007). Hier wird eine beteiligungsorientierte Vorgehensweise deutlich, welche die NutzerInnen sozialer Dienste empowern möchte, um diese in die Lage zu versetzen, ihre Rechte wahrzunehmen. Durch die Organisation und Schaffung bestimmter Strukturen wird gleichzeitig versucht, eine gleichberechtigte Zusammenarbeit über die Strategie des Community Management zu etablieren.

In der untersten Tabellenzeile wird Regierungsversagen diagnostiziert und es werden Lösungen im Bereich ,governance' und ,dritter Weg' verortet. Die Aufgabe der Regierung wird neu definiert, so dass Regierungsinstitutionen eine stärker aktivierende Rolle zukommt. Außerdem werden Partnerschaften zwischen verschiedenen Ebenen, wie etwa der Regierung, der Wirtschaft, NGOs, freiwilligen ,Non-Profit' Organisationen oder verschiedenen Community Organisationen geschlossen (vgl. Taylor 2003: 30f.). Mit dem ,dritten Weg' – und in Anlehnung an ,new Labour' – wird damit ein Bereich zwischen Staat und Markt angesprochen, der theoretisch zwischen Individualismus und Kollektivismus und politisch zwischen ,rechts' und ,links' anzusiedeln ist (vgl. Rose 2000). Damit kommt der Zivilgesellschaft als MittlerIn zwischen Staat und Markt eine zentrale Rolle zu. Gleichzeitig wird der massive Verlust von zivilgesellschaftlichem Engagement und somit von Sozialkapital im Sinne Robert D. Putnams beklagt (vgl. u.a. Putnam 2000). Vor diesem Hintergrund wird der Neu- bzw. Wiederaufbau desselben als wichtige staatliche Aufgabe reklamiert. Zwar gibt es VertreterInnen, die den Verlust von Zivilgesellschaft u.a. staatlicher Verantwortung zuschreiben, allerdings wird hieraus nicht die Konsequenz gezogen – analog zu den staatskritischen Debatten rund um die GWA –, dass der Staat sich komplett zurückziehen sollte. Vielmehr fällt staatlichen Institutionen beim Aufbau von Sozialkapital eine tragende, aktivierende Funktion zu. An die Stelle von zentral organisierten Regierungsformen im Sinne von ‚government' treten dabei dezentrale Regierungsformen der ‚governance'. Hierbei kommt der lokalen Community ein zentraler Stellenwert zu. In ihr soll die tief greifende Demokratisierung der Gesellschaft verankert werden. Diese Regierungsweise kann auch als moralische Regulation beschrieben werden, wenn auf der einen Seite die Autonomie von Individuen eingeklagt wird, diese auf der anderen Seite aber nur innerhalb der eigenen lokalen Community und unter Einhaltung der individuellen Verantwortung für diese realisiert werden darf (vgl. Rose 2000). Dadurch verschiebt sich der Verantwortungsbereich von BürgerInnen von der (national)staatlichen Dimension auf den Nahraum.

> „Die Idee des Staatsbürgers, des im öffentlichen Raum mit Fremden zivilisiert inter-agierenden Subjekts, verliert an Halt und Bedeutung. Psychisch soll das in der verödeten Öffentlichkeit umherirrende Individuum Halt im Nahraum kommunitärer Kuscheligkeit finden, politisch bietet sich die Wiederbelebung der autonomen, selbstverantwortlichen Community als neue Form des Regierens durch extern überwachte Selbstkontrolle an (Kreissl 2004: 38).

In diesem Nahraum wird Zusammenhalt, d.h. ‚social cohesion' zu einer zentralen Schlüsselkategorie und auftretende Probleme als Mangel an sozialer Kohäsion gedeutet: „Social cohesion […] is sister to the equally ambiguous idea of "community" and close cousin of the fashionable notion of 'social capital'. Poor people don't just lack money, they lack community spirit" (Walker 2004). Dieser letzte Bereich des Regierungsversagens und der Verortung im Feld ‚governance' und ‚dritter Weg' bildet den gesellschaftspolitischen Kontext der Konjunktur sozialraumorientierter Vorgehensweisen in der Sozialen Arbeit.

Insgesamt verortet Taylor (2003: 33) die Bedeutung der dargestellten Ebenen und Strömungen auf einer Zeitachse ab 1950 wie folgt: den Fokus – der ersten beiden Tabellenzeilen – auf gemeinschaftliche Selbsthilfe und Systemkoordination auf die 1950er bis 1970er Jahre, den Schwerpunkt auf wirtschaftliche Entwicklung und Konsumenten- bzw. NutzerInneneinfluss auf die 80er Jahre sowie die zentrale Setzung von neuer Partnerschaft und ‚Governance' auf aktuelle Debatten. Gleichzeitig tauchen die in Tab. 1 aufgegriffenen Themen in unterschiedlicher Intensität in heutigen Politiken erneut auf, so etwa im Zuge der Reformulierung von Armut und sozialer Ungleichheit als Problem der Exklusion. Die beiden dominierenden Themen im Rahmen eines Fokus auf Exklusion werden von Ruth Levitas (1998) als SID (Social Integrationist Discourse) und MUD (Moral Underclass Discourse) bezeichnet. In der SID-Perspektive wird der Mangel an bezahlter Arbeit und den hierfür erforderlichen Fähigkeiten und Fertigkeiten ins Zentrum gerückt. Die Beseitigung dieses Mangels bildet die Basis für ‚sozialen Zusammenhalt' als Gegenbegriff zu Exklusion. In dieser Form der Prioritätensetzung wird die Ebene der Ökonomie und des Arbeitsmarktes vordergründig wie dies beispielsweise im Rahmen von Workfare-Maßnahmen zu beobachten ist (vgl. 3b). In der MUD-Perspektive rücken Menschen, die durch ihr moralisches Handeln und kulturelles ‚Sein' als abweichend von der Mehrheit bestimmt werden, ins Zentrum. Von ihnen wird angenommen, dass sie in Stadtteilen zusammenleben und ihre Kinder in diese deviante Kultur einsozialisieren. Damit rückt die Diagnose eines Communitydefizits in den Vordergrund (vgl. 1a), da es dieser Gruppe an spezifischen Kompetenzen und Verhaltensweisen mangelt. Levitas unterscheidet noch einen dritten Exklusionsdiskurs, RED (Redistributionist Egalitarian Discourse), in dem vor allem Effekte sozialer Ungleichheits- und Herrschaftsverhältnisse thematisiert werden. Der Mangel von ‚benachteiligten' und ausgeschlossenen Menschen besteht demnach darin, dass ihnen symbolische und materielle Ressourcen – im Sinne sozialer Machtmittel – vorenthalten werden. Hierbei besteht das Ziel in strukturellen Veränderungen (vgl. 3a). Aktuell rückt diese Perspektive jedoch zugunsten einer Konjunktur von SID und MUD in den Hintergrund. Zudem wird anhand des Bund-Länderprogramms „Soziale Stadt" eine aktuelle Wiederkehr der Bedeutung der Systemebene sowie von Governancestrategien (vgl. 4b) deutlich. Beispielsweise spielen hier – wie in den Debatten um sozialraumorientierte Vorgehensweisen – eine Vernetzung von Institutionen eine große Rolle (vgl. 2a). Ferner hat das ‚Institut für Stadtteilbezogene Soziale Arbeit und Beratung' (ISSAB) in Essen ein quartiersmanagerielles Anforderungsprofil und Strategien für das Programm „Soziale Stadt" mitentwickelt (vgl. Becker et al 2006a: 73). Im Kontext von Sozialraumorientierung spiegelt sich ebenfalls eine Zunahme sowohl von Governancestrategien (vgl. 4b) als auch von NutzerInnen- und AdressatInnenorientierung – wie bei „Shaping our Lives" (vgl. 4a) – wider (vgl. Kessl/Landhäußer/Ziegler 2006).

Zusammenfassung: Segregation und soziales Kapital

Zusammenfassend lässt sich in einer Systematisierung der wesentlichen communityorientierten Ansätze hinsichtlich ihrer Perspektiven auf die Community festhalten: Mit Blick auf die Settlementarbeit lässt sich angeben, dass der Fokus auf die Ebene des Systems (2) noch wenig ausgeprägt sein konnte, da eine Infrastruktur an sozialen Dienstleistungen nicht vorhanden war (so genannte ,präwohlfahrtsstaatliche' Idee). Auf der strukturellen Ebene stand die Idee des Widerstands (3a) nicht im Vordergrund, das hätte dem Fokus auf Kooperation zwischen den Gesellschaftsmitgliedern nicht entsprochen. Hingegen war die ökonomische Entwicklung im Rahmen der Industrialisierung in vollem Gange (3b). Hier bestand das Ziel darin, die Arbeitsbedingungen in den Fabriken zu verbessern. Ferner waren Diskussionen über die Regierbarkeit und den „dritten Weg" noch nicht aktuell. Die Settlementarbeit setzte bei der Herstellung von Kontakt und Austausch an. Man ging davon aus, dass wechselseitiger Austausch dazu führt, dass die Sichtweisen der InteraktionspartnerInnen ausgetauscht werden und eine Einigung stattfindet. Basisdemokratische Partizipation aller Beteiligten spielte eine wesentliche Rolle. Von daher sind zwar einzelne Elemente der verschiedenen Ebenen offensichtlich, der Hauptansatzpunkt liegt jedoch in der lokalen Community, wo der eingeschränkte Austausch hergestellt werden soll. Insofern ist die Settlementarbeit schwerpunktmäßig auf der ersten Ebene – dem ,Community Deficit' – zu verorten.

In der Sortierung der zahlreichen gemeinwesenarbeiterischen Ansätze, der stadtteilbezogenen Sozialen Arbeit und dem Quartiersmanagement haben sich die mit 1-3 angesprochenen Dimensionen als relevant erwiesen. Die vierte Ebene markiert insbesondere den Übergang zur sozialraumorientierten Arbeit. Allerdings sind im Rahmen sozialraumorientierter Vorgehensweisen auch die Ebenen 1-3 zu finden. Auf der strukturellen Ebene steht die ökonomische Entwicklung im Vordergrund und der Mangel an bezahlter Arbeit und den hierfür erforderlichen Fähigkeiten und Fertigkeiten im Vordergrund. Die Beseitigung dieses Mangels bildet die Basis für ,sozialen Zusammenhalt'. In dieser Form der Prioritätensetzung (3b) wird die Ebene der Ökonomie und des Arbeitsmarktes vordergründig. Auf der Systemebene (2) ist – in Anlehnung an erste Anzeichen in der konservativ-wohlfahrtsstaatlichen GWA sowie in späteren Ansätzen – die Vernetzung und Koordination sozialer Dienste vor Ort in den Stadtteilen ein wesentliches Element. Auch der Umstand, dass Quartiersmanagement und dessen Strategien in den sozialraumorientierten Vorgehensweisen an Bedeutung gewinnen, ist ein Hinweis auf den Einfluss dieser Ebene in der aktuellen Debatte. Die Ebene der Fokussierung eines Defizits in der Community (1) steht insbesondere bei den frühen Ansätzen der GWA im Vordergrund, ist aber auch bei den Strategien der sozialraumorientierten Sozialen Arbeit bei der Aktivierung sozialen Kapitals von großer Bedeutung. Diese Ebene ist schließlich für die vorliegende Untersuchung von elementarer Bedeutung. Hier liegen die sozialen Aspekte von communityorientierten Maßnahmen, auf der Professionelle der Sozialen Arbeit mit ihren AdressatInnen in Kontakt kommen und mit ihrer Arbeit ansetzen. Dabei sind organisatorische und institutionelle Aspekte eher von zweitrangigem Interesse.

Betrachtet man diese Ebene in einem Vergleich zwischen den verschiedenen Ansätzen von Communityorientierung, so ist Folgendes festzustellen: Zwar ist die Settlementarbeit hauptsächlich auf dieser ersten Dimension einzuordnen, allerdings geht sie in ihrem Bestreben über die lokale Community hinaus. Anhand ihrer Problematisierung der Segregation wird deutlich, dass sie sich auf Kontakte innerhalb der Gruppe und im Austausch zu anderen Gruppen bezieht. Insofern sind hier keine Grenzen der lokalen Community gezogen. Es geht darum, Austausch innerhalb der Nachbarschaft und insbesondere zwischen armen und reichen Menschen herzustellen. Problematisch ist hierbei, dass die Settlementarbeit auf den wechselseitigen Nutzen und die Freiwilligkeit zum Kontakt aufbaut. Diese können jedoch nicht automatisch unterstellt werden. Die Gemeinwesenarbeit – vor allem in Form ihrer älteren Ansätze – bleibt stärker in der lokalen Community verhaftet. Die meisten ProtagonistInnen der Gemeinwesenarbeit (GWA) sind innerhalb dieser ersten Tabellenzeile der Diagnose eines Defizits der Community zu verorten. Mit dem Fokus auf die (lokale) Community wird jedoch sowohl in den Ansätzen der Milieuarbeit als auch bei Karas und Hinte der Anspruch formuliert, nicht nur lokale Probleme vor Ort zu lösen, sondern prinzipiell auch darüber hinaus gesellschaftliche Strukturen verändern zu wollen. Unklar bleibt dabei allerdings vielfach, wie letztendlich die Übertragung der lokalen auf die gesamtgesellschaftliche Ebene stattfinden soll. Sozialraumorientierte Ansätze problematisieren zwar die soziale, gesamtgesellschaftliche Segregation, arbeiten jedoch ebenfalls vorwiegend in der Community.

Im Rahmen der Problematisierung von gesellschaftlicher Segregation, Spaltung und ihrem sozialräumlichen Niederschlag sind in den communityorientierten Ansätzen zwei Formen der Thematisierung erkennbar: Einerseits wird die Polarisierung zwischen Reichtum und Armut und damit, auf der sozialen Ebene, der mangelnde Kontakt und Austausch zwischen eher wohlhabenden und eher armen Menschen kritisiert. Die sozialräumliche Entsprechung dieses Problems liegt in der vermehrten Entstehung von sogenannten ‚sozialen Brennpunkten' oder von ‚gated communities'[27], wobei letztere vergleichsweise selten als proble-

---

27 Als 'gated communities' werden die geschlossenen Wohnanlagen wohlhabender Menschen bezeichnet, die verstärkt im US-amerikanischen Kontext entstanden sind. Sie sind häufig nach außen klar abgegrenzt, nur für ausgewählte Personen zugänglich und mit eigenen Sicherheitsmaßnahmen versehen.

matisch erachtet werden. Andererseits wird mangelnde Solidarität zwischen ,benachteiligten' Menschen sowie innerhalb von ,sozialen Brennpunkten' problematisiert. Diese zwei unterschiedlichen Thematisierungsweisen erinnern an den Demokratiebegriff von John Dewey. Bei ihm wird der undemokratische Aufbau einer Gesellschaft über zwei Aspekte bestimmt: der mangelnde Austausch *innerhalb* von Gruppen sowie *zwischen* Gruppen. Auf die, für Soziale Arbeit wesentliche, Perspektive der sozialen Ungleichheit übertragen, rückt unter diesen Gesichtspunkten der mangelnde Austausch innerhalb der Gruppe armer Menschen und/oder der fehlende Kontakt zwischen armen, ,benachteiligten' und eher wohlhabenden Personen ins Zentrum. Grundsätzlich finden sich beide Thematisierungsweisen von Segregation sowohl in der Settlementarbeit, der Gemeinwesenarbeit und in der sozialraumorientierten Sozialen Arbeit. Sie variieren allerdings in ihrer Schwerpunktsetzung. So steht in der Settlementarbeit die Überwindung von Segregation und fehlendem Austausch im Mittelpunkt, wobei die Herstellung von Kontakt *zwischen* Gruppen, wie etwa unterschiedlichen Einwanderergruppen und gesellschaftlichen Klassen, akzentuiert wird. In der Gemeinwesenarbeit wird an vielen Stellen stärker die Herstellung von Kontakt, Solidarität und Unterstützung zwischen ,benachteiligten' Menschen betont. Die Zielsetzung besteht hier darin, kollektive Problemlösekompetenz, Machterfahrung und größere Durchsetzungskraft zu erreichen. Im Rahmen von sozialraumorientierter Sozialer Arbeit hingegen finden sich beide Linien in etwa gleichem Maße. So wird einerseits – stärker auf der Ebene der Problembestimmung – die zunehmende gesellschaftliche Spreizung in Armut und Reichtum bzw. die Spaltung in eine so genannte Mehrheitsgesellschaft und eine ,Underclass' thematisiert. Andererseits finden sich – stärker bei der Bestimmung der Maßnahmen – auf lokaler Ebene verstärkte Bemühungen mit Hilfe der Aktivierung von Solidaritäts- und Unterstützungspotenzialen, gerade in ,benachteiligten' Stadtteilen den geringeren bzw. fehlenden Zusammenhalt zwischen den BewohnerInnen zu stärken bzw. herzustellen.

Das Ziel der Verbesserung der Lebensbedingungen von AkteurInnen lässt sich im Rahmen von Communityorientierung in zwei Richtungen aufteilen: in eher materielle, infrastrukturelle und soziale, immaterielle Aspekte. Die Behebung *materieller, infrastruktureller Missstände* zeigt sich etwa bei Jane Addams darin, dass versucht wurde, ein Müllabfuhrsystem zu etablieren sowie Spielplätze, Kindertageseinrichtungen und medizinische Versorgung anzubieten. In der Gemeinwesenarbeit lautet ein Aspekt der formulierten Leitstandards (vgl. Hinte/Lüttringhaus/Oelschlägel 2002: 264ff.; Gillich 2004: 9) in Anlehnung an die Werkstatt GWA (1999) gar explizit, dass eine Verbesserung der materiellen Situation und der infrastrukturellen Bedingungen anvisiert werde. Im Programm „Soziale Stadt" und im sozialpädagogisch ausgerichteten Teilprogramm E&C

werden für die ausgewählten Gebiete in hohem Maße materielle und infrastrukturelle Defizite benannt, so etwa im Hinblick auf die Wohnungsqualität, das Wohnumfeld, die Verkehrsanbindung und die Qualität von Einrichtungen (vgl. Becker et al. 2003b). Insofern zielen beide auf eine Verbesserung im Bereich Wohnen und Wohnumfeld, der sozialen Infrastruktur sowie der Qualität sozialer Dienste (vgl. SPI/E&C 2000).

Die Ziele und notwendigen Maßnahmen *auf der sozialen Ebene* scheinen insgesamt recht vielfältig. Die Ansätze haben alle gemein, dass sie eine Reaktion auf die Diagnose der Segregation und sozialen Spaltung der Gesellschaft verkörpern. Zusammenfassend lassen sich die herausgearbeiteten Maßnahmen einer nachbarschafts-, gemeinwesen-, sozialraum- und communityorientierten Vorgehensweise – wie bereits bei allein auf die sozialraumorientierten Strategien dargelegt – insgesamt in der analytischen Kategorie des Sozialkapitals bündeln. In Anlehnung an die Unterscheidung zwischen kollektivem Sozialkapital in der Putnam'schen Variante und individuellem Sozialkapital nach Bourdieu finden sich in den communityorientierten Ansätzen jedoch unterschiedliche Schwerpunkte. Aktuell und auch in den meisten gemeinwesenarbeiterischen Ansätzen dominant ist die Lesart Robert Putnam's. Die Gemeinwesenarbeit richtet ihren Blick auf die Vernetzung zwischen armen, ‚benachteiligten' BewohnerInnen. Ihre Ziele und inhärenten Maßnahmen variieren in ihrer Benennung zwar von Ansatz zu Ansatz, sei es, wenn sie auf Gemeinweseninegration, Solidarität, (kollektives) Empowerment und Aktivierung, (kollektive) Selbsthilfe und Selbstorganisation, etc. abzielen. Prinzipiell lassen sich jedoch alle diese Ansatzpunkte – in direkter Verknüpfung mit sozialraumorientierten Vorgehensweisen – als Aktivierung von Putnam'schem Sozialkapital fassen. Die Ziele und Maßnahmen der Settlementarbeit weichen hiervon ab wie das Beispiel von Hull-House zeigt. Sie zielen – vor dem Hintergrund eines pragmatischen Demokratieverständnisses – auf sozialen Kontakt und Austausch zwischen allen Menschen, insbesondere zwischen armen und reichen Personen. Von daher scheint ihr Ansatzpunkt eher in der Tradition eines Bourdieu'schen Sozialkapitalbegriffs zu stehen.

Aufbauend auf der Bestimmung von Segregation und sozialem Kapital als zentrale Elemente von Communityorientierung in der Sozialen Arbeit, stellen sich mit Blick auf eine empirische Analyse verschiedene Fragen. Die Diagnose einer sozialen und sozialräumlichen Segregation stellt ein wesentliches Begründungselement für communityorientierte Vorgehensweisen dar. Die Forderung nach einer problemorientierten Maßnahme geht dabei häufig mit der Feststellung einer Zunahme von Segregation einher. Folgende empirische Fragen stellen sich diesbezüglich:

- Inwiefern handelt es sich bei sozialer und sozialräumlicher Segregation um ein *zunehmend* relevantes Problem?
- Welche Probleme können sich aus sozialer und sozialräumlicher Segregation ergeben?
- Inwiefern lassen sich diese Probleme am Beispiel verschiedener Sozialräume finden?
- Welche Schlussfolgerungen lassen sich aus den empirischen Ergebnissen ziehen?

Die Aktivierung sozialen Kapitals stellt die wesentliche Strategie im Rahmen communityorientierter Sozialer Arbeit dar. Unterteilen lässt sich diese in Strategien der lokalen Solidarisierung, d.h. einer Stärkung von Solidarität im Stadtteil, der Informalisierung, d.h. einer Stärkung informeller Netzwerke und der Individualisierung, d.h. einer professionellen Ausrichtung an subjektiven Einschätzungen der AdressatInnen. Diese drei Strategien sind in unterschiedlicher Intensität communityorientierten Ansätzen gemeinsam. Hierzu lassen sich folgende Fragen aufwerfen:

- Welchen Nutzen bringt lokale Solidarität? Eröffnet lokale Einbindung individuelle Ressourcen? Von welchen Faktoren hängt lokale Einbindung ab?
- Wer profitiert von informellen Netzwerken?
- Von welchen Faktoren ist subjektive Lebensqualität abhängig? Was nehmen AkteurInnen als Vergleichsmaßstab zur Einschätzung ihrer subjektiven Lebensqualität?

Diese Fragen werden im nächsten Kapitel anhand von empirischem Datenmaterial beleuchtet. Zunächst steht das Thema der Segregation und ihrer Auswirkungen im Zentrum (Kap. 4.1). Anschließend werden die verschiedenen Strategien der Aktivierung von sozialem Kapital in den Blick genommen.

4. Communityorientierung auf der Basis empirischer Daten

Den vorgestellten Ansätzen von Communityorientierung sind – ungeachtet der zahlreichen Unterschiede und facettenreichen Gemeinsamkeiten zwischen den Ansätzen – insgesamt einige zentrale Aspekte auf den Ebenen der Problemdiagnose, der Zielformulierung sowie der ausgearbeiteten Maßnahmen gemeinsam: Die Dimension der Problembenennung steht durchgängig im Zusammenhang mit der Problematisierung einer gesellschaftlichen Segregation bzw. Spaltung (Kap. 4.1). Auf der Ebene der Zielformulierung ist stets die Verbesserung der materiellen sowie der immateriellen, sozialen Lebensbedingungen von zentraler Bedeutung. Die Dimension der sozialen Verhältnisse lässt sich in Bezug auf die Zielrichtung und die angewandten Maßnahmen als Aktivierung von sozialem Kapital zusammenfassen (Kap. 4.2). Die Problematisierung von Segregation sowie die Strategien der Aktivierung von sozialem Kapitel werden im Folgenden auf der Basis empirischer Daten genauer beleuchtet.

4.1 Segregation und ihre Auswirkungen

Unter ‚Segregation' wird soziologisch weithin eine auf den Raum bezogene, ungleichmäßige Verteilung von Bevölkerungsgruppen nach bestimmten sozialen Merkmalen verstanden. Im Zusammenhang mit der Sozialraumorientierungsdebatte rekurriert der Begriff i.d.R. auf Prozesse der Entmischung von Bevölkerungsgruppen und das Entstehen sozialstrukturell homogener Nachbarschaften. Die Auswirkungen solcher sozialräumlicher Differenzierungsprozesse können nicht per se als problematisch, sondern in bestimmten Situationen auch als vorteilhaft unterstellt werden. Negative Effekte, die für Soziale Arbeit besonders relevant sind, ergeben sich, wenn hieraus Benachteiligungen für Menschen erfolgen. Die Auswirkungen von Segregation werden allgemein auf der materiellen, der politischen, der symbolischen und der sozialen Ebene gesehen und daraus resultierende mögliche Benachteiligungen den jeweiligen Ebenen zugeordnet. Wenn die sozialräumliche Segregation im Vordergrund steht, werden diese gängigerweise als Quartierseffekte verhandelt (vgl. u.a. Janßen 2004; Häusermann/Siebel 2004: 165).

In Bezug auf die benachteiligenden Auswirkungen von sozialräumlicher Segregation werden allerdings weder eindeutige empirische Belege dargelegt, noch eine einstimmige Einschätzung abgegeben:

> „Die Tatsache, dass man in einer bestimmten Gegend wohnt, ist selbst ein Faktor der Benachteiligung. Soziale Ungleichheit wird damit nicht nur befestigt, sondern verschärft. Das ist die beunruhigende Annahme. Diese Behauptung ist nicht unumstritten, und in Deutschland ist sie bisher auch nicht überzeugend belegt worden. Nichtsdestotrotz gehört sie zum selbstverständlichen Argumentationsreservoir derjenigen, die die räumliche Konzentration von Armen oder sozial Marginalisierten bekämpfen" (Häußermann/Kapphan 2000: 229; vgl. Häußermann 2001a: 45).

Diese Behauptung veranschaulicht nicht nur die Logik derer, die eine Konzentration von Menschen in Armut und Marginalisierung bekämpfen wollen, sondern auch von jenen, die anhand der Problematisierung von Segregation eine sozialraumorientierte Vorgehensweise Sozialer Arbeit begründen. Ungeachtet der im Zitat konstatierten Umstrittenheit ist die Annahme, dass bestimmte Wohngegenden Benachteiligungen verschärfen, allerdings recht weit verbreitet. Anhand des folgenden Beispiels wird allerdings deutlich, dass sich die Einschätzung der beiden Autoren innerhalb von wenigen Jahren geändert hat, wenn sie sich der folgenden Einschätzung anschließen:

> „In der sozialwissenschaftlichen Literatur wird heute überwiegend davon ausgegangen, daß Gebiete mit hoher Konzentration von Armen und sozial Marginalisierten einen Ort bilden, von dem negative Wirkungen auf die Bewohner ausgehen, der also benachteiligende Effekte hat" (Häußermann/Kapphan 2004: 228).

Zur möglichen Entstehung sozialräumlicher Konzentration werden dabei unterschiedliche Hypothesen aufgestellt: Erstens besteht die Möglichkeit einer selektiven Mobilität, d.h. dass besser gestellte Menschen eher aus einem Gebiet wegziehen, während die arme Bevölkerung verstärkt zurückbleibt. Hierdurch erhöht sich der prozentuale Anteil armer Personen an der Gesamtquartiersbevölkerung. Zweitens existiert die These, dass in bestimmten städtischen Gebieten eine sogenannte ‚Abwärtsspirale' in Gang gesetzt wird, d.h. die dort lebenden BewohnerInnen stärker verarmen als in anderen Gebieten. Eine Ursache hierfür kann beispielsweise steigende Arbeitslosigkeit sein, wie dies Sigmar Gude (2004) am Beispiel der ostdeutschen Stadt Eisenhüttenstadt aufzeigt. Eine dritte Möglichkeit besteht – insbesondere in Regionen mit hoher (Im)Migration – darin, dass arme Menschen sich verstärkt in bestimmten Gebieten ansiedeln bzw. angesiedelt werden. Ein Beispiel hierfür wäre die Beeinflussung der sozialräumlichen Konzentration durch die selektive Wohnungszuweisung etwa von AussiedlerIn-

nen oder TransferzahlungsempfängerInnen bei der Inanspruchnahme einer Wohnung des sozialen Wohnungsbaus. Andreas Farwick (2001, 2004a) hat in einer
Untersuchung am Beispiel der Städte Bielefeld und Bremen mögliche Prozesse
und Mechanismen erforscht, die einen Einfluss auf die räumliche Konzentration
von SozialhilfeempfängerInnen haben könnten. Er unterscheidet verschiedene
Erklärungen, die sich wechselseitig überlagern und findet keine Belege für einen
verstärkten Zuzug von SozialhilfeempfängerInnen in Armutsgebiete, sondern
vielmehr für eine überproportionale Verarmung der bereits dort lebenden Bevölkerung. Gleichzeitig ist für Bielefeld und Bremen eine überproportionale Zuwei-
sung von AussiedlerInnen und AsylbewerberInnen in diese Gebiete auszuma-
chen. Farwick (2004b) beobachtet außerdem für die 1980er und verstärkt seit
Mitte der 1990er eine Entspannung und damit einen größeren Entscheidungs-
spielraum in der mittleren Preislage von Wohnraum. Dieser kann dazu genutzt
werden, sich in bestimmten Gebieten mit schlechtem Ansehen nicht niederzulas-
sen. Gleichzeitig herrsche im unteren Preissegment durch die Reduktion auf der
Angebotsseite und den Anstieg einkommensschwacher Haushalte ein Engpass,
was einer Konzentration dieser Haushalte in bestimmten Gebieten mit bezahlba-
ren Mieten Vorschub leiste.

Britta Klagge (2000) ermittelt Einflussfaktoren auf die sozialräumlich unterschiedliche Konzentration von Personen am Beispiel der Sozialhilfedichte in
78 westdeutschen Städten für die Zeit zwischen 1970 und 1995. Mit Hilfe von
Regressionsanalysen klärt sie damit fast 60% der Varianz auf. Sie stellt fest, dass
die Sozialhilferate insgesamt angestiegen und nach wie vor ein Nord-Süd-
Gefälle in Deutschland zu verzeichnen sei. Als relevante Einflussfaktoren stellt
sie die Arbeitslosenrate, den Tertiärisierungsgrad, der sich auf die Wirtschafts-
struktur, d.h. die Ausprägung des Dienstleistungssektors bezieht sowie die Kir-
chenmitgliedsrate als Hinweis auf die verstärkte Ausprägung eines (wert-)kon-
servativen Milieus fest. Die Sozialhilfedichte ist demnach umso größer, je höher
die Arbeitslosenrate sowie der Tertiärisierungsgrad und je niedriger die Kir-
chenmitgliedsrate ausfällt. Geprüft wurde auch der Anteil von demografischen
Risikogruppen, wie etwa Kinderzahl und AusländerInnenrate. Ein solcher Zusammenhang war allerdings nicht oder nur sehr schwach erkennbar. Dieses Ergebnis ist insofern interessant, als damit strukturelle Einflussfaktoren auf sozialräumliche Segregation in den Vordergrund rücken.

Prinzipiell stellt sich die Frage, inwiefern die Behauptung einer steigenden
(sozialräumlichen) Segregation für Deutschland empirisch zutrifft, denn die empirische Datenlage ist hierzu keineswegs in dem Umfang eindeutig, wie die Problematisierungen oftmals vermuten lassen. Als relativ unstrittig kann dabei gelten, dass eine Polarisierung von Problemlagen erfolgt ist und sich insofern die
sprichwörtliche „Schere zwischen Arm und Reich" weiter geöffnet hat. So zeigt

etwa der 2. Armuts- und Reichtumsbericht der Bundesregierung, dass die Zahl armer Haushalte in den letzten Jahren deutlich zugenommen hat. Ebenfalls ist der Gini-Koeffizient[28] zwischen 1973 und 2003 angestiegen (vgl. 2. Armuts- und Reichtumsbericht der Bundesregierung 2005). Dieser wird aber in seiner Höhe eher noch unterschätzt, da die Genauigkeit der Angaben, die zu hohen Einkommen i.d.R. gemacht werden, angezweifelt werden kann (vgl. Bergmann 2004). In Bezug auf das Bruttoäquivalenzeinkommen liegt der Gini-Koeffizient im Jahr 2003 bei 0,423, beim Marktäquivalenzeinkommen bei 0,472 und in Bezug auf das Nettoäquivalenzeinkommen der Bevölkerung bei 0,257 (vgl. 2. Armuts- und Reichtumsbericht 2005: 17). Insofern gelingt es über die Besteuerung von Einkommen zwar Ungleichheit teilweise abzubauen, insgesamt ist sie jedoch steigend.

Wird Ungleichheit generell auf die Frage nach dem Ausmaß und der Veränderung sozialräumlicher Segregation zugespitzt, so liefern unterschiedliche Studien unterschiedliche Antworten auf diese Frage, je nachdem welche Städte zu welcher Zeit in den Blick genommen wurden. Britta Klagge (2005) hat Armut in westdeutschen Städten aus einer stadtteilorientierten Perspektive erforscht. Anhand der Städte Düsseldorf, Essen, Frankfurt, Hannover und Stuttgart wird hierbei Armut – ungeachtet der hiermit verbundenen Probleme – anhand des Sozialhilfebezugs empirisch untersucht. Hinsichtlich des Ausmaßes von Segregation seit den 1980er Jahren stellt sie fest, dass sich Segregation von SozialhilfeempfängerInnen auf der Ebene von Stadtteilen – mit Ausnahme von Frankfurt in jüngster Zeit – nicht erhöht hat. Überprüft wurde dieses Ergebnis anhand von Segregations-[29] und Dissimilaritätsindizes[30] (vgl. Klagge 2005: 81). Ebenso wenig bzw. nur sehr schwach bestätigt sich der Zusammenhang zwischen einer hohen Sozialhilfedichte in der Stadt und einer hohen Segregation der LeistungsempfängerInnen. Weiterhin besteht ein negativer Zusammenhang zwischen dem AusländerInnenanteil und dem Grad der Segregation. In den Städten mit einem hohen AusländerInnenanteil herrschen bessere wirtschaftliche Bedingungen, die Sozialhilfedichte ist niedriger und SozialhilfeempfängerInnen leben weniger segregiert (vgl. Klagge 2005: 81). Demgegenüber stellt Farwick (2004a) am

---

28 „Der Gini-Koeffizient ist ein statistisches Maß für Ungleichheit, entwickelt vom italienischen Statistiker Corrado Gini. Er basiert auf der Lorenz-Kurve und beschreibt auf einer Skala von 0 bis 1 die Relation zwischen empirischer Kurve und der Gleichverteilungs-Diagonalen. Je höher der Wert, umso ungleicher ist die Verteilung" (Anhang zum 2. Armuts- und Reichtumsbericht).

29 Segregationsindizes zwischen 0 und 100 geben meist eine Prozentzahl an, die sich darauf bezieht, „welcher Anteil der betrachteten Bevölkerungsgruppe umziehen müsste, um eine Gleichverteilung zu erreichen" (Klagge 2005: 39).

30 Dissimilaritätsindizes geben „das Ausmaß der ungleichen räumlichen Verteilung zweier Bevölkerungsgruppen" (Klagge 2005: 39) an und basieren auf dem gleichen Algorithmus wie Segregationsindizes.

Beispiel von Bremen und Bielefeld fest, dass der prozentuale Anteil von SozialhilfeempfängerInnen am Gesamtgebiet in den Armutsgebieten stärker gestiegen
sei, als in der übrigen Stadt. Ferner konstatiert Klaus Peter Strohmeier (2006:
28f.) für Bielefeld, Köln, Gelsenkirchen, Wuppertal und Monheim eine steigende
soziale Segregation und räumliche Konzentration von SozialhilfeempfängerInnen. Auch bezüglich der ethnischen Segregation existieren unterschiedliche Einschätzungen: Teilweise wird sie als rückläufig eingeschätzt (Mauch/Reschl 2003
für Stuttgart), teilweise als gestiegen. Für die Jahre zwischen 1994 und 2002 –
zeitweise jedoch mit nur sehr kurzen Messabständen und wenigen Berechnungs-
zeitpunkten – sei die ethnische Segregation in Bielefeld und Köln beispielsweise
gesunken, in Gelsenkirchen und Wuppertal habe sie bis 1990 abgenommen und
danach eine geringe Zunahme erfahren und in Essen und Monheim steige sie seit
Mitte der 1990er Jahre an (vgl. Strohmeier 2006: 30).

Einer Problematisierung von sozialräumlicher Segregation liegt dabei die
Vorstellung einer optimalen Gleichverteilung der sozialen Gruppen über die
Stadt zugrunde. Ein frühes Beispiel für die aufkommende Idee, dass eine städti-
sche Gesellschaft gerade *nicht* räumlich differenziert und damit segregiert woh-
nen und leben sollte, stammt aus den 60er Jahren des 19. Jahrhunderts von James
Hobrecht (vgl. Häusermann/Siebel 2000: 123), der einen Bebauungsplan für die
Stadt Berlin vorlegte, den sogenannten Hobrecht-Plan. Neben seinem bekannt
gewordenen Bewässerungsplan zielte er im Rahmen der Verbesserung der
Wohnverhältnisse auf eine soziale Mischung der BewohnerInnenschaft ab, um
damit die Entstehung von Elendsquartieren zu verhindern bzw. aufzuheben.
„Nicht 'Abschließung' sondern 'Durchdringung' scheint mir aus sittlichen, und
darum aus staatlichen Rücksichten das Gebotene zu sein" (Hobrecht zit in:
Strohmeyer 2000). Das Proletariat sollte damit in die bürgerliche Gesellschaft
integriert werden, indem in Berliner Mietshäusern die Vorder- und Hinterhäuser,
Keller- und Dachwohnungen von Menschen aus unterschiedlichen Klassen bewohnt werden und diese darüber in Kontakt kommen sollten. Kritik an einer
solchen Vorstellung wird über die Bestimmung der zugrunde gelegten räumlichen Basis geübt. Administrative Einheiten würden zu stark vereinfacht. Eine
Orientierung an einzelnen Straßenzügen ist teilweise auf die Ebene von Individuen und Haushalten herunter gebrochen (vgl. Eckardt 2004: 34ff.). Außerdem
sei bezüglich der Themen Segregation und Desintegration damit implizit eine
Gleichverteilung als Basis unterstellt, was als problematisch anzusehen ist. Dahinter stehe ein Integrationsmodell nach dem 'Melting Pot' und es werde eine
deterministische Wirkung des Wohnens auf Integration angenommen (vgl.
Dangschat 2004: 16).

Nachfolgend werden die (negativen) Konsequenzen von Segregation und
sozialräumlicher Konzentration – ungeachtet der (empirischen) Strittigkeit ihrer

Zunahme und angesichts der unterschiedlichen Einschätzung ihrer negativen Auswirkungen – genauer betrachtet und diskutiert. Bei dieser Betrachtung geht es zunächst nur um die möglichen Konsequenzen von Segregation, eine Übertragung der Ergebnisse dieser Diskussion auf ihre Bedeutung für communityorientierte Soziale Arbeit erfolgt im Anschluss (Kap. 4.1.6). Es wird zwischen den vier zuvor erwähnten Ebenen unterschieden: die Ebene der materiellen Ressourcen inkl. der Infrastruktur (4.1.2), die politische Repräsentanz eines Quartiers (4.1.3), die Symbolik des Ortes (4.1.4) sowie das soziale Milieu im Quartier (4.1.5). Zur empirischen Untermauerung dieser Diskussion werden Ergebnisse aus dem Forschungsprojekt „Räumlichkeit und soziales Kapital in der Sozialen Arbeit – Zur Governance des sozialen Raums" herangezogen und dessen methodischer und inhaltlicher Hintergrund kurz skizziert (Kap. 4.1.1).

4.1.1 Das Projekt „Räumlichkeit und soziales Kapital in der Sozialen Arbeit"

Das Forschungsprojekt „Räumlichkeit und soziales Kapital in der Sozialen Arbeit – Zur Governance des sozialen Raums"[31] zielt auf die Rekonstruktion und Analyse der Raumperspektiven und Raummodelle, die innerhalb einer sozialraumorientierten Sozialen Arbeit in den Mittelpunkt professionellen Handelns rücken. Gegenstände der Untersuchung sind – über geografische, administrative und sozialstrukturelle Aspekte hinaus – Sozialräume konstituierende Praxis- und Deutungsweisen. Dabei werden mit der Ebene der Sozialraumprogramme, der BewohnerInnen und der VertreterInnen Sozialer Arbeit drei Konstitutionsebenen von Sozialräumlichkeit systematisch unterschieden. Auf diesen Ebenen erfolgt

- eine diskursanalytische Rekonstruktion der Sozialraumprogramme,
- eine Rekonstruktion der sozialpädagogischen Implementation der Sozialraumorientierung durch ExpertInneninterviews mit VertreterInnen der lokal zuständigen sozialen Dienste sowie
- eine Untersuchung des Zusammenlebens der BewohnerInnen v.a. in Form einer Analyse der Verteilung und des Gebrauchs verschiedener lokaler und nicht-ortspezifischer Formen ihres sozialen Kapitals durch ein Sozialkapital-Survey (ergänzt durch Leitfaden-Interviews mit BewohnerInnen).

---

31   In diesem Forschungsprojekt war die Verfasserin unter der Leitung von Hans-Uwe Otto, zusammen mit Holger Ziegler, Birte Klingler und Diana Sahrai für drei Jahre beschäftigt. Es wurde von der Deutschen Forschungsgemeinschaft finanziert und wurde zwischen dem 1.12.2003 und dem 30.11.2006 durchgeführt.

Diese breit angelegte empirische Basis ermöglicht eine multidimensionale Analyse der sozialpädagogischen Sozialraumorientierung, die systematisch die verschiedenen Ebenen sozialräumlicher Konstitutionsprozesse einbezieht (vgl. Klingler et al. 2007). Die für diese Arbeit verwendeten empirischen Daten entstammen diesem Forschungsprojekt, und zwar im Folgenden schwerpunktmäßig dem Sozialkapitalsurvey der dritten Ebene der BewohnerInnen. Als Untersuchungsgrundlage wurde auf der Basis einer Analyse vorliegender Sozialkartografien, amtlicher Daten sowie Kontakt- und Informationsgesprächen mit Verantwortlichen der Sozial-, Kinder- und Jugendhilfeplanung der Stadt ein innenstadtnaher statistischer Bezirk in einer mittelgroßen, westdeutschen Großstadt in Nordrhein-Westfalen ausgewählt. Hierbei handelt sich um eine ehemals selbstständige Gemeinde, welche im Zuge von Gemeindereformen einem Stadtbezirk zugeordnet wurde. Aus amtlichen Daten lässt sich ablesen, dass das Untersuchungsgebiet die typischen Merkmale eines ‚benachteiligten' Stadtteils aufweist (vgl. die Charakterisierung der Programmgebiete der „Sozialen Stadt" in Kap. 3.3.2): Der Anteil von Personen, die am Stichtag 31.12.2003 Hilfe zum Lebensunterhalt erhielten, ist mit 17,32 % fast drei mal höher als in der Gesamtstadt (6,2%). Die Arbeitslosenquote lässt sich auf der Ebene statistischer Bezirke aus methodischen Gründen nicht berechnen. Rekonstruieren lässt sich jedoch, dass das Verhältnis von Arbeitslosen zu sozialversicherungspflichtig Beschäftigten in der Gesamtstadt bei etwa 1:5 (21 091:103 673), im Untersuchungsgebiet bei etwa 2:5 (588:1 498) liegt. Der Anteil von Menschen ohne deutschen Pass liegt im Untersuchungsgebiet bei 22% (in der gesamten Stadt bei 12,1%) und umfasst Menschen aus mehr als 20 verschiedenen Nationen. Hinzu kommt ein hoher Anteil weiterer Personen mit Migrationshintergrund, wie z.B. AussiedlerInnen, der jedoch von der amtlichen Statistik nicht erfasst wird. So liegt den erhobenen Daten zufolge der Anteil jener, die eine andere Muttersprache als deutsch angeben, bei gut 41%. Das Gebiet weist weiterhin die Besonderheit auf, dass sich die häufig als ‚Problemgruppen' verhandelten AkteurInnen in einer geografisch klar abgegrenzten Wohnsiedlung konzentrieren, während die BewohnerInnen der anderen Wohngebiete eher der Mittelschicht zugeordnet werden können. Aus sozialwissenschaftlicher Perspektive stellt sich das Untersuchungsgebiet insgesamt als eine Kombination von (mindestens) zwei ‚Sozialräumen' dar. Einer dieser Sozialräume lässt sich – so auch die Perspektive der interviewten ExpertInnen – als ‚sozialer Brennpunkt' beschreiben, in dem sich entsprechend eine ganze Bandbreite sozialräumlich orientierter Projekte und Einrichtungen befindet. Demgegenüber können die anderen Wohnbereiche des Untersuchungsgebietes eher als ‚durchschnittliches' Gebiet beschrieben werden. Laut Einwohnermeldeamt wohnten im ausgewählten Stadtteil zum Befragungszeitpunkt 5 269 (Stand 30.4.2004) Personen. Ohne Personen unter 14 und über 75 Jahren, die aus methodischen Gründen in der Befragung nicht berücksichtigt werden sollten, bleibt eine Grundgesamtheit von N=3 973 Menschen. Anhand von Daten aus dem Melderegister wurde eine personenbezogene Zufallsstichprobe gezogen, um letztlich n=350 Interviews durchführen zu können. In einer Nacherhebung wurden 141 weitere Interviews im gleichen Untersuchungsgebiet realisiert, so dass für diese Analyse insgesamt 491 beantwortete Fragebögen vorliegen. Parallel hierzu fand eine Nacherhebung in einem ‚wohlhabenden' Gebiet der gleichen Stadt statt, um das ‚arme' und das ‚durchschnittliche' Gebiet später mit einem ‚reichen' Gebiet kontrastieren zu können. Um einzelne Subgruppen entsprechend ihrem Anteil an der Grundgesamtheit in der Erhebung repräsentiert zu sehen, wurden Zielquoten für die Ausschöpfung mit Blick auf Geschlecht und Alter der Befragten sowie den Anteil der Menschen ohne deutschen Pass vereinbart und auf Basis der gezogenen Stichprobe realisiert (vgl. Landhäußer et al 2005).

Die Analyse der Ebene der BewohnerInnen des Untersuchungsgebiets zielt auf die Frage, wie sich ihre Sozialräume als AdressatInnen Sozialer Arbeit gestalten. Mit Rekurs auf soziales Kapital als analytische Kategorie sollen die den AkteurInnen und Gruppen von AkteurInnen verfügbaren Macht- und Handlungsressourcen unter Berücksichtigung ihrer sozialen und räumlichen Positionierung und Vernetzung empirisch erfasst werden. Auf Basis einer analytischen Rekonstruktion der Gesamtheit der wesentlichen, gängigen Bestimmungen von sozialem Kapital lassen sich insgesamt folgende Kernelemente dieses Konzeptes identifizieren, die in die Fragebogenkonstruktion einbezogen wurden:

- Vertrauen
- Assoziabilität, Zugehörigkeit, (lokale) Einbettung
- Solidarität, (lokale) Kohäsion
- (kollektive, lokale) Werte, Normen
- (kollektive) Aktionen, (ehrenamtliches) Engagement
- Netzwerke
- Ressourcen.

Die Datenerhebung fand mit Hilfe von Telefoninterviews mittels CATI (d.h. ‚computer assisted telephone interviewing') statt. Ein großer Vorteil hiervon stellte u.a. die Möglichkeit dar, relativ unkompliziert fremdsprachliche Interviews anzubieten. Zu diesem Zweck befanden sich unter den InterviewerInnen einige mit russisch/deutschen und mit türkisch/deutschen Sprachkenntnissen, zu denen entsprechende InterviewkandidatInnen auf eigenen Wunsch weitergeleitet werden konnten. Der Fragebogen war zuvor auf Türkisch und Russisch übersetzt worden, um zu vermeiden, dass Befragte aus den beiden größten MigrantInnengruppen des Gebietes aufgrund sprachlicher Barrieren in der Untersuchung nicht angemessen bzw. nur selektiv repräsentiert werden.

Insgesamt lassen sich die Befragten hinsichtlich ihrer soziodemografischen Merkmale wie folgt charakterisieren: In Bezug auf ihre Verteilung auf die beiden unterschiedenen Sozialräume zeigt sich, dass 58%[32] in dem sogenannten ,armen' Gebiet (Gebiet 1) leben, während sich 42% dem ,durchschnittlichen' Gebiet (Gebiet 2) zuordnen lassen. Sie verteilen sich auf 52% Frauen und 48% Männer. Bezüglich der Frage nach der Staatsangehörigkeit geben – bei 2 fehlenden Antworten – 83% eine deutsche und 17% eine andere als die deutsche Staatsangehörigkeit an. Da diese Frage allerdings evt. nur eine unzureichende Auskunft über einen Migrationshintergrund der befragten Personen liefert, wurden weiterhin die ,zu Hause gesprochene Sprache' sowie die ,Muttersprache' abgefragt. Insgesamt sollte mit Hilfe dieser drei Fragen eine Annäherung an die Feststellung eines Migrationshintergrundes ermöglicht werden. Es zeigt sich, dass die Zahl der Menschen mit einer anderen als der deutschen, zu Hause gesprochenen Sprache größer ist, als die derer mit einer nicht-deutschen Staatsangehörigkeit (34% vs. 17%). Bei einer anderen als der deutschen Muttersprache sind die Unterschiede noch größer (42% vs. 17%). Das Alter der Befragten, das aus methodischen Gründen auf die Altersspanne zwischen 14 und 75 Jahren begrenzt wurde, verteilt sich prozentual auf die vier gebildeten Altersgruppen wie folgt: Bei insgesamt drei fehlenden Angaben lassen sich 26% der Befragten der Altersgruppe zwischen 14 und 25 Jahren zuordnen. 23% liegen altersmäßig zwischen 26 und 40 Jahren, während knapp 40% ein Alter zwischen 41 und 65 Jahren aufweisen. Die Gruppe der 66-75 Jährigen Befragten fasst knapp 12%. Schließlich wurde eine Hauptkomponente[33] gebildet, in der Hinweise auf die soziale Lage[34] der Befragten gebündelt wurden. Ihr liegen die Items des angestrebten (bei SchülerInnen) bzw. erreichten, höchsten Schulabschlusses, das Nettoäquivalenzeinkommen[35] sowie der Berufsstatus nach dem ISEI-Wert[36] zugrunde. Aus dieser Komponente wurden drei gleich große Gruppen gebildet; die Einteilung niedrig, mittel und hoch ist insofern relativ zu den anderen Befragten zu interpretieren. In

---

32 Prozentangaben werden im gesamten Fließtext der Arbeit auf ganze Prozentzahlen auf- bzw. abgerundet. In den Tabellen findet sich die Rundung auf eine Nachkommastelle.

33 Eine (Haupt)Komponente wird mit Hilfe des statistischen Verfahrens der Hauptkomponentenanalyse gebildet. Sie erlaubt es – wie in diesem Fall – die Antworten aus (drei) Einzelvariablen zu einer Komponente zusammenzuziehen.

34 Die Hauptkomponente ,soziale Lage' wird in den Kategorien niedrig, mittel und hoch betrachtet. Diese Dreiteilung wurde auf der Basis von +/- einer halben Standardabweichung gebildet.

35 Das Nettoäquivalenzeinkommen kann aus den haushaltsbezogenen Einkommensdaten errechnet werden, indem nach dem Bedarf der Haushaltsmitglieder gewichtet wird um die Einkommen vergleichbar zu machen.

36 Der ISEI-Wert „International Socio-Economic Index of Occupational Status" liefert Informationen zum beruflichen Status von Personen (vgl. Ganzeboom/Treiman 1996, 2003).

dem ausgewählten Untersuchungsgebiet leben 35% der Befragten mit niedriger sozialer Lage, 32% mit mittlerer sowie 32% mit hoher sozialer Lage.

		Gültige Prozente (Häufigkeit)
Gebiet	,arm'	58,2% (286)
	,durchschnittlich'	41,8% (205)
Geschlecht	weiblich	52,3% (257)
	männlich	47,7% (234)
Staatsangehörigkeit	deutsch	83,4% (408)
	andere	16,6% (81)
zu Hause gesprochene Sprache	deutsch	65,8% (322)
	andere	34,2% (167)
Muttersprache	deutsch	58,2% (286)
	andere	41,8% (205)
Alter	14-25 Jahre	25,6% (125)
	26-40 Jahre	23,4% (114)
	41-65 Jahre	39,5% (193)
	66-75 Jahre	11,5% (56)
soziale Lage	niedrig	35,2%
	mittel	32,4%
	hoch	32,4%
Gesamt		100% (488-491)

Tab. 3:   Soziodemografische Angaben der Befragten

Mit der Nacherhebung von Daten wurde ein vergleichsweise reiches Gebiet der gleichen westdeutschen Großstadt zur Gegenüberstellung hinzugezogen. Bei einem Vergleich der drei Gebiete, einem sogenannten ,armen' Gebiet (1), dem ,durchschnittlichen' Gebiet (2) sowie einem ,reichen' Gebiet (3) in Bezug auf die soziodemografischen Variablen der Befragten zeigen sich folgende Unterschiede:

In Bezug auf die Geschlechterverteilung in den Gebieten zeigt sich die – wohl eher zufällige – Verteilung dahingehend, dass Gebiet 1 und 3 mit 54% bzw. 56% Frauen und 44% bzw. 46% Männern sehr ähnlich liegen. Die Befragten aus Gebiet 2 verteilen sich auf 48% Frauen und 52% Männer. Hinsichtlich der Staatsangehörigkeit finden sich jedoch recht beträchtliche Unterschiede: Der Anteil an Befragten mit einer anderen als der deutschen Staatsangehörigkeit nimmt mit steigendem Wohlstand des Gebiets ab (21% vs. 11% vs. 1%). Die Gebietsunterschiede bei der zu Hause gesprochenen Sprache fallen noch größer aus: 47% vs. 17% vs. 1%. Eine ähnliche Verteilung zeigt sich bei der Muttersprache: Auch hier nimmt der Anteil an Befragten mit einer anderen als der deutschen Staatsangehörigkeit mit steigendem Wohlstand des Gebiets ab (56% vs.

22% vs. 2%). Die Altersverteilung unterscheidet sich gebietsspezifisch in der Gruppe der 14-25 Jährigen so, dass der Anteil an jungen Menschen umso höher ist, je ärmer das Gebiet. Umgekehrt sind die 41-65 Jährigen in Gebiet 3 wesentlich stärker vertreten als in Gebiet 2. Beide Gebiete weisen wiederum höhere Anteile an 41-65 Jährigen auf als Gebiet 1. Bei der Altersgruppe zwischen 66 und 75 Jahren sind die Unterscheide nicht so groß und deutlich wie bei der Altersgruppe darunter. Hinsichtlich der sozialen Lage verteilen sich die Befragten – wie entsprechend der Gebietsbezeichnung zu erwarten war – so, dass im ‚armen' Gebiet die meisten Personen mit niedriger sozialer Lage wohnen (39,9%) und deren Zahl mit dem Wohlstand des Gebiets abnimmt. Umgekehrt leben im ‚reichen' Gebiet die meisten Menschen mit hoher sozialer Lage (78,3%).[37]

		GÜLTIGE PROZENTE (HÄUFIGKEIT)		
		Gebiet 1	Gebiet 2	Gebiet 3
Geschlecht	weiblich	55,6% (159)	47,8% (98)	53,9% (82)
	männlich	44,4% (127)	52,2% (107)	46,1% (70)
Staatsangehörigkeit	deutsch	79,2% (225)	89,3% (183)	98,7% (150)
	andere	20,8% (59)	10,7% (22)	1,3% (2)
zu Hause gesprochene Sprache	deutsch	53,5% (152)	82,9% (170)	99,3% (151)
	andere	46,5% (132)	17,1% (35)	0,7% (1)
Muttersprache	deutsch	44,1% (126)	78,0% (160)	98,0% (149)
	andere	55,9% (160)	22,0% (45)	2,0% (3)
Alter	14-25 Jahre	33,5% (95))	14,7% (30)	7,9% (12)
	26-40 Jahre	21,8% (62)	25,5% (52)	25,7% (39)
	41-65 Jahre	36,3% (103)	44,4% (90)	55,3% (84)
	66-75 Jahre	8,5% (24)	15,7% (32)	11,2% (17)
erreichter/angestrebter Bildungsabschluss[38]	niedrig	41,2% (115)	33,2% (67)	5,3% (8)
	mittel	24,0% (67)	29,7% (60)	17,9% (27)
	hoch	34,8% (97)	37,1% (75)	76,8% (116)
soziale Lage	niedrig	39,9% (114)	28,8% (59)	3,3% (5)
	mittel	34,6% (99)	29,3% (60)	18,4% (28)
	hoch	25,5% (73)	42,0% (86)	78,3% (119)
Gesamt		100% (279-286)	100% (202-205)	100% (151-152)

Tab. 4:   Soziodemografische Angaben der Befragten nach Gebiet

37   Diese Verteilung ist jedoch – wie bereits angesprochen – vor dem Hintergrund zu sehen, dass die Komponente zur sozialen Lage auf der Basis von Gebiet 1 und 2 in drei gleich große Gruppen eingeteilt und anschließend für das ‚reiche' Gebiet reproduziert wurde.

38   In der Kategorie ‚niedrig' wurden die Antwortmöglichkeiten ‚kein Schulabschluss' sowie ‚Volks-/Hauptschulabschluss' zusammengefasst. In der Einteilung ‚mittel' befinden sich Befragte mit mittlerer Reife. In der Kategorie ‚hoch' wurden die Antwortmöglichkeiten ‚(Fach)-Abitur' sowie ‚(Fach-)Hochschulabschluss' zusammengefasst.

Nach diesem Einblick in das zugrunde liegende Forschungsprojekt werden im Folgenden die möglichen Folgen von sozialräumlicher Segregation beleuchtet und anhand der diesbezüglichen empirischen Ergebnisse diskutiert. Dabei werden zunächst die potenziellen Auswirkungen von Segregation auf die materiellen, infrastrukturellen Lebensbedingungen im Quartier untersucht.

4.1.2 Konsequenzen für die materiellen Lebensbedingungen im Quartier

Die Einschätzung der materiellen, infrastrukturellen Lebensbedingungen im Quartier wird im Rahmen des Sozialkapitalprojekts anhand einer Fragebatterie mit Aussagen zu verschiedenen Aspekten des Stadtteils abgefragt. Die BewohnerInnen waren aufgefordert, diesen Aussagen gegenüber ihre Zustimmung oder Ablehnung auszudrücken. Bei der Auswahl der abgefragten Gebietsaspekte wurde darauf geachtet, ein möglichst breites Spektrum an – im Allgemeinen für BewohnerInnen als relevant zu erachtenden – Charakteristika anzubieten. Die individuelle Einschätzung dieser Aspekte kann – im Vergleich der Gebiete – als Hinweis auf die Qualität der materiellen Lebensbedingungen im Quartier interpretiert werden. Die Beurteilung wird zunächst in einem Vergleich des ‚benachteiligten' Gebiets (1) mit dem ‚durchschnittlichen' Gebiet (2) untersucht. Auf der Basis von einfachen Korrelationen zwischen den beiden Gebieten und einzelnen Aspekten der Gebietsausstattung wird evident, dass beide Quartiere bestimmte Vorzüge, aber auch Nachteile aufweisen. Außerdem werden zahlreiche infrastrukturelle Aspekte in beiden Gebieten ähnlich eingeschätzt. Es zeigt sich eine gebietsspezifisch eher heterogene Darstellung der abgefragten Aspekte. Gleichwohl schneidet das ‚durchschnittliche' Gebiet von der Quantität der gut beurteilten Aspekte und der Deutlichkeit, mit der es in bestimmten Aspekten positiver bewertet wird, besser ab. Hier treten folgende Charakteristika stärker auf: Verstärkt negativ betont werden Probleme mit Straßenverkehr und Parkplätzen (-.390**[39]). Positiver als im ‚armen' Gebiet wird hervorgehoben, dass sich Politiker, Ämter und Behörden gut um den Stadtteil kümmern (-.131*), dass es ein gutes Angebot an Gaststätten und Kneipen gibt (-.123*), dass der Stadtteil sauber und sicher ist (-.256**; -.324**), man gerne hier lebt und mit der Wohnung zufrieden ist (-.135**) sowie dass der Stadtteil einen guten Ort für das Aufwachsen von Kindern darstellt (-.118*). Umgekehrt wird dem ‚benachteiligten' Stadtteil vermehrt zugeschrieben, dass es gute Einkaufsmöglichkeiten gibt (.120*). Verstärkt kritisiert werden hohe Mietpreise (.257**) und viel Kriminalität (.252). Bezüglich der Einschätzung der Kontaktaufnahme zu sozialen Diensten und

---

39   Die Sternchen (**) geben Hinweise auf das Signifikanzniveau.

SozialarbeiterInnen, guten Angeboten für Kinder und Jugendliche, guten Freizeitmöglichkeiten, guten Verkehrsanbindungen, ausreichend Grünflächen, dem Angebot an sportlichen und kulturellen Veranstaltungen und dem Vorliegen von starkem Lärm im Stadtteil, liegen beide Gebiete gleich auf.

Verstärkt heterogen stellt sich das Bild dar, wenn man zum Gebietsvergleich das ‚reiche' Gebiet (3) hinzuzieht. Die Zufriedenheit mit der eigenen Wohnung steigt mit dem Reichtum der BewohnerInnen von 54% auf 76% an. Die Einkaufsmöglichkeiten hingegen werden im ‚armen' Gebiet am besten eingeschätzt, wenn dem knapp 70% voll zustimmen. Im ‚durchschnittlichen' Gebiet beträgt die Zustimmung 60%, während im ‚reichen' Gebiet lediglich 22% die Einkaufsmöglichkeiten mit voller Zustimmung als gut beurteilen. Hinsichtlich der ausreichenden Ausstattung mit Grünflächen liegen das ‚arme' sowie das ‚durchschnittliche' Gebiet mit etwa 85% der Befragten, die der Aussage voll oder eher zuzustimmen, gleich auf. Im ‚reichen' Gebiet sind es im Vergleich hierzu 99%. Das Angebot an Gaststätten und Kneipen zeigt sich ebenfalls im Zusammenhang mit dem Wohlstand des Gebiets: Die volle Zustimmung steigt mit zunehmendem Wohlstand des Gebiets von 10% über 20% auf 47% und die Aussage „stimme eher zu" von 29% über 26% auf 39%.

		Gültige Prozente (Häufigkeit)		
		Gebiet 1	Gebiet 2	Gebiet 3
Ich bin mit meiner Wohnung zufrieden.	stimme voll zu	54,2% (154)	68,8% (141)	75,7% (115)
	stimme eher zu	29,6% (84)	21,5% (44)	23,0% (35)
	stimme eher nicht zu	13,0% (37)	7,3% (15)	1,3% (2)
	stimme gar nicht zu	3,2% (9)	2,4% (5)	0% (0)
In S. gibt es gute Einkaufsmöglichkeiten.	stimme voll zu	69,2% (198)	60,3% (123)	21,7% (33)
	stimme eher zu	25,9% (74)	28,4% (58)	30,3% (46)
	stimme eher nicht zu	3,5% (10)	8,3% (17)	32,2% (49)
	stimme gar nicht zu	1,4% (4)	2,9% (6)	15,8% (24)
In S. gibt es ausreichend Grünflächen	stimme voll zu	51,2% (146)	49,5% (101)	92,8% (141)
	stimme eher zu	34,7% (99)	33,8% (69)	5,9% (9)
	stimme eher nicht zu	11,9% (34)	16,2% (33)	1,3% (2)
	stimme gar nicht zu	2,1% (6)	0,5% (1)	0% (0)
Es gibt ein gutes Angebot an Gaststädten und Kneipen.	stimme voll zu	9,9% (17)	20,3% (30)	46,9% (69)
	stimme eher zu	29,2% (50)	25,7% (38)	38,8% (57)
	stimme eher nicht zu	32,2% (55)	33,1% (49)	4,8% (7)
	stimme gar nicht zu	28,7% (49)	20,9% (31)	9,5% (14)
Es gibt ein gutes Angebot an sportlichen und kulturellen Veranstaltungen.	stimme voll zu	10,0% (21)	10,3% (16)	45,9% (68)
	stimme eher zu	21,8% (46)	25,6% (40)	30,4% (45)
	stimme eher nicht zu	38,4% (81)	48,1% (75)	15,5% (23)
	stimme gar nicht zu	29,9% (63)	16,0% (25)	8,1% (12)
In S. gibt es gute Freizeitmöglichkeiten.	stimme voll zu	10,5% (27)	12,4% (22)	41,7% (63)
	stimme eher zu	28,9% (74)	31,5% (56)	34,4% (52)
	stimme eher nicht zu	41,0% (105)	40,4% (72)	19,2% (29)
	stimme gar nicht zu	19,5% (50)	15,7% (28)	4,6% (7)
In S. gibt es Probleme mit Straßenverkehr und Parkplätzen.	stimme voll zu	4,8% (13)	22,6% (44)	21,7% (33)
	stimme eher zu	9,3% (25)	24,6% (48)	35,5% (54)
	stimme eher nicht zu	34,8% (94)	31,3% (61)	19,7% (30)
	stimme gar nicht zu	51,1% (138)	21,5% (42)	23,0% (35)
Die Verkehrsanbindungen sind gut.	stimme voll zu	71,5% (203)	76,6% (157)	55,3% (84)
	stimme eher zu	24,3% (69)	20,5% (42)	31,6% (48)
	stimme eher nicht zu	3,2% (9)	2,9% (6)	9,2% (14)
	stimme gar nicht zu	1,1% (3)	0,0% (0)	3,9% (6)
In S. gibt es gute Angebote für Kinder und Jugendliche.	stimme voll zu	15,1% (34)	10,3% (14)	21,8% (27)
	stimme eher zu	34,7% (78)	31,6% (43)	37,1% (46)
	stimme eher nicht zu	34,7% (78)	43,4% (59)	32,3% (40)
	stimme gar nicht zu	15,6% (35)	14,7% (20)	8,9% (11)

Tab. 5:　　Gebietsspezifische Einschätzungen zu materiellen Lebensbedingungen im Quartier

Hinsichtlich der Einschätzung des Angebots an sportlichen und kulturellen Veranstaltungen zeigt sich ein ähnliches Bild: Das arme und das durchschnittliche Gebiet liegen mit 10% (stimme voll zu) und 22% bzw. 26% (stimme eher zu) ähnlich hoch, während das ,reiche' Gebiet mit 46% (stimme voll zu) und 30% (stimme eher zu) eine deutlich positivere Bewertung des sportlichen und kulturellen Angebots erhält. Eine entsprechende Diskrepanz findet sich in der Beurteilung der Freizeitmöglichkeiten. Probleme mit Straßenverkehr und Parkplätzen zeigen sich in einer umgekehrten Reihenfolge: Diese werden am meisten im ,reichen' Gebiet wahrgenommen, ähnlich hoch liegt das durchschnittliche Gebiet, während im ,armen' Gebiet von diesem Problem eher in geringem Umfang berichtet wird. Ebenfalls vergleichsweise gut wird im ,armen' sowie im ,durchschnittlichen' Gebiet die Verkehrsanbindung angesehen. Diese Einschätzung hängt sicherlich mit dem Umstand zusammen, dass diese beiden Gebiete sehr innenstadtnah liegen und es ein gut ausgebautes Nahverkehrsnetz dorthin gibt. Beide positiven Antwortkategorien zusammengenommen kommen diese beiden Gebiete auf etwa 95%, das ,reiche' Gebiet hingegen auf etwa 87%. Hierbei besteht die größere Diskrepanz bei den vollen Zustimmungen. Bei den Angeboten für Kinder und Jugendliche liegt das ,arme' Gebiet von der Beurteilung in der Mitte, und zwar zwischen dem ,durchschnittlichen' mit 42% und dem ,reichen' Gebiet mit 59% positiven Antworten. Insofern bestätigt sich auch auf der Ebene des Vergleichs von drei Gebieten, nämlich einem vergleichsweise ,armen', einem ,durchschnittlichen' und einem eher ,reichen' Gebiet, die These, dass die materielle und infrastrukturelle Gebietsausstattung hinsichtlich der abgefragten Charakteristika recht unterschiedlich ausfällt.[40] Dennoch lässt sich auch hier festhalten, dass die Anzahl der positiv bewerteten Gesichtspunkte mit dem Wohlstand des Gebiets – zumindest in Bezug auf die abgefragten Aspekte – zuzunehmen scheinen.

Prinzipiell ist die materielle Ausstattung von Gebieten auch ein relevanter Ansatzpunkt im Programm „Soziale Stadt". Auch hier werden Gebietsdefizite – von den kommunalen AnsprechpartnerInnen für die Programmgebiete der „Sozialen Stadt" – in hohem Maße benannt. Nimmt man die Bewertung verschiedener Gebietsaspekte durch die BewohnerInnen als Indikator für einen Handlungsbedarf zur Verbesserung der materiellen Ausstattung in den entsprechenden Gebieten, so ist in allen drei untersuchten Gebieten eine Veränderung erforderlich. Nichtsdestotrotz kann unterstellt werden, dass einkommensstarke Haushalte mehr Möglichkeiten haben, materielle, infrastrukturelle Defizite im Gebiet zu

---

40 Zu berücksichtigen ist hierbei, dass es sich um Einschätzungen der BewohnerInnen bezüglich ihres Stadtteils handelt. Eventuelle Antworttendenzen zur Extremkategorie (sehr) oder zur mittleren Antwortkategorie (eher) bzw. der persönliche Bewertungsmaßstab, wann etwas für ,gut' oder ,schlecht' gehalten wird, können Auswirkungen auf die Antwort der Befragten haben.

kompensieren sowie sich aufgrund der größeren Wahlfreiheit bei der Wohn-
raumsuche bewusster für oder gegen ein Wohnquartier mit seinen Vor- und
Nachteilen entscheiden zu können. Umgekehrt finden einkommensschwächere
Haushalte auf der materiellen, infrastrukturellen Ebene in allen drei Gebieten
sowohl Vorzüge als auch Defizite vor. Hieraus bleibt festzuhalten, dass materielle, infrastrukturelle Vor- und Nachteile tatsächlich an ein Wohngebiet gekoppelt
sind, da BewohnerInnen Infrastruktur hier zugänglich sein muss. Von daher sind
Verbesserungen genau hier anzusetzen. Wird dem Umstand Rechnung getragen,
dass sich BewohnerInnen mit unterschiedlichen Einkommen prinzipiell über die
ganze Stadt verteilen, scheint es jedoch sinnvoll, eine ausreichende Ausstattung
und Infrastruktur für *alle* BewohnerInnen, unabhängig davon, wo sie wohnen,
von öffentlicher Seite zur Verfügung zu stellen. Hierbei spielt das Wohngebiet
insofern eine Rolle, dass die Versorgung von jedem Quartier aus erreichbar sein
sollte.

4.1.3 Konsequenzen für die politische Repräsentanz eines Quartiers

Für das Thema der politischen Repräsentanz wird zunächst die Frage nach der
Wahlbeteiligung herangezogen. Hierzu werden die ProbandInnen gefragt, ob sie
an der letzten Kommunal-, Landtags-, Bundestags- und/oder Europawahl teilge-
nommen haben. Selbstverständlich wurden für diese Frage nur Befragte über 17
sowie Personen mit deutscher Staatsangehörigkeit ausgewählt. Bezüglich der
verschiedenen Untersuchungsgebiete zeigen sich große Diskrepanzen in Bezug
auf die Häufigkeiten der Wahlbeteiligung. Was die Kommunal- und Landtags-
wahl anbetrifft, so liegt die Wahlbeteiligung im ‚armen' Gebiet bei gut 50%, im
‚durchschnittlichen' Gebiet um die 70% und im ‚reichen' Gebiet um die 95%.
Bei der Bundestagswahl sind die Beteiligungszahlen prinzipiell in allen drei
Gebieten höher als bei den anderen beiden Wahlen: 66% (‚arm') vs. 82% (‚mittel') vs. 99% (‚reich'). Die großen Unterschiede zwischen den Gebieten bleiben
allerdings bestehen. Die Europawahl weist insgesamt die geringste Wahlbeteiligung auf. Hier unterscheiden sich die Gebiete zwischen 44% (‚arm'), 59% (‚mittel') und 88% (‚reich').

		Gültige Prozente (Häufigkeit)		
		Gebiet 1	Gebiet 2	Gebiet 3
Beteiligung Kommunal-wahl	ja	53,0% (105)	70,5% (124)	94,5% (138)
	nein	47,0% (93)	29,5% (52)	5,5% (8)
Beteiligung Landtagswahl	ja	53,3% (105)	69,3% (122)	95,9% (140)
	nein	46,7% (92)	30,7% (54)	4,1% (6)
Beteiligung Bundestags-wahl	ja	65,8% (131)	82,4% (145)	98,6% (144)
	nein	34,2% (68)	17,6% (31)	1,4% (2)
Beteiligung Europawahl	ja	43,9% (86)	58,9% (103)	88,3% (128)
	nein	56,1% (110)	41,1% (72)	11,7% (17)
Gesamt		100% (196-199)	100% (175-176)	100% (145-146)

Tab. 6: Gebietsspezifische Wahlbeteiligung

Diese Ergebnisse decken sich mit den Befunden anderer Studien. So zeigt beispielsweise Thomas Schwarzer (2001) für die Kommunalwahl 2001 in Hannover, dass die acht Stadtteile mit der niedrigsten Wahlbeteiligung auch die höchsten Arbeitslosen- und Sozialhilfezahlen im Vergleich zu ganz Hannover aufweisen. In diesen acht Gebieten liegt die Wahlbeteiligung zwischen 32% und 42%, die Arbeitslosenquote zwischen 11% und 17% sowie die Sozialhilfequote bei 10-22%. In unserer eigenen Untersuchung wird weiterhin abgefragt, ob man sich an einer Wahl außerhalb Deutschlands beteiligt hat. Hier zeigt sich zwischen den drei Gebieten zwar eine umgekehrte Tendenz, dass dies im ‚armen' Gebiet mehr Personen als im ‚reichen' betrifft. Allerdings ist die absolute Zahl mit 9% (‚armes' Gebiet), 4% (mittleres Gebiet) und 3% (reiches Gebiet) auf einem sehr niedrigen Niveau. Insgesamt werden somit gravierende Gebietsunterschiede in Bezug auf die Wahlbeteiligung offensichtlich.

In einem nächsten Schritt wird die politische Repräsentanz anhand weiterer Indikatoren, die mit kollektivem Sozialkapital und dem Zivilgesellschaftsdiskurs in Verbindung stehen, in den Blick genommen: das ‚generalisierte Vertrauen'[41] und die ‚Gruppen- bzw. Vereinszugehörigkeit'.[42] Auch sie zeigen sich zunächst bei einer Korrelation mit dem ‚armen' und dem ‚durchschnittlichen' Gebiet –

41 Der Fragetext hierzu lautet: „Allgemein gesprochen, würden Sie sagen, dass man den meisten Menschen vertrauen oder dass man im Umgang mit anderen Menschen nicht vorsichtig genug sein kann? Würden Sie sagen ... man kann den meisten Menschen vertrauen, man kann den meisten Menschen eher vertrauen, man sollte im Umgang mit anderen Menschen eher vorsichtig sein oder man kann im Umgang mit anderen Menschen nicht vorsichtig genug sein?"

42 Hierbei handelt es sich um die Frage: „In der nächsten Frage geht es um Ihre Aktivitäten in Vereinigungen, Gruppen und Vereinen. Sagen Sie mir bitte, ob Sie sich in einer der folgenden Gruppen beteiligen oder Mitglied sind." Berücksichtigt wurde an dieser Stelle lediglich ein Faktor aus den Antwortkategorien ja/nein, d.h. ob jemand irgendwo Mitglied ist oder nicht.

wenn auch in geringem Maße – gebietsabhängig (.115; .102*). Bei einer Kontrolle von einfachen sozialstrukturellen Merkmalen verschwinden diese jedoch und werden nicht signifikant. Das Wahlverhalten wird vielmehr durch eine niedrige soziale Lage und einen Migrationshintergrund negativ beeinflusst. Auf die Gruppenzugehörigkeit wirken sich die Merkmale (nicht-deutsche) Muttersprache, (niedrige) soziale Lage und (weibliches) Geschlecht aus. Ferner hat eine niedrige soziale Lage einen negativen Effekt auf ein hohes generalisiertes Vertrauen.

| | Standardisierte Koeffizienten Beta | | |
	Gruppenzugehörigkeit	Wahlbeteiligung	generalisiertes Vertrauen
(Konstante)			
Migrationshintergrund	-,116**	-,352**	--
soziale Lage	,175**	,242**	-,171**
Alter	--	,282**	--
Geschlecht	,086*	--	--
,reiches' Gebiet vs. übrige Gebiete	,201**	,128**	-,178**
,armes' Gebiet vs. übrige Gebiete	,021	-,023	-,082

Tab. 7:   Lineare Regression - AV: Gruppenzugehörigkeit, Wahlbeteiligung, generalisiertes Vertrauen

Insgesamt finden sich in Bezug auf die politische Repräsentanz sehr deutliche Gebietsunterschiede. Allerdings lässt sich bei regressionsanalytischer Betrachtung feststellen, dass diese auf sozialstrukturellen Unterschieden basieren. Die Gebietsabhängigkeit ist dadurch vermittelt, dass verstärkt Menschen mit spezifischen soziodemografischen Merkmalen dort wohnen. Insofern lässt sich in Bezug auf die politische Repräsentanz kein Effekt aus der sozialräumlichen Segregation ableiten.

Unangemessen scheint es darüber hinaus, die politische Dimension auf der Ebene der „fehlende[n] politische[n] Repräsentanz *des* [kursiv, SL] Quartiers in der Stadtpolitik" (Gestring/Janßen/Polat 2003: 207) zu problematisieren. Verschiedene BewohnerInnen *im* Stadtteil haben durchaus unterschiedliche Vorstellungen über drängende Quartiersprobleme und notwendige Verbesserungen (vgl. Schwarzer 2002). Von daher dürfte die Forderung nach einer Repräsentanz *des* Quartiers in der Stadtpolitik bei unzureichender Berücksichtigung unterschiedlicher BewohnerInneninteressen auf einer unangemessenen Homogenisierung des

Gebiets beruhen und einer Durchsetzung hegemonialer Interessen unter dem Deckmantel des gesamten Quartiers Vorschub leisten.

4.1.4 Konsequenzen für die Symbolik eines Quartiers

Bezüglich der symbolischen Bewertung der Nachbarschaft wird die Frage gestellt, was die Befragten glauben, wie der Ruf ihrer Nachbarschaft[43] sei. In einer Regression zur Aufdeckung von beeinflussenden Faktoren zeigt sich der Ruf tatsächlich in hohem Maße abhängig vom Wohngebiet. So beurteilen die Befragten im ‚armen' Gebiet ihren Ruf signifikant und deutlich schlechter als die übrigen Befragten. Darüber hinaus wird der Ruf des ‚reichen' Gebiets signifikant besser bewertet, als der in den anderen beiden Gebieten. Hierzu sei jedoch angemerkt, dass das ‚durchschnittliche' Gebiet räumlich das ‚arme' Gebiet umschließt. Von daher könnte sich hier der Ruf der Nachbarschaft vermischen, d.h. es wäre denkbar, dass der negative Ruf des ‚armen' Gebiets auf das ‚durchschnittliche' Gebiet abstrahlt. Weiterhin zeigt sich ein Einfluss des Alters, dahingehend, dass junge Menschen den Ruf der Nachbarschaft signifikant schlechter beurteilen, als ältere MitbewohnerInnen.

	Standardisierte Koeffizienten Beta
(Konstante)	
Alter	-,150**
Gebiet ,reich' vs. übrige Gebiete	,327**
Gebiet ,arm' vs. übrige Gebiete	-,321**

Tab. 8:   Lineare Regression - AV: „Ruf der Nachbarschaft", N=646

Betrachtet man die Einflussfaktoren nochmals gebietsspezifisch, d.h. wer innerhalb des ‚armen' Gebiets den Ruf der Nachbarschaft besser oder schlechter einschätzt, so zeigen sich eine Reihe weiterer Faktoren:

---

43 Der Fragetext lautet: „Es gibt ja in jeder Stadt Gebiete, die eher einen ‚guten Ruf' und andere, die eher einen ‚schlechten Ruf' haben. Was glauben Sie, ist der Ruf Ihrer Nachbarschaft ... sehr gut, eher gut, eher schlecht oder sehr schlecht?"

	Standardisierte Koeffizienten Beta
(Konstante)	
Alter	-,327**
Wohndauer im Stadtteil	-,155*
Staatsangehörigkeit	,126*
Muttersprache	,232**

Tab. 9:   Lineare Regression - AV: „Ruf der Nachbarschaft", Gebiet=‚arm'

Den höchsten Einfluss zeigt auch hier das Alter, d.h. dass im ‚armen' Gebiet junge Menschen den Ruf der Nachbarschaft deutlich schlechter bewerten als ältere. Weiterhin haben die Muttersprache, die gelebte Dauer im Stadtteil und die Staatsangehörigkeit einen Effekt. Personen mit deutscher Muttersprache, deutscher Staatsangehörigkeit und die erst seit kurzer Zeit im Stadtteil leben, äußern sich über den Ruf der Nachbarschaft negativer als ihre Referenzgruppe.

Dieses Ergebnis, dass dem ‚armen' Gebiet ein schlechterer Ruf attestiert wird, kann als Zeichen symbolischer Gewalt und Herrschaft interpretiert werden. Je ‚ärmer' ein Gebiet ist, umso schlechter wird der Ruf der Nachbarschaft beurteilt. Zu vermuten ist hier, dass Bewertungen der Mehrheit der BewohnerInnen mit dem Gebiet in Verbindung gebracht werden. In der Feststellung eines negativen ‚Images' des Stadtteils wird die sozialräumliche Dimension mit der symbolischen verknüpft, wenn Abwertungsprozesse von unteren Klassen und von geografischen Gebieten zusammenfallen. Dieser Zusammenhang, dem sich auch die Stadtforschung seit ihren Anfängen widmet, lässt sich folgendermaßen auf den Punkt bringen: „Es ist also die räumliche Absonderung der unteren Klassen, die Anlass zur Sorge und damit zur Forschung gibt" (Lindner 2004: 13). Es lässt sich zeigen, dass in der Stadtforschung die ethnographische Erkundung bestimmter Milieus häufig an Kolonialisierungsvorstellungen gekoppelt war, d.h. die Intention darin bestand, diese zu observieren und zu befrieden (vgl. Lindner 2004: 13).

Als Ausdruck symbolischer Gewalt und Herrschaft lässt sich dieser Sachverhalt deshalb interpretieren, weil deutungsmächtige AkteurInnen es schaffen, ihre Form der Abwertung von Gebieten und ihren BewohnerInnen durchzusetzen und auch ‚benachteiligte' AkteurInnen diese Deutung für sich aufnehmen, wenn sie selbst den Ruf ihres Gebiets als schlecht beurteilen. Die Feststellung eines negativen ‚Images' des Stadtteils durch die BewohnerInnen selbst wird zum einen von außen an ein Gebiet herangetragen, denn die Einschätzung stellt immer auch ein Widerspiegeln der Meinung über das Gebiet von außerhalb dar. Zum anderen verbirgt sich dahinter eine Anerkennung der Gebietscharakterisierung von außenstehenden AkteurInnen. Diese Dualität bringen Pierre Bourdieu

und Loic Wacquant (1996: 204) zum Ausdruck: „Die symbolische Gewalt ist
[...] jene Form der Gewalt, die über einen sozialen Akteur unter Mittäterschaft
dieses Akteurs ausgeübt wird" (zit. in. Groh/Keller 2001: 179). Der Beitrag der
stigmatisierten BewohnerInnen zu ihrer Lage besteht darin, dass „die Benachteiligten aktiv ihre Welt so besetzen und wahrnehmen, wie es die Restriktionen und
Zwänge ihrer sozialen Lage vorschreiben" (Groh/Keller 2001: 180).

Im Rahmen der Koppelung von Kategorien der Wahrnehmung und symbolischen Bewertung mit der sozialen Ordnung bzw. der Sozialstruktur einer Gesellschaft lässt sich die Sozialstruktur als Basis von Deutungen und Bewertungen
sozialer Ungleichheit verstehen (vgl. Neckel/Sutterlüty 2005: 411ff.). Deutlich
wird dies insbesondere, wenn man an die Verknüpfung verschiedener sozialer
Kategorien wie sie etwa der Intersektionalitätsansatz (vgl. u.a. Crenshaw 1991;
Klinger/Knapp 2005) mit den Kategorien ‚race, class and gender' ins Zentrum
stellt, in ihrer Verwobenheit in Bezug auf soziale Ungleichheit betrachtet. Auch
die Bewertung des „Image" einer Nachbarschaft als gut oder schlecht lässt sich
als eine Form der Klassifizierung verstehen, die eng an sozialstrukturelle Kategorien gekoppelt ist. „Die Erforschung der alltäglichen Erzeugung von Klassifikationen, wie sie im wechselseitigen Bezug sozialer Gruppen durch die Zuteilung von Anerkennung und Missachtung untereinander entstehen, erschließt
somit die symbolische Dimension sozialer Ungleichheiten" (Neckel/Sutterlüty
2005: 410).

Diese Form symbolischer Gewalt und Herrschaft lässt sich aus verschiedenen theoretischen Perspektiven (demokratietheoretisch, anerkennungstheoretisch,
gerechtigkeitstheoretisch, etc.) kritisieren und ihre Überwindung begründen.
Sozialer Arbeit könnte hierbei ein zentraler Stellenwert zukommen. Offen bleiben muss an dieser Stelle jedoch, welche *Auswirkung*en die Stigmatisierung
eines Wohngebiets auf die dort lebenden BewohnerInnen im Detail haben und
welchen Stellenwert die Abwertung des Wohngebiets im Verhältnis zu anderen,
alltäglichen Herabsetzungen einnimmt. So ist es beispielsweise denkbar, dass
relativ wohlhabende Menschen, die in einem ‚sozialen Brennpunkt' wohnen,
aber auch andere Optionen hätten, damit relativ gelassen umgehen können bzw.
für sich hauptsächlich die Vorteile eines Wohngebiets beachten. Von daher wäre
nicht die Stigmatisierung per se problematisch, wenn man die Möglichkeit des
gelassenen Umgangs damit hat (vgl. hierzu freiwillige vs. erzwungene Segregation bei Häußermann/Siebel 2004). Umgekehrt stellt sich die Frage, ob es für
eine Person, die eine niedrige soziale Lage aufweist und dadurch im alltäglichen
Leben mit ständigen Deklassierungen konfrontiert ist (vgl. Groh/Keller 2001;
Bourdieu 1982; 1992) einen großen Unterschied darstellt, in einem so genannten
‚Problemgebiet', einem ‚durchschnittlichen' Gebiet oder gar einem Villenviertel
zu wohnen. In einem ‚reichen' Gebiet permanent die Nicht-Zugehörigkeit bzw.

die Miserabilität der eigenen Situation vor Augen zu haben, stellt nicht zwangs-
weise die bessere Alternative dar. Von daher bleibt an dieser Stelle letztlich
offen, welche negativen Effekte schließlich aus der symbolischen Stigmatisierung eines *Wohngebiets* abzuleiten sind.

4.1.5 Konsequenzen für das soziale Milieu im Quartier

Auch in Bezug auf das soziale Milieu im Quartier werden an vielen Stellen benachteiligende Effekte für die dort lebenden BewohnerInnen – ausgelöst durch
sozialräumliche Segregation – angenommen. Die Problematisierung findet hier
im Wesentlichen anhand zweier zentraler Stränge statt: Zum einen wird die
Reichweite der sozialen Netzwerke in Problemgebieten als eingeschränkt unterstellt. Man habe insgesamt weniger Kontakte und weniger ressourcenstarke Beziehungen. Soziale Interaktion, Erfahrung und Austausch gilt vor diesem Hintergrund als beschränkt. Zum anderen wird angenommen, dass von den Netzwerken
ein negativer sozialisatorischer Effekt auf Kinder und Jugendliche ausgeht. So
genanntes negatives soziales Lernen finde statt. Beide Stränge stehen in gegenseitiger Wechselwirkung. Eine abweichende Sozialisation verstärke die aus-
schließlichen Kontakte zu anderen, sich deviant verhaltenden Personen. Dieses
wiederum bewirke einen noch stärkeren Sozialisationseffekt.

> „Sowohl durch sozialen Druck als auch durch Imitationslernen werden diese
> [abweichenden] Normen immer weiter im Quartier verbreitet, und die Kultur der
> Abweichung wird zur dominanten Kultur. Kinder und Jugendliche haben gar nicht
> mehr die Möglichkeit andere Erfahrungen zu machen und werden so gegenüber der
> ‚Außenwelt' sozial isoliert" (Häußermann 2001a: 46f.).

Veranschaulicht werden kann diese Unterstellung anhand einer Problembeschreibung aus dem Umfeld der „sozialen Stadt": In den Problemquartieren

> „gibt es keine ausgeprägten sozialen Netzwerke mehr. In einigen Gebieten ist die
> Entstehung einer ‚abweichenden Kultur' von Kindern und Jugendlichen zu beobach-
> ten, die in einem Umfeld mit nur wenigen positiven Vorbildern und Repräsentanten
> eines ‚normalen' Lebens den Sinn von Schule, Ausbildung und Beruf nicht mehr
> vermittelt bekommen. Staatliche Transferleistungen und Kleinkriminalität ersetzen
> in einem durch Arbeitslosigkeit geprägten Umfeld oftmals Arbeit als materielle Ba-
> sis für Lebensunterhalt und Konsum" (Becker et al. 2002: 17).

Auch Strohmeier (2006: 34f.) zeigt anhand von ExpertInneneinschätzungen aus
sechs Städten, bei der u.a. StadtentwicklungsdezernentInnen sowie Mitarbeite-

rInnen des Allgemeinen Sozialen Dienstes befragt wurden, auf, wie die soziale Zusammensetzung in speziellen Quartieren aufgrund ihrer negativen Sozialisationswirkung problematisiert wird:

> „In ethnisch und sozial segregierten Quartieren, zumal wenn sie städtebaulich von der Gesamtstadt abgegrenzt sind, besteht [...] die Gefahr, dass solche Gruppen [d.h. (bildungs)arme Einheimische und Einwanderer, SL] eigene abweichende Normen und Werte herausbilden bzw. dass Migranten bei einem hohen Ausmaß von ethnischer Segregation sich in ihre ,Ursprungskultur' zurückziehen. Das wäre das Szenario ,Parallelgesellschaft'. Eine apathisch-resignative ,Kultur der Armut' und fehlende faktische Aus- und Aufstiegsmöglichkeiten in solchen segregierten Quartieren können zu einer Verstetigung von Armut führen, wobei innerhalb eines sozialen Milieus der Bezug von staatlichen Hilfen zum Normaleinkommen wird" (Strohmeier 2006: 34).

Auf der Ebene der Problematisierung des sozialen Milieus im Quartier werden Parallelen zur Underclass-Debatte offensichtlich. Man unterstellt, dass im Quartier eine Kultur der Armut und Abhängigkeit weitervererbt wird, auch wenn diese These als empirisch widerlegt gelten kann (vgl. u.a. Goetze 1992; Klein/ Landhäußer/Ziegler 2005). Außerdem stehen die Eigenschaften und Verhaltensweisen der BewohnerInnen im Vordergrund. Häufig wird auch ihre moralische Verfasstheit als deviant gewertet (vgl. den MUD-Ansatz).

Milieus lassen sich in Anlehnung an Michael Vester et al. (2001: 24f.) folgendermaßen bestimmen:

> „Gruppen mit ähnlichem Habitus, die durch Verwandtschaft oder Nachbarschaft, Arbeit oder Lernen zusammenkommen und eine ähnliche Alltagskultur entwickeln. Sie sind einander durch soziale Kohäsion oder auch nur durch ähnliche Gerichtetheit des Habitus verbunden."

Anhand dieser Milieubestimmung wird offensichtlich, dass der Kontakt zwischen AkteurInnen die Grundlage für ihre Ausbildung darstellt. Für die hier diskutierte Fragestellung, inwiefern Segregation (negative) Auswirkungen auf das soziale Milieu eines Stadtteils hat, stellt sich somit die weitere Frage, wer eigentlich – innerhalb eines Stadtteils – Kontakte und Beziehungen zu wem pflegt. Lässt sich insofern von einem Quartiersmilieu sprechen, dass die BewohnerInnen eines Stadtteils bevorzugt Kontakte zu anderen BewohnerInnen pflegen, etwa weil man sich aus der Nachbarschaft kennt und auch keine weiten Wege zu überwinden hat, um sich zu treffen? Oder verlaufen die sozialen Linien und Barrieren anhand anderer Merkmale als der physischen Nähe? Um diese Frage zu verfolgen wurden anhand der Projektdaten Netzwerkcluster gebildet, d.h. die Befragten wurden in möglichst homogene Gruppen unterteilt. Dies geschah auf der Basis der Ausgestaltung ihrer Netzwerke. Auf dieser Grundlage ist es möglich, so etwas wie soziale Milieus zu unterscheiden bzw. die Frage zu beantworten, wer hat eigentlich Kontakt zu wem?

4.1.5.1 Netzwerke empirisch bestimmt

In der Sozialkapitalstudie des Projekts „Räumlichkeit und soziales Kapital in der sozialen Arbeit. Zur Governance des sozialen Raums" wurden Daten zu den Kontakten und Netzwerken von 646 Befragten in einer mittelgroßen, westdeutschen Stadt in Nordrhein-Westfalen erhoben. Die interviewten Personen wurden anschließend nach ihren Netzwerken in sieben trennscharfe Gruppen eingeteilt. An dieser Stelle wird ein verkürzter Einblick in den Prozess der Clusterbildung gegeben. Damit soll verdeutlicht werden, wie die Gruppenbildung zustande kam und wodurch sich die Gruppen auszeichnen (eine ausführliche Darstellung siehe Anhang).

In der vorliegenden Sozialkapitalstudie wurden zwei „Item-Batterien" eingesetzt, um die sozialen Kontakte und Netzwerke der Befragten empirisch erfassen zu können: Der so genannte „Positionengenerator" (vgl. Van Der Gaag/ Snijders/Flap 2006) und der „Ressourcengenerator" (vgl. Van Der Gaag/Snijders 2005).[44] Beim Positionengenerator wird abgefragt, inwiefern man mit jemandem bekannt ist, der einen bestimmten Beruf ausübt (Fragetext: Im Folgenden nenne ich Ihnen eine Reihe von Berufen und frage Sie jeweils, ob Sie mit jemandem privat bekannt sind, der diesen Beruf ausübt: z.B. ein Bauarbeiter, ein Arzt, etc.). Die Antwortmöglichkeiten bestehen in „ja" oder „nein". Den Berufsbezeichnungen werden anschließend Berufsstatuswerte nach dem ISEI, d.h. dem „International Socio-economic Index of Occupational Status", zugeordnet (vgl. Ganzeboom/Treiman 1996) und hieraus deskriptive Maße (Anzahl, arithmetischer Mittelwert, Summe und Varianz) errechnet. Mit Hilfe einer Hauptkomponentenanalyse[45] erster Ordnung werden drei Komponenten extrahiert: Menge (aus Anzahl und Summe), Schnitt (aus dem arithmetischen Mittelwert) und Breite (aus der Varianz, als Hinweis auf die Streuung der Werte).

Beim Ressourcengenerator sollen die Befragten sich zunächst äußern, ob sie mit jemandem bekannt sind, der bestimmte Merkmale aufweist (z.B. „Sind Sie

---

44 Der Ressourcen- und der Positionengenerator wurden adaptiert von den niederländischen Netzwerk- und Individual-Sozialkapitaltheoretikern Martin Van Der Gaag, Tom A.B. Snijders und Henk D. Flap. Ihre Entwicklung fand im Zusammenhang mit dem „Survey on the social networks of the Dutch" statt (vgl. Van Der Gaag/Snijders 2003).

45 Die Hauptkomponentenanalyse stellt ein statistisches Verfahren dar, mit dessen Hilfe „Item-Batterien" auf dahinter liegende, latente Dispositionen befragt werden können. So lassen sich zahlreiche Einzelvariablen strukturieren und auf wenige(r) Dimensionen reduzieren.

mit jemandem bekannt, der Abitur hat, der viel über gesetzliche Vorschriften weiß" etc.) oder verschiedene Unterstützungsleistungen übernehmen könnte (z.b. „Sind Sie mit jemandem bekannt, der Ihnen beim Umzug helfen könnte, der Ihnen 500 Euro leihen könnte" etc.). Wird diese Frage jeweils bejaht, kann die Potenzialität einer Ressource unterstellt werden. Zusätzlich wird die Quelle, aus der diese Ressource besteht, weiter qualifiziert, indem gefragt wird, ob es sich um ein ‚enges Familienmitglied', einen ‚Verwandten', einen ‚Freund' und/oder einen ‚Bekannten'[46] handelt. Getrennt für jede dieser Quellen –Familienmitglied, Verwandte, Freunde, Bekannte – werden anschließend ebenfalls Hauptkomponentenanalysen erster Ordnung berechnet, um die zahlreichen Variablen zu strukturieren und zusammenzufassen. Bei allen vier Quellen bilden sich im Wesentlichen die gleichen Komponenten. Hierfür werden die Bezeichnungen ‚ressourcenstark', „marginalisiert", ‚Alltagshilfe' und ‚handwerklich' vergeben. Das Merkmal ‚ressourcenstark' rekurriert auf den Zugang zu Menschen, die sich durch ökonomisches Kapital, Prestige und Bildung auszeichnen (z.B. jemanden zu kennen, der monatlich mehr als 3000 Euro netto verdient, der Arbeitgeber ist, der sich mit Gesetzen und Verordnungen auskennt). Das Charakteristikum „marginalisiert" kennzeichnet den Zugang zu Menschen, die keinen deutschen Pass besitzen, Sozialhilfe empfangen und/oder arbeitslos sind. Die Kategorie ‚Alltagshilfe' bezieht sich auf Kontakte, die kleinere, alltägliche Unterstützungsleistungen geben können (z.B. jemand, der ein Kind babysitten, der 500 Euro leihen kann, bei dem man den Schlüssel hinterlässt, wenn man in den Urlaub fährt). Die Dimension ‚handwerklich' verweist auf Menschen mit spezifischen, eher handwerklichen Fähigkeiten (z.B. jemanden zu kennen, der geschickter Heimwerker ist, eine Meisterprüfung abgelegt hat, sich gut mit PCs auskennt). Diese Zugänge werden teilweise auch abkürzend als ‚skills' bezeichnet.

Auf der Basis der fünf Hauptkomponentenanalysen erster Ordnung (vgl. die Tabellen im Anhang), die insgesamt 19 Komponenten aufweisen – wird dann eine Hauptkomponentenanalyse zweiter Ordnung durchgeführt. Das Ergebnis stellen acht neue Komponenten dar:

---

46 Die Interpretation von Menschen im Netzwerk als „enges Familienmitglied", „Verwandter", „Freund" oder „Bekannter" wurde der subjektiven Einschätzung der Befragten überlassen.

	Komponente							
	1	**2**	**3**	**4**	**5**	**6**	**7**	**8**
Alltagshilfe aus Familie	,166	-,101	,591			,111	-,132	,261
ressourcenstarke Familie	,565			,156		-,171	,381	
handwerkliche Familie					,839	,122	-,142	,106
„marginalisierte" Familie		,785		-,204				,101
Fremdsprache/kein dt. Pass Familie						,784	,135	-,165
Alltagshilfe von Verwandten	-,145		,757				-,109	-,171
handwerkliche Verwandte				,183	,655	-,401	,139	
„marginalisierte" Verwandte	-,184	,748		,120				
ressourcenstarke Verwandte	,615			,305			-,169	,146
Alltagshilfe von Bekannten	,290		,650	-,224	,195		,309	
ressourcenstarke Bekannte	,255	-,115		,780				
„marginalisierte" Bekannte	-,316	,193	,204	,314		,511		,174
Positionenmenge	,177		,183	,546	,290	,154	,435	-,104
Positionendurchschnitt	,612	-,119			-,140			
Positionenbreite							,126	,835
Alltagshilfe von Freunden			,517	,294	,107	-,374	,171	-,258
ressourcenstarke Freunde	,655				,186	,106		-,178
handwerkliche Freunde						,109	,829	,130
„marginalisierte" Freunde		,693	-,106					-,167

Tab. 10:   Rotierte Komponentenmatrix der Netzwerkkomponenten 2. Ordnung
Extraktionsmethode: Hauptkomponentenanalyse. Rotationsmethode: Varimax mit
Kaiser-Normalisierung.

In der ersten Komponente werden vier Variablen zusammengefasst: die ‚Zugänge zu ressourcenstarken Menschen' aus der Familie, der weiteren Verwandtschaft und dem Freundeskreis sowie der Durchschnitt beim Positionengenerator. Der zweite Faktor zieht die Variablen ‚Zugänge zu sogenannten marginalisierten Menschen' aus der engeren Familie, der weiteren Verwandtschaft sowie dem Freundeskreis zusammen. Die dritte Komponente gruppiert alle Quellen zur

Alltagshilfe auf einen Faktor. Die vierte wird bestimmt durch ‚Zugänge zu ressourcenstarken Menschen mit ökonomischem und kulturellem Kapital' durch Bekannte und der angegebenen Menge bzw. Anzahl an Positionen aus der Positionengeneratorfrage. Die fünfte Komponente bündelt die ‚Zugänge zu Menschen mit spezifischen, handwerklichen Fähigkeiten' aus primordialen Bindungen, während die sechste die beiden Faktoren ‚Zugang zu sogenannten marginalisierten Bekannten' und ‚Familienmitglied mit Fremdsprache und keinem deutschen Pass' zusammenführt. Der siebte Faktor erschließt sich durch den ‚Zugang zu Freunden mit spezifischen, handwerklichen Fähigkeiten'. Die achte Komponente baut auf der Breite des Positionennetzwerkes auf, die durch die Varianz der angegebenen Berufsstatuswerte ausgedrückt wird.

Im Anschluss an die Hauptkomponentenanalyse zweiter Ordnung werden – mittels einer hierarchischen Clusteranalyse nach Ward und einem iterativen (K-Means)Clusterverfahren nach dem Varianzkriterium[47] – entsprechende Cluster[48] gebildet, da sich diese Kombination zur explorativen Typisierung von Ratingskalen[49] als geeignet erwiesen hat (vgl. Micheel 2003: 401ff.). Ausführlichere Angaben zur Clusterbildung und den zugrunde liegenden Daten und Rechnungen finden sich im Anhang. Die Clusterbildung wurde zunächst anhand der 350 Befragten aus der Ersterhebung durchgeführt und mit den 141 Befragten des gleichen Untersuchungsgebiets der Nacherhebung reproduziert. Es wurde auch eine Reproduktion für das ‚reiche' Gebiet durchgeführt. Sie werden an ausgewählten, speziell gekennzeichneten Stellen im Text in die Analyse mit einfließen. Insofern beziehen sich die Häufigkeiten und Prozentzahlen in der folgenden Clusterbeschreibung ausschließlich auf das ursprüngliche, erste Untersuchungsgebiet, welches ein ‚armes' und ein ‚durchschnittliches' Gebiet in sich vereinigt. Zunächst wird das methodische Vorgehen – von den Einzelvariablen bis zur Clusterbildung – im Überblick in einem Modell dargestellt.

---

47 Als Begründung hierfür gilt: Mit Verfahren nach der Ward-Methode lassen sich zwar brauchbare Cluster bilden, allerdings hat es den Nachteil, dass ein Objekt, das in dem schrittweisen Prozess einem Cluster einmal zugeordnet wurde, aus diesem nicht wieder entfernt werden kann. Deshalb wird mit dem iterativen (K-Means)Verfahren angestrebt, durch schrittweises Verrücken von Objekten zwischen den Clustern die Lösung aus der hierarchischen Methode noch zu verbessern (vgl. Micheel 2003: 411ff.).

48 Die Clusteranalyse stellt ein statistisches Verfahren dar, mit dessen Hilfe Typen gebildet, d.h. die Befragten in Gruppen aufgeteilt werden können. Die Unterschiede zwischen den Befragten innerhalb eines Clusters werden dabei möglichst gering gehalten, die zwischen den Clustern hingegen maximiert. Mit Hilfe der durchgeführten Hauptkomponentenanalysen konnte eine für die Clusteranalyse notwendige Voraussetzung geschaffen werden: Die Distanzbestimmung findet so auf unkorrelierten Merkmalen statt.

49 Rating-Skalen sind Einschätzungsskalen, bei denen Befragte auf einer mehrstufigen Skala – hier: ja/nein – ihre Antwort abgeben.

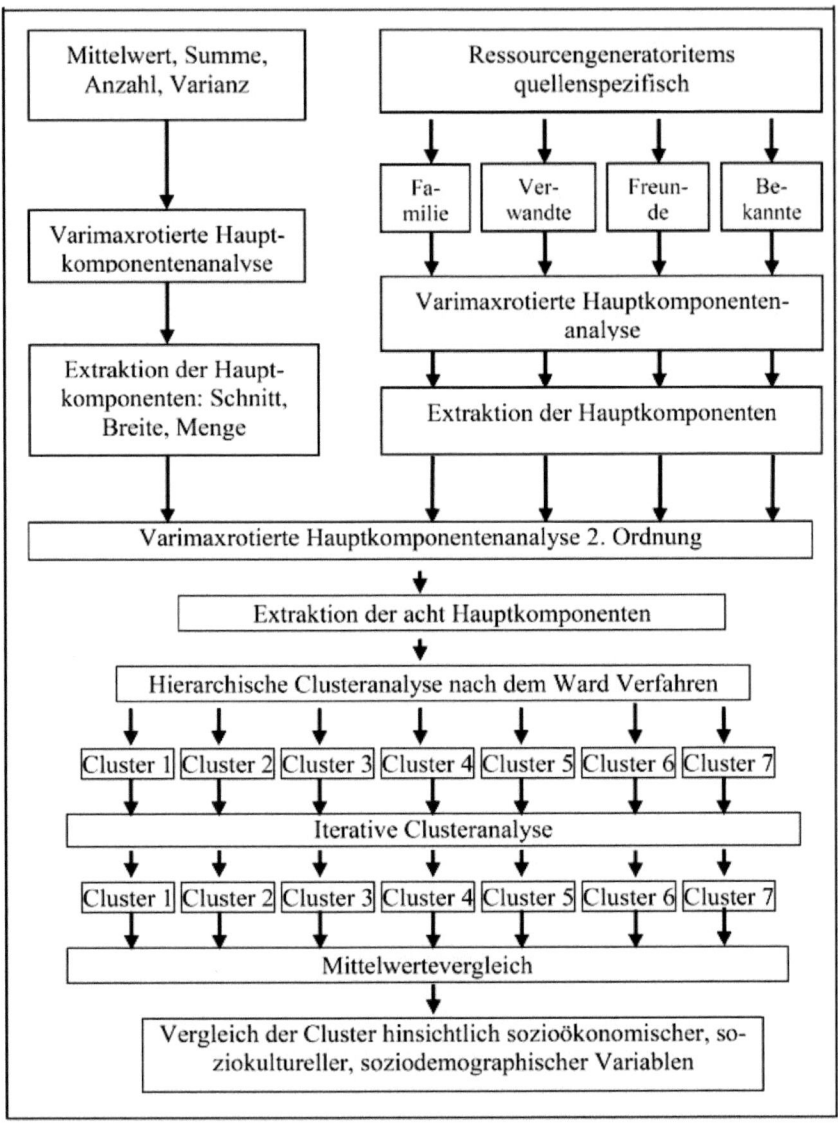

Abb. 6: Modell der methodischen Vorgehensweise

In der Tabelle der nächsten Seite sind die Mittelwerte der Hauptkomponenten zweiter Ordnung für jedes Cluster (hellgrau markiert) dargestellt. Werte, die um mehr als eine halbe Standardabweichung nach oben oder unten von Null abweichen, sind dunkelgrau hervorgehoben, da diese die speziellen Merkmale des jeweiligen Clusters abbilden. Ein deutlich positiver Wert bedeutet, dass ein Cluster von diesen Kontakten besonders viel besitzt, entsprechend drückt ein deutlich negativer Wert aus, dass von Kontakten zu bestimmten Menschen ausnehmend wenige bestehen.

Die Sortierung der gebildeten Cluster von 1 bis 7 erfolgte anhand ihrer sozialen Lage: Cluster 1 weist die höchste soziale Lage auf, Cluster 7 die niedrigste. Den mit Zahlen von 1 bis 7 benannten Clustern werden folgende Bezeichnungen zugeordnet:

- Cluster 1 (59 Personen): Großes, ressourcenstarkes Netzwerk
- Cluster 2 (90 Personen): Statushohes Netzwerk, ressourcenstarke Familie und Freunde mit spezifischen Fähigkeiten
- Cluster 3 (54 Personen): Ausgeprägtes Alltagshilfenetzwerk
- Cluster 4 (76 Personen): Kleines, heterogenes Netzwerk
- Cluster 5 (103 Personen): Kleines, enges, unterdurchschnittlich besetztes Netzwerk
- Cluster 6 (58 Personen): Ausgeprägtes „Marginalisiertennetzwerk"
- Cluster 7 (45 Personen): Enges, statusniedriges, familiaristisches Netzwerk

Bei der Benennung der Cluster finden folgende Merkmale Berücksichtigung: Zum ersten wird ein ausgeprägtes Netzwerk aus ressourcenstarken, „marginalisierten" Menschen sowie aus Individuen mit speziellen, handwerklichen Fähigkeiten und Personen, die ein hohes Potenzial an Alltagshilfe besitzen, gekennzeichnet. Zweitens wird die überwiegende Quelle, d.h. ob entsprechende Kontakte insbesondere von Familienmitgliedern, Verwandten, Freunden oder Bekannten zustande kommen, berücksichtigt. Zum dritten wird mit der Bezeichnung groß und klein auf die Anzahl der Kontakte zu bestimmten Berufsgruppen, die durch den Positionengenerator abgefragt wurde, Bezug genommen. Und schließlich beziehen sich die Merkmale breit und eng auf eine große oder kleine Varianz der Berufsstatuswerte. Die Charakterisierung ‚ausgeprägt' verweist in diesem Zusammenhang darauf, dass ein Zugang zu einer Ressource aus dem Ressourcengenerator sowohl aus der Familie, als auch von Verwandten, von Freunden und von Bekannten, d.h. aus allen vier Quellen besteht.

Cluster-Nr.		eng „ressourcenstark", Pos. Schnitt	eng „marginalisiert"	Alltagshilfe	ressourcenstarke B, Pos. Menge	'skills' Fam, V	„marginalisierte" B, Fremdsprache/ kein dt. Pass Fam.	'skills' Fr	Pos. Breite
1 (N=59)	Mw	,7717	-,2244	-,1194	1,7337	,1799	-,0541	-,3181	,0850
	Standardabw.	1,25844	,81764	,91108	,76514	,89977	,87898	,73439	,70506
2 (N=92)	Mw	,3280	-,2012	-,5225	,0591	-,2741	-,4116	1,2145	-,1333
	Standardabw.	,84131	,64704	,74160	,78910	,81021	,70694	,84758	,66985
3 (N=54)	Mw	,1169	-,4186	1,4467	-,3343	,5071	,0551	,2412	-,0314
	Standardabw.	,95153	,67390	,66593	,87962	1,18992	,89504	,96786	,59001
4 (N=77)	Mw	-,0537	-,0905	-,2881	-,4857	,1284	,0858	-,3784	1,5084
	Standardabw.	,78813	,77527	,62464	,74071	,87009	,81225	,57386	1,0185
5 (N=105)	Mw	-,1988	-,3694	-,3629	-,3554	-,3052	,5516	-,3812	-,5214
	Standardabw.	,80612	,50888	,62957	,66939	,72237	,79170	,63732	,60316
6 (N=58)	Mw	-,1984	1,9017	,2302	,0176	-,2466	,7174	,0687	-,0021
	Standardabw.	,67500	,82669	,94412	,80870	,96709	,94952	,90518	,81925
7 (N=46)	Mw	-,7601	,4083	,0101	,0002	,7897	-1,1085	-,5008	-,5884
	Standardabw.	,70218	,93224	,68555	,65854	1,07945	,62956	,62802	,78842
Insg. (N=492)	Mw	,0214	,0590	-,0478	,0325	,0258	,0347	,0362	,0515
	Standardabw.	,95402	1,00859	,93207	1,00137	,97408	,95993	,96922	1,0015

Tab. 11: Clustertabelle nach den bestimmenden Hauptkomponenten

In der nachfolgenden Clusterbeschreibung sind zunächst die spezifischen Netzwerke der einzelnen Cluster dargestellt. Hierzu werden neben dem Einbezug der Faktorenwerte aus der Hauptkomponentenanalyse zweiter Ordnung auch (quellenspezifische) Komponentenmittelwerte aus den Hauptkomponentenanalysen erster Ordnung zur detaillierten Beschreibung herangezogen. In einem weiteren Schritt finden über das Netzwerk hinausgehende Besonderheiten Berücksichtigung. So die Fragen, wie viel Zeit man mit bestimmten Menschen verbringt[50], wie viel durch ein Medium vermittelte Kontakte[51] man in der letzten Woche hatte sowie die Frage zur (ausgewogenen) Reziprozität[52] im Netzwerk. Anschließend werden die potenziellen Ressourcen des Netzwerks mit eigenen Fähigkeiten und Merkmalen in Beziehung gesetzt. Die Clusterbeschreibung endet jeweils mit einer Darstellung der auffälligen soziodemografischen Merkmale der Cluster. In der Darstellung werden markante Abweichungen von der Gesamtgruppe von 10% und mehr herausgegriffen. Die spezifischen Charakteristika der Netzwerkcluster werden am Ende des Kapitels in einer Tabelle im Überblick zusammengefasst.

---

50 Der Fragetext hierzu lautet: Als nächstes werde ich Sie fragen, wie Sie in Ihrer Freizeit Zeit mit anderen Menschen verbringen. Bitte sagen Sie jeweils, ob Sie mit folgenden Menschen jede Woche, ein oder zweimal im Monat, einige Male im Jahr oder überhaupt keine Zeit verbringen: Engen Familienmitgliedern, anderen Verwandten, Freunden, Nachbarn, Arbeitskollegen außerhalb der Arbeitszeit und Vereinskollegen.

51 Der Fragetext hierzu lautet: „Mit wie vielen verschiedenen Menschen haben Sie in der letzten Woche privat telefoniert, emails oder SMS geschrieben?" Antwortmöglichkeiten: „mit niemandem", „mit 1-3 Personen", „mit 4-7 Personen", „mit mehr als 7 Personen".

52 Der Fragetext hierzu lautet: „Das Zusammenleben mit anderen ist häufig ein Geben und Nehmen. Wie sehr oder wie wenig stimmen Sie folgenden Aussagen zu? Ich tue mehr für meine Freunde, als meine Freunde für mich" (respektive: Nachbarn, Arbeitskollegen, Vereinskollegen, Familie). Die Antwortmöglichkeiten bestanden auf einer 4er-Skala aus „stimme voll zu" – „stimme gar nicht zu".

Cluster 1 (59 Personen): Großes, ressourcenstarkes Netzwerk

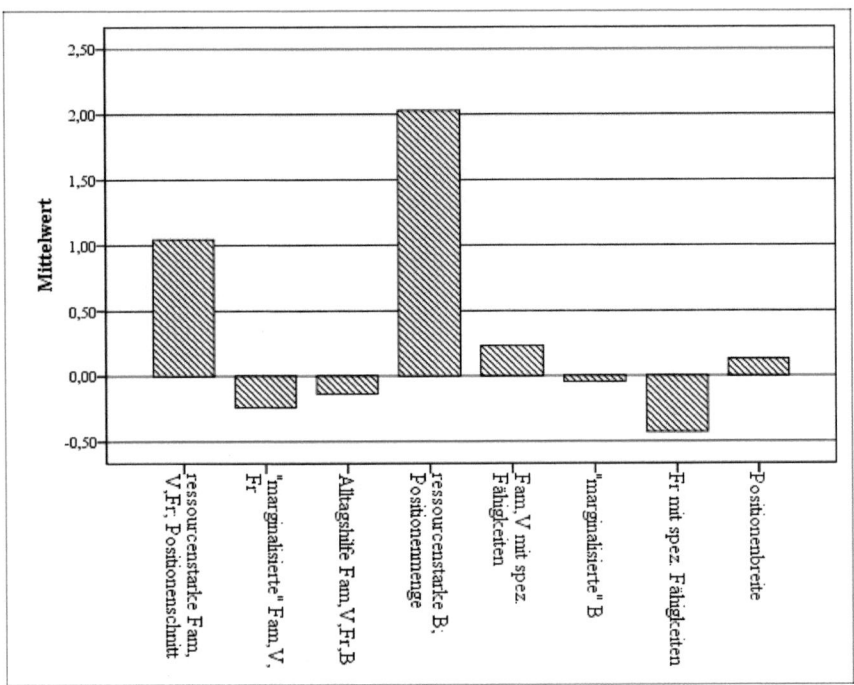

Abb. 7:   Netzwerkcluster 1

Cluster 1 ist jene Gruppe, die das mit Abstand größte ressourcenstarke Netzwerk besitzt, und zwar sowohl im Bereich der Familie und Verwandten, als auch im Freundes- und Bekanntenkreis. Damit einhergehen hohe Werte in der Anzahl an Positionen und dem Durchschnitt der Berufsstatuswerte. Niedrige Zahlen weist diese Gruppe hingegen beim Zugang zu Freunden mit spezifischen Fähigkeiten auf. Obwohl diese Gruppe einen durchschnittlichen Wert im Bereich Alltagshilfe besitzt, offenbart sie eine quellenspezifisch stark differierende Streuung (Freunde .48[53], Familie .31, Verwandte -.06 und Bekannte -.14). Somit beziehen sie die Potenz überdurchschnittlicher Alltagshilfe aus dem Freundes- und dem Familienkreis. Weiterhin weisen sie eher geringen Zugang zu „marginalisierten" Perso-

---

53 Diese Zahlenwerte beziehen sich auf die jeweiligen Komponentenmittelwerte des Clusters. So weist das Cluster 1 bei der Alltagshilfe durch Freunde einen Wert von 0,48 auf, d.h. sie beziehen überdurchschnittlich viel Alltagshilfe aus dem Freundeskreis.

nen auf (Familie -.49, Freunde -.25, Verwandte -.18, Bekannte .14). Anhand der Mittelwerte wird deutlich, dass die am stärksten unterdurchschnittlichen Werte im Familien- und Freundeskreis vorliegen. Besitzen sie Zugang zu „marginalisierten" Menschen, dann höchstens im Bekanntenkreis, d.h. der Quelle, die beziehungsmäßig am weitesten von ihnen selbst entfernt ist („weak tie").

Bei der Frage nach der Reziprozität im Netzwerk[54] antworten die Personen dieses Clusters häufiger als die Gesamtgruppe, mehr für ihre Arbeits- und VereinskollegInnen zu tun, als diese für sie („stimme voll zu": 11,8% vs. 5,8% in der Gesamtgruppe und „stimme eher zu": 20,6% vs. 15,0% in der Gesamtgruppe). Die Werte bei den VereinskollegInnen sind ebenfalls erhöht: 9,1% vs. 2,3% („stimme voll zu") und 12,1% vs. 6,6% („stimme eher zu"). Dieses Cluster setzt sich aus den Menschen zusammen, die am häufigsten von allen angeben, jede Woche Kontakt zu[55] VereinskollegInnen zu haben (36,4% vs. 21,5%). Sie verkörpern gleichzeitig die Befragten, die am häufigsten einer Gruppe, Assoziation oder einem Verein angehören (69,5% Gruppenzugehörigkeit vs. 43,8 in der Gesamtgruppe). Von denen, die in einer Gruppe vertreten sind, bezeichnen 71,8% (vs. 60,2%) ihr Gesamtengagement als aktiv und außerdem haben mehr Personen als üblich einen Posten inne (25,6% vs. 16,0%). Bei der Familie hingegen weisen sie unterdurchschnittliche Reziprozitätswerte auf. Sie denken seltener als die anderen Befragten, mehr für die eigene Familie zu tun, als diese für sie selbst („stimme voll zu": 5,9% vs. 15,0% und „stimme eher zu": 8,8% vs. 15,8%). Von daher ist das Verhältnis dieser Gruppe zur Familie entweder häufig ausgewogen oder die Familie leistet mehr Unterstützung als die Befragten.

Die eigenen Fähigkeiten und Merkmale dieser Gruppe stehen in Zusammenhang mit ihrem Netzwerk aus Personen mit kulturellem und ökonomischem Kapital sowie zu Menschen mit einem hohen Berufsstatus. Sie weisen überdurchschnittliche Werte in den Variablen „Lesen einer Fachzeitschrift", „sich selbst gut mit PCs auszukennen" und „sich mit Gesetzen und Verordnungen auszukennen" auf. Außerdem zeichnet knapp die Hälfte der Befragten dieses Clusters aus, dass sie über eine hohe soziale Lage verfügt, was die Gesamtgrup-

---

54 Der Fragetext hierzu lautet: „Das Zusammenleben mit anderen ist häufig ein Geben und Nehmen. Wie sehr oder wie wenig stimmen Sie folgenden Aussagen zu? Ich tue mehr für meine Freunde, als meine Freunde für mich" (respektive: Nachbarn, Arbeitskollegen, Vereinskollegen, Familie). Die Antwortmöglichkeiten bestanden auf einer 4er-Skala aus „stimme voll zu" – „stimme gar nicht zu".

55 Der Fragetext hierzu lautet: „Als nächstes werde ich Sie fragen, wie Sie in Ihrer Freizeit Zeit mit anderen Menschen verbringen. Bitte sagen Sie jeweils, ob Sie mit folgenden Menschen jede Woche, ein oder zweimal im Monat, einige Male im Jahr oder überhaupt keine Zeit verbringen: Engen Familienmitgliedern, anderen Verwandten, Freunden, Nachbarn, Arbeitskollegen außerhalb der Arbeitszeit und Vereinskollegen."

pe um 17% übertrifft. Am deutlichsten sind die Abweichungen beim Einkommen: 67% gehören in die Kategorie ‚hohes Einkommen'.

(alle Angaben in Prozent)		Cluster 1	Gesamtgruppe
kennt sich selbst gut mit PCs aus		55,9	46,6
liest selbst eine wissenschaftliche Fachzeitschrift		41,4	27,9
weiß selbst viel über Gesetze und Verordnungen		43,1	26,6
eigener ISEI[56]	niedrig	25,0	46,5
	mittel	46,9	39,1
	hoch	28,1	14,5
eigener EGP[57]	an-/ungelernte Arbeiter	18,2	29,3
	Facharbeiter	24,2	20,1
	Mittelklasse	18,2	23,8
	Obere/Prof.Klasse	39,4	26,8
Einkommen[58]	niedrig	10,0	33,2
	mittel	23,3	32,6
	hoch	66,7	34,2
Bildungsabschluss	niedrig	29,3	37,8
	mittel	22,4	26,4
	hoch	48,3	35,8
soziale Lage[59]	niedrig	25,4	35,4
	mittel	25,4	32,2
	hoch	49,2	32,4

Tab. 12:   Besondere Merkmale Cluster 1

---

56   Die Einteilung des ISEI-Wertes (International Socio-economic Index of Occupational Status) zum sozio-ökonomischen Status in niedrig bezieht sich auf Statuswerte von 20-35, mittel auf 40-55 und hoch auf 60-90.

57   Das EGP Klassen-Schema nach Erikson/Goldthorpe/Portocarero basiert auf der beruflichen Tätigkeit, dem Beschäftigungsstatus und der Stellung im Beruf. Hierbei wurden die ursprünglich 7 bzw. 11 Klassen zusammengefasst zu vier. Unterschieden wurde zwischen an-/ungelernten ArbeiterInnen (VII), FacharbeiterInnen (V-VI), der Mittelklasse (III-IV) sowie der Oberen bzw. Professionellenklasse (I+II).

58   Abgefragt wurde das gesamte Haushaltseinkommen, das dann aber gewichtet nach Erwachsenen- und Kinderzahl im Haushalt auf ein vergleichbares „pro Kopf" Niveau, das Nettoäquivalenzeinkommen, heruntergerechnet wurde.

59   Die Variable ‚soziale Lage' Klasse ist gebildet aus einem Klassenfaktor, in den die Variablen höchster erreichter bzw. (bei Schülern) angestrebter Bildungsabschluss, Nettoäquivalenzeinkommen und ISEI Wert des aktuellen bzw. (bei Arbeitslosen) letzten ausgeübten Berufes eingingen. Um beim Bildungsabschluss das geforderte Skalenniveau zu erreichen, wurden zuvor Dummyvariablen gebildet. Anschließend wurde dieser Faktor in drei Gruppen eingeteilt: Klasse 1 entspricht den Werten unterhalb einer halben, negativen Standardabweichung, Klasse zwei von einer halben, negativen bis zu einer halben, positiven und Klasse 3 über einer halben, positiven Standardabweichung.

In diesem Cluster sind Männer und vor allem Menschen deutscher Staatsangehörigkeit und ohne Migrationshintergrund überrepräsentiert. Sie leben überwiegend im ‚durchschnittlichen' Gebiet. Nur 9% dieses Clusters benötigen einen Wohnberechtigungsschein. Haus- bzw. Wohnungseigentümer sind zu 15% überrepräsentiert, somit auch die Menschen, die in einem Ein- oder Zweifamilienhaus leben. Dieser eher gehobene Wohlstand drückt sich außerdem darin aus, dass nur 1,9% (vs. 11,2%) Arbeitslosengeld beziehen.

(alle Angaben in Prozent)		Cluster 1	Gesamtgruppe
Staatsangehörigkeit	deutsch	93,2	83,4
	nicht-deutsch	6,8	16,6
zu Hause gesprochene Sprache	deutsch	81,4	65,8
	nicht-deutsch	18,6	34,2
Muttersprache	deutsch	79,7	58,2
	nicht-deutsch	20,3	41,8
Gebiet	‚arm'	37,3	58,2
	durchschnittlich	62,7	41,8
Wohnberechtigungsschein	ja	8,5	40,6
	nein	91,5	59,4
Miet-/Eigentumsverhältnis	Mieter	67,8	82,6
	Eigentümer	32,2	17,4
Arbeitslosengeld im Haushalt	ja	1,9	11,2
Haustyp	Ein- oder Zweifamilienhaus	24,1	11,1
	Wohnhaus mit max. 8 Wohnungen	41,4	40,0
	Wohnhaus mit < 8 Wohnungen, max. 8 Stockwerken	31,0	41,1
	Hochhaus mit 9 oder mehr Stockwerken	3,4	7,8

Tab. 13: Besondere Merkmale Cluster 1

Zusammenfassend lässt sich festhalten, dass sich die Befragten von Cluster 1 – mit einem großen, ressourcenstarken Netzwerk – überdurchschnittlich häufig dadurch auszeichnen, dass sie männlich und deutscher Herkunft sind. Außerdem wohnen sie eher im ‚durchschnittlichen' Gebiet und besitzen ein Ein- oder Zweifamilienhaus. Sie weisen überwiegend eine gehobene soziale Lage auf, die sich durch einen hohen Bildungsabschluss, einen mittleren bis hohen Berufsstatus und insbesondere durch ein hohes Einkommen ausdrückt.

Cluster 2 (90 Personen): Statushohes Netzwerk, ressourcenstarke Familie und Freunde mit spezifischen Fähigkeiten

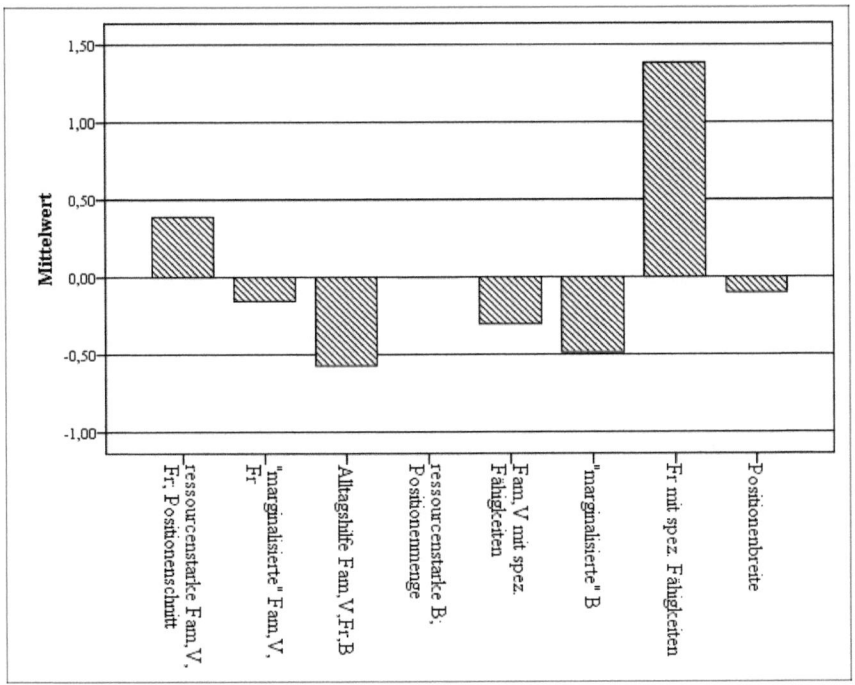

Abb. 8:　　Netzwerkcluster 2

Diese Gruppe zeichnet sich dadurch aus, dass sie einem leicht überdurchschnittlichen ressourcenstarken (und zugleich eher keinen „marginalisierten") Familien-, Verwandtschafts- und Freundeskreis angehört. Das ressourcenstarke enge Netzwerk ist hauptsächlich auf die Familie zurückzuführen (Mittelwert: .63). Von daher besitzt sie einen familiären Hintergrund, der in hohem Maße kulturelles und ökonomisches Kapital aufweist. Die Potenz des Netzwerks liegt darüber hinaus in hohem Maße in einem überproportional starken Freundesnetzwerk, das über spezifische, handwerkliche Fähigkeiten (,skills') verfügt. Alltagshilfe erhält diese Gruppe nur vergleichsweise wenig, ebenso sind „marginalisierte" Bekannte und Familienmitglieder, die eine Fremdsprache beherrschen bzw. keinen deutschen Pass besitzen, unterrepräsentiert. Bezüglich der Ressourcenquellen ist auffällig, dass die geringe Potenz im Bereich Alltagshilfe größtenteils dadurch erklärt werden kann, dass hierin vergleichsweise wenig Unterstützung durch Familie und Verwandte besteht. Insgesamt betrachtet bezieht diese Gruppe somit vergleichsweise viele ihrer alltäglichen Unterstützungsressourcen aus dem Freundeskreis.

Der eher geringen Hilfeleistung im Alltag durch Familie und Verwandte steht gegenüber, dass diese Befragten weniger Zeit mit der Familie und Verwandten verbringen als die Gesamtgruppe. Dessen ungeachtet verfügen sie mit über die meisten durch ein Medium vermittelten Kontakte.[60] Sie geben zu 54,5% (vs. 42,1%) an, in der letzten Woche mit mehr als 7 verschiedenen Personen privat telefoniert, emails oder SMS geschrieben zu haben. Bezüglich der Frage nach Reziprozität, d.h. ob man für bestimmte Menschen mehr tut als diese für mich, ergeben sich keine besonderen Auffälligkeiten.

Im Zugang zu bestimmten Berufsgruppen (gemessen am Positionengenerator) zeichnet sich diese Gruppe durch überdurchschnittliche Mittelwerte im Berufsstatus des Netzwerks aus. Auch in der Menge an genannten Berufsgruppen (Summe und Anzahl) verzeichnen sie leicht erhöhte Scores. Nahe dem Durchschnitt liegen sie hingegen bei der Varianz im Status der angegebenen Berufe. Von daher dürfte ihre Potenz hauptsächlich im Zugang zu vergleichsweise vielen, eher statushohen Personen liegen.

Setzt man diese Beschreibung des Netzwerkes nun in Beziehung zur eigenen Person, so fallen folgende Werte auf, die im Vergleich zur Gesamtgruppe deutlich abweichen (siehe Tabelle unten): Der überdurchschnittliche Zugang zu Freunden, die über spezifische, handwerkliche Fähigkeiten verfügen, geht einher mit einer überdurchschnittlichen eigenen Kompetenz im Bereich Heimwerken, PC und Meisterprüfung. Auch lässt sich ein Bezug zwischen geringer eigener Marginalisierung und seltener Marginalisierung des Netzwerks herstellen: Die Personen dieses Clusters weisen niedrige Werte im Sozialhilfebezug auf und sind deutscher Herkunft.

Weiterhin ist auffällig, dass diese Gruppe, die eher viel Zugang zu Menschen mit kulturellem und ökonomischem Kapital hat, überdurchschnittlich häufig selbst eine (wissenschaftliche) Fachzeitschrift liest und sich gut mit Gesetzen und Verordnungen auskennt. Außerdem sind bei ihrem eigenen ISEI- und EGP-Wert niedrige Werte deutlich unter-, mittlere überrepräsentiert. Bezüglich des

---

60 Der Fragetext hierzu lautet: „Mit wie vielen verschiedenen Menschen haben Sie in der letzten Woche privat telefoniert, emails oder SMS geschrieben?" Antwortmöglichkeiten: „mit niemandem", „mit 1-3 Personen", „mit 4-7 Personen", „mit mehr als 7 Personen".

Einkommens ist festzustellen, dass mit einem Anteil an 56% hohem Einkommen, dieses deutlich überrepräsentiert ist. Ähnliches gilt für den höchsten abgelegten bzw. gerade angestrebten Bildungsabschluss: Hier ist hauptsächlich der mittlere und insbesondere der hohe Schulabschluss vertreten. Demgemäß weist dieses Cluster überdurchschnittlich häufig eine hohe soziale Lage auf.

(alle Angaben in Prozent)		Cluster 2	Gesamtgruppe
ist selbst geschickter Heimwerker		61,8	50,1
kennt sich selbst gut mit PCs aus		61,1	46,6
hat selbst eine Meisterprüfung abgelegt		13,0	6,0
liest selbst eine wissenschaftliche Fachzeitschrift		46,7	27,9
weiß selbst viel über Gesetze und Verordnungen		41,6	26,6
eigener ISEI	niedrig	30,3	46,5
	mittel	48,5	39,1
	hoch	21,2	14,5
eigener EGP	an-/ungelernte Arbeiter	17,9	29,3
	Facharbeiter	17,9	20,1
	Mittelklasse	22,4	23,8
	Obere/Prof.Klasse	41,8	26,8
Einkommen	niedrig	16,4	33,2
	mittel	27,3	32,6
	hoch	56,4	34,2
Bildungsabschluss	niedrig	22,2	37,8
	mittel	33,3	26,4
	hoch	44,4	35,8
soziale Lage	niedrig	18,5	35,4
	mittel	37,0	32,2
	hoch	44,6	32,4

Tab. 14:   Besondere Merkmale Cluster 2

Hinsichtlich ihrer soziodemografischen Merkmale fällt bei dieser Gruppe auf, dass Frauen um etwa 17% unterrepräsentiert und somit Männer einen hohen Anteil im Vergleich zur Gesamtgruppe ausmachen. Gleichzeitig zeigen sich diese Befragten in überwiegendem Maße als deutschstämmig. Sie wohnen vergleichsweise häufig über 10 Jahre im Stadtteil und in derselben Wohnung. Diese Besonderheit mag mit dem Umstand, dass Wohnungs- bzw. Hauseigentümer überrepräsentiert sind, zusammenhängen. Umgekehrt sind Menschen, die für ihre Wohnung einen Wohnberechtigungsschein benötigten, unterrepräsentiert. Darüber hinaus leben diese Personen häufiger als anhand der Verteilung aus der Gesamtgruppe erwartbar in Ein- oder Zweifamilien bzw. kleinen Mehrfamilienhäusern und zu 63% im ‚durchschnittlichen' Gebiet.

(alle Angaben in Prozent)		Cluster 2	Gesamtgruppe
Geschlecht	**weiblich**	34,8	52,3
	männlich	65,2	47,7
zu Hause gesprochene Sprache	**deutsch**	82,6	65,8
	nicht-deutsch	17,4	34,2
Muttersprache	**deutsch**	75,0	58,2
	nicht-deutsch	25,0	41,8
Gebiet	**‚armes' Gebiet**	37,0	58,2
	durchschnittliches Gebiet	63,0	41,8
Wohndauer im Stadtteil	**unter 5 Jahre**	31,5	33,6
	5-10 Jahre	16,3	24,4
	über 10 Jahre	52,2	42,0
Wohndauer in der Wohnung	**unter 5 Jahre**	38,0	38,7
	5-10 Jahre	20,7	29,1
	über 10 Jahre	41,3	32,2
Wohnberechtigungsschein	**ja**	20,8	40,6
	nein	79,2	59,4
Miet- /Eigentumsverhältnis	**Mieter**	68,1	82,6
	Eigentümer	31,9	17,4
Haustyp	**Ein- oder Zweifamilienhaus**	11,1	20,0
	Wohnhaus mit max. 8 Wohnungen	40,0	43,3
	Wohnhaus mit < 8 Wohnungen, max. 8 Stockwerken	41,1	31,1
	Hochhaus mit 9 oder mehr Stockwerken	7,8	5,6

Tab. 15:   Besondere Merkmale Cluster 2

Zusammenfassend lässt sich festhalten, dass die Befragten von Cluster 2 – mit einem statushohen Netzwerk, einer ressourcenstarken Familie und Freunden mit spezifischen Fähigkeiten – im Vergleich zur Gesamtgruppe eher männlich und deutscher Staatsangehörigkeit sind. Sie wohnen bereits seit längerem im ‚durchschnittlichen' Gebiet des Stadtteils in einem Ein- oder Zweifamilienhaus. Außerdem weisen sie häufiger eine hohe soziale Lage in Verbindung mit einem hohen Einkommen und einem Job in den höchsten EGP-Klassen auf.

Cluster 3 (54 Personen): Ausgeprägtes Alltagshilfenetzwerk

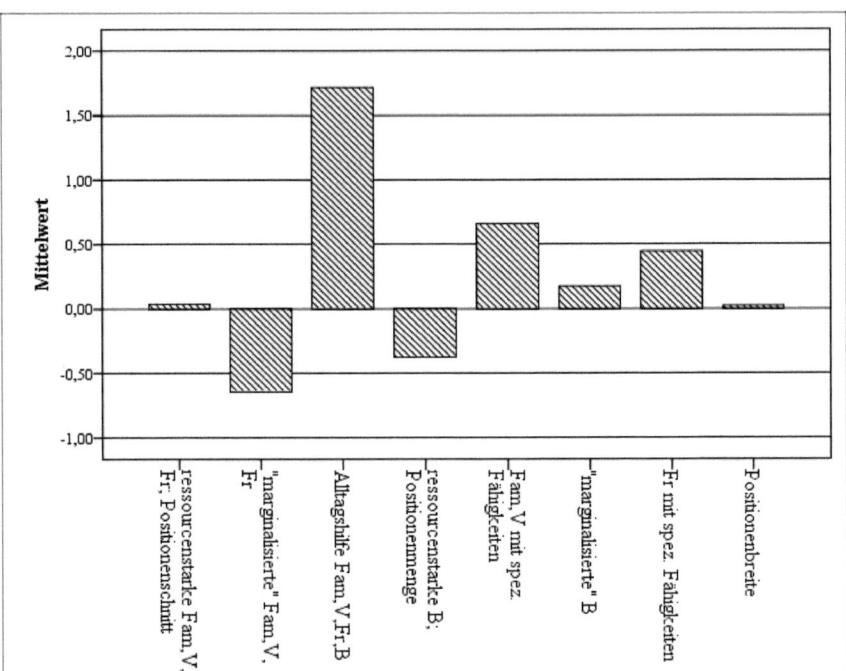

Abb. 9: Netzwerkcluster 3

Hervorragendes Merkmal dieser Gruppe ist der überdurchschnittliche Wert im Bereich der Alltagshilfe. Unterteilt nach den verschiedenen Ressourcenquellen zeigt sich, dass hierbei die Bekannten die am häufigsten genannte Quelle darstellen (1,42). Den zweithöchsten Wert weisen die Verwandten mit 1,02 auf. Gleichauf liegen die Familie (.85) und die Freunde (.8). Weiterhin besitzt jene Gruppe Zugang zu Menschen mit speziellen Fähigkeiten (,skills'), etwas stärker aus der Familie und von den Verwandten als aus dem Freundeskreis. Insgesamt betrachtet besitzt dieses Cluster also große Ressourcen im Bereich lebensweltliche, alltägliche Unterstützung.

Tendenziell sind in diesem Netzwerk „marginalisierte" enge Personen sowie ressourcenstarke Bekannte unterrepräsentiert. Es findet sich außerdem eine eher geringe Anzahl beim Positionengenerator. Somit liegt die Besonderheit dieses Clusters in überdurchschnittlichen Zugängen zu Alltagshilfe und zu speziellen 'skills', etwas unterrepräsentiert hingegen sind statusbezogene Zugänge. Die Menschen dieses Clusters haben mit am meisten über ein Medium vermittelte Kontakte (zu über 7 Personen in der letzten Woche: 56,5% vs. 42,1%) und gruppenspezifisch überdurchschnittlich häufigen Kontakt zur Familie (jede Woche: 91,3% vs. 80,5%), zu Arbeitskollegen (jede Woche: 22,7% vs. 10,8%, ein- oder zweimal pro Monat: 27,3% vs. 16,6%) und zu Freunden (jede Woche: 73,9% vs. 57,0%). Bezüglich der Reziprozitätsfrage ergeben sich keine Auffälligkeiten.

Parallel zu einem Netzwerk, das sich durch spezielle Fähigkeiten auszeichnet, lässt sich feststellen, dass dieses Cluster in hohem Maße eigene Kenntnisse im Bereich PC, Fremdsprache und eine (wissenschaftliche) Fachzeitschrift zu lesen aufweist. Analog zum selteneren Auftreten von „marginalisierten" Personen im engen Kreis gibt keiner dieser Befragten Sozialhilfe als Einkommensquelle des Haushalts an. Darüber hinaus besitzen sie zu einem großen Teil die deutsche Staatsangehörigkeit in Kombination mit Deutsch als Muttersprache.

(alle Angaben in Prozent)		Cluster 3	Gesamtgruppe
kennt sich selbst gut mit PCs aus		57,4	46,6
kann selbst eine Fremdsprache fließend sprechen und schreiben		68,5	53,7
liest selbst eine wissenschaftliche Fachzeitschrift		37,0	27,9
eigener ISEI	niedrig	30,0	46,5
	mittel	52,5	39,1
	hoch	17,5	14,5
eigener EGP	an-/ungelernte Arbeiter	12,5	29,3
	Facharbeiter	20,0	20,1
	Mittelklasse	30,0	23,8
	Obere/Prof.Klasse	37,5	26,8
Einkommen	niedrig	18,9	33,2
	mittel	37,8	32,6
	hoch	43,2	34,2
Bildungsabschluss	niedrig	17,0	37,8
	mittel	43,4	26,4
	hoch	39,6	35,8
soziale Lage	niedrig	16,7	35,4
	mittel	46,3	32,2
	hoch	37,0	32,4

Tab. 16:   Besondere Merkmale Cluster 3

Bezüglich der Berufs-, Bildungs- und Einkommenssituation lässt sich feststellen, dass mittlere und hohe Bildung sowie Einkommen dominieren. Entsprechend sind Menschen mit niedrigem ISEI unter- und mit mittlerem ISEI überrepräsentiert. Außerdem sind die höheren EGP-Klassen gehäuft vertreten. Parallel hierzu lässt sich dieses Cluster am häufigsten einer mittleren, aber auch vielfach einer hohen sozialen Lage zuordnen.

Die untersuchten Fälle dieses Clusters sind zu gleichen Teilen weiblich wie männlich. Personen mit Migrationshintergrund sind eher schwach vertreten. Die Hälfte von ihnen wohnt im ‚armen', die anderen 50% im ‚durchschnittlichen' Gebiet. Mit dieser Verteilung weichen sie aber nur um 8% von der Gesamtgruppe ab. Der vermehrt gehobene Wohlstand drückt sich darin aus, dass nur wenige Menschen mit Wohnberechtigungsschein vertreten sind und niemand Sozialhilfe als Einkommensquelle angibt.

(alle Angaben in Prozent)		Cluster 3	Gesamtgruppe
zu Hause gesprochene Sprache	deutsch	79,6	65,8
	nicht-deutsch	20,4	34,2
Muttersprache	deutsch	68,5	58,2
	nicht-deutsch	31,5	41,8
Wohnberechtigungsschein	ja	20,5	40,6
	nein	79,5	59,4
Sozialhilfe im Haushalt	ja	0,0	9,7

Tab. 17:   Besondere Merkmale Cluster 3

Zusammenfassend lässt sich festhalten, dass die Befragten von Cluster 3, die sich insbesondere durch ihre große Potenzialität an Alltagshilfe, aber auch durch ihre Kontakte zu Menschen mit spezifischen, eher handwerklichen Fähigkeiten auszeichnen, tendenziell über keinen Migrationshintergrund verfügen. Was die soziale Lage betrifft, so ist diese Gruppe – resultierend aus mittlerem bis hohem Einkommen, hoher Bildung und einem mittlerem bis hohem Berufsstatus – überwiegend als hoch einzustufen.

Cluster 4 (76 Personen): Kleines, heterogenes Netzwerk

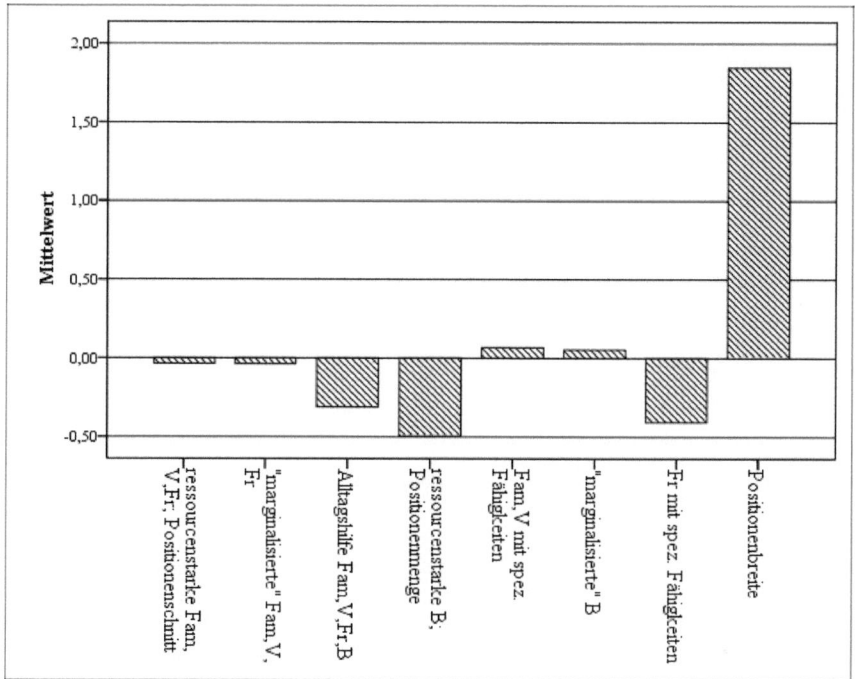

Abb. 10: Netzwerkcluster 4

Diese Gruppe verfügt zwar nur über eine geringe Zahl an Kontakten, jedoch über eine große Bandbreite aller Berufsstatuswerte. Gleichzeitig unterhalten sie nur wenige Beziehungen zu ressourcenstarken Bekannten und zu Freunden mit spezifischen Fähigkeiten. Das Maß an potenzieller Alltagshilfe – vor allem durch Freunde – ist bei ihnen eher gering. Noch am meisten Unterstützung ist – trotz des unterdurchschnittlichen Zugangs zu Alltagshilfe – von Familienmitgliedern zu erwarten.

Die vergleichsweise kleine Zahl an unterhaltenen Kontakten lässt sich auch bei den durch ein Medium vermittelten finden: Befragte dieses Clusters haben im Vergleich zur Gesamtgruppe eher Kontakt zu 1-7 Personen als zu über 7. Des Weiteren verbringen sie relativ wenig Zeit mit Nachbarn, mit Verwandten und Freunden. Hinsichtlich Reziprozität lassen sich keine besonderen Abweichungen feststellen.

In diesem Cluster sind Personen mit niedrigem ISEI und an- und ungelernte ArbeiterInnen mit einem niedrigen Schulabschluss überrepräsentiert. Beim Einkommen und bei der sozialen Lage finden sich hingegen keine deutlichen Unterschiede zur Gesamtgruppe. Dieser Befund könnte u.a. darauf zurückzuführen sein, dass in diesem Cluster Frauen mit 65,4% überrepräsentiert sind. Denkbar ist, dass sie – trotz ihres niedrigen Bildungsabschlusses und niedrigem Berufsstatus – mit Partnern zusammenleben, die ein höheres Einkommen aufweisen als sie selbst, so dass sich haushaltsbezogen die finanzielle Lage unauffällig darstellt.

(alle Angaben in Prozent)		Cluster 4	Gesamtgruppe
eigener ISEI	niedrig	55,3	46,5
	mittel	36,2	39,1
	hoch	8,5	14,5
eigener EGP	an-/ungelernte Arbeiter	37,0	29,3
	Facharbeiter	13,0	20,1
	Mittelklasse	28,3	23,8
	Obere/Prof.Klasse	21,7	26,8
Einkommen	niedrig	31,8	33,2
	mittel	38,6	32,6
	hoch	29,5	34,2
Bildungsab-schluss	niedrig	48,0	37,8
	mittel	20,0	26,4
	hoch	32,0	35,8

Tab. 18: Besondere Merkmale Cluster 4

Diese Gruppe verteilt sich über den Stadtteil ähnlich wie die Gesamtgruppe, weist allerdings eine überdurchschnittlich lange Wohndauer in der gleichen Wohnung auf. Weiterhin sind diese Menschen mit 92,2% fast ausschließlich MieterInnen, wobei die eine Hälfte der Gruppe einen Wohnberechtigungsschein benötigte und damit – zu über 10% mehr als die Gesamtgruppe – einen recht hohen Anteil ausmachen. Außerdem haben sie – sofern Kinder vorhanden – zumeist Söhne und Töchter, die bereits den Status der Volljährigkeit erreicht haben.

(alle Angaben in Prozent)		Cluster 4	Gesamtgruppe
Geschlecht	**weiblich**	66,2	52,3
	männlich	33,8	47,7
Dauer Wohnung	**unter 5 Jahre**	29,9	38,7
	5-10 Jahre	29,9	29,1
	über 10 Jahre	40,3	32,2
Wohnberechtigungs-schein	**ja**	53,3	40,6
	nein	46,7	59,4
Miet-/Eigentumsverhältnis	**Mieter**	92,2	82,6
	Eigentümer	7,8	17,4
Kind unter 18	**ja**	19,5	28,1
	nein	80,5	71,9

Tab. 19: Besondere Merkmale Cluster 4

Zusammenfassend lässt sich festhalten, dass sich die Befragten dieses Clusters 4 – mit einem kleinen, aber dennoch breiten Netzwerk – im Vergleich zur Gesamtgruppe dadurch auszeichnen, dass sie eher weiblich und eher älter sind und die Hälfte von ihnen seit mehr als zehn Jahren im Stadtteil lebt. Sie sind überwiegend MieterInnen ihrer Wohnung mit einem Wohnberechtigungsschein. Außerdem haben sie vergleichsweise häufig volljährige Kinder. Der geringe Berufsstatus basiert auf niedriger Bildung, allerdings zeigen sich beim Einkommen keine Differenzen zur Gesamtgruppe.

Cluster 5 (103 Personen): Kleines, enges, unterdurchschnittlich besetztes Netzwerk

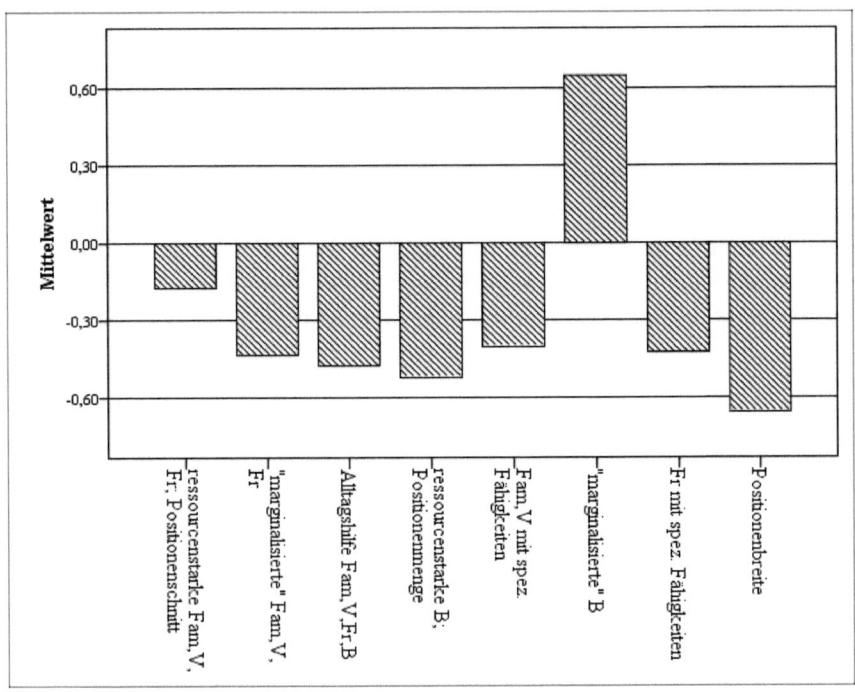

Abb. 11:   Netzwerkcluster 5

Dieses Cluster sticht im Positionengenerator durch eine geringe Zahl an Kontakten hervor, die zudem eine kleine Bandbreite im Berufsstatus offenbaren. Ebenso weist diese Gruppe bei den meisten Komponenten eher *unter*durchschnittliche Werte auf, d.h. ihr besonderes Merkmal ist es, viele Kontakte *nicht* zu haben. So besitzen sie wenige „marginalisierte" Familienmitglieder, Verwandte und Freunde. Sie zeigen vergleichsweise wenig Kontakte zu Menschen mit spezifischen Fähigkeiten, ebenso ist das Netzwerk vergleichsweise schwach mit ressourcenstarken Personen besetzt (Familie -.43, Bekannte -.34, Verwandte -.27, Freunde -.07). Der eher geringe Zugang zu Alltagshilfe wird am stärksten durch die vergleichsweise seltene Nennung der Ressource Freunde (-.54) erklärt. Leicht überdurchschnittlicher Kontakt besteht zu „marginalisierten" Nachbarn oder sonstigen Bekannten. Dies geht einher mit der Tatsache, dass diese Menschen auch mit am meisten von allen Befragten den Kontakt zu ihren Nachbarn pflegen und ihre Zeit mit ihnen verbringen. Das Netzwerk dieses Clusters zeichnet sich weiterhin durch Familienmitglieder aus, die eine Fremdsprache beherrschen und/oder keinen deutschen Pass besitzen. Hinsichtlich besonderer Zugänge verhält sich dieses Cluster damit mehr oder weniger unauffällig. „Marginalisierte" sind zwar im Bekannten- nicht aber im Familien-, Verwandten- und Freundeskreis anzutreffen. Die Familienmitglieder ohne deutschen Pass und die eine Fremdsprache sprechen, gehen einher mit der überdurchschnittlich häufigen, eigenen Beherrschung einer Fremdsprache, allerdings finden sich keine Hinweise auf einen eigenen Migrationshintergrund.

Auffällig ist vielmehr der unterdurchschnittliche Zugang zu spezifischen, handwerklichen Fähigkeiten sowie zu kulturellem und ökonomischem Kapital. Diesem stehen jedoch ebenfalls geringere eigene Fähigkeiten im Bereich „Heimwerken" und „PC" sowie im Bereich „Fachzeitschrift" und „Gesetze und Verordnungen" gegenüber. Auch der eigene Berufsstatus ist vergleichsweise niedrig. Während sich beim EGP keine nennenswerten Unterschiede zwischen dem Cluster und der Gesamtgruppe feststellen lassen, sind Menschen mit niedrigem ISEI hier überrepräsentiert. Dementsprechend tritt ein hohes Einkommen auch zu 12% seltener auf als in der Gesamtgruppe.

(alle Angaben in Prozent)		Cluster 5	Gesamtgruppe
ist selbst geschickter Heimwerker		39,0	50,1
kennt sich selbst gut mit PCs aus		29,1	46,6
liest selbst eine wissenschaftliche Fachzeitschrift		10,7	27,9
weiß selbst viel über Gesetze und Verordnungen		15,7	26,6
eigener ISEI	niedrig	57,4	46,5
	mittel	29,4	39,1
	hoch	13,2	14,5
Einkommen	niedrig	39,7	33,2
	mittel	38,1	32,6
	hoch	22,2	34,2

Tab. 20: Besondere Merkmale Cluster 5

Hinsichtlich Geschlecht und Migrationshintergrund gestaltet sich dieses Cluster als vergleichsweise unauffällig. Sie wohnen mit 68,6% überdurchschnittlich häufig im ‚armen' Gebiet, in dem verstärkt sozialer Wohnungsbau etabliert wurde. Dies spiegeln auch die Daten wider, da sie für die aktuelle Wohnung vielfach Wohnberechtigungsscheine benötigten. Die Menschen dieses Clusters wohnen tendenziell eher lange, d.h. über 10 Jahre im Stadtteil und in ihrer jetzigen Wohnung.

(alle Angaben in Prozent)		Cluster 5	Gesamtgruppe
Gebiet	**‚arm'**	68,6	58,2
	durchschnittlich	31,4	41,8
Wohndauer im Stadtteil	**unter 5 Jahre**	23,8	33,6
	5-10 Jahre	24,8	24,4
	über 10 Jahre	51,4	42,0
Dauer Wohnung	**unter 5 Jahre**	26,7	38,7
	5-10 Jahre	35,2	29,1
	über 10 Jahre	38,1	32,2
Wohnberechtigungs-schein	**ja**	55,3	40,6
	nein	44,7	59,4

Tab. 21:   Besondere Merkmale Cluster 5

Zusammenfassend lässt sich festhalten, dass die Befragten von Cluster 5 – mit einem kleinen, engen und unterdurchschnittlich besetzten Netzwerk – im Vergleich zur Gesamtgruppe überdurchschnittlich häufig mit einem Wohnberechtigungsschein in einem Mehrfamilienhaus des ‚armen' Gebiets wohnen. Außerdem lebt über die Hälfte von ihnen bereits seit über zehn Jahren im Stadtteil. Sie verfügen tendenziell über geringe Bildung, einen niedrigen Berufsstatus und ein eher niedriges bis mittleres Einkommen.

Cluster 6 (58 Personen): Ausgeprägtes „Marginalisiertennetzwerk"

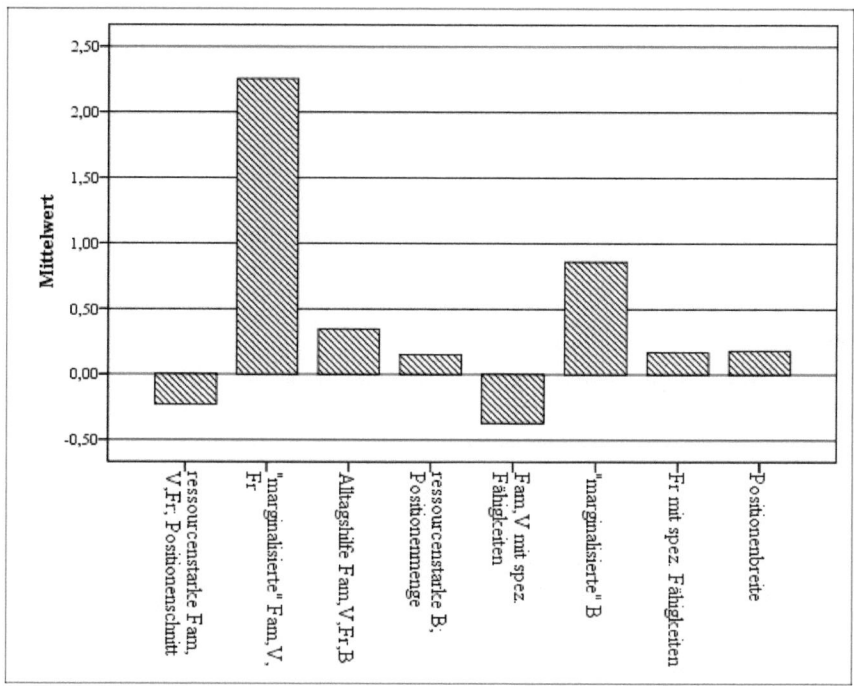

Abb. 12: Netzwerkcluster 6

Diese Gruppe zeigt als auffälliges Merkmal von allen Gruppen den höchsten Grad an Zugang zu „marginalisierten" Personen im engen Netzwerk. Weiterhin weisen sie den höchsten Wert an „marginalisierten" Bekannten und Familienmitgliedern mit nicht-deutschem Pass und einer Fremdsprache auf. Bei den „marginalisierten" Bekannten handelt es sich in erster Linie um Nachbarn, am zweithäufigsten sind es sonstige Bekannte, gefolgt von den Arbeits- und schließlich von den Vereins- und ParteikollegInnen. Ihr Zugang zu Alltagshilfe ist tendenziell überdurchschnittlich (Freunde -.11, Verwandte .47, Familie .08, Bekannte .00). Dass der größte Teil der Alltagshilfe von den Verwandten kommt, spiegelt sich auch in den Antworten zu „Zeit verbringen mit" wider. Bei der Antwort „jede Woche" stimmen 40,0% vs. 18,3% zu, so dass diese Gruppe mit Abstand am meisten von allen Befragten Zeit mit den Verwandten verbringt. Auch bei der Antwort „ein- oder zweimal pro Monat" liegen diese Personen mit

54,3% vs. 42,7% noch an zweithäufigster Stelle. Damit verbunden sind auch stark erhöhte Werte beim Kontakt zu Familienmitgliedern (jede Woche: 97,1% vs. 80,5%), wobei diese Befragten die höchsten Werte von allen aufweisen.

Der deutlich verstärkte Zugang zu „marginalisierten" Personen spiegelt sich in der Tatsache wider, dass Sozialhilfe- und Arbeitslosengeldbezug im Haushalt – im Vergleich zu allen anderen Clustern – am deutlichsten erhöht ist. Außerdem ist die Zahl derer, die keinen deutschen Pass besitzen außerordentlich hoch. Die eigene Fremdsprachenkompetenz liegt über dem Durchschnitt. Darüber hinaus ist der Berufsstatus eher niedrig bis mittel und das Einkommen vergleichsweise gering. Die Unterschiede bei den erworbenen Bildungsabschlüssen sind allerdings im Vergleich zur Gesamtgruppe unerheblich.

Bei der Reziprozität gegenüber Familienmitgliedern weist diese Gruppe am stärksten von allen Clustern erhöhte Werte auf, wenn es darum geht, der Frage zuzustimmen, ob man mehr für Familienmitglieder tut, als diese für mich (stimme voll zu: 23,5% vs. 15,0%; stimme eher zu: 26,5% vs. 15,8%). Damit wird dieses Item bei mehr als der Hälfte der Befragten positiv gewertet. Weiterhin geben diese Menschen an, vergleichsweise viel für ihre Nachbarn zu tun, und zwar mehr als diese für sie („stimme voll zu" und „stimme eher zu": 35,3% vs. 20,1%). 80% dieser Gruppe weist keinen Kontakt zu VereinskollegInnen auf.

(alle Angaben in Prozent)		Cluster 6	Gesamtgruppe
eigener ISEI	niedrig	62,8	46,5
	mittel	32,6	39,1
	hoch	4,7	14,5
eigener EGP	an-/ungelernte Arbeiter	46,5	29,3
	Facharbeiter	18,6	20,1
	Mittelklasse	27,9	23,8
	Obere/Prof.Klasse	7,0	26,8
Einkommen	niedrig	56,3	33,2
	mittel	34,4	32,6
	hoch	9,4	34,2
soziale Lage	niedrig	44,8	35,4
	mittel	37,9	32,2
	hoch	24,1	32,4

Tab. 22:   Besondere Merkmale Cluster 6

Bei den Menschen in diesem Cluster handelt es sich überdurchschnittlich oft um Personen mit einem Migrationshintergrund. Entsprechend wohnen diese Menschen zu 86,2% (vs. 58,2%) im ‚armen' Gebiet, außerdem leben sie überproportional häufig erst seit kurzer Zeit im untersuchten Stadtteil. Ein im Vergleich zur Gesamtgruppe erhöhter Anteil der Befragten erhält im Haushalt Sozialhilfe und Arbeitslosengeld. Sie sind fast ausschließlich (zu 96,6%) MieterInnen, wobei 72,5% in einer Sozialwohnung wohnen. Entsprechend lebt niemand in einem Ein- oder Zweifamilienhaus. Die Altersstruktur gestaltet sich eher jünger, besonders überrepräsentiert sind Menschen zwischen 26 und 40 Jahren. Hingegen sind in diesem Cluster keine Personen über 66 Jahre. Zudem sind Befragte, die ein minderjähriges Kind haben, eindeutig überrepräsentiert.

Zusammenfassend lässt sich festhalten, dass es sich bei den Befragten des Clusters 6 – mit einem ausgeprägten „Marginalisiertennetzwerk – in hohem Maße um MigrantInnen ohne deutsche Staatsangehörigkeit handelt. Sie wohnen überwiegend im ‚armen' Gebiet, weisen eine kurze Wohndauer im Stadtteil auf und sind MieterInnen einer Wohnung in einem Mehrfamilienhaus für die ein Wohnberechtigungsschein erforderlich war. Häufig besitzen sie minderjährige Kinder und sind in mittlerem Alter. Ihre soziale Lage ist überwiegend als niedrig einzustufen, was in Verbindung mit einem niedrigem Berufsstatus, einem geringen Einkommen und einem verstärkten Bezug von Arbeitslosengeld und Sozialhilfe im Haushalt steht.

(alle Angaben in Prozent)		Cluster 6	Gesamt-gruppe
Staatsangehörigkeit	**deutsch**	50,9	83,4
	nicht-deutsch	49,1	16,6
zu Hause gesprochene Spra-che	**deutsch**	27,6	65,8
	nicht-deutsch	72,4	34,2
Muttersprache	**deutsch**	17,2	58,2
	nicht-deutsch	82,8	41,8
Gebiet	**‚arm'**	86,2	58,2
	durchschnittlich	13,8	41,8
Wohndauer im Stadtteil	**unter 5 Jahre**	44,8	33,6
	5-10 Jahre	31,0	24,4
	über 10 Jahre	24,1	42,0
Dauer Wohnung	**unter 5 Jahre**	48,3	38,7
	5-10 Jahre	34,5	29,1
	über 10 Jahre	17,2	32,2
Wohnberechtigungsschein	**ja**	72,5	40,6
	nein	27,5	59,4
Miet-/Eigentumsverhältnis	**Mieter**	96,6	82,6
	Eigentümer	3,4	17,4
Kinder	**ja**	72,3	57,8
	nein	27,6	42,2
Kind unter 18	**ja**	48,3	28,1
	nein	51,7	71,9
Alter	**14-25**	17,2	25,6
	26-40	41,4	23,4
	41-65	39,7	39,5
	66-75	1,7	11,5
Sozialhilfe im Haushalt	**ja**	21,8	9,7
Arbeitslosengeld im Haushalt	**ja**	20,0	11,2
Haustyp	**Ein- oder Zweifamilien-haus**	0,0	11,1
	Wohnhaus mit max. 8 Wohnungen	34,5	40,0
	Wohnhaus mit < 8 Wohnungen, max. 8 Stockwerken	55,2	41,1
	Hochhaus mit 9 oder mehr Stockwerken	10,3	7,8

Tab. 23:   Besondere Merkmale Cluster 6

Cluster 7 (45 Personen): Enges, statusniedriges, familiaristisches Netzwerk

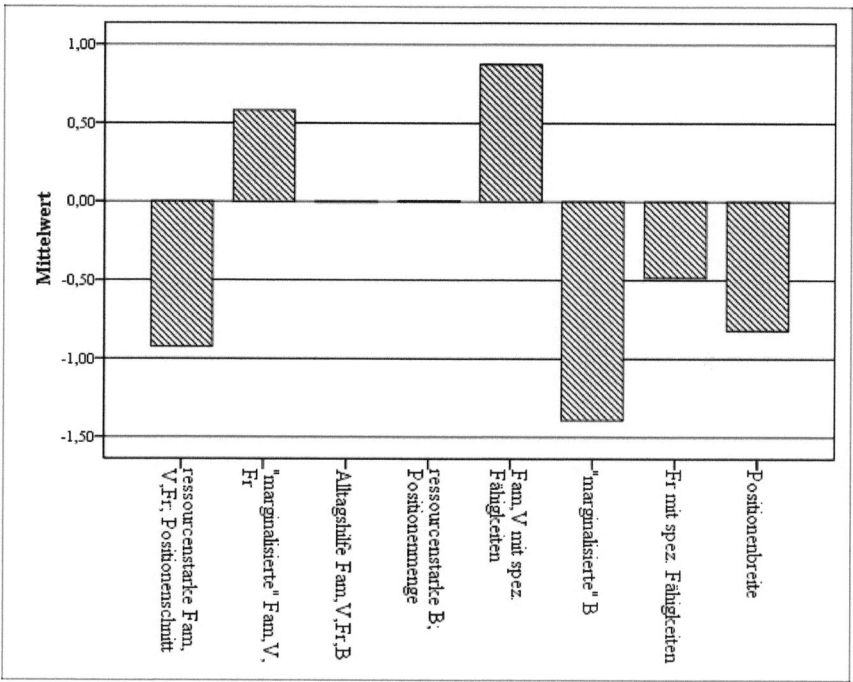

Abb. 13: Netzwerk Cluster 7

Jene 45 Personen treten durch ein enges Netzwerk mit „marginalisierten" Personen hervor. Deutlich stärker wirkt sich hierbei der Freundes- und Verwandtenkreis (.49) im Vergleich zur Familie (.21) aus. Zugleich ist die Zahl an Beziehungen zu ressourcenstarken Personen äußerst gering (Familie -.55, Freunde -.44, Verwandte -.54). Der Zugang zu Menschen mit spezifischen Fähigkeiten ist im Familien- und Verwandtenkreis überdurchschnittlich, hingegen unterdurchschnittlich aus dem Freundeskreis. Bei der Positionengeneratorfrage weisen sie im Vergleich zur Gesamtgruppe in der Breite und im Schnitt niedrige Werte auf, was auf eine Konzentration im unteren Statusbereich schließen lässt. „Marginalisierte" Bekannte sind stark unterrepräsentiert und zudem kaum Familienmitglieder mit nicht-deutschem Pass und einer Fremdsprache vertreten. Der durchschnittliche Wert im Bereich Alltagshilfe vermittelt quellenspezifisch ein eher uneinheitliches Bild (Freunde .71, Verwandte .42, Familie -.51, Bekannte -.5).

Alltagshilfe ist somit eher von den Freunden und den Verwandten zu erwarten. Zusammengefasst: An überdurchschnittlichen Beziehungen weisen sie Verwandte und Freunde auf, die „marginalisiert" sind und von denen sie Alltagshilfe bekommen. Außerdem besitzen sie eine Familie sowie Verwandte mit spezifischen Fähigkeiten. Zu Personen mit hohem Berufsstatus und ökonomischem sowie kulturellem Kapital unterhalten sie sehr selten Beziehungen.

Bezüglich Reziprozität lässt sich festhalten, dass diese Personengruppe am häufigsten von allen Befragten angibt, mehr für ihre Freunde zu tun, als diese für sie. Gleiches lässt sich bezüglich der Reziprozität gegenüber Familienmitgliedern feststellen.[61] Dagegen hat diese Gruppe vergleichsweise selten das Gefühl, mehr für die ArbeitskollegInnen zu tun, als diese für sie.

In dem Cluster sprechen mit 30% relativ wenige Personen eine Fremdsprache. Allerdings fällt auf, dass insgesamt etwa 60% dieses Clusters angeben, zu Hause nicht deutsch zu sprechen. Der Grund für diese scheinbare Diskrepanz könnte darin liegen, dass die zu Hause gesprochene, nicht-deutsche Sprache von den Befragten nicht als Fremdsprache codiert wird. Da es sich in diesem Cluster in hohem Maße um AussiedlerInnen aus Russland handelt – wäre es nahe liegend, dass diese weder deutsch noch russisch als „gut beherrschte Fremdsprache" kodieren.

Im engen Kreis „marginalisierte" Personen zu kennen kann parallel dazu gelesen werden, dass der Bezug von Sozialhilfe und Arbeitslosengeld als Einkommensquelle im Haushalt häufiger als erwartet vorkommt. Wenig ressourcenstarke Kontakte stehen analog zu niedrigen Werten im „Lesen einer Fachzeitschrift" sowie im „Auskennen mit Gesetzen und Verordnungen". Hinzu kommen sowohl die deutliche Überrepräsentierung von niedrigen ISEI Werten, fast 30% erhöhte Werte bei niedrigem Einkommen als auch die Gegebenheit, dass der niedrigste EGP-Wert deutlich überrepräsentiert ist. Hinsichtlich der formalen Schulbildung lässt sich feststellen, dass Menschen mit niedriger Bildung zu fast 20% häufiger vertreten sind als in der Gesamtgruppe.

---

61   Ihre Zahl wird nur von Cluster 6 übertroffen, bei dem 50% dieser Aussage voll oder eher zustimmen.

(alle Angaben in Prozent)		Cluster 7	Gesamtgruppe
kann selbst eine Fremdsprache fließend sprechen und schreiben		30,4	53,7
weiß selbst viel über Gesetze und Verordnungen		15,2	26,6
eigener ISEI	niedrig	65,5	46,5
	mittel	27,6	39,1
	hoch	6,9	14,5
eigener EGP	an-/ungelernte Arbeiter	51,7	29,3
	Facharbeiter	13,8	20,1
	Mittelklasse	20,7	23,8
	Obere/Prof.Klasse	13,8	26,8
Einkommen	niedrig	62,2	33,2
	mittel	24,3	32,6
	hoch	13,5	34,2
Bildungsabschluss	niedrig	56,6	37,8
	mittel	19,6	26,4
	hoch	23,9	35,8
soziale Lage	niedrig	58,7	35,4
	mittel	21,7	32,2
	hoch	19,6	32,4

Tab. 24:   Besondere Merkmale Cluster 7

In diesem Cluster sind Frauen überrepräsentiert. Auffällig ist darüber hinaus, dass ein großer Teil von ihnen die deutsche Staatsangehörigkeit besitzt. Betrachtet man hingegen die beiden anderen Indikatoren für Migrationshintergrund „zu Hause gesprochene Sprache" und „Muttersprache", so fällt Deutsch im Vergleich zur Gesamtgruppe gering aus. Diese Zahlen deuten darauf hin, dass in Cluster 7 verstärkt Personen zu finden sind, die zwar einen Migrationshintergrund besitzen, dann aber in hohem Maße die deutsche Staatsbürgerschaft angenommen haben. Zu erwarten ist dies insbesondere bei Aussiedlern, und in der Tat findet man über die Muttersprache heraus, dass von den 45 Personen in diesem Cluster 26 russisch als Muttersprache angeben. Obendrein leben sie eher seit kurzem im Stadtteil und in der aktuellen Wohnung. Um diese zu erhalten, wurde vielfach ein Wohnberechtigungsschein benötigt. Außerdem sind sie fast ausschließlich MieterInnen. Ihre finanzielle Lage stellt sich vermehrt als gering dar. Menschen, die Sozialhilfe erhalten, sind hier stark überrepräsentiert. Mit fast 70% wohnen diese Personen sehr häufig im ‚armen' Gebiet. Hinsichtlich der Altersstruktur ähneln die Personen aus Cluster 7 der Gesamtgruppe, allerdings mit dem Unterschied, dass sie überproportional häufig minderjährige Kinder besitzen.

(alle Angaben in Prozent)		Cluster 7	Gesamtgruppe
zu Hause gesprochene Sprache	**deutsch**	43,5	65,8
	nicht-deutsch	56,5	34,2
Muttersprache	**deutsch**	39,1	58,2
	nicht-deutsch	60,8	41,8
Gebiet	**‚arm'**	69,6	58,2
	durchschnitt-lich	30,4	41,8
Wohndauer im Stadtteil	**unter 5 Jahre**	39,1	33,6
	5-10 Jahre	45,7	24,4
	über 10 Jahre	15,2	42,0
Dauer Wohnung	**unter 5 Jahre**	50,0	38,7
	5-10 Jahre	43,5	29,1
	über 10 Jahre	6,5	32,2
Miet-/Eigentumsverhältnis	**Mieter**	91,3	82,6
	Eigentümer	8,7	17,4
Kind unter 18	**ja**	41,3	28,1
	nein	58,7	71,9
Sozialhilfe im Haushalt	**ja**	22,2	9,7
Arbeitslosengeld im Haushalt	**ja**	17,8	11,2

Tab. 25:   Besondere Merkmale Cluster 7

Zusammenfassend lässt sich zu dieser Gruppe 7 – mit engem, statusniedrigem und familiaristischem Netzwerk – festhalten, dass sie – im Vergleich zur Gesamtgruppe – eher weiblich sowie deutscher Staatsangehörigkeit mit russischer Herkunft ist. Sie wohnen erst seit kurzer Zeit im ‚armen' Gebiet. Bei zwei Dritteln der Befragten dieser Gruppe sind minderjährige Kinder im Haushalt vorhanden. Bezüglich ihrer sozialen Lage weisen sie in erhöhtem Maße einen geringen Berufsstatus, Sozialhilfebezug sowie niedrige Bildung und ein geringes Einkommen auf.

Insgesamt wird anhand dieser Clusterbeschreibung vor allem der enge Zusammenhang zwischen den Merkmalen des Netzwerks und den Charakteristika der eigenen Person offensichtlich. Selbst wenn zunächst eine qualitative Gleichwertigkeit der unterschiedlichen Ressourcen und Zugänge unterstellt wird, so fällt auf, dass Menschen mit höherer sozialer Lage mehr Kontakt zu so genannten ‚ressourcenstarken' und statushohen Personen besitzen. Ferner sind aber auch die Befragten, die ein überdurchschnittliches Maß an Alltagshilfe aufweisen (vgl. Cluster 3), einer vergleichsweise hohen sozialen Lage zuzuordnen. Umgekehrt ist auffällig, dass sich die Cluster mit niedriger sozialer Lage umso mehr durch *unterdurchschnittliche* Zugänge, eine *niedrige* Anzahl sowie einen *gerin-*

gen Schnitt und eine *schmale* Breite an Positionen auszeichnen. Überdurchschnittliche Zugänge bestehen häufig nur zu Menschen, die Sozialhilfe oder Arbeitslosengeld empfangen bzw. keinen deutschen Pass besitzen.

An weiteren Besonderheiten fällt auf, dass in den Clustern mit statushohen und ressourcenstarken Netzwerken sowie mit hoher eigener sozialer Lage Männer überrepräsentiert sind. Umgekehrt sind in den Clustern mit niedriger sozialer Lage Frauen überrepräsentiert. Außerdem wird in der Clusterzugehörigkeit deutlich, wie sehr Migrationshintergrund und niedrige soziale Lage ineinander verwoben sind. Diese Zusammenhänge verweisen einmal mehr auf die Notwendigkeit einer Betrachtung sozialer Ungleichheit vor dem Hintergrund der Intersektionalität (vgl. Crenshaw 1991; Klinger/Knapp 2005). Weiterhin ist auffällig, wie stark sich die Netzwerkcluster anhand ihrer Gebietszugehörigkeit unterscheiden. Je niedriger die soziale Lage der Befragten, umso häufiger wohnen sie im ,armen' Gebiet. Noch deutlicher wird dieser Zusammenhang, wenn man die reproduzierten Cluster für die Befragten des ,reichen' Gebietes betrachtet. Die BewohnerInnen dieses Gebiets ordnen sich fast ausschließlich den Clustern 1 und 2, d.h. den beiden Clustern mit der höchsten sozialen Lage, zu.

Diese gebildeten Cluster und ihre hier beschriebenen Besonderheiten dienen als Grundlage für weitere Analysen, die Gegenstand der nächsten Kapitel sind. Auf der nächsten Seite findet sich eine tabellarische Darstellung der Clustermerkmale.

CLUSTER	1	2	3	4	5	6	7
Bezeichnung des Netzwerks	Großes, ressourcenstarkes Netzwerk	Statushohes Netzwerk, ressourcenstarke Familie und Freunde mit spez. Fähigkeiten	Ausgeprägtes Alltagshilfenetzwerk	Kleines, heterogenes Netzwerk	Kleines, enges, unterdurchschnittlich besetztes Netzwerk	Ausgeprägtes „Marginalisiertennetzwerk"	Enges, statusniedriges, familiaristisches Netzwerk
Merkmale des Netzwerks	größtes ressourcenstarkes Netzwerk hohe Positionenanzahl und -schnitt	ressourcenstarke Familie, ausgeprägtes Freundesnetzwerk bezüglich Alltagshilfe und spezifischen, handwerklichen Fähigkeiten	viel Alltagshilfe viel Kontakt zu Menschen mit spezifischen, handwerklichen Fähigkeiten	große Breite an Positionen geringe Quantität an Positionen	geringe Quantität an Zugängen geringe Breite	viele „marginalisierte" Personen im Netzwerk	„marginalisierte" Menschen im engen Kreis, niedrige Positionenkonzentration, wenig ressourcenstarke Zugänge
besondere sozialstrukturelle Merkmale	Männer deutsch ‚durchschnittliches' Gebiet wohnen kurz in ihrer Wohnung oft Eigentümer eines Ein- oder Zweifamilienhauses keine Kinder hohe soziale Lage	Männer deutsch lange Wohndauer im Stadtteil im Ein- und Zweifamilienhaus ‚durchschnittliches' Gebiet hohe soziale Lage	deutsch ohne Migrationshintergrund, kurze Wohndauer im Stadtteil eher ‚durchschnittliches' Gebiet eher jung EGP: 4 mittlere bis hohe soziale Lage	Frauen, eher älter, lange Wohndauer im Stadtteil, Kinder über 18 MieterInnen mit WB niedrige Bildung und ISEI	‚armes' Gebiet in Mehrfamilienhäusern lange Wohndauer im Stadtteil niedrige soziale Lage	MigrantInnen ohne dt. Staatsangehörigkeit, ‚armes' Gebiet, kurze Wohndauer, MieterInnen, Kinder unter 18, mittleres Alter, niedrige soziale Lage	Frauen, dt. Staatsangehörigkeit, russischer Migrationshintergrund, ‚armes' Gebiet, kurze Wohndauer im Stadtteil, MieterInnen, Kinder unter 18, niedrige soziale Lage

Tab. 26: Clusterbeschreibung im Überblick

4.1.5.2 Aufbau und Einflussfaktoren von Netzwerken

Anhand der Clusterbeschreibung im vorherigen Kapitel wurde deutlich, dass die individuellen Charakteristika der Personen in den jeweiligen Clustern in hohem Maße mit den Eigenschaften ihres Netzwerks korrespondieren. Dies wird erneut offensichtlich, wenn die Merkmale des Netzwerks von Personen mit ihren eigenen Charakteristika korreliert werden. Bereits häufiger nachgewiesen wurde dieser Sachverhalt für soziodemografische Merkmale. Verschiedene Untersuchungen weisen darauf hin, dass sich etwa bevorzugt Menschen mit ähnlicher Bildung, mit ähnlichem Alter, ethnischer Zugehörigkeit, etc. assoziieren: So gruppieren sich etwa in freundschaftlichen Beziehungen, in Vereinen oder auch innerhalb von größeren Gruppen, wenn sie sich spontan zu kleineren Gruppierungen zusammenfinden, eher ähnliche Menschen zusammen (vgl. Friedrichs/ Blasius 2000: 63ff.; McPherson/Smith-Lovin 1986, McPherson/Smith-Lovin 1987). Die Projektdaten veranschaulichen dies für verschiedene soziodemografische Merkmale, zusätzlich allerdings auch für Fähigkeiten und Fertigkeiten. Die Korrelationszahl beschreibt jeweils den Zusammenhang zwischen bspw. ,eigener Arbeitslosigkeit' und jemanden zu kennen, der arbeitslos ist. Es zeigen sich durchweg deutlich positive und signifikante Zusammenhänge.

Arbeitslosigkeit	.153**
Sozialhilfe	.202**
keinen deutschen Pass	.285**
3000 Euro Verdienst * eigenes Einkommen	.458**
Abitur	.221**
Auto reparieren können	.212**
eine Fremdsprache fließend sprechen und schreiben können	.377**
ein geschickter Heimwerker sein	.291**
sich gut mit dem PC auskennen	.193**
ein Instrument spielen können	.275**
eine Meisterprüfung abgelegt haben	.100*
eine (wissenschaftliche) Fachzeitschrift lesen	.534**
über Fußball Bescheid wissen	.296**
Arbeitgeber sein	.228**
sich gut mit Gesetzen und Verordnungen auskennen	.391**

Tab. 27: Korrelation - Individuelle Merkmale * Kennzeichen des Netzwerks, N=646

Ähnlich klar zeigen sich die Zusammenhänge zwischen dem ISEI des eigenen Berufes und verschiedenen Werten des Positionengenerators (vgl. Tab. 28). Hierbei wurde die Summe an genannten Positionen, der Durchschnitt, die Varianz, die Position mit dem höchsten ISEI-Wert, die Anzahl und der niedrigste Wert überprüft. Es finden sich signifikante, positive Zusammenhänge, insbesondere wenn es sich um eine berufsstatushohe Ausrichtung handelt. D.h. je höher mein eigener ISEI, umso höher meine Summe, mein Durchschnitt, meine Anzahl und mein höchster ISEI-Wert. Niedriger fallen die Korrelationszahlen bei der Varianz sowie der Zahl für die kleinste Position aus. Der hohe Zusammenhang zwischen dem eigenen Status und einem hohen Berufsstatuswert im Netzwerk (r=.352) sowie der eher geringe zu einem niedrigen Wert (r=.145) lassen den Schluss zu, dass soziale Schließung eher nach oben stattfindet als nach unten. Menschen mit eigenem, hohem Berufsstatus besitzen in hohem Maße auch Bekannte mit hohem Berufsstatus, während Menschen mit niedrigem Status diese Zugänge seltener haben. Umgekehrt kennen Menschen mit hohem, eigenem Status dennoch auch Menschen mit niedrigem Status, d.h. Menschen mit niedriger sozialer Lage scheinen weniger Kontakt zu Personen mit hoher sozialer Lage zu haben als umgekehrt. Dies scheint auf den ersten Blick unlogisch zu sein, da das Verhältnis ja immer reziprok ist. Eine Person mit hohem Status kann nur dann eine statusniedrige Person kennen, wenn gleichzeitig die statusniedrige Befragte auch mit einer statushohen bekannt ist. Dieser Sachverhalt ist allerdings vor dem Hintergrund plausibel, dass mehr Menschen einen niedrigen Berufsstatus besitzen als einen hohen. An einem Beispiel verdeutlicht: Wenn sich in einer Gruppe zwei RechtsanwältInnen und zehn BauarbeiterInnen befinden und wechselseitige Kontakte zwischen beiden Berufsgruppen bestehen, dann ist es möglich, dass beide RechtsanwältInnen eine/n BauarbeiterIn kennen, aber nur zwei der BauarbeiterInnen RechtsanwältInnen. Demzufolge lässt sich die vergleichsweise geringe Korrelation bei der Varianz (r=.150) so interpretieren, dass möglicherweise sowohl berufsstatusniedrige Menschen eine geringe Streubreite aufweisen, weil sie nur andere statusniedrige Menschen kennen als auch statushohe Personen ausschließlich mit statushohen Menschen bekannt sind und deshalb eine geringe Varianz aufweisen. Insofern würde die Varianz in den Berufsstatuswerten nur in geringem Maße mit dem eigenen Berufsstatus zusammenhängen.

	Positionen Summe	Positionen Durch- schnitt	Positio- nen Varianz	Maximale Position	Positionen Anzahl	Minimale Position
eige- ner ISEI	,382**	,482**	,150**	,352**	,260**	,145**

Tab. 28:   Korrelation - Eigener ISEI * Positionengenerator, N^{62}=446

---

62 Das niedrige N von 446 ergibt sich durch fehlende Angaben, so u.a. bei SchülerInnen, die (noch) keine Berufsausbildung absolviert haben.

Betrachtet man in einem nächsten Schritt, wie ressourcenstarke Zugänge untereinander zusammenhängen, so wird deutlich, dass jemand, der aus *einer* Quelle ressourcenstarke Zugänge besitzt, diese Zugänge auch verstärkt aus anderen Quellen bezieht. Dies zeigt sich an den durchweg deutlich signifikanten, positiven Korrelationen zwischen den einzelnen Quellen:

Korrelation (Pearson)	ressourcenstarke Verwandte	ressourcenstarke Freunde	ressourcenstarke Bekannte
ressourcenstarke Familie	,288(**)	,291(**)	,238(**)
ressourcenstarke Verwandte		,253(**)	,242(**)
ressourcenstarke Freunde			,310(**)

Tab. 29:   Korrelation - Ressourcenstarke Zugänge aus unterschiedlichen Quellen, N= 646

Ein ähnliches Bild zeigt sich bei den Zugängen zu „marginalisierten" Befragten. Kennt man eine „marginalisierte" Person im Familien-, Verwandten-, Freundes- oder Bekanntenkreis, so ist es wahrscheinlich, eine diesbezügliche Bekanntschaft auch aus einer der anderen Quellen zu besitzen. Vergleichsweise niedrig ist die Korrelation zwischen Familie und Bekannten. Dies lässt sich so interpretieren, dass Bekannte – als relativ weit von einer Person entfernt stehende Menschen – auch dann „marginalisiert" sein können, wenn die eigene Familie dies nicht ist und sich deshalb der Zusammenhang als nur gering darstellt.

Korrelation (Pearson)	‚marginalisierte' Verwandte	‚marginalisierte' Freunde	‚marginalisierte' Bekannte
‚marginalisierte' Familie	,412(**)	,246(**)	,106(**)
‚marginalisierte' Verwandte		,340(**)	,209(**)
‚marginalisierte' Freunde			,149(**)

Tab. 30:   Korrelation – „Marginalisierte" Zugänge aus unterschiedlichen Quellen, N=646

Weniger eindeutig fallen die Beziehungen zwischen den einzelnen Quellen beim Kontakt zu Menschen mit speziellen, handwerklichen Fähigkeiten aus. Hat man diese Kontakte aus der engen Familie, so korreliert dies damit, dass sich auch jemand aus der Verwandtschaft durch dieses Merkmal auszeichnet. Kein signifikanter Zusammenhang besteht diesbezüglich zwischen der Familie und Freunden sowie den Verwandten und Freunden. Es hatte sich bei der Hauptkomponentenanalyse keine solche Komponente der speziellen Fähigkeiten aus dem Bekanntenkreis gebildet, so dass zu diesen Zusammenhängen keine Aussagen gemacht werden können.

Korrelation (Pearson)	Verwandte mit speziellen Fähigkeiten	Freunde mit speziellen Fähigkeiten
Familie mit speziellen Fähigkeiten	,201(**)	-,050
Freunde mit speziellen Fähigkeiten	,005	

Tab. 31:   Korrelation – Handwerkliche Zugänge aus unterschiedlichen Quellen, N=646

Bei dem Kontakt zu Menschen, die einer Person Alltagshilfe leisten könnten, sind die Zusammenhänge zwischen Verwandten, Freunden und Bekannten recht offensichtlich. Etwas geringer fallen sie zwischen der Familie und den anderen Quellen aus. Während die Korrelation zwischen Familie und Verwandten am höchsten ist, erweist sich der Zusammenhang zwischen Familie und dem selbst gewählten Freundes- und Bekanntennetzwerk als etwas geringer.

Korrelation (Pearson)	Alltagshilfe Verwandte	Alltagshilfe Freunde	Alltagshilfe Bekannte
Alltagshilfe Familie	,195(**)	,144(**)	,163(**)
Alltagshilfe Verwandte		,221(**)	,262(**)
Alltagshilfe Freunde			,252(**)

Tab. 32:   Korrelation - Zugänge zu Alltagshilfe aus unterschiedlichen Quellen, N=646

Insofern lässt sich insgesamt festhalten, dass wenn man eine potenzielle Ressource aus einer Quelle besitzt, ein Zusammenhang dazu besteht, sie auch aus einer Quelle zu haben. Dabei sind die Korrelationen zwischen Familie und Verwandten besonders deutlich, geringer hingegen fallen jene zwischen Familie und Bekannten aus. Insofern scheinen trotz der deutlichen Zusammenhänge zum Teil Unterschiede zwischen primordialen und selbst gewählten Kontakten zu bestehen.

Nachdem soeben verschiedene Facetten der Verwobenheit von individuellen Merkmalen mit den Charakteristika der Netzwerke sowie die Verknüpfung der Zugänge zu Ressourcen aus den unterschiedlichen Quellen der Familie, Verwandte, Freunde und Bekannte aufgezeigt wurden, soll in einem nächsten Schritt der Bezug zwischen diesen Ergebnissen und dem Quartier, in dem die Befragten leben, geprüft werden. In Bezug auf das soziale Milieu im Stadtteil ist die Frage zentral, inwiefern dem Wohngebiet ein Einfluss auf die Netzwerkbildung seiner BewohnerInnen zukommt. Die konstatierte Verteilung der unterschiedlichen Netzwerkcluster über beide Gebiete spricht eher gegen ein einheitliches Quartiersmilieu, gleichwohl lässt sich im ‚armen' Gebiet eine stärkere Tendenz zu den Clustern mit mittlerer und niedriger sozialer Lage feststellen, während im ‚durchschnittlichen' Gebiet die Cluster mit höherer sozialer Lage stärker vertreten sind.

		Netzwerkcluster							Ge-samt
		1	2	3	4	5	6	7	
Gebiet ‚arm'	% von Gebiet (Anzahl)	7,7 (22)	11,9 (34)	9,4 (27)	17,1 (49)	25,2 (72)	17,5 (50)	11,2 (32)	100,0 (286)
Gebiet ‚mittel'	% von Gebiet (Anzahl)	18,0 (37)	28,3 (58)	13,2 (27)	13,7 (28)	16,1 (33)	3,9 (8)	6,8 (14)	100,0 (205)
Gesamt	% von Gebiet (Anzahl)	12,0 (59)	18,7 (92)	11,0 (54)	15,7 (77)	21,4 (105)	11,8 (58)	9,4 (46)	100,0 (491)

Tab. 33:   Gebiet 2fach * Netzwerkcluster

Bei einer Überprüfung der Einflussfaktoren auf die Netzwerkbildung mit Hilfe einer multinominal logistischen Regression lässt sich zunächst ein hochsignifikanter Gebietseinfluss feststellen, wenn nur das Gebiet als Faktor einbezogen wird. Werden jedoch in einem nächsten Schritt verschiedene soziodemografische und weitere Merkmale, denen ein Einfluss auf die Netzwerkclusterung zukommen könnte, aufgenommen, so wird der Gebietseinfluss nicht signifikant. Es zeigt sich der schon in Bezug auf andere Variablen dargestellte Befund, dass der scheinbare Gebietseffekt darüber vermittelt ist, dass in den Gebieten jeweils verstärkt Personen mit spezifischen sozialstrukturellen Merkmalen wohnen. Insofern kommt hier dem Migrationshintergrund, der sozialen Lage, dem Alter, der Kinderzahl, der Tatsache, ob man für die aktuelle Wohnung einen Wohnberechtigungsschein benötigt hat, dem Geschlecht sowie einer Gruppenzugehörigkeit, ein signifikanter Einfluss zu. Der Wohnberechtigungsschein lässt sich hierbei als zusätzlicher Hinweis auf eine niedrige soziale Lage interpretieren.

Effekt	Kriterien für die Modellanpassung		
	-2 Log-Likelihood für reduziertes Modell	Chi-Quadrat	Signifi-kanz
Konstanter Term	1398,125(a)	,000	
Migrationshintergrund	1421,899	23,774	,001
soziale Lage	1421,431	23,306	,001
Alter	1416,975	18,850	,004
Anzahl an Kindern	1412,277	14,153	,028
Gebiet	1406,754	8,629	,196
Wohnberechtigungs-schein	1416,891	18,767	,005
Geschlecht	1410,534	12,409	,053
Gruppenzugehörigkeit	1417,374	19,249	,004

Tab. 34: Likelihood-Quotienten-Test einer multinomial logistischen Regression - AV: Netzwerkcluster, N=491, McFadden: 0,145

Mit Hilfe des semipartiellen McFadden lässt sich die relative Größe des Einflusses durch die verschiedenen Variablen ableiten. Zugrunde gelegt wurde ein McFadden-Wert von 0,140, der auf den in Tab. 34 einbezogenen Variablen ohne das – nicht signifikante – Gebiet beruht. Es zeigt sich, dass dem Wohnberechtigungsschein der größte Effekt zukommt, weiterhin mit abnehmendem Einfluss der sozialen Lage, dem Migrationshintergrund, dem Alter, der Gruppenzugehörigkeit, der Anzahl an Kindern sowie dem Geschlecht.

McFadden (ohne Gebiet)	0,140
ohne Wohnberechtigungsschein	0,105
ohne soziale Lage	0,124
ohne Migrationshintergrund	0,125
ohne Alter	0,127
ohne Gruppenzugehörigkeit	0,128
ohne Anzahl Kinder	0,131
ohne Geschlecht	0,132

Tab. 35: Semipartieller McFadden einer multinominal log. Regression - AV: Netzwerkcluster

Als Resultat aus den benannten empirischen Ergebnissen ist festzuhalten, dass soziale Kontakte und Netzwerke stark nach *eigenen* sozialstrukturellen Merkmalen und Ressourcen strukturiert sind und nicht durch das Stadtviertel, in dem man wohnt. Netzwerk- bzw. Milieugrenzen scheinen somit einer anderen Logik als einer der Gebietsgrenzen zu folgen. Vor diesem Hintergrund wird allerdings die Problematisierung eines spezifischen Gebietsmilieus zweifelhaft. Außerdem wird durch dieses Ergebnis *das* Gebiet als Ansatzpunkt für professionelles Handeln in Frage gestellt. Es besteht die Gefahr, dass von einer Beschaffenheit eines Gebiets auf einheitliche BewohnerInnen geschlossen wird und somit eine als schwierig zu erachtende Homogenisierung des Sozialraums (vgl. Kessl/Reutlinger 2007: 73ff.) stattfindet. Vor dem Hintergrund der empirischen Tatsache, dass in einem so genannten Brennpunkt auch Menschen mit hoher sozialer Lage leben, und umgekehrt in einem 'reichen' Gebiet auch Menschen mit niedriger sozialer Lage, kann eine solche Beschreibung nicht überzeugen.

Weiterhin ist zu klären, inwiefern dem lokalen Territorium eine zentrale Relevanz für die Sozialisation bzw. das Aufwachsen von Kindern zukommt. Es besteht die These, dass für Eltern mit Kindern der lokale Sozialraum an Relevanz gewinnt. Nichtsdestotrotz zeigen die Netzwerkergebnisse auf, wie stark sich soziale Kontakte entlang soziodemografischer Merkmale strukturieren und nicht entlang lokal-räumlicher Grenzen. Insofern liegt der Schluss nahe, dass die Sozialisationsbedingungen von Kindern und Jugendlichen zum einen durch die Netzwerke der Eltern, zum anderen durch eine ähnliche ,Peer-group' gestaltet werden. Vor dem Hintergrund der hier vorgestellten Ergebnisse scheint eine spezifische Problematisierung eines Gebiets unangemessen, wenn AkteurInnen spezifische Benachteiligungen vielmehr gebietsübergreifend mit anderen ,benachteiligten' AkteurInnen teilen.

4.1.6 Quartierseffekte in der Diskussion

In den vorangehenden Ausführungen wurde die der Communityorientierung zugrunde liegende Annahme einer sozialen und sozialräumlichen Segregation empirisch unter die Lupe genommen. Als Ergebnis dieser Betrachtung lässt sich festhalten, dass sich die (empirischen) Ergebnisse zu einer Steigerung der Segregation, den Konsequenzen von Segregation und zur Angemessenheit der Problematisierung einer Ungleichverteilung von Bevölkerungsgruppen über eine Stadt uneinheitlich darstellen. Vor diesem Hintergrund wurden die unterstellten möglichen Konsequenzen für die materiellen Lebensbedingungen, die politische Repräsentanz, die symbolische Bewertung sowie das soziale Milieu im Quartier genauer geprüft.

Anhand der Einschätzungen verschiedener Gebietsaspekte durch die BewohnerInnen kann ein Handlungsbedarf zur Verbesserung der materiellen Ausstattung in allen drei Gebieten bestimmt werden. Wird unterstellt, dass etwa die

Infrastruktur und eine institutionelle Versorgung tatsächlich gebietsabhängig verfügbar und erreichbar sein soll, so ließe sich an staatliche Institutionen der Anspruch formulieren, dass es in ihren Aufgabenbereich fällt, öffentliche Versorgung *allgemein* zugänglich zu machen. Ferner stellt sich das ‚Image' von Stadtteilen als quartiersabhängig dar. An dieser Stelle muss jedoch offen bleiben bzw. wäre weiter zu klären, inwiefern von einer Stigmatisierung des Wohngebiets tatsächlich nachhaltige Konsequenzen für alle oder bestimmte BewohnerInnen ausgehen und welcher Stellenwert dieser Form der Deklassierung im Vergleich zu anderen alltäglichen Entwürdigungen zukommt. In diesem Zusammenhang sollte mitreflektiert werden, inwiefern Sozialraumprogramme für spezifische ‚benachteiligte' Stadtteile die Stigmatisierung von BewohnerInnen verstärken. Des Weiteren zeigt sich bei einer genaueren Betrachtung der politischen Repräsentanz sowie der Netzwerke der Befragten, dass diese vielmehr von sozialstrukturellen Charakteristika der BewohnerInnen selbst und nicht vom Gebiet abhängig sind. Zwar ist insofern den Einschätzungen von Farwick (2004b: 259) zuzustimmen, dass empirische Ergebnisse zeigen, „dass Beziehungen zu Freunden und Bekannten im Quartier häufig durch Ähnlichkeiten in der Lebenslage zustande kommen [… und] dass Kontakte entstanden seien, weil die entsprechenden Personen ebenfalls arbeitslos seien bzw. Sozialhilfe bezögen". Die Ähnlichkeiten der sozialen Lage scheinen jedoch wirksam zu werden, egal in welchem Gebiet Menschen mit niedriger sozialer Lage wohnen. Von daher ist auch folgende Einschätzung – im Einklang mit der vorliegenden Studie – nicht weiter verwunderlich:

> „Trotz der zunehmenden Bedeutung derartiger Quartiereffekte existieren bisher kaum empirische Untersuchungen, die einen Effekt der räumlichen Konzentration sozialer Probleme im Wohnquartier auf die Lebenslagen der Bewohner empirisch belegen" (Farwick 2004b: 259).

Dementsprechend verwundert die zwar vorsichtige, aber dennoch denkbare Einschätzung von benachteiligenden Quartierseffekten. Es

> „sind Prozesse der Übernahme ‚destruktiver' Handlungsmuster *möglich* (kursiv, SL) [sowie] durch Prozesse sozialen Lernens im Wohnquartier […] aufgrund einer hohen Kontaktdichte *plausibel* (kursiv, SL). Zudem ist von einer stigmatisierenden Wirkung der symbolischen Bedeutung von Armutsquartieren *auszugehen* (kursiv, SL)" (Kapphan 2004: 304f.).

Vor dem Hintergrund der Bedeutung von sozialstrukturellen Charakteristika für die Netzwerke und die politische Beteiligung von AkteurInnen kann auch der Nachweis von Quartierseffekten auf die Armutsdauer von Farwick (2001) in einem anderen Licht gesehen werden. Zwar haben ganze Wohnquartiere zunächst keine Effekte gezeigt, allerdings tritt bei der Betrachtung der kleinräumigeren Ebene von Straßenzügen ein Zusammenhang zwischen zunehmender Konzentration von Armut und der Dauer von Armutslagen zu Tage. Dies geschieht unter Kontrolle individueller Merkmale der Befragten. BewohnerInnen kleinräumiger, sog. ‚Armutsinseln' verblieben vergleichsweise länger in ihrer Situation der Armut, gemessen am Bezug von Sozialhilfe. Jedoch wurden hierbei lediglich das Geschlecht, Alter, die Haushaltsform bzw. der Familienstand, die Nationalität und die Einstiegsursache in den Sozialhilfebezug einer Kontrolle unterzogen. Der Rückgriff auf offizielle Statistiken mag diesen Umstand notwendig gemacht haben. Eine Kontrolle der sozialen Lage, etwa in Bezug auf Bildung und den Berufsstatus oder eine genauere Variable als die Nationalität für vorliegenden Migrationshintergrund, könnte hier möglicherweise den Einfluss des Wohngebiets herausrechnen. So ist es durchaus denkbar, dass in bestimmten Straßenzügen verstärkt Menschen mit speziellen – anderen als den kontrollierten – Merkmalen wohnen.

Diese Einschätzung steht im Einklang mit anderen Ergebnissen in Bezug auf Quartierseffekte, die zu dem Schluss kommen, dass verschiedene Quartierstypen unterschiedlichen Bedürfnissen entgegen kommen, dass angesichts der Heterogenität der BewohnerInnen die Lebensbedingungen im Quartier ambivalent wirken können, nämlich für die einen unterstützend, für die anderen benachteiligend sowie dass Quartiers- und Ausgrenzungserfahrungen in erheblichem Maße voneinander unabhängig sind (vgl. Kronauer 2005). Wohnquartierseffekte zeigten sich somit uneinheitlich (vgl. Kronauer/Vogel 2001). Außerdem wird festgestellt, dass sich Quartierseffekte immer überlagert von sozialen Lageeffekten darstellen. Dieser Befund deckt sich mit den oben präsentierten Ergebnissen.

Insofern bestätigt sich anhand der Ergebnisse aus den Netzwerkdaten die These eines spezifisch benachteiligenden Milieus in einem ‚armen' Gebiet nicht. Die spezifische Koppelung der Problematisierung einer niedrigen sozialen Lage und dem Leben in speziellen Wohnquartieren kann außerdem mit Blick auf die Underclass-Debatte kritisiert werden. So wurde bisher weder die Existenz einer distinkten „Kultur der Armut", einer „Kultur der Abhängigkeit" noch ihrer intergenerationalen Weitervererbung empirisch überzeugend nachgewiesen (vgl. Goetze 1992, Klein/Landhäußer/Ziegler 2005, Heite et al. 2007). Eine fundierte Alternative hierzu könnte eine klassenmilieutheoretische Perspektive in Anlehnung an Michael Vester darstellen (vgl. u.a. In: Vester et al. 2001; Bittlingmayer/Bauer/Ziegler 2005). Diese hat den Vorteil, dass sie die Nachteile rein vertikal, ungleichheitstheoretisch argumentierender Theorien überwindet. Sie verbindet die vertikale Ebene sozialer Ungleichheit mit einer horizontalen Perspektive auf milieuspezifische Lebensführungsweisen, die sich auch auf die Analyse der sozialen Zusammenhänge in Stadtteilen anwenden lässt (vgl. Schwarzer 2004). Eine solche Perspektive geht über ein Gesellschaftsmodell, das lediglich dichotom zwischen Zentrum und einer stadtteilbezogenen Peripherie unterscheidet, weit hinaus.

4.2 Strategien zur Aktivierung von sozialem Kapital

Ihrem Anspruch nach zielt Communityorientierung auf die Verbesserung der materiellen und sozialen Lebensbedingungen der BewohnerInnen eines Stadtteils bzw. der Angehörigen der jeweils anvisierten lokalen Community. Mit Fokus auf die sozialen Lebensbedingungen lassen sich diese sozialen Bedingungen unter dem Stichwort soziales Kapital zusammenfassen. Im Bereich sozialraumorientierter Sozialer Arbeit liegt dabei der Schwerpunkt auf kollektivem Sozialkapital, an dem es den Menschen in ,armen' Stadtteilen mangele und das deshalb mit Hilfe Sozialer Arbeit zu aktivieren sei. Die Strategien, die dabei zum Einsatz kommen, können als Strategien der Solidarisierung, der Informalisierung sowie als Strategie der Individualisierung beschrieben werden. Diese werden im Folgenden mit empirischem Datenmaterial konfrontiert sowie auf ihre Plausibilität hin diskutiert.

4.2.1 Die Strategie der Solidarisierung

Bei der Betrachtung der Maßnahmen zur Solidarisierung, d.h. der Förderung von Solidarität zwischen Menschen, unterscheiden sich die Ansatzpunkte danach, welche Personengruppen miteinander solidarisiert werden sollen. Entsprechend der Diskussion zur Segregation (vgl. Kap. 4.1) bezieht sich Solidarisierung darauf, genau die Personen zusammen zu bringen, die als voneinander segregiert erachtet werden. Lokale Solidarisierung stellt eine zentrale Maßnahme im Rahmen von sozialraumorientierten Vorgehensweisen dar. Diese soll aktiviert bzw. mit Hilfe von Empowerment angeregt werden. Es geht darum, die bereits im Stadtteil vorliegenden Ressourcen zu nutzen. Empowerment-Arbeit zielt darauf, vorhandene Fähigkeiten der Menschen zu kräftigen und Ressourcen freizusetzen (vgl. Herriger 2006a). Auf der sozialräumlichen Ebene bedeutet dies, „die Förderung von kollektiven Ressourcen ,vor Ort'" (Herriger 2006b: 71). Parallel zur Debatte um Segregation (zwischen armen und reichen Menschen) und Exklusion (vgl. 3.3.4) zeigt sich in Bezug auf Solidarisierung ein Widerspruch: Zum einen wird die sozialräumliche Spaltung problematisiert, d.h. die Tatsache, dass in bestimmten Gebieten verstärkt arme und ,benachteiligte' BewohnerInnen leben und von der übrigen Gesellschaft exkludiert seien. Die Solidarität dieser exkludierten Personen wird dabei kritisiert, da sie den Ausschluss von der Mehrheitsgesellschaft verstärke. Zum anderen werden lokale Probleme auf mangelnden Zusammenhalt *im* Stadtteil zurückgeführt. Auf die letzte Form der Problematisierung richtet sich die Maßnahme der Solidarisierung. Es geht also darum, nachbarschaftliche Netzwerke und Solidaritäten gezielt aufzubauen und zu fördern, um damit u.a. das Ziel der lokalen Kriminalprävention zu verfolgen. Dabei findet sich – teilweise in den gleichen Programmen – die Problematisierung dieser Solidarität in der Verbindung mit ihrem Aufbau als Maßnahme (vgl. den Diskurs um eine ‚Underclass' bzw. eine ‚neue Unterschicht' z. B. in Kessl/Reutlinger/-Ziegler 2003).

Auch in der Gemeinwesenarbeitsdiskussion findet sich die Vorstellung der Solidarisierung der ‚benachteiligten' BewohnerInnen. Diese Idee liegt beispielsweise den „reformpädagogisch/integrativen" Ansätzen mit ihrem Ziel der Gemeinwesenintegration zugrunde. Auch im „katalytisch/aktivierenden" Ansatz wird versucht, „die Bevölkerung einer räumlichen Einheit […] zu solidarisieren" (Karas/Hinte 1978: 30). Die „aggressiven/konfliktorientierten" Ansätze gehen zwar von Konflikten zwischen den Besitzenden und den Machtlosen aus. Verbünden sollen sich jedoch die Machtlosen untereinander, um deren potenzielle gemeinsame Gegenmacht zusammenzufassen. Im Rahmen der Milieuarbeit steht zwar gegenseitige Unterstützung, nicht aber der dezidiert kollektive Zusammenhalt im Vordergrund. Der konservativ/wohlfahrtsstaatliche Ansatz argumentiert vorwiegend auf institutioneller Ebene, so dass auch hier die Solidarisierung der BewohnerInnen nicht berücksichtigt wird. Ferner steht im Rahmen des Arbeitsprinzips Gemeinwesenarbeit, der Stadtteilorientierten Sozialen Arbeit, dem Quartiersmanagement sowie der Gemeinwesenorientierung eine explizit lokale, kollektive Solidarisierung nicht auf dem Programm. Von daher stellt die Solidarisierung eher ein Element der früheren Ansätze von Gemeinwesenarbeit (GWA) dar. In der Settlementarbeit stellt die Aktivierung lokalen Zusammenhalts ebenfalls nicht die Methode der Wahl dar. Der Unterschied zwischen der Solidarisierung in der GWA und in sozialraumorientierten Ansätzen besteht darin, dass es sich im einen Fall um eine ‚top-down' und im anderen um eine ‚bottom-up' Strategie handelt. In der GWA wird Gegenmacht zu bestehenden Strukturen aufgebaut sowie versucht, gemeinsam und solidarisch die Lebensbedingungen im Stadtteil zu verbessern. ‚Benachteiligte' Menschen werden untereinander in einer ‚bottom-up' Strategie vernetzt. In spezifischen Lesarten einer sozialraumorientierten Vorgehensweise steht Solidarisierung als ‚top-down' Strategie im Vordergrund. Hier herrscht das Motto „Der Staat verordnet die Zivilgesellschaft" wie dies Stephan Lanz (2000) mit einem Aufsatztitel auf den Punkt bringt.

Anhand der Daten aus dem Sozialkapitalprojekt „Räumlichkeit und soziales Kapital in der Sozialen Arbeit. Zur Governance des sozialen Raums" werden zur Erfassung des kollektiven Sozialkapitals drei Hauptkomponenten gebildet: ‚LIF'[63] (‚Local Involvement Factor'), ‚Solidarität'[64] und (negativ-kodiert) ‚Konflikt'[65], als Hinweis auf die Abwesenheit von Solidarität. ‚LIF' beschreibt die eigene Eingebundenheit in den Stadtteil. ‚Solidarität' und ‚Konflikt' stellen Einschätzungen zum Verhältnis der NachbarInnen untereinander dar. Im Folgenden wird die Frage gestellt, wie ‚lokale Einbindung', ‚Solidarität' und ‚Konflikt' als kollektive Aspekte im Verhältnis zu individuellen Ressourcen stehen. Anschließend wird die ‚lokale Eingebundenheit' als persönliches Verhältnis zum Stadtteil genauer betrachtet. Hierbei steht im Zentrum, welche BewohnerInnen in welchem Gebiet verstärkt in lokale Bezüge eingebettet sind.

Das Verhältnis von kollektivem und individuellem Sozialkapital
Zur Klärung der Frage, ob kollektiver Zusammenhalt auch auf einer individuellen Ebene Ressourcen eröffnet, werden die Variablen für kollektives Sozialkapital (Solidarität, Konflikt und LIF) zu verschiedenen Komponenten des Ressourcengenerators (vgl. 4.1.5.1) in Beziehung gesetzt. Der Schwerpunkt wird auf die Ressourcenquelle der Freunde und Bekannten gelegt, da nur diese durch stadtteilspezifische Charakteristika beeinflusst werden können. Familie und Verwandte stellen primordiale Bande dar, die unabhängig vom eigenen Wohngebiet bestehen. Lediglich die mögliche ‚Alltagshilfe von der Familie und von Verwandten' könnte durch den Stadtteil beeinflusst sein, da Alltagshilfe weniger individuelle Merkmale der NetzwerkpartnerInnen als vielmehr die Potenzialität einer Hilfeleistung ausdrückt. Diese könnte von der physischen Nähe der Kon-

---

63   Die Hauptkomponente wurde gebildet aus den Antworten zu den drei Fragen: „Wie weit stimmen Sie folgender Aussage zu: ‚Ich fühle mich in [Ort] ‚zu Hause'?' Stimmen Sie dieser Aussage … voll zu, eher zu, eher nicht zu, gar nicht zu?"; „Wenn Sie in [Ort] unterwegs sind, z.B. einkaufen oder spazieren gehen, wie wahrscheinlich oder unwahrscheinlich ist es, dass Sie dabei dann Freunde und Bekannte treffen? Ist es … sehr wahrscheinlich, eher wahrscheinlich, eher unwahrscheinlich, sehr unwahrscheinlich?"; „Wenn Sie jetzt an Ihre Rolle in Ihrer Nachbarschaft denken, wie beurteilen Sie folgende Aussage: ‚Ich bin ein wichtiger Teil meiner Nachbarschaft." Stimmen Sie dieser Aussage … voll zu, eher zu, eher nicht zu, gar nicht zu?"

64   Die Hauptkomponente wurde gebildet aus den Antworten zu den drei Fragen: Treffen die folgenden Aussagen Ihrer Ansicht nach auf die Menschen in Ihrer Nachbarschaft voll zu, eher zu, treffen sie eher nicht zu oder gar nicht zu? „Die Menschen hier helfen sich gegenseitig.", „Hier kennen sich die Menschen gut." und „Die Menschen hier halten zusammen."

65   Die Hauptkomponente wurde gebildet aus den Antworten zu den drei Fragen: Treffen die folgenden Aussagen Ihrer Ansicht nach auf die Menschen in Ihrer Nachbarschaft voll zu, eher zu, treffen sie eher nicht zu oder gar nicht zu? „Die Menschen hier kommen schlecht miteinander aus.", „Die Menschen hier haben keine gemeinsamen Werte." und „Die Menschen hier haben keinen Respekt vor Gesetz und Ordnung."

takte abhängen. Sie würde sich dann in einem Zusammenhang zwischen der
‚Alltagshilfe durch Verwandte bzw. Familie' und der ‚Solidarität', dem ‚Konflikt' und der ‚eigenen Eingebundenheit im Stadtteil' ausdrücken. Zunächst wird dieser Zusammenhang für das ursprüngliche Untersuchungsgebiet, d.h. das ‚arme' und das ‚durchschnittliche' Gebiet, geprüft. Hierbei fällt auf, dass sich das individuelle und das kollektive Sozialkapital als relativ unabhängig voneinander erweisen. Die überwiegende Zahl der Korrelationskoeffizienten ist nicht signifikant und verschwindend niedrig (vgl. Landhäußer/Micheel 2005). Die einzig signifikanten, wenn auch sehr geringen Zusammenhänge zeigen sich zur ‚Alltagshilfe von Bekannten und Verwandten' und zu „marginalisierten" Freunden'.

Korrelation (Pearson)	Alltags- hilfe Bekannte	ressour- censtarke Bekannte	„marginali- sierte" Bekannte	Alltags- hilfe Freunde	ressour- censtarke Freunde	Freunde mit spez. Fähig- keiten
Solidarität	,156**	,055	,011	-,003	,075	,031
Konflikt	-,065	-,028	,058	,007	-,063	-,089*
LIF	,033	-,003	-,035	,004	-,042	,014

Tab. 36:   Korrelation - Kollektives * individuelles Sozialkapital, N=491

Korrelation (Pearson)	„marginali- sierte" Freunde	Alltags- hilfe Familie	Alltags- hilfe Verwandte	Positio- nen Menge	Positio- nen Schnitt	Positio- nen Breite
Solidarität	-,062	,075	-,047	,089*	,062	-,018
Konflikt	,114*	,054	-,097*	-,027	-,042	-,006
LIF	-,068	-,035	-,074	,021	018	-,021

Tab. 37:   Korrelation - Kollektives * individuelles Sozialkapital, N=491

In einem nächsten Schritt finden alle 646 Befragten Berücksichtigung und die Zusammenhänge werden erneut geprüft. Hierbei zeigen sich etwas mehr signifikante, wenn auch niedrige Korrelationen. Es ist auffällig, dass – wenn Zusammenhänge bestehen – die Werte des individuellen Sozialkapitals dann mit der Abwesenheit von ‚Konflikt' in Verbindung stehen. ‚LIF' spielt weiterhin keine Rolle. ‚Solidarität' korreliert nur in einem Fall, bei der ‚Alltagshilfe von Bekannten (B.)', positiv. Die Wahrnehmung von ‚Konflikt' hängt hingegen positiv mit „marginalisierten" Freunden' und ‚Alltagshilfe aus der Familie (Fam.)' zusammen. Negative Korrelationen treten zu ‚ressourcenstarken Bekannten und Freunden (Fr.)' sowie zu ‚Freunden mit spezifischen Fähigkeiten' und der ‚Menge' und dem ‚Schnitt' im Positionengenerator auf. Insofern scheint hier – wenn überhaupt – der Konfliktträchtigkeit, nicht jedoch der ‚lokalen Eingebundenheit' oder der ‚Solidarität' im Stadtteil, eine Bedeutung zuzukommen. Die Ressourcen, die dabei stärker auf ein ‚Weiterkommen' (‚ressourcenstarke', statushohe Personen und ‚Menschen mit spezifischen Fähigkeiten') im Sinne der Eröffnung zusätzlicher Ressourcen hindeuten und weniger auf ein ‚alltägliches Zurechtkommen' (‚Alltagshilfe') oder „Marginalisierung" verweisen, hängen mit der *Ab*wesenheit von ‚Konflikt' zusammen.

Korrelation (Pearson)	Alltags-hilfe B.	ressour-cen-starke B.	‚mar-ginali-sierte' B.	All-tags-hilfe V.	All-tags-hilfe Fr.	ressour-censtarke Fr.	Fr. mit spez. Fähig-keiten
LIF	,077	,071	-,053	-,055	,026	,037	,056
Konflikt	-,086*	-,140**	,066	-,061	-,044	-,188**	-,146**
Solidarität	,140**	,039	,016	-,059	,013	,038	-,013

Tab. 38:　Korrelation - Individuelles * kollektives Sozialkapital, N=646

Korrelation (Pearson)	‚marginali-sierte' Fr.	Alltags-hilfe Fam.	Positionen Menge	Positionen Schnitt	Positionen Breite
LIF	-,075	-,038	,066	,039	-,017
Konflikt	,121**	,113**	-,133**	-,206**	,014
Solidarität	-,027	,064	,068	-,000	,014

Tab. 39:　Korrelation - Kollektives Sozialkapital * Positionengenerator, N=646

Im Folgenden werden die Zusammenhänge zwischen den Werten des kollektiven und des individuellen Sozialkapitals, aufgeteilt nach der sozialen Lage, in den Fokus gerückt. Es kommt zum Ausdruck, dass individuelles und kollektives Sozialkapital insbesondere für Menschen mit niedriger sozialer Lage voneinander unabhängig sind. Zu den Werten des Positionengenerators finden sich keine signifikanten Zusammenhänge. Hinsichtlich der Komponenten des Ressourcengenerators korreliert die Abwesenheit von ‚Konflikt' mit der ‚Alltagshilfe von Verwandten' und ‚Solidarität' mit ‚Alltagshilfe aus der Familie'.

　　Anders verhält es sich bei mittlerer sozialer Lage: Hier hängen ‚LIF' und ‚Solidarität' positiv und ‚Konflikt' negativ mit der ‚Menge' und dem ‚Schnitt' des Positionengenerators zusammen. Bei den Komponenten des Ressourcengenerators zeigen sich vereinzelte, geringe, signifikante Zusammenhänge bezüglich

‚familiärer Alltagshilfe' (bei ‚LIF') und ‚Alltagshilfe durch Bekannte' (bei ‚Solidarität') sowie „„marginalisierten" Freunden' und ‚Bekannten' (bei ‚Konflikt').

Korrelation (Pearson)		Positionen Menge	Positionen Schnitt	Positionen Breite
niedrige soziale Lage N=178	LIF	,055	,061	,092
	Konflikt	,017	-,042	,009
	Solidarität	,033	-,107	,098
mittlere soziale Lage N=187	LIF	,168*	,155*	,026
	Konflikt	-,046	-,148*	-,026
	Solidarität	,174*	,137	,059
hohe soziale Lage N=278	LIF	,115	,078	,019
	Konflikt	-,134*	-,239**	,086
	Solidarität	,105	-,103	,086

Tab. 40:   Korrelation - Kollektives Sozialkapital * Positionengenerator aufgeteilt nach der sozialen Lage

Bei hoher sozialer Lage sind die Zusammenhänge vergleichbar mit denen bei allen Befragten: Die Abwesenheit von ‚Konflikt' korreliert mit einer größeren ‚Menge' und einem höheren ‚Schnitt'. Auch bei den Werten des Ressourcengenerators spielt der ‚Konflikt' von allen drei Variablen die größte Rolle. So hängt wenig ‚Konflikt' mit mehr ‚familiärer und bekanntschaftlicher Alltagshilfe', ‚ressourcenstarken Freunden' und ‚Freunden mit spezifischen Fähigkeiten' zusammen. Die ‚Alltagshilfe von Bekannten' korreliert sogar mit allen drei Variablen kollektiven Sozialkapitals. Darüber hinaus tritt ein Zusammenhang zwischen ‚LIF' und ‚Freunden mit spezifischen Fähigkeiten' auf.

Betrachtet man die Beziehungen zu den Werten des Positionengenerators gebietsspezifisch, so zeigen sich – analog zur niedrigen sozialen Lage – für das ‚arme' Gebiet keine signifikanten Zusammenhänge. Geringe Zusammenhänge (zwischen .100 und .200) zeigen sich zur ‚Alltagshilfe von Verwandten' (mit ‚LIF' und ‚Konflikt') und ‚Bekannten' (mit ‚Solidarität') sowie zu „„marginalisierten" Bekannten' (mit Solidarität). Im ‚durchschnittlichen' Gebiet hängt ‚Solidarität' positiv mit der ‚Breite' an Positionen zusammen. Außerdem ergibt sich ein Zusammenhang zwischen ‚Konflikt' und ‚Freunden mit spezifischen Fähigkeiten' sowie zwischen ‚LIF' und der ‚Alltagshilfe von Freunden'. Im ‚reichen' Gebiet korreliert ‚Solidarität' positiv mit dem ‚Schnitt an Positionen, ‚LIF' mit der ‚Alltagshilfe von Bekannten' und ‚Konflikt' positiv mit ‚familiärer' (.211) und negativ mit ‚verwandtschaftlicher Alltagshilfe' (-.204).

Korrelation (Pearson)		Positionen Menge	Positionen Schnitt	Positionen Breite
‚armes' Gebiet N=286	LIF	,054	,098	,025
	Konflikt	-,047	-,080	-,035
	Solidarität	-,028	-,039	-,054
‚mittleres' Gebiet N=205	LIF	-,082	-,042	,011
	Konflikt	,016	,113	,079
	Solidarität	-,096	-,002	,138*
‚reiches' Gebiet N=152	LIF	-,057	,017	-,016
	Konflikt	,017	,132	-,063
	Solidarität	-,016	,211**	-,156

Tab. 41:   Korrelation - Kollektives Sozialkapital * Positionengenerator aufgeteilt nach Gebiet

Im Rahmen des Gebietsvergleichs lässt sich festhalten, dass – trotz der gebiets-spezifisch unterschiedlichen Ausprägung von ‚Solidarität', ‚Konflikt' und ‚LIF' – kaum Gebietsunterschiede bei den Zusammenhängen zwischen kollekti-vem Sozialkapital und individuellen Ressourcen auftreten. Niedrige Korrelatio-nen finden sich in Bezug auf ‚Alltagshilfe', wobei diese im ‚reichen' Gebiet gegenläufig ausfallen. Deutlichere Unterschiede zeigen sich hinsichtlich der sozialen Lage: Für Personen mit niedriger sozialer Lage ergeben sich kaum Zu-sammenhänge, mit der Ausnahme von ‚familiärer und verwandtschaftlicher Alltagshilfe'. Bei Befragten mit mittlerer sozialer Lage schlagen sich geringe Zusammenhänge bezüglich ‚LIF', ‚Solidarität' und ‚Konflikt' nieder, d.h. Be-fragte, die mehr von ‚Solidarität' und ‚LIF' sowie weniger von ‚Konflikt' berich-ten, weisen mehr individuelle Zugänge auf. Dies betrifft Kontakte zu Menschen mit hohem Berufsstatus sowie zu Personen, die ‚Alltagshilfe' leisten können und „marginalisiert" sind. Für Menschen mit hoher sozialer Lage korreliert der Posi-tionengenerator vorwiegend mit der Kategorie ‚Konflikt'. Je weniger von ‚Kon-flikt' berichtet wird, umso mehr individuelles Sozialkapital in Bezug auf den Berufsstatus, ‚Ressourcenstärke', ‚spezifische Fähigkeiten' und ‚Alltagshilfe' liegt vor.

　　　Dieses Ergebnis kann bestätigt werden, wenn der Einfluss von ‚LIF', ‚Soli-darität' und ‚Konflikt' auf die Ausprägung der individuellen Netzwerke anhand der Clusterbildung überprüft wird. Hierzu wird eine ‚multinomial logistische Regression' herangezogen, in der die sieben Cluster als abhängige Variablen, die Komponenten ‚LIF', ‚Solidarität' und ‚Konflikt' als unabhängige Faktoren fungieren. In einer ersten Regression mit den 491 Befragten des ursprünglichen Untersuchungsgebietes kommt zum Vorschein, dass den drei unabhängigen Variablen kein signifikanter Einfluss auf die Bildung der Netzwerkcluster zukommt.

Effekt	Kriterien für die Modellanpassung	Likelihood-Quotienten-Tests		
	-2 Log-Likelihood für reduziertes Modell	Chi-Quadrat	Freiheits-grade	Signifi-kanz
Konstanter Term	1856,515	42,192	6	,000
LIF	1818,006	3,683	6	,720
Konflikt	1820,162	5,839	6	,441
Solidarität	1818,614	4,291	6	,637

Tab. 42:   Likelihood-Quotienten-Test einer multinomial log. Regression - AV: Netzwerkecluster, N=491

In einem nächsten Schritt werden die gleichen Zusammenhänge für alle Befragten (n=646) überprüft. Hierbei wird der Einfluss der Variable ‚Konflikt' signifikant. Dieses Ergebnis korrespondiert mit den bisher dargestellten Resultaten, bei denen die größten Zusammenhänge zwischen individuellem Sozialkapital und ‚Konflikt' auftreten. Diese Verbindung existiert insbesondere für Menschen mit höherer sozialer Lage, von daher ist es plausibel, dass dieser Zusammenhang erst durch Hinzunahme des ‚reichen' Gebiets signifikant wird.

Effekt	Kriterien für die Modellanpassung	Likelihood-Quotienten-Tests		
	-2 Log-Likelihood für reduziertes Modell	Chi-Quadrat	Freiheitsgra-de	Signifi-kanz
Konstanter Term	2355,750	75,667	6	,000
LIF	2282,174	2,091	6	,911
Konflikt	2312,540	32,458	6	,000
Solidarität	2283,650	3,568	6	,735

Tab. 43:   Likelihood-Quotienten-Test einer multinomial log. Regression - AV: Netzwerkcluster, N=646

Zusammenfassend lässt sich als Ergebnis festhalten, dass kollektives Sozialkapital tendenziell kaum zusätzliche individuelle Ressourcen zu eröffnen scheint.

Dieses Resultat ist unabhängig davon, ob Menschen in einem ‚armen', einem ‚durchschnittlichen' oder einem ‚reichen' Gebiet wohnen. Die einzig deutlichen Zusammenhänge zeigen sich für Menschen mit höherer sozialer Lage. Hier hängen individuelle Ressourcen vorwiegend mit der Abwesenheit von ‚Konflikt' und weniger mit ‚Solidarität' oder ‚lokaler Eingebundenheit' zusammen. Wird weniger von ‚Konflikt' berichtet, so zeigen sich für wohlhabende Menschen deutlich mehr Zugänge in verschiedener Hinsicht. Im Unterschied hierzu ergeben sich für Menschen in niedriger sozialer Lage mit kollektivem Sozialkapital eher Zugänge zu Alltagshilfe. Dies verweist auf die Differenz zwischen Zugänge, die ein ‚Weiterkommen' eröffnen und Beziehungen, die ein ‚alltägliches Zurechtkommen' ermöglichen können. Im Vergleich aller Befragten hängt die Abwesenheit von Konflikt eher mit ‚ressourcenstarken' und statushohen Zugängen in Verbindung. Diese Bedeutung der Abwesenheit von Konflikt kann in Anlehnung an Jan Willem Duyvendak (2004) als ‚wohlwollende Ignoranz' beschrieben werden. Er wirft die Frage auf, ob es für Quartiersansätze – statt dem Ziel der Solidarisierung von BewohnerInnen – nicht angemessener ist, darauf hinzuwirken, dass alle BewohnerInnen miteinander *auskommen*. Sie müssen deshalb *keine* Freunde sein, die untereinander in lokaler Solidarität verbunden sind.

Einbindung in den Stadtteil
Im Folgenden wird die individuelle ‚lokale Einbettung' genauer betrachtet, d.h. es wird die Frage gestellt, wer von den Befragten sich in welchem Gebiet kollektiv eingebunden fühlt. Kollektive Einbindung kann parallel zur Betonung von Kontakt und Austausch in der Settlementarbeit gelesen werden. Im Kontext der Entstaatlichungsdebatte findet ein Verweis auf „Geborgenheit" als Element sozialer Sicherheit und als staatlich zu unterstützende Aufgabe (vgl. Strasser 1979) statt. Sowohl Kontakt und Austausch als auch Geborgenheit ist zwar nicht notwendigerweise auf der lokalen Ebene herzustellen, aber sie könnte einen Ort darstellen, wo face-to-face Kontakte aufgrund der räumlichen Nähe gut möglich sind. Auch in der Bandbreite an Ansätzen zur Gemeinwesenarbeit wird an vielen Stellen die Unterminierung von Gemeinschaftserleben und sozialer Einbindung u.a. durch Stadtentwicklungs-, Individualisierungs- und Modernisierungsprozesse hervorgehoben. Brian Nolan und Chris Whelan (2000: 7) verweisen in Bezug auf soziale Exklusion allgemein auf die „coincidence of marginal economic position and social isolation". Vor diesem Hintergrund wird im Folgenden die empirische Datenlage zu dem Problem sozialer Isolation in den Blick genommen. Hierzu wird zunächst die Äußerung eines Kontaktwunsches zu KollegInnen und NachbarInnen auf ihre Abhängigkeit von soziodemografischen Merkmalen und dem Gebiet untersucht. Einbezogen werden die Variablen Geschlecht,

Alter, soziale Lage, Migrationshintergrund und Gebiet. Der Wunsch nach mehr KollegInnenkontakt zeigt sich abhängig von der sozialen Lage und vom Alter. Mehr Kontakt zu den NachbarInnen zu wollen, ist von einem Migrationshintergrund beeinflusst. Beide treten jedoch unabhängig vom Wohngebiet auf.

	Standardisierte Koeffizienten Beta	
	Kontaktwunsch KollegInnen [66]	**Kontaktwunsch NachbarInnen** [67]
(Konstante)		
soziale Lage	,154**	--
Alter	,218**	--
Migrationshintergrund	--	-,184**

Tab. 44: Lineare Regression – AV: Kontaktwunsch KollegInnen, Kontaktwunsch NachbarInnen, N=646

Ferner kann der Umstand, dass Verwandte und Freunde im Stadtteil leben, in Richtung einer geringeren Isolation und größeren lokalen Einbettung interpretiert werden. Auch diese sind nicht abhängig von Wohngebiet.

	,Verwandte im Stadt- teil' [68]	**,Freunde im Stadt- teil'** [69]
(Konstante)		
soziale Lage	,106**	-,083
Migrationshintergrund	-,216**	-,086*
Alter	--	,106*
,reiches' Gebiet vs. übrige Gebiete	--	--
,armes' Gebiet vs. übrige Gebiete	--	--

Tab. 45: Lineare Regression - AV: Kontakte im Stadtteil, N=646

---

66 Fragetext: „Stimmen Sie folgenden Aussagen voll zu, eher zu, stimmen Sie eher nicht zu oder gar nicht zu? Ich hätte gerne mehr Kontakt zu meinen Kollegen."
67 Fragetext: „Stimmen Sie folgenden Aussagen voll zu, eher zu, stimmen Sie eher nicht zu oder gar nicht zu? Ich hätte gerne mehr Kontakt zu meinen Nachbarn."
68 Fragetext: „Wenn Sie jetzt mal an [Ort] denken, sagen Sie mir doch bitte, ob Sie folgenden Aussagen voll zustimmen, eher zustimmen, eher nicht zustimmen oder gar nicht zustimmen: Meine Verwandten wohnen in [Ort]."
69 Fragetext: „Wenn Sie jetzt mal an [Ort] denken, sagen Sie mir doch bitte, ob Sie folgenden Aussagen voll zustimmen, eher zustimmen, eher nicht zustimmen oder gar nicht zustimmen: Meine Freunde wohnen in [Ort]."

Bezogen auf die Frage, sich einsam zu fühlen[70], erleben signifikant mehr Menschen im ‚armen' Gebiet Einsamkeit als in den übrigen Gebieten. Dieser Einfluss bleibt unter Einbezug von soziodemografischen Variablen (Geschlecht, soziale Lage, Migrationshintergrund, Alter) erhalten. Er wird allerdings nicht signifikant, wenn die Items ‚Wohnberechtigungsschein' und ‚MieterIn vs. EigentümerIn der aktuellen Wohnung' aufgenommen werden. Dies kann als Hinweis gelesen werden, dass Einsamkeit nicht linear mit sinkender sozialer Lage steigt, aber doch mit niedriger sozialer Lage in Beziehung steht.

In einem weiteren Schritt wird die lokale Eingebundenheit in den Fokus gerückt. Robert Sampson (1991) macht hauptsächlich die Wohndauer als Einflussfaktor für das soziale Zusammenleben in einer Community, z.B. für Freundschaften, lokale Gefühle, Teilnahme an lokalen Angelegenheiten, etc. aus. Diese Wirkung bestehe unabhängig von individuellen soziodemografischen Variablen. Analog hierzu zeigt sich anhand der Projektdaten, dass ‚LIF' tatsächlich in höchstem Maße von der ‚individuellen Wohndauer im Stadtteil' beeinflusst ist. Weiterhin spielt die ‚Dauer in der aktuellen Wohnung' eine Rolle. Zwar signifikant, aber doch eher geringe Wirkung zeigt die Zugehörigkeit zum ‚reichen' Gebiet im Vergleich zu den übrigen Gebieten und ‚MieterIn oder EigentümerIn der aktuellen Wohnung' zu sein. Die ‚individuelle Wohndauer' ist jedoch gebietsspezifisch sehr unterschiedlich. Sie steigt mit zunehmendem Wohlstand des Gebiets an.

	Standardisierte Koeffizienten Beta
(Konstante)	
‚reiches' Gebiet vs. übrige Gebiete	-,106**
Wohndauer in der aktuellen Wohnung	,148*
Wohndauer im Stadtteil	-,306**
MieterIn oder EigentümerIn der Wohnung	-,102*

Tab. 46:　Lineare Regression - AV: LIF, N=646

Anhand der Interpretation der Ergebnisse wird deutlich, dass kollektiver Zusammenhalt und Eingebundenheit für Akteure nicht mit zusätzlichen individuellen Ressourcen einhergeht. Darüber hinaus ist soziale und lokale Eingebundenheit nicht bzw. nur sehr marginal vom Wohnen in einem ‚armen', ‚durchschnittlichen' oder einem ‚reichen' Gebiet abhängig. Beziehungen und Kontakte sind

---

70　Fragetext: „Stimmen Sie folgenden Aussagen voll zu, eher zu, stimmen Sie eher nicht zu oder gar nicht zu? Ich fühle mich oft einsam."

eher von soziodemografischen Merkmalen beeinflusst. Geringe Gebietsunterschiede, die sich zeigen, unterscheiden das ‚reiche' Gebiet von den übrigen und nicht das ‚arme'. Die Eingebundenheit in den lokalen Zusammenhang ist in hohem Maße davon beeinflusst, wie lange BewohnerInnen bereits im Gebiet leben. Diese Wohndauer variiert jedoch gebietsspezifisch recht deutlich. Im ‚reichen' und im ‚durchschnittlichen' Gebiet leben viele BewohnerInnen bereits deutlich länger als im ‚armen' Gebiet. Dies mag mit der höheren Zahl an Wohnungs- und HauseigentümerInnen in Zusammenhang stehen, da ein solcher Besitz Menschen lokal stärker bindet als ein Mietverhältnis.

4.2.2 Die Strategie der Informalisierung

Im Rahmen von Communityorientierung stellt eine Orientierung an den Selbsthilfekräften der betroffenen Menschen und an ihren informellen Netzwerken ein wichtiges Element der eingesetzten Maßnahmen dar. In der Settlementarbeit findet eine Verlagerung in informelle Netzwerke und Selbsthilfekräfte weniger Berücksichtigung, wenn es eher um quasi ‚professionelle' Angebote von Seiten der SettlerInnen geht. Im Rahmen von sozialraumorientierten Vorgehensweisen hingegen spielt „Hilfe zur Selbsthilfe" und die Aktivierung von Solidarität und Unterstützungsnetzwerken zwischen den BewohnerInnen eines Stadtteils eine tragende Rolle. Im Rahmen der GWA tritt – analog zum gesellschaftlichen Kontext, in den sich diese als eingebettet erweist (vgl. Kap. 3.2.1) – eine staats- und professionellenkritische Haltung zutage. Die staatskritische Einstellung findet sich stärker in den frühen Ansätzen, weniger in der Gemeinwesenorientierung im Kontext lokaler Sozialpolitik und verändert in der Weiterentwicklung zur SSA und zum QM. Hier werden staatliche Institutionen nicht mehr prinzipiell skeptisch beurteilt, sondern vielmehr eine Zusammenarbeit und ein Austausch aller Beteiligten angestrebt. Ein Fokus auf informelle Selbsthilfe findet sich jedoch in allen Ansätzen. Dies geht häufig mit einer Kritik an expertokratischen ‚Top-Down' Maßnahmen einher. Außerdem gewinnt sie in einer Zeit an Bedeutung, in der Selbsthilfe und Selbsthilfegruppen eine große Aufmerksamkeit zukommt. Die Selbsthilfebewegung breitet sich – insbesondere seit den 1970er Jahren – weiter aus und wurde u.a. von dem Wunsch getragen, seelische Notlagen kollektiv leichter ertragen zu wollen und eine größere Autonomie der Betroffenen zu erzielen (vgl. Schwendter 1989). Die von Selbsthilfegruppen angebotenen Leistungen stellen u.a. folgende dar: das Gefühl, in der Gruppe ernst genommen zu werden, aus der eigenen Isolation mit dem Problem heraus zu treten, umsetzungsfähige Hilfe und Informationen zu bekommen sowie an Selbstbewusstsein und Kraft zuzunehmen. Mögliche Anlässe, aus denen Menschen sich an eine

Selbsthilfegruppe wenden, können physische Probleme, Einsamkeit, das Gefühl von Machtlosigkeit, Zerrissenheit und Isolation, als Reaktion auf den Verlust von sozialen Beziehungen, Misstrauen gegenüber Professionellen sowie Ängste, Minderwertigkeitsgefühle und Depressionen sein (vgl. Itzwerth 1989).

In Bezug auf diesen Ansatzpunkt im Rahmen professioneller Sozialer Arbeit zeigt sich jedoch der gleiche Unterschied wie bei der Maßnahme der Solidarisierung von betroffenen Menschen: In der Gemeinwesenarbeit stellt Selbsthilfe eher eine staatsunabhängige, kollektive Lösung von Problemen im Sinne einer Strategie ‚von unten' dar. Im Kontext der dominanten Sozialraumorientierung hingegen geschieht in umgekehrter Richtung, dass zunächst in staatlicher Verantwortung verortete Aufgaben an die Betroffenen abgegeben werden sollen. Gleichzeitig findet eine Responsibilisierung in Bezug auf die vorliegenden Schwierigkeiten statt, wenn eine vernachlässigte Pflicht zur Selbsthilfe in den Verantwortungsbereich der Menschen hineingelegt wird. Eine ähnliche Ambiguität sagen Thomas Olk und Rolf G. Heinze (1989: 234) der Selbsthilfebewegung allgemein nach: sie sei sowohl von oben als auch von unten entstanden: von unten um sich gegen Expertokratie und Bevormundung zu wehren, Graswurzeldemokratie zu befördern und eine Unzufriedenheit mit staatlichen Leistungen auszudrücken. Von oben sei sie als eine ordnungspolitische Strategie der zukünftigen Gestaltung des Wohlfahrtsstaates, der Bearbeitung von Steuerungsproblemen und der Gestaltung nach dem Subsidiaritätsprinzip aufgegriffen worden.

Kritisch betrachtet werden angenommene Merkmale wie etwa ihre schwere Erreichbarkeit aufgrund mangelnder Außendarstellung, die rigide Sozialkontrolle, autoritäre Führungsstrukturen, die Selektivität des Zugangs, die Homogenität der TeilnehmerInnen, da eine Konformität mit Gruppennormen notwendig ist sowie das Gebundensein an bestimmte Persönlichkeitsmerkmale und Sozialisationserfahrungen, um in dem Gruppenablauf den Regeln entsprechend mitmachen und davon profitieren zu können (vgl. Olk/Heinze 1989: 248f.). Außerdem ist Selbsthilfegruppen das Problem der Responsibilisierung inhärent, da Menschen für ihre Problemlösung sowie ihr Scheitern selbst verantwortlich gezeichnet werden und ein „blaming the victim" nahe liegt. Dieses Problem spitzt sich zu, wenn Selbsthilfe als ‚top-down' Strategie angewandt wird. Hier geht Responsibilisierung für die eigenen Probleme schnell mit einer Zurücknahme der staatlichen Verantwortung und einer Absage an strukturelle Verursachungszusammenhänge einher. Damit bleiben Betroffene – häufig ohne Alternativlösung – verstärkt sich selbst überlassen.

Die in Selbsthilfegruppen organisierten Personen stellen überwiegend Frauen, kaum ArbeiterInnen, Menschen mit einem relativ hohen Bildungsniveau, einem mittleren Alter sowie überwiegend Mittelschichtsangehörige dar (vgl. Itzwerth 1989). Auch Norbert Brömme und Hermann Strasser (2001) kommen in

Bezug auf neue soziale Bewegungen unter Rückgriff auf die Allbus-Daten zwischen 1980 und 1996 – auf Männer und Westdeutschland begrenzt – zu dem Schluss, dass Angehörige mit höherer sozialer Lage etwa bei Bürgerinitiativen, Tauschringen, Nachbarschaftszentren, Selbsthilfegruppen und Umweltinitiativen überrepräsentiert sind. Besonders auffällig gestalte sich der Zusammenhang zum Bildungsabschluss (vgl. Brömme/Strasser 2001: 10). Bei einem differenzierteren Blick zeige sich dieser Zusammenhang allerdings bei Wohlfahrtsverbänden und kirchlichen Vereinigungen nicht, d.h. hier kommen Menschen eher bildungsübergreifend zusammen. Außerdem finde sich in den Gewerkschaften die umgekehrte Neigung, dass Menschen mit FH und Uni-Abschluss unterrepräsentiert seien. Diese Tendenz habe sich zumindest zwischen 1980 und 1996 nicht verändert. Gleichzeitig ist ein Rückgang von Mitgliedschaften in klassischen Organisationen sozialer und politischer Teilhabe wie Gewerkschaften, Kirchen, Wohlfahrtsverbänden, Parteien etc., also den Organisationen, in denen klassischerweise noch eher Menschen mit niedrigerer sozialer Lage vertreten sind, zu beobachten. Hingegen habe eine Zunahme der Teilnahme in kleineren, selbstorganisierten und projektorientierten Vereinigungen wie Selbsthilfegruppen, Tauschringen und Bürgerinitiativen stattgefunden. Insgesamt zeige sich vor diesem Hintergrund ein sozialstrukturell ungleich verteilter Rückgang bei bürgerschaftlichem Engagement und eine Ausweitung der Diskrepanz zwischen verschiedenen Bevölkerungsgruppen hinsichtlich bürgerschaftlichen Engagements (vgl. Brömme/Strasser 2001). Bei einem Blick auf die Frage, welche Netzwerkcluster in hohem Maße in Gruppen und Vereinen assoziiert sind, stellt sich heraus, dass dies – mit Abstand – Cluster 1 und Cluster 2, d.h. die beiden Gruppen mit der höchsten sozialen Lage, sind. Zwischen den Clustern 3-7 zeigt sich entlang der sozialen Lage kein linearer Zusammenhang.

		Netzwerkcluster							Ge-samt
		1	2	3	4	5	6	7	
keine Gruppe	% von Netzwerkcluster (Anzahl)	23,9 (27)	30,4 (48)	58,2 (39)	53,9 (62)	53,9 (62)	64,4 (38)	53,9 (62)	46,8 (301)
Gruppe	% von Netzwerkcluster (Anzahl)	76,1 (86)	69,6 (110)	41,8 (28)	46,1 (53)	46,1 (53)	35,6 (21)	46,1 (53)	53,2 (342)
Gesamt	% von Netzwerkcluster (Anzahl)	100 (113)	100 (158)	100 (67)	100 (85)	100 (115)	100 (59)	100 (46)	100 (643)

Tab. 47:   Gruppenzugehörigkeit * Netzwerkcluster

Es ist festzuhalten, dass sich – in Anlehnung an die Ergebnisse von Brömme und Strasser (2001) – soziale Ungleichheit im bürgerschaftlichen Engagement im zeitlichen Verlauf verstärkt hat. Im Kontext einer allgemeinen Zunahme von Armut und sozialer Ungleichheit (vgl. den 2. Armuts- und Reichtumsbericht) scheint die materielle Basis für Assoziationen erodiert, denn es ist anzunehmen, dass „[w]er um seine Existenz kämpft, hat andere Sorgen – Vereinsämter, Stadtteilfeste, Gewerkschaftstreffen, Parteikonferenzen lassen ihn, kein Wunder, kalt" (Pates/Fach 2004: 315). Auch Nancy Fraser (2004) weist auf Umverteilung als notwendiges Element und Voraussetzung politischer und sozialer Partizipation hin.

Ein gewisses Maß an Sicherheiten und Selbstverständlichkeiten scheint eine notwendige Voraussetzung für zivilgesellschaftliches Engagement zu sein. Dies ist eng gekoppelt an das Ausmaß von Vertrauen, d.h. inwiefern man auf gewisse Selbstverständlichkeiten im Alltag vertrauen kann. So etwa, dass man bei Grün über die Ampel gehen, beim Bäcker ein Brot kaufen kann, dass Freunde oder die Familie in einer Notsituation unterstützen, etc. Eric Uslaner (2001) unterscheidet diesbezüglich verschiedene Formen von Vertrauen, so etwa zwischen „strategic trust" und „moralistic trust". Strategisches Vertrauen bringt uns dazu mit bestimmten Leuten aufgrund bestimmter Erfahrungen zu kooperieren. Es gründet auf Ungewissheit, so dass das Gegenteil nicht Misstrauen, sondern das Fehlen von Vertrauen darstellt und ist mehr auf die Vertrauenswürdigkeit von gewissen Personen bezogen. Moralistisches Vertrauen als Wert hingegen verweist auf die moralische Dimension von Vertrauen und bezieht sich darauf, dass andere, unbekannte AkteurInnen die elementaren Werte teilen und deshalb zur moralischen Community gehören. Es beruht auf einer optimistischen Weltsicht und ist an die Möglichkeit gekoppelt, die Welt kontrollieren zu können. Über die Zeit bleibt es recht stabil. Generalisiertes Vertrauen ist auf moralistischem Vertrauen gegründet, aber stellt nicht das Gleiche dar. Es bezieht sich auf den Bereich, auf den sich die Community erstreckt. Generalisiertes Vertrauen kann sich verändern, auch wenn es *relativ* stabil ist. Es beruht auf einer optimistischen Weltsicht, aber auch auf kollektiven Erfahrungen. Vertrauen stellt eine wichtige Kategorie in Bezug auf informelle Assoziationen und bürgerschaftliches Engagement dar.

Toby Fattore, Nick Turnbull und Shaun Wilson (2003) untersuchten diesbezüglich anhand von Daten aus Australien mittels Regressionen Einflussfaktoren auf das Vertrauen in Nachbarn, auf generalisiertes Vertrauen und auf Vertrauen in die Regierung. An unabhängigen Variablen wurden folgende einbezogen: Gruppenmitgliedschaft, die „Community Belongingness Scale", welche die Einbindung in die lokale Nachbarschaft misst, das Prestige des eigenen Jobs, das Zutrauen in öffentliche Institutionen als Maß für die wahrgenommene Effektivität, die „Class Worldview Scale" als Hinweis auf die Wahrnehmung über die

Verteilung von ökonomischer Macht, die „Welfare Scale", die die Einstellung gegenüber Wohlfahrtsleistungen und WohlfahrtsleistungsempfängerInnen misst sowie eine Kriminalitätsskala, welche die Wahrnehmung von Kriminalität im lokalen Gebiet abfragt. Als Ergebnis stellt sich heraus, dass das Vertrauen in NachbarInnen von der „Community Belongingness Scale" (.05) beeinflusst ist und nicht von einer Gruppenmitgliedschaft. Das generalisierte Vertrauen ist abhängig vom Zutrauen in öffentliche Institutionen (2.22) und der Einstellung gegenüber Wohlfahrtsleistungen und WohlfahrtsleistungsempfängerInnen (-.64). Auf das Vertrauen in die Regierung wirkt sich das Zutrauen in öffentliche Institutionen (4.63) und die „Class Worldview Scale" (d.h. je eher man denkt, dass die Gesellschaft ungerecht sei) (-1.44) aus (vgl. Fattore/Turnbull/Wilson 2003).

Das wesentliche Ergebnis dieser Studie besteht in der Feststellung, dass der Gruppenzugehörigkeit, die in der Sozialkapitaldebatte einen wichtigen Stellenwert einnimmt, kein Einfluss auf verschiedene Formen von Vertrauen zukommt. Insofern stellt eine Aktivierung von Solidarität keine Lösung für ein geringes Vertrauen dar. Es zeigt sich eher das Gegenteil der Grundannahme in der Sozialkapitaldebatte. Hier wird davon ausgegangen, dass die Gruppenzugehörigkeit determiniert, ob ihre Mitglieder Vertrauen ausbilden oder nicht, d.h. dass Vertrauen das Ergebnis eines Sozialisationsprozesses in der Gruppe darstellt (vgl. Braun 2003). Vielmehr bestimmt jedoch das vorhandene Vertrauen, inwiefern Menschen sich zivilgesellschaftlich beteiligen: „It is not the types of organization that you join that determines whether you will develop trust, but rather the type of trust you have determines your level of civic engagement" (Uslaner 2001: 7). Die Ausbildung von Vertrauen ist dabei eng an die eigene ökonomische Situation gekoppelt. So ist generalisiertes Vertrauen teilweise an kollektive Erfahrungen und an die Möglichkeit, die Welt kontrollieren zu können, gekoppelt. Diese Erfahrungen variieren allerdings nach der sozialen Lage. Bei Menschen mit einer gut gesicherten, materiellen Basis und hoher Klassenzugehörigkeit scheinen der materielle Hintergrund und die Erfahrung zur Teilnahme und zum Vertrauen beizutragen (vgl. Newton 2001). Im Einklang hiermit zeigt sich auch auf aggregierter Ebene, dass das Ausmaß von generalisiertem Vertrauen in einer Gesellschaft mit dem Grad der ökonomischen Ungleichheit variiert (vgl. Uslaner 2006). Dieser Verweis liegt parallel zu den Ergebnissen zum ‚generalisierten Vertrauen'[71] im Sozialkapitalprojekt. Vergleicht man das angegebene generalisierte Vertrauen

---

71 Der Fragetext hierzu lautet: „Allgemein gesprochen, würden Sie sagen, dass man den meisten Menschen vertrauen oder dass man im Umgang mit anderen Menschen nicht vorsichtig genug sein kann? Würden Sie sagen … man kann den meisten Menschen vertrauen (Code 1), man kann den meisten Menschen eher vertrauen (2), man sollte im Umgang mit anderen Menschen eher vorsichtig sein (3) oder man kann im Umgang mit anderen Menschen nicht vorsichtig genug sein (4)."

zwischen den Netzwerkclustern, so zeigt sich vom Mittelwertvergleich, dass Cluster 1 das höchste (2,58), Cluster 7 das geringste generalisierte Vertrauen (2,97) besitzt. Dies korrespondiert mit dem Ergebnis, dass die beiden Netzwerk-cluster mit der höchsten sozialen Lage am häufigsten einem Verein oder einer sonstigen Assoziation angehören. In Bezug auf andere Faktoren, die in der De-batte um zivilgesellschaftliches Engagement relevant sind, zeigt sich, dass Grup-penzugehörigkeit, Wahlbeteiligung und generalisiertes Vertrauen eher das ‚rei-che' Gebiet von den übrigen unterscheidet als das ‚arme' Gebiet. Zusätzlich wir-ken auch soziodemografische Variablen, wie Migrationshintergrund, soziale La-ge, Alter und – wenn auch gering – Geschlecht. „In this way, group activities may ‚bond together' and assist the winners in society rather than create 'bridges' for the loosers" (Fattore/Turnbull/Wilson 2003).

	Standardisierte Koeffizienten Beta		
	Gruppen-zugehörigkeit	**Wahlbeteiligung**	**generalisiertes Vertrauen**
(Konstante)			
Migrationshintergrund	-,116**	-,352**	--
soziale Lage	,175**	,242**	-,171**
Alter	--	,282**	--
Geschlecht	,086*	--	--
Gebiet reich vs. übrige Gebiete	,201**	,128**	-,178**
Gebiet ‚arm' vs. übrige Gebiete	,021	-,023	-,082

Tab. 48: Lineare Regression - AV: Gruppenzugehörigkeit, Wahlbeteiligung, generalisiertes Vertrauen

Wenn KlientInnen Sozialer Arbeit in ihrer Beziehung zu professionellen Sozial-arbeiterInnen unterstellt wird, dass diese einer expertokratischen, paternalisti-schen Bestimmung über ihr Leben ausgesetzt sind, so scheint es vor diesem Hintergrund plausibel, möglichst zahlreiche, weitgehende Problemlösungen in den lokalen, informellen Nahraum zu verlagern. Dies wäre insbesondere dann sinnvoll, wenn zu erwarten ist, dass ‚benachteiligte' Menschen im lebensweltli-chen Miteinander keiner Bevormundung ausgesetzt sind. Die Annahme wäre hier, dass Problemlösungen auf gleichberechtigter Ebene ausgehandelt und auto-nome Entscheidungen getroffen werden. Darüber hinaus könnten in der sozialen Verknüpfung sämtlicher im Nahraum vorliegender Ressourcen durch ihre Ergän-zung alle notwendigen Ressourcen lebensweltlich verfügbar sein. Anhand der empirischen Ergebnisse scheint dies jedoch nicht der Fall zu sein, da die eigenen Vernetzungen und Vergesellschaftungen sozial stark stratifiziert sind. Sowohl hinsichtlich der Ressourcen als auch der sozialstrukturellen Merkmale der AkteurInnen, zu denen soziale Netzwerke Zugang schaffen, zeigt sich, dass Menschen offensichtlich dazu tendieren, sich informell mit ‚ihresgleichen' zu assoziieren (vgl. Kap. 4.1.5.1 und 4.1.5.2). Darüber hinaus entscheiden sich die Linien und Schranken, wer an welchen und wer überhaupt an Assoziationen teilhat, anhand sozialstruktureller Merkmale. Somit wird deutlich, dass mit einem Rückzug des Staates und einer Verlagerung von Unterstützung in Selbsthilfepotenziale der Menschen und speziell in selbstorganisierte Selbsthilfegruppen, soziale Ungleichheit eher befördert wird. Selbsthilfegruppen kommen den Interessen bestimmter Bevölkerungsgruppen, die sich einer solchen anschließen, entgegen. Andere hingegen trifft der Vorwurf des ‚blaming the victim', wenn Selbsthilfe scheitert.

Ähnlich der Strategie der Aktivierung lokaler Solidarität geht es unter dem Stichwort der Informalisierung darum, die informellen Selbsthilfekräfte zu aktivieren, um die bereits im Stadtteil vorliegenden Ressourcen zu nutzen. Empowerment-Arbeit zielt darauf, vorhandene Fähigkeiten der Menschen zu kräftigen und Ressourcen freizusetzen (vgl. Herriger 2006a). Auf der sozialräumlichen Ebene bedeutet dies, „die Förderung von kollektiven Ressourcen ‚vor Ort'" (Herriger 2006b: 71). Die Strategie der Informalisierung verfolgt das Ziel, vorhandene Ressourcen eher zu aktivieren, als neue hineinzugeben. Wo aktivierungspolitische Strategien in der Sozialen Arbeit zum Tragen kommen, können diese auch „aktivierungspädagogisch" (vgl. Kessl 2006) beschrieben werden. Analog zur Selbsthilfebewegung lässt sich feststellen, dass auch VertreterInnen unterschiedlichster politischer Couleur das Empowermentkonzept in ihrem Sinne interpretieren: Von linker Seite wird es genutzt, um Widerstand zu mobilisieren (vgl. Alinsky 1974), aus konservativer Richtung, um Gemeinschaften wie die Familie und Nachbarschaften zur Überbrückung der Kluft zwischen Individuum und Staat zu stärken sowie von liberaler Seite, um – unabhängig von staatlicher Hilfe – ökonomisch rationale AkteurInnen hervorzubringen (vgl. Bröckling 2004: 57).

Ungeachtet der zahlreichen, unterschiedlich akzentuierten Definitionen von Empowerment handelt es sich dabei im Allgemeinen um ein Motivationsprogramm, das weniger strukturelle oder andere Ursachen von Machtungleichheit, sondern eher die individual- und sozialpsychologischen Effekte in den Blick nimmt. Das Ziel besteht darin, Hilflosigkeit und Misstrauen sowie Gefühle der Ohnmacht und Apathie zu überwinden. Als Grundproblem wird der Mangel an Macht unterstellt, so dass mit Hilfe von Empowerment eine andere Machtverteilung angestrebt wird. Insofern soll frei gelegt werden, was ohnehin vorhanden, aber verschüttet sei. Dabei wird positiv hervorgehoben, dass AdressatInnen nicht zu passiven HilfeempfängerInnen degradiert werden, sondern durch katalytische, freisetzende Arbeit an den positiv vorliegenden Ressourcen gearbeitet wird (kritisch zu Ressourcenorientierung: vgl. Bünder 2002). Inhärent ist damit eine Verantwortungsverlagerung auf die betroffenen Akteure selbst (vgl. Bröckling 2003, 2004).

In der Darstellung der bezeichnenden Elemente von Empowerment werden bereits die Parallelen zu verschiedenen Ansätzen, die im Rahmen der historischen Betrachtung dargestellt wurden, deutlich: Der Verweis auf die Arbeiten von Paulo Freire (1970) im Rahmen des staatskritischen Kontexts der Gemeinwesenarbeit passt in diese Logik, wenn er anhand einer ‚emanzipatorischen Pädagogik' die Menschen zur Autonomie befähigen will:

> „Die problemformulierende Bildungsarbeit als humanistische und befreiende Praxis geht von der grundlegenden These aus, daß Menschen, die der Herrschaft unterworfen sind, für ihre Emanzipation kämpfen müssen. Für dieses Ziel befähigt sie Lehrer und Schüler, Subjekte des Erziehungsprozesses zu werden, indem sie Autoritarismus und entfremdenden Intellektualismus überwindet. Sie befähigt Menschen auch, ihre falsche Auffassung der Wirklichkeit zu überwinden" (Freire 1970: 92).

Unterdrückte Menschen sollen selbst aktiv werden, die angewandten Strategien beziehen sich auf einen Erziehungsprozess und mit Hilfe dessen sollen psychologische Zustände, etwa die Auffassung der Wirklichkeit verändert werden. Mit der Überwindung von Apathie und Ohnmachtserfahrungen und der Aufarbeitung persönlicher Defizite im katalytisch/aktivierenden Ansatz argumentieren Fritz Karas und Wolfgang Hinte (vgl. 1978) ähnlich. Die katalytische Rolle der Professionellen verweist darauf, dass im Rahmen eines Aufbaus kollektiver Selbsthilfe die vor Ort verschütteten und ungenutzten Ressourcen mobilisiert werden sollen. Ein starker Fokus auf Bemächtigung findet sich im Ansatz von Alinsky, dem es darum geht, Menschen, die keine Macht besitzen, zu bemächtigen. Hierbei solidarisiert sich Alinsky konsequent mit den Besitzlosen und versucht diese gegen die Besitzenden zu aktivieren und zu bemächtigen. Dies geschieht mittels einer Aktivierung zur Selbsthilfe. Aber auch in den neueren Debatten um Sozialraumorientierung und Quartiersentwicklung findet Empowerment eine Reihe von BefürworterInnen, so etwa als notwendiges Element einer integrierten Quartiersentwicklung (vgl. Häußermann/Kapphan 2004: 232f.).

Mit den bisher vorgestellten empirischen Ergebnissen scheinen sich in Bezug auf eine Aktivierung kollektiver Selbsthilfe jedoch einige Fallstricke aufzutun: Die sozial ungleich verteilten Ressourcen in informellen Netzwerken legen eine unterschiedliche Ausstattung mit individuellem Sozialkapital und damit ungleiche Grundlagen zur Bewältigung von Problemen nahe. Wenn darüber hinaus ressourcenstärkere AkteurInnen eher dazu tendieren, sich in Gruppen und Assoziationen mit Gleichgesinnten zusammen zu tun, dann benachteiligt ein solcher

Ansatz ressourcenschwächere Menschen in doppeltem Maße: Bei ohnehin geringeren Ressourcen nimmt ihre Beteiligung an zivilgesellschaftlichen Assoziationen eher ab. Bestimmte Strategien der Aktivierung und Informalisierung im Kontext einer sozialräumlich orientierten Sozialen Arbeit sollten entsprechend (stärker) darauf achten, sich nicht – wenn auch in bester Absicht – zum Werkzeug sozialräumlich ohnehin dominanter Gruppen zu machen. Empirisch spricht einiges dafür, dass Ansätze, die auf eine Aktivierung lokalen Engagements und kollektiver Selbsthilfekräfte zielen, eher ressourcenstarke AkteurInnen ansprechen, deren Interessen, Prioritäten, Problemwahrnehmungen und Problemkonstellationen – gerade im ‚benachteiligten' Gebiet – jedoch deutlich von denen symbolisch subdominanter Gruppen und AkteurInnen abweichen (können) (vgl. Landhäußer/Otto/Ziegler 2005).

4.2.3 Die Strategie der Individualisierung

Die Strategie der Individualisierung bezieht sich auf die Ausrichtung Sozialer Arbeit. Im Rahmen communityorientierter Vorgehensweisen kommt an vielen Stellen eine Orientierung an der subjektiven Sichtweise und den Bedürfnissen der betroffenen AkteurInnen zum Tragen. So stehen in der Settlementarbeit die Interessen der umliegenden BewohnerInnen im Vordergrund. Sie gilt es kennen zu lernen, weshalb das Wohnen in der unmittelbaren Nachbarschaft als zentral angesehen wird. Auch in der Gemeinwesenarbeit herrscht eine „bedürfnisorientierte" Ausrichtung als anerkannter Standard vor (vgl. Gillich 2004; Hinte/Lüttringhaus/Oelschlägel 2001: 264ff.; Lüttringhaus 2004: 18f.). Die Orientierung an der subjektiven Sichtweise der BewohnerInnen gestaltet sich im Kontext sozialraumorientierter Vorgehensweisen in der expliziten, gemeinwesenarbeiterischen Tradition ähnlich. Hier findet – in Anlehnung an den gewandelten gesellschaftspolitischen Kontext – eine spezifische Form der Berücksichtigung subjektiver Perspektiven statt, wenn eine Orientierung an der subjektiven Lebensqualität und dem Wohlergehen von Menschen in den Vordergrund rückt.

Die Ausrichtung Sozialer Arbeit an den Bedürfnissen der betroffenen Menschen scheint auf den ersten Blick wie eine triviale Forderung. Ihr Gegenstück bildet die professionell-expertokratische Haltung, als Professionelle/r stets besser zu wissen, was gut für die KlientInnen ist. Eine bedürfnisorientierte Ausrichtung wird auch in der Definition von Sozialarbeit durch den IFSW (International Federation of Social Workers[72]) formuliert: „Seit ihrem Beginn vor einem Jahrhundert hat die professionelle Soziale Arbeit sich auf die menschlichen Bedürfnisse

---

72   URL: http://www.ifsw.org/en/p38000409.html; 21.09.2007

konzentriert und die Entwicklung der Stärken der Menschen vorrangig unterstützt". Diese Debatte der Ausrichtung Sozialer Arbeit lässt sich in Anknüpfung
an die – auch international verstärkt stattfindende – „Quality of Life"-Diskus-
sion[73] führen. Prinzipiell kann unterstellt werden, dass es jeder Form von öffentlicher Wohlfahrt und damit auch Sozialer Arbeit selbstverständlich darum geht,
die Lebensqualität der Menschen zu erhöhen. Aber auch in nationalen und supra-
nationalen Untersuchungen spielt der Indikator der Lebensqualität eine zunehmend bedeutendere Rolle als Maß für den Wohlstand und das Wohlergehen einer
Gesellschaft.

Die eingangs formulierte Dualität zwischen der Orientierung Sozialer Arbeit an den subjektiven Bedürfnissen der betroffenen Menschen vs. einer profes-
sionell-expertokratischen Haltung der professionellen Definition von Zielen lässt
sich auf die Perspektive der Lebensqualität übertragen, wenn zwischen subjektiven und objektiven Ansätzen in Bezug auf Lebensqualität unterschieden wird.
Beide weisen eine unterschiedliche Ausrichtung und häufig verschiedene Ergebnisse auf. Objektive Ansätze von Lebensqualität beziehen sich nicht ausschließlich, aber auch auf objektive Maße für den Wohlstand einer Gesellschaft wie
etwa einkommensbezogene Armuts- und Deprivationsmaße. Jedoch werden auch
andere wie soziale, kulturelle, geschlechtsspezifische Aspekte miteinbezogen.
Der zentrale Unterschied zu den subjektiven Ansätzen besteht darin, dass es
nicht um eine *subjektive Einschätzung* in Bezug auf die eigene Lebensqualität
oder um psychologische Konstrukte wie Glück oder Zufriedenheit geht. Vielmehr steht eine objektive Einschätzung der Lebenschancen im Vordergrund.
Diese werden über bestimmte Kriterien erhoben, die unabhängig vom subjektiven Bewusstsein existieren. Subjektive Ansätze hingegen, die gegenwärtig auf
dem Vormarsch zu sein scheinen, basieren auf einer reflexiven Selbstevaluation.
Man geht davon aus, dass objektive Maße nur geringe Auskunft darüber geben,
was einzelne Menschen in ihrem Leben wertschätzen und was zu ihrem Wohlergehen beiträgt (vgl. Landhäußer/Ziegler 2005).

Auf dieses Problem der subjektiven Einschätzung der eigenen Lebensqualität und der eigenen Situation macht Björn Halleröd (2006) in einer eigenen Da-
tenanalyse aufmerksam, bei der er die entscheidenden Schwierigkeiten der subjektiven Selbstevaluation herausarbeitet. Das zentrale Problem bilden 'adaptive
Präferenzen': „The ,adaptation of preference problem' is always present when
we ask people to evaluate their situation" (Halleröd 2006: 372). Der wesentliche
Hintergrund der spezifischen Färbung der eigenen Situation stellt die Feststel-

---

73   Wesentliche Ideen dieses Unterkapitels gehen auf einen mit Holger Ziegler veröffentlichten
      Aufsatz zurück: Landhäußer Sandra/Ziegler Holger (2005): Social Work and the Quality of Life
      Politics – A Critical Assessment. In: Social Work & Society, Volume 3 Issue 1. p. 30-58. URL:
      http://www.socwork.net/2005/1/articles/472/LandhaeusserZiegler2005.pdf; 14.05.2007.

lung dar, dass Menschen genau das präferieren, was sie sich leisten können. Dies steht im Zusammenhang mit einer unbewussten Reproduktion der objektiven Kräfteverhältnisse in subjektiven Sichtweisen:

> „Die Wahrnehmungskategorien resultieren wesentlich aus der Inkorporierung der objektiven Strukturen des sozialen Raums. Sie sind es folglich, die die Akteure dazu bringen, die soziale Welt so wie sie ist hinzunehmen, als fraglos gegebene, statt sich gegen sie aufzulehnen" (Bourdieu 1985: 17).

Halleröd findet Unterstützung für die Grundannahmen der „subjective relative deprivation" (SRD), die eine Verbindung zwischen ökonomischer Situation, der Wahl der Referenzgruppe und den Konsumpräferenzen unterstellt, und favorisiert deshalb eine relative bzw. relationale Perspektive. Ausgangspunkt ist die Vorstellung, dass sich die Maße der SRD ändern, wenn sich die Bedingungen ändern. Es wird gerade nicht unterstellt, wie es die Befürworter einer „objective relative deprivation" (OR-D) tun, dass Personen zwischen Dingen, die sie nicht möchten und Dingen, die sie nicht bezahlen können, zu unterscheiden in der Lage sind. Die Fallzahl bezieht sich auf 4807 schwedische Befragte im Alter zwischen 18 und 70 Jahren. Diese werden bezüglich verschiedener Items gefragt, ob sie sie besitzen, ob sie sie sich nicht leisten können, ob sie sie nicht brauchen oder ob sie sie als komplett irrelevant erachten. Anschließend werden zwei Indexe gebildet, nämlich ein „kann ich mir nicht leisten" Index, bei dem jedes Item proportional zur Verfügbarkeit bei den übrigen Befragten gewichtet wird. Anschließend geschieht das gleiche Verfahren mit den „brauche ich nicht" Antworten. Die bestätigten Hypothesen werden wie folgt formuliert (vgl. Halleröd 2006: 378f.):

- Der Zugang zu ökonomischen Ressourcen bestimmt den ORD-Indexscore, d.h. die Häufigkeit von „kann ich mir nicht leisten" Antworten sinkt, wenn der Zugang zu ökonomischen Ressourcen steigt.
- Menschen adaptieren ihre Konsumpräferenzen an ihre aktuelle Möglichkeit zum Konsum, d.h. je geringer die ökonomischen Ressourcen, desto geringer die Konsumwünsche. Dies führt zu einem Anstieg an „brauche ich nicht" Antworten, wenn die ökonomische Ressourcen sinken.
  - Ältere Menschen adaptieren ihre Präferenzen mehr, d.h. es existiert eine größere Zahl an „brauche ich nicht" Antworten bei Älteren.
  - Ältere Menschen mit begrenzten ökonomischen Ressourcen weisen eine höhere Zahl an „brauche ich nicht" Antworten auf.
  - Eine stabile ökonomische Situation begünstigt eine Adaption der Präferenzen, d.h. ein Anstieg an „brauche ich nicht" Antworten.

▪ Die Kombination von stabiler ökonomischer Situation und begrenztem
Zugang zu ökonomischen Ressourcen führt zu einer zusätzlichen A-
daption und damit einer hohen Zahl von „brauche ich nicht" Antworten.

Die Untersuchung stützt die Hypothese, dass die ökonomische Situation, die
Wahl der Referenzgruppe und die Konsumpräferenzen hoch zusammenhängen.
Menschen mit beschränkten ökonomischen Ressourcen weisen zum einen –
relativ nahe liegend – eine höhere Zahl an „kann ich mir nicht leisten" Antworten auf, zum anderen allerdings auch eine höhere Zahl an „brauche ich nicht"
Antworten. Je länger die schwierige ökonomische Situation dauert, umso mehr
adaptieren sie ihre Präferenzen. Dieses Ergebnis wirft auf eine Orientierung
Sozialer Arbeit an den subjektiven Bedürfnissen von AdressatInnen zumindest
eine kritische Perspektive.

In einem nächsten Schritt stellt sich die Frage, von welchen Faktoren die
subjektive Lebensqualität – neben der aktuellen ökonomischen Situation –beeinflusst ist. Hierbei erweist sich das eigene Empfinden von Wohlergehen als relevant, d.h. wenn Menschen ihre Bedürfnisse äußern, so tun sie dies im Hinblick
auf ihr eigenes Wohlergehen. Helliwell/Putnam (2005) zeigen auf der Basis
empirischer Studien, in welch engem Verhältnis das subjektive Wohlempfinden
mit Sozialkapital zu sehen ist. Zu den beeinflussenden sozialen Faktoren zählen
etwa der Familienstatus, Glaube und Kirche, FreundInnen, NachbarInnen und
ArbeitskollegInnen, Einbindung in die Community und zivilgesellschaftliches
Engagement sowie das Vertrauen. So ist die subjektive Lebensqualität umso besser, je eher man in einer festen Beziehung und noch stärker, wenn man verheira-
tet ist, da sich negative Effekte für geschiedene oder verwitwete Menschen zeigen, je häufiger man sich mit NachbarInnen und FreundInnen trifft und sich zivilgesellschaftlich engagiert sowie je stärker man Vertrauen in andere Menschen
hat. Arbeitslosigkeit kann als stark negativ beeinflussender Faktor gelten. Der
Zusammenhang zwischen Sozialkapital und Wohlergehen resultiert hierbei teilweise aus einem direkten Einfluss, teilweise vermittelt über Gesundheit. Außerdem spielen Geschlecht, Einkommen und Bildung insgesamt eher keine Rolle für
die subjektive Lebenszufriedenheit. Geschlecht moderiert einige Effekte, an sich
kommt dem aber keine eigene Bedeutung zu. Hinsichtlich Einkommen zeigt
sich, dass es einen Suffizienzwert an finanziellen Mitteln gibt, so dass, wenn
man darunter liegt, mehr finanzielle Mittel eine steigende Lebenszufriedenheit
verschaffen können. Danach steigt das Wohlergehen mit der Zunahme an Geld
jedoch nicht weiter an, sondern ist immer relativ zur finanziellen Situation des
sozialen Umfeldes zu betrachten. Bei Bildung gehen die Autoren davon aus, dass
ihr kein direkter Einfluss auf Wohlergehen zukommt (vgl. Heliwell/Putnam

2005). Entsprechend zu diesen Ergebnissen zeigen sich auch bei den Netzwerkclustern keine deutlichen Unterschiede in der Lebenszufriedenheit.[74]

Zufriedenheit		Netzwerkcluster							Ge-samt
		1	2	3	4	5	6	7	
sehr zufrie-den	% von Netzwerkcluster (Anzahl)	32,7 (37)	35,0 (55)	28,4 (19)	31,8 (27)	27,8 (32)	25,4 (15)	23,9 (11)	30,5 (196)
eher zufrie-den	% von Netzwerkcluster (Anzahl)	60,2 (68)	56,1 (88)	62,7 (42)	49,4 (42)	59,1 (68)	61,0 (36)	60,9 (28)	57,9 (372)
eher unzu-frieden	% von Netzwerkcluster (Anzahl)	7,1 (8)	7,6 (12)	7,5 (5)	15,3 (13)	12,2 (14)	10,2 (6)	13,0 (6)	10,0 (64)
sehr unzu-frieden	% von Netzwerkcluster (Anzahl)	,0 (0)	1,3 (2)	1,5 (1)	3,5 (3)	,9 (1)	3,4 (2)	2,2 (1)	1,6 (10)
Gesamt	% von Netzwerkcluster (Anzahl)	100 (113)	100 (157)	100 (67)	100 (85)	100 (115)	100 (59)	100 (46)	100 (642)

Tab. 49:   „Wie zufrieden oder unzufrieden sind Sie insgesamt?" * Netzwerkcluster

Außerdem kann gezeigt werden, dass die eigene Zufriedenheit nicht von soziodemografischen Variablen beeinflusst ist. Hierbei wird das Alter, das Geschlecht, die Gebietszugehörigkeit, der Migrationshintergrund und die soziale Lage einbezogen. Es präsentieren sich keine bzw. nur geringe signifikante Zusammenhänge:

	Standardisierte Koeffizienten Beta
(Konstante)	
Alter	-,010
Geschlecht	,094*
‚armes' Gebiet vs. übrige Gebiete	-,096
‚reiches' Gebiet vs. übrige Gebiete	-,076
Migrationshintergrund	,092*
soziale Lage	-,032

Tab. 50:   Lineare Regression - AV: „Wie zufrieden oder unzufrieden sind Sie insgesamt?"

---

74   Fragetext: „Wie zufrieden oder unzufrieden sind Sie insgesamt?" Antwortkategorien: „Sehr zufrieden, eher zufrieden, eher unzufrieden, sehr unzufrieden."

Wird allerdings der Einfluss der Fragen bezüglich der Nachbarschaft und der lokalen Einbindung überprüft, so offenbart die Abwesenheit von Konflikt sowie die lokale Einbindung eine deutliche Wirkung:

	Standardisierte Koeffizienten Beta
(Konstante)	
LIF	,154**
Konflikt	-,209**
Solidarität	,081*

Tab. 51:   Lineare Regression - AV: „Wie zufrieden oder unzufrieden sind Sie insgesamt?"

Überprüft man vor dem Hintergrund dieser Ergebnisse abschließend die Bedeutung der eigenen Situation, die Wahl der Referenzgruppe sowie die umgebende Situation, so lässt sich in einem Vergleich zwischen dem ‚armen' und dem ‚durchschnittlichen' Gebiet festhalten, dass Menschen mit hoher sozialer Lage, die im ‚armen' Gebiet wohnen, eine signifikant niedrigere Lebenszufriedenheit aufweisen, als diejenigen, die im ‚durchschnittlichen' Gebiet leben (r=-,231**, n=159). Dieses Resultat verweist auf den Umstand, dass sich Menschen unter anderen Personen, die ihnen gleichen, wohler fühlen dürften (vgl. die Ergebnisse der Netzwerkcluster zu informeller Assoziation).

4.2.4 Die Aktivierung von sozialem Kapital in der Diskussion

In den vorangehenden Ausführungen wurden drei wesentliche Strategien von communityorientierter Sozialer Arbeit auf der Basis empirischer Daten beleuchtet: die Strategien der Solidarisierung, der Informalisierung und der Individualisierung. Die Strategie der Solidarisierung richtet sich darauf, die AkteurInnen in Kontakt zu bringen und zu vernetzen, die als voneinander segregiert erachtet werden. In der aktuell dominanten Ausrichtung von Communityorientierung geht es dabei meist um die BewohnerInnen *in* einem Stadtteil und damit um die Stärkung von kollektivem Sozialkapital. Im Rahmen der empirischen Analyse zeigte sich jedoch, dass kollektives Sozialkapital tendenziell *keine* zusätzlichen Ressourcen auf der individuellen Ebene eröffnet. Dieses Resultat ist unabhängig davon, ob Menschen in einem ‚armen', einem ‚durchschnittlichen' oder einem ‚reichen' Gebiet wohnen. Die einzig deutlichen Zusammenhänge zeigen sich für Menschen mit höherer sozialer Lage. Hier hängen zusätzliche Ressourcen vorwiegend mit der Abwesenheit von ‚Konflikt' und weniger mit ‚Solidarität' oder

‚lokaler Eingebundenheit' zusammen. Wird weniger von ‚Konflikt' berichtet, so zeigen sich für wohlhabende Menschen deutlich mehr Zugänge in verschiedener Hinsicht. Im Unterschied hierzu ergeben sich für Menschen in niedriger sozialer Lage mit kollektivem Sozialkapital eher Zugänge zu Alltagshilfe. Dies verweist auf die Differenz zwischen Zugängen, die ein ‚Weiterkommen' eröffnen und Beziehungen, die ein ‚alltägliches Zurechtkommen' ermöglichen können. Im Vergleich aller Befragten hängt die Abwesenheit von Konflikt eher mit ‚ressourcenstarken' und statushohen Zugängen in Verbindung. Ferner geht kollektiver Zusammenhalt und Eingebundenheit für AkteurInnen nicht mit zusätzlichen individuellen Ressourcen einher. Soziale und lokale Eingebundenheit ist nicht bzw. nur sehr marginal vom Wohnen in einem ‚armen', ‚durchschnittlichen' oder einem ‚reichen' Gebiet abhängig. Beziehungen und Kontakte sind eher von soziodemografischen Merkmalen beeinflusst. Die Eingebundenheit in den lokalen Zusammenhang steht damit in Zusammenhang wie lange BewohnerInnen bereits im Gebiet leben. Diese Wohndauer variiert jedoch gebietsspezifisch recht deutlich. Im ‚reichen' und im ‚durchschnittlichen' Gebiet leben die BewohnerInnen bereits deutlich länger als im ‚armen' Gebiet. Dies mag mit der höheren Zahl an Wohnungs- und HauseigentümerInnen in Zusammenhang stehen, da ein solcher Besitz Menschen lokal stärker bindet als ein Mietverhältnis.

In einem weiteren Schritt wurde die Strategie der Informalisierung genauer beleuchtet, bei der es darum geht, die BewohnerInnen zu vernetzen und einen möglichst großen Anteil von anfallenden Aufgaben und Problemlösungen auf die informelle Ebene zu verlagern. Wenn KlientInnen Sozialer Arbeit in ihrer Beziehung zu professionellen SozialarbeiterInnen unterstellt wird, dass diese einer expertokratischen, paternalistischen Bestimmung über ihr Leben ausgesetzt sind, so scheint es plausibel, möglichst zahlreiche, weitgehende Problemlösungen in den lokalen, informellen Nahraum zu verlagern. Dies wäre insbesondere dann sinnvoll, wenn zu erwarten ist, dass ‚benachteiligte' Menschen im lebensweltlichen Miteinander keiner Bevormundung ausgesetzt sind. Die Annahme wäre hier, dass Problemlösungen auf gleichberechtigter Ebene ausgehandelt und autonome Entscheidungen getroffen werden. Darüber hinaus können in der sozialen Verknüpfung sämtlicher im Nahraum vorliegender Ressourcen durch ihre Ergänzung alle notwendigen Ressourcen lebensweltlich verfügbar sein. Anhand der empirischen Ergebnisse scheint dies jedoch nicht der Fall zu sein, da die eigenen Vernetzungen und Vergesellschaftungen sozial stark stratifiziert sind. Sowohl hinsichtlich der Ressourcen als auch der sozialstrukturellen Merkmale der AkteurInnen, zu denen soziale Netzwerke Zugang schaffen, zeigt sich, dass Menschen offensichtlich dazu tendieren, sich informell mit ‚ihresgleichen' zu assoziieren. Darüber hinaus entscheiden sich die Linien und Schranken, wer an welchen und wer überhaupt an Assoziationen teilhat, anhand sozialstruktureller

Merkmale. Somit wird deutlich, dass mit einem Rückzug des Staates und einer Verlagerung in Selbsthilfepotenziale der Menschen und speziell in selbstorganisierte Selbsthilfegruppen, soziale Ungleichheit eher befördert wird. Selbsthilfegruppen kommen den Interessen bestimmter Bevölkerungsgruppen, die sich einer solchen anschließen, entgegen. Andere hingegen trifft der Vorwurf, selbst Verantwortung für ihr Schicksal zu tragen, wenn Selbsthilfe scheitert.

Die Strategie der Individualisierung schließlich, d.h. die Ausrichtung Sozialer Arbeit an den subjektiv geäußerten Bedürfnissen ihrer AdressatInnen, erweist sich als in hohem Maße von adaptiven Präferenzen, d.h. der Situation, in der sich AkteurInnen befinden, beeinflusst. Wirksam werden hier die ökonomische Situation, die Dauer dieser Situation sowie die Wahl der Referenzgruppe. Letztlich eröffnet sich damit insgesamt in Bezug auf communityorientierte Maßnahmen ein konsistentes Bild, wenn sich ein Zusammenhang zwischen kollektivem Sozialkapital und subjektiver Lebensqualität offenbart: Menschen sind mit ihrem Leben zufriedener, wenn sie lokal eingebunden, in Assoziationen aktiv sind, mit Freunden und NachbarInnen in regem Kontakt stehen, ein hohes Maß an Vertrauen besitzen, etc. Eine solche Ausrichtung scheint für Soziale Arbeit recht attraktiv, da sie gerade auf diese „weichen" Faktoren sozialen Zusammenlebens Einfluss nehmen kann.

5. Ausblick – Kohäsion oder Gerechtigkeit?

In der vorliegenden Untersuchung wurde aus der Perspektive Sozialer Arbeit die gegenwärtige Selbstverständlichkeit einer Orientierung am sozialen Raum von AkteurInnen zum Ausgangspunkt genommen. Soziale Arbeit knüpft in dieser Orientierung an ältere Traditionen von communityorientierten Vorgehensweisen an, so dass sich im Rahmen einer historischen Betrachtung folgende zentrale Entwicklungslinien einer Communityorientierung in der Sozialen Arbeit rekonstruieren lassen: die Settlementarbeit, die Gemeinwesenarbeit und die sozialraumorientierte Soziale Arbeit. Für ein vertieftes Verständnis dieser unterschiedlichen Ansätze ist der historisch-gesellschaftliche Entstehungskontext zentral. So kann die Settlementarbeit nicht ohne den Hintergrund gegen Ende des 19. Jahrhunderts in Europa und in den USA erfassten werden, da die zunehmende Industrialisierung und Urbanisierung die gesellschaftlichen Bedingungen stark verändert und neue Probleme aufgeworfen hat. Die Gemeinwesenarbeit setzte sich in der Zeit nach dem zweiten Weltkrieg in Deutschland zunehmend durch. Hierfür waren die Nachbarschaftsheime als Vorläufer sowie die internationalen Entwicklungen der Settlementarbeit und später des ‚community organising' von wichtiger Bedeutung. Außerdem etablierte sie sich zu einer Zeit in Deutschland verstärkt, als eine Kritik an staatlicher Bevormundung und ein Plädoyer für eine Entstaatlichung von Aufgaben, die im lebensweltlichen Kontext gelöst werden können, stattfand. Die sozialraumorientierte Arbeit als aktuell dominierende Form von Communityorientierung schließlich gewinnt in einer Zeit an Bedeutung, in der eine Verschiebung von hierarchischen Formen von ‚Government' zugunsten von ‚Governance'-Strategien stattfindet sowie der Rückzug des Wohlfahrtsstaates und der Aktivierung von Eigenverantwortung der BürgerInnen zunimmt. Ungeachtet dieser unterschiedlichen Entstehungszeiten und Entwicklungskontexte lassen sich von der Grundstruktur her – als Ergebnis aus der historischen Betrachtung – wesentliche Elemente von Communityorientierung herausarbeiten, die – wenn auch in unterschiedlicher Schwerpunktsetzung – allen communityorientierten Ansätzen zugrunde liegen. So findet sich erstens die Problematisierung einer sozialen und sozialräumlichen Segregation als Begründung für communityorientierte Vorgehensweisen. Zweitens lassen sich die angewandten Maßnahmen zur Überwindung von Segregation in der Kategorie des sozialen Kapitals bündeln. Zentrale Strategien der Aktivierung von sozialem Kapital stellen die lokale Solidarisierung, d.h. eine Stärkung von Solidarität im Stadtteil, die Informalisierung, d.h. eine Stärkung informeller Netzwerke und die Individualisierung, d.h. eine professionelle Ausrichtung an subjektiven Einschätzungen der AdressatInnen dar.

In der Verbindung des theoretischen Hintergrundes mit empirischen Daten zeigen sich einige Fallstricke, die communityorientierter Sozialer Arbeit zugrunde liegen. Der kollektive Fokus auf Solidarität im Stadtteil ist eher skeptisch einzuschätzen, wenn anhand der Interpretation der Resultate aus dem Sozialkapitalprojekt deutlich wird, dass kollektiver Zusammenhalt und lokale Eingebundenheit insbesondere für ‚benachteiligte' AkteurInnen nicht mit zusätzlichen individuellen Ressourcen verknüpft ist. Darüber hinaus ist soziale und lokale Eingebundenheit nicht bzw. nur sehr marginal vom Wohnen in einem ‚armen', ‚durchschnittlichen' oder einem ‚reichen' Gebiet abhängig. Beziehungen und Kontakte sind eher von soziodemografischen Merkmalen beeinflusst. Die Eingebundenheit in den lokalen Zusammenhang hängt in hohem Maße davon ab, wie lange BewohnerInnen bereits im Gebiet leben. Diese Wohndauer variiert jedoch gebietsspezifisch recht deutlich. Im ‚reichen' und im ‚durchschnittlichen' Gebiet leben die BewohnerInnen bereits deutlich länger als im ‚armen' Gebiet. Das mag mit der höheren Zahl an Wohnungs- und HauseigentümerInnen in Zusammenhang stehen, denn Immobilienbesitz dürfte Menschen stärker an eine Region binden als ein Mietverhältnis. Diese Umstände werden jedoch durch Soziale Arbeit nur wenig beeinflusst.

Die Verlagerung von Hilfe und Unterstützung weg von professionellen Dienstleistungen hin in informelle Selbsthilfenetzwerke und die Beziehungen zwischen NachbarInnen eines Stadtteils erweist sich ebenfalls als problematisch. Angesichts der ungleichen Ausprägung informeller Netzwerke bezüglich Quantität und Qualität sind bestimmte Menschen eher in der Lage ihre Probleme informell zu lösen als andere. Da sich jedoch ein Ausgleich zwischen ressourcenstärkeren und ressourcenschwächeren Personen aufgrund von Reziprozitätserwartungen kaum auf informellem Wege etablieren dürfte, kann Informalisierung für Soziale Arbeit nicht die Lösung zum Abbau von Benachteiligung sein. Sinnvoll scheint vielmehr eine professionelle Unterstützung von ressourcenschwächeren AkteurInnen.

Außerdem bringt eine professionelle Orientierung an der subjektiven Sichtweise von Betroffenen das Problem mit sich, dass die persönliche Einschätzung der eigenen Situation und die Veränderungswünsche durch adaptive Präferenzen beeinflusst sind. Je mehr und länger Akteure mit Menschen in der gleichen Situation in Kontakt sind und diese deshalb als Referenzgruppe der Bewertung ihrer Lage heranziehen, umso zufriedener werden sie in Bezug auf ihre Situation. Unzufriedenheit entsteht, wenn sich die eigene Situation verschlechtert oder die des Umfelds verbessert. Als Konsequenz für die Erhöhung der subjektiven Lebensqualität könnte hieraus die zynische Konsequenz formuliert werden, dass es die sozialräumliche und die soziale Segregation eher zu verstärken als auszugleichen gilt.

Insgesamt lässt sich aus den vorliegenden Analysen ein verdichtetes, spezifisches Bild von sozialraumorientierter Sozialer Arbeit nachzeichnen: Die Problematisierung sozialer und sozialräumlicher Segregation geht damit einher, dass Exklusion gegenwärtig zum zentralen gesellschaftlichen Problem avanciert und den Fokus auf soziale Ungleichheit zunehmend ablöst. In der Debatte um das Entstehen einer ,Underclass' bzw. einer ,neuen Unterschicht' verliert der Verweis auf strukturelle soziale Konstellationen und Zwänge sowie die Verfügbarkeit von materiellen Ressourcen an Bedeutung. Stattdessen stehen eine deviante Moral, abweichendes Verhalten sowie divergente Normen und Werte als Begründung für die Zugehörigkeit zur ,Underclass' im Fokus. Im Rahmen des hegemonialen Sozialraumdiskurses werden diese Merkmale bei BewohnerInnen bestimmter ,benachteiligter' Wohngebiete und Stadtteile identifiziert. Zugrunde liegt hierbei ein Gesellschaftsbild, das auf den Kategorien von Zentrum und Peripherie aufbaut sowie auf einer horizontalen Ebene entworfen wird. Die Merkmale einer ,Underclass' werden in nominalen, kategorialen Klassifikationen (vgl. Neckel 2003) bestimmt. Sie dienen zur qualitativen Beurteilung von Andersartigkeiten. Die Einteilung erfolgt nach dem Muster von Gleichartigkeit und Verschieden- bzw. Andersartigkeit. Die hier skizzierte Problembeschreibung und ihre Lösung scheinen dabei im Widerspruch zueinander zu stehen: Wird auf der einen Seite die abweichende Sozialisation zwischen den BewohnerInnen bestimmter Stadtteile kritisiert, so werden gleichzeitig die Probleme entsprechender Stadtteile auf mangelnde Solidarität und Selbsthilfekräfte innerhalb des betroffenen Gebiets zurückgeführt. Sie werden in Kategorien der Desintegration oder Anomie beschrieben. Es ist eine aktuell dominante, kollektive Perspektive erkennbar, die insbesondere mit dem Fokus auf Sozialraumorientierung zutage tritt, aber auch in gemeinwesenarbeiterischen Ansätzen beobachtbar ist. Hierbei lässt sich eine Verbindung zu der Diagnose herstellen, dass Desorganisation – unter Verweis auf Durkheim und Merton – zu einem Schlüsselbegriff in der Beschreibung gesellschaftlicher Entwicklungen avanciert. Die Vermutung, dass diese Situation auftreten werde, hat Wilhelm Heitmeyer 1997 in der Einleitung zu seinem Herausgeberband „Was treibt die Gesellschaft auseinander" geäußert. Unter Rekurs auf Durkheims Kategorie der Anomie und einem Verweis auf das 19. Jahrhundert (vgl. Kap. 2) benennt er u.a. Spaltungen, Verschärfung sozialer Ungleichheit, Abwertungen, Diskriminierungen, Fragmentierung von Lebenszusammenhängen, Destruktion sozialer Beziehungen, Zerrüttung basaler Werte- und Normenkonsense als zentrale gesellschaftliche Desintegrationsprobleme (vgl. Heitmeyer 1997: 10f.). Auch in Bezug auf Kriminalität wird soziale Desorganisation als Erklärungsgrundlage aktuell wieder entdeckt (vgl. Groenemeyer 1999). Weg von einer individuumszentrierten Perspektive wird damit der Blick auf kollektive bzw. soziale Merkmale und Prozesse im Umfeld der Entstehung und Verhinderung von Devianz und sozialen Problemen gelenkt. Diese Feststellung lässt sich in den breiteren Kontext stellen, dass „SoziologInnen heute mehr und mehr Parallelen zu den gesellschaftlichen Krisenerscheinungen des 19. Jahrhunderts" (Karstedt 1998: 15) ziehen. Besonders auffallend seien solche Parallelen dort, wo sie in räumlich verdichteter Form auftreten, nämlich im urbanen Raum.

Bereits im ersten Drittel des 20. Jahrhunderts benennen Shaw und McKay (1929, 1942) drei Erklärungsfaktoren für das Entstehen von Kriminalität, die sich auf die gesamte Desintegrationsdebatte beziehen lassen: Prozesse der Industrialisierung, der Urbanisierung und der Migration bzw. Selektion (vgl. Kap. 2). Das Ergebnis selektiver Migration besteht in sozialräumlicher Segregation. Diese drei Faktoren führen zur Auflösung ‚traditioneller Bindungen' und damit zu geringerer sozialer Kontrolle, so dass Kriminalität begünstigt werde (vgl. Groenemeyer 1999). Das Modell lässt sich auch auf andere Desintegrationsphänomene anwenden, die etwa an die zu bearbeitenden Probleme im Kontext des Programms „Soziale Stadt" erinnern: so etwa Kriminalität, Gewalt, fehlende Sozialkontakte, Isolation, Einsamkeit, Verwahrlosung des Gebiets, Konflikte, hohe Arbeitslosigkeit, zerrüttete Familienverhältnisse, etc. Diese können ebenfalls als Ergebnis der Auflösung traditioneller Bindungen gedeutet werden. Vor diesem Hintergrund gewinnen Maßnahmen zur Reduzierung von Konflikten, Vandalismus, Drogenmissbrauch und Kriminalität im Stadtteil, zur Verminderung von Kriminalitätsfurcht, Isolation und Vereinzelung sowie zur Aufwertung des äußerlichen Ansehens des Quartiers an Bedeutung. Städtische Probleme werden „als Mangel an sozialer Kohäsion [redefiniert], der zu sozialer und ökonomischer Exklusion führe" (Mayer 2001: 33). Das politisch herzustellende Ziel lautet dann Inklusion.

Außerdem können neuere Entwicklungen der kommunalen Kriminalpolitik (vgl. Groenemeyer (1999: 15f.) mit der in der vorliegenden Arbeit herausgearbeiteten Desintegrationsperspektive in Verbindung gebracht werden: Auf der Ebene der Entwicklung von TäterInnen werden die sozialen Bedingungen in den Vordergrund gerückt. Im Zuge dessen wird auch Kriminalität als soziales Problem betrachtet. Damit rücken die Sozialisationsbedingungen von Kindern und Jugendlichen zum einen als Entstehungsbedingung für Kriminalität ins Blickfeld, zum anderen geraten sie als Ebene der Einflussmöglichkeit durch kriminalpolitische Interventionen in den Fokus (vgl. das Kap. zu sozialem Milieu 4.1.5). Weiterhin werden die Kontextbedingungen, d.h. die *situativen und lokalen Bedingungen* von verübten Straftaten, berücksichtigt. Die lokale Nachbarschaft gewinnt an Bedeutung, da sie die Möglichkeitsbedingungen für kriminelle Taten – etwa mit Hilfe informeller Kontrolle – positiv oder negativ beeinflussen kann. Die Maßnahme der lokalen Solidarisierung (vgl. Kap. 4.2.1) setzt hier an. Und schließlich findet eine zunehmende *Thematisierung von Kriminalitätsfurcht* als eigenständiger Gegenstand von Prävention statt, mit dem allgemeinen Fokus auf Lebensqualität und Wohlbefinden der Menschen. Diese Entwicklung auf der Ebene der potenziellen Opfer korrespondiert mit der Strategie der Individualisierung (vgl. 4.2.3).

Deutlich wird auf allen drei Ebenen, dass der Integration über Moral und über gemeinsam geteilte Normen und Werte eine große Bedeutung zukommt. Umgekehrt werden akute Probleme über ihr Fehlen erklärt. Jugendliche werden kriminell, weil sie in einem abweichenden sozialen Milieu sozialisiert werden, das die Normen und Werte der ,Mehrheitsgesellschaft' nicht teilt. In einem desintegrierten Stadtviertel, in dem die BewohnerInnen nicht gemeinsam und solidarisch für ihre Werte einstehen, setzt sich Kriminalität mit größerer Wahrscheinlichkeit durch. Aufgrund der sozialräumlich basierten Zuschreibungen richten sich die Konzepte auf das soziale Milieu und die lokale Solidarität. In dieser Strategie der Solidarisierung im Nahraum wird deutlich, wie die lokale Nachbarschaft in der Großstadt in Anlehnung an das dörfliche Idyll als Solidargemeinschaft fungieren soll (vgl. Groenemeyer 1999).

Desorganisation beschreibt Probleme auf eine spezifische Art und Weise, für die kollektives Sozialkapital die Lösung darstellen soll: so etwa die Verhinderung von Kriminalität durch die Herstellung informeller sozialer Kontrolle, die Überwindung von Individualisierung und Isolation durch die Aktivierung sozialer Kontakte sowie die Reduzierung von Konflikten durch die Erzeugung lokalen Zusammenhalts. Die Strategien zur Herstellung desselben liegen in den aufgegriffenen Aspekten der Solidarisierung, Informalisierung, Individualisierung und Aktivierung: Solidarisierung ist z.B. mit dem Ziel der informellen Kontrolle von Normen und Werte verbunden. Aktivierende Informalisierung bezieht sich auf eine Verantwortungsverlagerung in die lokale Community bzw. informell auf die dort lebenden NachbarInnen. Diese Verlagerung stellt den „Dreh- und Angelpunkt post-wohlfahrtsstaatlicher Umsteuerungen" dar (Heite 2008: 191). Individualisierung ist mit einem stärkeren Fokus auf die Lebensqualität der BewohnerInnen verknüpft, d.h. dass das subjektive Wohlbefinden eine größere Rolle einnimmt. Es werden insbesondere weiche Faktoren im Zusammenleben verbessert, d.h. Kriminalität bzw. Unsicherheitsgefühle werden reduziert und Isolation, Einsamkeit und Anonymität wird entgegengewirkt. Prinzipiell geht es dabei um fördernde, ressourcenorientierte Maßnahmen, in denen der ,aktivierende Sozialstaat' seine Rolle als Gewährleistungsstaat aufbaut, aber gleichzeitig die Gewährung und Erbringung von Leistungen zurückfährt (vgl. Dahme et al. 2003). Mit der großen Bedeutung von Empowerment und Selbsthilfe wird dabei – im Rahmen einer ‚top-down' Strategie – nicht Widerstand aufgebaut, sondern die konservative Einhaltung des Subsidiaritätsprinzips sowie die liberale Perspektive der vom Staat unabhängigen Erzeugung ökonomisch rational handelnder Akteure realisiert. Gleichzeitig werden auch ‚linke' Perspektiven einer geringeren Kontrolle durch den Staat befriedigt (vgl. Bröckling 2004).

In einer Zusammenfassung der dominanten Ausprägung von Communityorientierung wird deutlich, dass es sich hierbei um Ansätze handelt, die das Ziel der sozialen Kohäsion favorisieren und in den Mittelpunkt stellen. Lister (2000 zit. in: Fitzpatrick/Jones 2005: 390) unterscheidet diese Ansätze von denen, die soziale Gerechtigkeit ins Zentrum rücken. Sie stehen zwar nicht in absolutem Gegensatz zueinander, da Zusammenhalt unter extremen Bedingungen der Ungleichheit schwer möglich ist. Umgekehrt ist es schwer vorstellbar, dass Gesellschaften mit hohem Zusammenhalt allzu große Ungleichheiten zulassen. Dennoch stellen sie unterschiedliche Ziele dar, die sich u.U. gegenseitig behindern können. Vor dem Hintergrund der Unterscheidung dieser beiden Ansätze lässt sich die bereits ausgeführte Spannung zwischen der Problembeschreibung und ihrer Lösung einordnen. Auf den ersten Blick erscheint es als Widerspruch, wenn auf der einen Seite die wechselseitige, abweichende Sozialisation kritisiert wird und gleichzeitig die Probleme des Stadtteils auf mangelnde Solidarität und Selbsthilfekräfte in diesem zurückgeführt werden. Kohäsion erfordert jedoch ein gewisses Maß an Homogenität. Diese soll über die Durchsetzung gemeinsamer Normen und Werte hergestellt werden. Wird das normative Ziel einer kohäsiven Gesellschaft vorausgesetzt und unter den Bedingungen von massiver sozialer Ungleichheit zu erreichen versucht, so ist ein gewisses Maß an Repression bei AbweichlerInnen notwendig.

> However, some degree of repression, or at least 'social control', is likely to be necessary to achieve cohesion in an unequal society where the *status quo* (kursiv im Original, SL) favours some groups more than others. Jordan (1996) has identified a growing 'politics of enforcement', whereby ever tougher sanctions are demanded by mainstream society against 'anti-social' behaviour by marginalised groups, thus translating issues previously treated as ones of social justice into ones of criminal justice" (Fitzpatrick/Jones 2005: 390f.)

Vor diesem Hintergrund lässt sich der bisher festgestellte Widerspruch auflösen: Auf der einen Seite wird am übergeordneten Ziel der notwendigen Solidarität festgehalten, die als Voraussetzung für eine funktionierende gesellschaftliche Ordnung erachtet wird. Deshalb zielen auch die Maßnahmen auf Solidarisierung. Auf der anderen Seite werden Formen der Abweichung bestraft bzw. diszipliniert, da eine gewisse Homogenität bezüglich Normen, Werte und Verhaltensweisen erstellt werden müsse. Diese Vorstellungen können in Anlehnung an Ruth Levitas als „new Durkheimian Hegemony" interpretiert werden:

> „Levitas believes that the prevailing theory of social exclusion reflects a 'new Durkheimian hegemony'. This encourages us to think of deprivation and inequality as peripheral phenomena occurring at the margins of society, and to ignore forms of domination that structure the lives of the excluded and included alike. From this perspective poverty and disadvantage are, as Durkheim argued, symptoms not of capitalism itself, but of a pathological deviation from what is essentially a fair and harmonious social organization." (Bowring 2000: 307f.)

Angesichts der bis hierhin aufgeführten Fallstricke in einem Fokus auf soziale Kohäsion stellt sich die Frage, ob eine Bezugnahme auf soziale Gerechtigkeit eine sinnvolle Alternative darstellt. Unter Rekurs auf Nancy Fraser kann soziale Gerechtigkeit unter Einbezug der beiden Dimensionen der Umverteilung und Anerkennung als partizipatorische Gleichheit bestimmt werden:

> „[T]he most general meaning of justice is parity of participation. This is what you might call a radical democratic interpretation of the standard liberal principal of the equal moral worth of human beings" (Fraser 2004).

Zur Realisierung einer gleichberechtigten Teilhabe müssten die Gerechtigkeitskonzeptionen auf drei Dimensionen basieren: der politischen Dimension der Repräsentation, der ökonomischen Ebene der Ressourcenverteilung und der kulturellen Dimension der Anerkennung (vgl. Fraser 2004). Diese drei Ebenen lassen sich mit den Ebenen der möglichen Konsequenzen aus der gesellschaftlichen Segregation in Verbindung bringen. Die ökonomische Dimension steht im Zusammenhang mit den materiellen Lebensbedingungen im Quartier, die politische Ebene mit der politischen Repräsentanz und die symbolische Bedeutung sowie das soziale Milieu ist auf der kulturellen Dimension anzusiedeln.

Zur Herstellung sozialer Gerechtigkeit bildet eine Ausstattung mit ökonomischen Ressourcen eine notwendige, gebietsunabhängige Grundvoraussetzung für alle BürgerInnen. Da jedoch die Verfügbarkeit von Infrastruktur und Institutionen an räumliche Erreichbarkeit gekoppelt ist, kann für alle Gebiete eine zur Verfügung stehende und an diese gekoppelte Erreichbarkeit eingefordert werden. Die Ebene der ökonomischen Ressourcen lässt sich dabei nicht auf die Ebene der Inklusion in bezahlte Arbeit – wie sie etwa im Rahmen des Exklusionsansatzes SID gefordert wird – reduzieren. Trotz eines Zugangs zu bezahlter Arbeit können immer noch zahlreiche Ungleichheitsverhältnisse, wenn auch evt. verschleiert, vorliegen, so dass bezahlte Arbeit zwar eine notwendige Bedingung zur Sicherung der eigenen materiellen Grundlagen darstellt, aber keine hinreichende.

Gleichberechtigte Teilhabe auf der politischen Ebene bezieht sich dezidiert auf jede/n einzelne/n BürgerIn und nicht auf die Repräsentanz von Gebieten. Und schließlich verweist die kulturelle Dimension darauf, dass Stigmatisierung, Abwertungen und Entwürdigungen – inklusive solcher, die sich auf ein bestimmtes Stadtviertel beziehen – in jedem Fall abzubauen sind, da sie partizipatorische Teilhabe verhindern. Hierbei geht es um eine Überwindung von „what we might call institutionalised hierarchies of cultural value that deny [...] the standing, the status, if you like, of full partners in social interaction" (Fraser 2004). Diese Interpretation einer kulturellen Ebene scheint wesentlich überzeugender als die Annahme einer ‚underclassspezifischen', kulturellen Abweichung vom ‚Mainstream' der Gesellschaft, die in vielfacher Hinsicht als empirisch widerlegt anzusehen ist.

Angemessener scheint deshalb, die Nutzung eines vertikalen Gesellschaftsmodells im Sinne einer Strukturierung nach Klassenlagen, das mit Hilfe einer Milieuperspektive auch horizontal erweitert werden kann. Letztlich gestatten es gesellschaftlich abgegrenzte Gruppen, wie sie die Milieutheorie beschreibt, dass Kinder milieuspezifisch einsozialisiert werden. Dadurch ist es möglich, spezifische Kapitalien exklusiv an die eigenen Kinder weiterzugeben und in dieser Form soziale Ungleichheit zu reproduzieren (vgl. Bourdieu 1992). Die Vererbung von Bildung findet jedoch nicht nur entlang der Dimensionen des ökonomischen, sozialen und kulturellen Kapitals statt, sondern auch auf der Ebene der Handlungsgenese. In Bezug auf Bildungsungleichheiten wurde dies anhand milieuspezifischer Handlungsbefähigungen empirisch aufgezeigt: So hätten untere Bildungsmilieus größere Anpassungsprobleme an vorherrschende Handlungslogiken und -rationalitäten, die etwa im Bildungssystem wirksam sind (vgl. Grundmann et al. 2006).

Wird vor dem entfalteten Hintergrund das Problem der sozialen Segregation ernst genommen – und anhand der Netzwerkcluster sowie der mit dem Netzwerk einhergehenden Zugänge zeigt sich dieses massiv – so lassen sich folgende Schlussfolgerungen ziehen: Die Überwindung dieser Segregation sowie der damit einhergehenden Ungleichheit lässt sich nicht über eine Verlagerung in informelle Kontexte vollziehen. Von daher wäre es kontraproduktiv, kollektives Sozialkapital und damit gruppenspezifischen Zusammenhalt und Solidarität zu stärken. Vor dem Hintergrund der vorgestellten empirischen Ergebnisse sowie der rekonstruierten Begründungslinien von Communityorientierung in dieser Untersuchung kann sich eine alternative Lesart von Jane Addams und Hull-House vertreten lassen. Ihre Problematisierung des fehlenden Austauschs zwischen allen Gesellschaftsmitgliedern, insbesondere zwischen Arm und Reich, mündete tatsächlich in eine Problemlösung, deren Ziel es darstellt, wohlhabende Menschen in den Stadtteil hereinzuholen, über ein Begegnungszentrum Kontakt zu anderen Bevölkerungsgruppen zu schaffen und damit letztlich auch milieuspezifische Schließungen zu durchbrechen. Dies wurde vor dem Hintergrund ihres pragmatischen Demokratieverständnisses als gesellschaftlich notwendig erachtet. Dennoch verfällt sie dabei nicht in einen dezidiert kollektiven Fokus der Aktivierung kollektiv-lokaler Solidarität, sondern bei ihr geht es – wie anhand des reziproken Nutzens von Kontakt zwischen armen und reichen Menschen deutlich wird – um etwas, das man heute mit der Kategorie des individuellen Sozialkapitals bezeichnen könnte. Jedoch kann diese Kategorie auch ein Licht auf das Problem werfen, warum diese Strategie möglicherweise nicht funktionieren kann. Der Reziprozitätsgedanke, welcher der wechselseitigen sozialen Vernetzung und den hieraus zur Verfügung stehenden Ressourcen inhärent ist, verweist auf ein Problem, das sich insbesondere in der Vernetzung zwischen armen und reichen Menschen stellt. Denkt man an die Strukturierung der Netzwerkcluster, so ist dieser wechselseitige Kontakt alles andere als verwirklicht. Die Vorzüge sozialen Kapitals im Bourdieu'schen Sinn beruhen gerade darauf, bestimmte Ressourcen exklusiv zu besitzen und sie nicht mit allen anderen Menschen zu teilen. Vielmehr ist eine Verschiebung der Bedeutung bestimmter einflussreicher Exklusivgüter zu beobachten, wenn ihr Gebrauch inflationär wird. So zeigt Michael Hartmann (2002), wie in einer Zeit, in der sich Abitur, Hochschulabschluss und Promotionen – wenn auch ungleich – auf alle Klassen ausgeweitet haben, der inhärente Habitus dennoch zu einer klassenförmigen Benachteiligung bei der Stellenvergabe führt. Dies kann als Beispiel dafür gelten, dass es für Chancengleichheit im Bildungssystem nicht ausreicht, formalen Zugang zu verschaffen, sondern dass Reproduktionen von Ungleichheiten sehr viel verdeckter und verschleierter auftreten.

Diese Ergebnisse deuten darauf hin, dass es sozialisationstheoretisch wünschenswert wäre, Austausch zwischen den verschiedenen Milieus so oft als möglich herzustellen. Unter Rekurs auf die Sozialkapitaltheorie von Bourdieu und die empirischen Ergebnisse der Netzwerke wird jedoch deutlich, dass dieser Austausch informell nicht zustande kommen dürfte. Von daher wird an dieser Stelle die Rolle von staatlichen Institutionen wichtig. Sie können auf der einen Seite im Sinne von ‚linking capital' Ressourcen bereitstellen, über die Personen aufgrund ihres lebensweltlichen Kontextes nicht verfügen. Auf der anderen Seite können sie aber auch Heterogenität in Gruppen so oft als möglich arrangieren. Vor dem Hintergrund der Ergebnisse bezüglich individuellen Sozialkapitals, Prozessen sozialer Schließung und exklusiver Akkumulation gesellschaftlich machtvoller Güter scheint ein frühes Eingreifen – analog zu Addams Vorstellung der Schaffung von Kontakt – über staatlich professionelle Intervention sinnvoll. Besonders gut ließe sich soziale Heterogenität in den Institutionen der frühkindlichen Bildung wie den Kindertagesstätten sowie einer – länger als vier Jahre dauernden – (Gesamt-)Schule realisieren. Auch in außerschulischen Kontexten könnten Professionelle der Sozialen Arbeit versuchen, klassenübergreifende Arrangements herzustellen. Aus sozialisationstheoretischer Perspektive scheint es sinnvoll, Bedingungen maximaler Heterogenität zu schaffen. Notwendig wird in diesem Zusammenhang eine Koppelung von Bildungs- und Sozialpolitik, mit dem Ziel, die Exklusivität der Weitergabe von gesellschaftlich hoch bewerteten Kapitalien zu durchbrechen. Institutionelle und professionelle Settings sind zur Erreichung sozialer Veränderungen zwingend notwendig. Ungleichheit scheint jedoch überwiegend vom territorialen Sozialraum der BewohnerInnen unabhängig. Im Gegensatz zu Ungleichheit reproduzierenden Bedingungen im lokal-informellen Nahraum besteht für Soziale Arbeit die Möglichkeit, mit Blick auf die Herstellung demokratischer Bedingungen, Ungleichheiten abzubauen sowie ausgleichend und kompensierend – und nicht aktivierend – einzugreifen.

Neben der Herstellung sozialisatorischer Bedingungen der Heterogenität ist ein objektiver Maßstab im Sinne einer objektiven Theorie guten Lebens (vgl. Schaber 1998) unabdingbar. Wie bereits gezeigt, ist eine rein subjektive Bewertung von Lebensqualität und Wohlergehen durch das Problem der adaptiven Präferenzen gerechtigkeitstheoretisch verzerrt. Ein gutes Leben kann vor diesem Hintergrund wie folgt bestimmt werden:

> „Ein Leben ist gut, wenn es uns gibt, was wir von einem Leben in möglichst aufgeklärter Weise wollen, was immer es sei, und wenn wir das Glück haben, daß sich das so weit wie möglich aufgeklärte Wollen mit dem Wollen deckt, das wir hätten, wenn wir alle nötigen Informationen hätten" (Stemmer 1998: 69).

Das gute Leben ist jedoch kein passiver Prozess, bei dem das Leben den Menschen etwas gibt, sondern es stellt vielmehr einen aktiven Prozess dar, dessen Erfolg nicht nur davon abhängt, ob ausreichende Mittel zur Verfügung gestellt werden, um die gewünschte Form des Lebens zu realisieren, sondern es ist auch an die eigenen Fähigkeiten im Umgang mit diesen Mitteln gekoppelt. Insofern richtet z.B. der Capabiliesansatz sein Augenmerk darauf, „what people are able to do and be" (Robeyns 2005: 94). Dieser stellt eine gerechtigkeitstheoretisch fundierte Möglichkeit bereit, die reine Befriedigung subjektiver Bedürfnisse dadurch zu überwinden, dass die objektive Erweiterung von Handlungsmöglichkeiten ins Zentrum rückt. Substanzielle Freiheiten beziehen sich dann auf „more freedom to live the kind of life that, upon reflection, they have reason to value" (Robeyns 2005: 94). Insofern stellt „Arbeit" zwar eine mögliche Form der gesellschaftlichen Integration dar, wie dies etwa der SID Ansatz im Allgemeinen propagiert, Erfolg versprechend dürfte allerdings eher eine vollständige Rezeption jener „New Durkheimian Hegemony" sein, in der auch die notwendige Voraussetzung der

Behebung sozialer Ungleichheit sowie der Angepasstheit der freiwilligen Be-
rufswahl an eigene Fähigkeiten und Talente geschaffen wird (vgl. Durkheim
1893/1992). So lange allerdings der Beruf und der Berufsstatus immer noch eine
der deutlichsten Klassenmerkmale darstellen, Fähigkeiten und Talente milieuspezifisch (im Sinne Vesters) weitervererbt werden und sich auf diesem Wege
soziale Ungleichheit reproduziert, kann dieser Vorschlag wenig überzeugen.

Angemessener scheint – vor dem Hintergrund der in der vorliegenden Studie angestellten Überlegungen – eine gesellschaftliche Integration über das wohlfahrtsstaatliche Arrangement, die sich nicht an der Herstellung sozialer Kohäsion, sondern an sozialer Gerechtigkeit als primärem Ziel ausrichtet. In einer ge-
rechtigkeitstheoretischen Fundierung Sozialer Arbeit rückt soziale Ungleichheit
als Kategorie ins Zentrum. Unter einer Orientierung an einem ‚objektivem' Maßstab beabsichtigt sie dann, Ungleichheiten zu reduzieren. In dieser Perspektive
ginge es Sozialer Arbeit als professioneller Dienstleistung darum, etwa durch die
individuelle Erweiterung von Handlungsbefähigungen einen Beitrag zu den sozialen Bedingungen von Demokratie zu leisten. Erfolgversprechend dürfte es vor
diesem Hintergrund sein, aktuelle soziale Situationen anhand einer milieu- und
klassentheoretisch fundierten Perspektive zu analysieren und daraus Schlussfolgerungen für professionelles Handeln zu ziehen.

Literatur

Addams, Jane (1892): Hull House, Chicago: An Effort Toward Social Democracy. In: Forum 14. S. 226-241.

Addams, Jane (1893a): The subjective necessity for social settlements. In: Elshtain, Jean Bethke (2002): The Jane Addams Reader. Basic Books New York. S. 14-28.

Addams, Jane (1893b): The objective value of a social settlement. In: Elshtain, Jean Bethke (2002): The Jane Addams Reader. Basic Books New York. S. 29-45.

Addams, Jane (1895): The Settlement as a Factor in the Labor Movement In: Hull House Maps and Papers. Chapter 10. New York. S. 183-204.

Addams, Jane (1910): Twenty years at Hull-House with Autobiographical Notes. The Macmillan Company New York/Boston/Chicago/San Francisco. URL: http://digital. library.upenn.edu/women/addams/hullhouse/hullhouse.html; 23.07.2007.

Addams, Jane (1910/1990): First Days at Hull-House. In: Bryan, Mary Lynn McCree/ Davis, Allen Freeman (1990) (Hrsg.): One Hundred Years at Hull-House. Indiana University Press Bloomington. S. 11-14.

Addams, Jane (1929): The Settlement as a Way of Life. In: Neighbourhood 2, no. 3. S. 139-158.

Alinsky, Saul (1971): Die Rolle informeller Führer beim Aufbau von Volksorganisationen. In: Müller, C. Wolfgang/Nimmermann, Peter: Stadtplanung und Gemeinwesenarbeit. Juventa Verlag München. S. 194-207.

Alinsky, Saul (1974): Die Stunde der Radikalen. Ein praktischer Leitfaden für realistische Radikale. Strategien und Methoden der Gemeinwesenarbeit II. Burckardthaus-Verlag Gelnhausen/Berlin; Christophorus-Verlag Freiburg i.Br.; Laetare-Verlag Nürnberg/München. Hrsg. von Schwarz, Jürgen, übers. von Ortmann, Günter und Schmidt, Rolf. Übersetzung der Originalausgabe: Alinsky, Saul D. (1971): Rules for Radicals – A Practical Primer for Realistic Radicals. Random House Inc. New York.

Alinsky, Saul D. (1941): Community Analysis and Organization. In: American Journal of Sociology, Vol 46, No. 6. S. 797-808.

Alinsky, Saul D. (1970): The professional Radical. In: Harper's Magazine, 240:1436. S. 35-42.

Althans, Birgit (2005): Jane Addams und Mary Parker Follett. Angewandter Pragmatismus, Management des Sozialen und Pädagogik. In: Tröhler, Daniel/Oelkers, Jürgen (Hrsg.): Pragmatismus und Pädagogik. Pestalozzianum Zürich. S. 115-137.

Andresen, Sabine (2007): Familien und die „schicksalshafte Art des Daseins". Sichtweisen auf Familie unter den Bedingungen der modernen Großstadt. In: Andresen, Sabine/Pinhard, Inga/Weyers, Stefan (2007): Erziehung – Ethik – Kultur. Pädagogische Aufklärung als intellektuelle Herausforderung. Micha Brumlik zum 60. Geburtstag. Beltz Verlag Weinheim.

Bähr, Jürgen (2008): Einführung in die Urbanisierung. Berlin Institut für Bevölkerung und Entwicklung Berlin. URL: http://www.berlin-institut.org/fileadmin/user_upload/handbuch_texte/pdf_Baehr_Einfuehrung_Urbanisierung.pdf; 3.9.08.

Bauer, Rudolph/ Szynka, Peter (2004): Wer war Saul D. Alinsky? Das Konzept von Community Organizing, seine theoretischen Ursprünge und die politisch-gesellschaftlichen Entstehungsbedingungen. In: Odierna, Simone/Berendt, Ulrike (Hrsg.): Gemeinwesenarbeit. Entwicklungslinien und Handlungsfelder. Jahrbuch Gemeinwesenarbeit 7. AG SPAK Bücher Neu-Ulm. S. 33-44.

Becker, Heidede/Bock, Stephanie/Böhme, Christa/Franke, Thomas (Bundestransferstelle Soziale Stadt Difu) (2006a): Dritte bundesweite Befragung in den Programmgebieten der „Sozialen Stadt". Endbericht zur Auswertung.

Becker, Heidede/Bock, Stephanie/Böhme, Christa/Franke, Thomas (Bundestransferstelle Soziale Stadt Difu) (2006b): Dritte bundesweite Befragung in den Programmgebieten der „Sozialen Stadt". Zentrale Ergebnisse und Empfehlungen.

Becker, Heidede/Franke, Thomas/Löhr, Rolf-Peter/Rösner, Verena (2002): Drei Jahre Programm Soziale Stadt – eine ermutigende Zwischenbilanz. In: Deutsches Institut für Urbanistik (Hrsg.): Die Soziale Stadt. Eine erste Bilanz des Bund-Länder-Programms »Stadtteile mit besonderem Entwicklungsbedarf – die soziale Stadt«. Deutsches Institut für Urbanistik Berlin. S. 12-51.

Becker, Heidede/Franke, Thomas/Löhr, Rolf-Peter/Schuleri-Hartje, Ulla-Kristina (2003a): Das Programm Soziale Stadt: von der traditionellen Stadterneuerung zur integrativen Stadtteilentwicklung. In: Deutsches Institut für Urbanistik: Soziale Stadt – Strategien für die Soziale Stadt, Erfahrungen und Perspektiven – Umsetzung des Bund-Länder-Programms „Stadtteile mit besonderem Entwicklungsbedarf – die soziale Stadt". URL:http://www.sozialestadt.de/veroeffentlichungen/endbericht/; 27. März 2007.

Becker, Heidede/Franke, Thomas/Löhr, Rolf-Peter/Schuleri-Hartje, Ulla-Kristina(2003b): Das Programm Soziale Stadt: von der traditionellen Stadterneuerung zur integrativen Stadtteilentwicklung. In: Deutsches Institut für Urbanistik (Hrsg.): Strategien für die Soziale Stadt. Erfahrungen und Perspektiven Umsetzung des Bund-Länder-Programms „Stadtteile mit besonderem Entwicklungsbedarf – die soziale Stadt". Bericht der Programmbegleitung. Deutsches Institut für Urbanistik Berlin. S. 8-29.

Bellah, Robert N./ Madsen, R./ Sullivan Swidler, W.M./ Tipton, S.M. (1985): Habits of the Heart: Individualism and Commitment. University of California Press Berkely/ Los Angeles.

Benninghaus, Hans (1992): Deskriptive Statistik. 7. Auflage. B.G. Teubner Stuttgart.

Bergmann, Joachim (2004): Die Reichen werden reicher – auch in Deutschland. Die Legende von den moderaten Ungleichheiten. In: Leviathan, H. 2. S. 185-202.

Bittlingmayer, Uwe H./Bauer, Ullrich/Ziegler, Holger (2005): Grundlinien einer politischen Soziologie der Ungleichheit und Herrschaft. In: Widersprüche 98/2005. S. 13-28.

Boer, Jo/Utermann, Kurt (1970): Gemeinwesenarbeit. Community Organization – Opbouwwerk. Ferdinand Enke Verlag Stuttgart. Übers. und bearbeitet von Kurt Utermann. Originalausgabe: Boer, Jo (1968): Opbouwwerk. 2. Auflage. Van Loghum Slaterus Arnhem.

Böllert, Karin (2001): Gemeinschaft. In: Otto, Hans-Uwe/Thiersch, Hans (Hrsg.): Handbuch der Sozialarbeit/Sozialpädagogik. 2. völlig neu überarbeitete und aktualisierte Auflage. Luchterhand Verlag Neuwied/ Kriftel. S. 644-652.

Boulet, Jean Jaak/Krauß, Ernst Jürgen/Oelschlägel, Dieter (1980): Gemeinwesenarbeit als Arbeitsprinzip – Eine Grundlegung. AJZ Druck + Verlag GmbH Bielefeld.

Bourdieu, Pierre (1982): Die feinen Unterschiede. Kritik der gesellschaftlichen Urteilskraft. Suhrkamp Verlag Frankfurt a.M.

Bourdieu, Pierre (1985): Sozialer Raum und Klassen". Suhrkamp Verlag Frankfurt a.M.

Bourdieu, Pierre (1992): Die verborgenen Mechanismen der Macht. VSA Verlag Hamburg.

Bourdieu, Pierre (2002): Das Elend der Welt. Zeugnisse und Diagnosen alltäglichen Leidens an der Gesellschaft. 2. Auflage. Universitätsverlag Konstanz.

Bowring, Finn (2000): Social exclusion: limitations of the debate. In: Critical Social Policy 64, Vol. 20(3). S. 307-330.

Braun, Sebastian (2003): Die Hoffnung auf das „soziale Kapital" in einer modernen Bürgergesellschaft. In: Stadt 2030, Nr. 10, 2003. S.: 30-37. URL: http://www.newsletter.stadt2030.de/begleitforschung102.shtml; 30.09.2007.

Breckner, Ingrid/Gonzalez, Toralf (2005): Lokale Ökonomien und Arbeitsmarktpolitik. In: Kessl, Fabian/Reutlinger, Christian/Maurer, Susanne/Frey, Oliver (Hrsg.): Handbuch Sozialraum. VS Verlag Wiesbaden. S. 423-440.

Brint, Steven (2001): Gemeinschaft revisited: A Critique and Reconstruction of the Community Concept. In: Sociological Theory, Vol. 19, No. 1. S. 1-23.

Bröckling, Ulrich (2003): You are not responsible for being down, but you are responsible for getting up. Über Empowerment. In: Leviathan. Zeitschrift für Sozialwissenschaft, J. 31, N. 3. S. 323-345.

Bröckling, Ulrich (2004): Empowerment. In: Bröckling, Ulrich/Krasmann, Susanne/ Lemke, Thomas (Hrsg.): Glossar der Gegenwart. Suhrkamp Verlag Frankfurt am Main. S. 55-62.

Bröckling, Ulrich (2005): Gleichgewichtsübungen. Die Mobilisierung des Bürgers zwischen Markt, Zivilgesellschaft und aktivierendem Staat. spw – sozialistische Politik und Wirtschaft 2/2005. URL: http://www.linksnet.de/artikel.php?id=1620; 22.05.07.

Brömme, Norbert/Strasser, Hermann (2001): Gespaltene Bürgergesellschaft? Die ungleichen Folgen des Strukturwandels von Engagement und Partizipation. In: Aus Politik und Zeitgeschichte B25-26/2001. S. 1-14.

Brunkhorst, Hauke/Sünker, Heinz (1985): Strategische Alternativen kommunaler Sozialarbeitspolitik. In: neue praxis 2/3/1985. S. 120-132.

Bünder, Peter (2002): Geld oder Liebe? Verheißungen und Täuschungen der Ressourcenorientierung in der Sozialen Arbeit. Lit Verlag Münster.

Bundesregierung (2005): Lebenslagen in Deutschland. Der 2. Armuts- und Reichtumsbericht der Bundesregierung. Berlin.

Bütow, Birgit/Chassé, K. A./Hirt, Rainer (2007) (Hrsg.): Soziale Arbeit nach dem Sozialpädagogischen Jahrhundert. Positionsbestimmungen Sozialer Arbeit im Post-Wohlfahrtsstaat. Leske und Budrich Opladen.

Carson, Mina Julia (1990): Settlement folk: social thought and the American settlement movement, 1885 - 1930. University of Chicago Press Chicago.

Clarke, John (2007): Die Neuerfindung der Community? Regieren in umkämpften Räumen. In: Kessl, Fabian/Otto, Hans-Uwe (Hrsg.): Territorialisierung des Sozialen. Regieren über soziale Nahräume. Verlag Barbara Budrich Opladen/Farmington Hills. S. 57-79.

Crenshaw, Kimberlé (1991): Mapping the Margins: Intersectionality, Identity Politics, and Violence Against Women of Color. In: Stanford Law Review 43 (6). S. 1241-1299.

Dahme, Heinz-Jürgen/Otto, Hans-Uwe/Trube, Achim/Wohlfahrt, Norbert (2003): Einleitung: Aktivierung als gesellschaftliche Metapher oder die Ambivalenz eines neuen Sozialmodells. Einleitung zu dies. (Hrsg.): Soziale Arbeit für den aktivierenden Staat. Leske und Budrich Leverkusen. S. 9-13.

Dangschat, Jens S. (2000): Sozial-räumliche Differenzierung in Städten: Pro und Contra.. In: Harth, Annette/Scheller, Gitta/ essin, Wulf (Hrsg.): Stadt und soziale Ungleichheit. Leske und Budrich Opladen. S. 141-159.

Dangschat, Jens S. (2004): Segregation – Indikator für Desintegration? In: Journal für Konflikt- und Gewaltforschung (JKG). 6.Jg., Heft 2/2004.

De Tocqueville, Alexis (1985): Über die Demokratie in Amerika. Ausgewählt und herausgegeben von J.P. Mayer. Reclam Verlag jun. Stuttgart.

Deegan, Mary Jo (1988): Jane Addams and the Men of the Chicago School, 1892-1918. Transaction Inc. New Brunswick/New Jersey.

DeFilippis, James (2001): The Myth of Social Capital in Community Development. In: Housing Policy Debate, Vol 12, Issue 4. S. 781-806.

Deinet, Ulrich (2006): Aneignung und Raum – sozialräumliche Orientierung von Kindern und Jugendlichen. In: Deinet, Ulrich/Gilles, Christoph/Knopp, Reinhold (Hrsg.): Neue Perspektiven in der Sozialraumorientierung. Dimensionen – Planung – Gestaltung. Frank & Timme Verlag Berlin. S. 44-63.

Dewey, John (1902/1990): The School as Social Centre. In: McCree, Bryan Mary Lynn/ Freemann, Davis Allen (eds.): One Hundred Years at Hull-House. Indiana University Press Bloomington.

Dewey, John (1927/2001): Die Öffentlichkeit und ihre Probleme. Engl. Originaltitel: The Public and its Problems. Aus dem Amerikanischen von Wolf-Dietrich Junghanns. Herausgegeben und mit einem Nachwort versehen von Hans-Peter Krüger. Philo Verlagsgesellschaft Berlin/Wien.

Dewey, John (2000): Demokratie und Erziehung. 2. Auflage. Übersetzt von Erich Hylla. Hrsg. von Jürgen Oelkers. Beltz Verlag Weinheim/Basel. (engl. Original 1916).

Dewey,, John (1900): Schule und öffentliches Leben. Engl. Originaltitel: The School and Society. In: Dewey, John (2002): Pädagogische Aufsätze und Abhandlungen (1900-1944). Verlag Pestalozzianum Zürich. Mit einer Einl. neu hrsg. von Rebekka Horlacher und Jürgen Oelkers. S. 23-82.

Durkheim, Emile (1893/1992): Über soziale Arbeitsteilung. Studie über die Organisation höherer Gesellschaften. 1. Auflage. Suhrkamp Verlag Frankfurt a.M.

Duyvendak, Jan Willem (2004): Spacing Social Work? Möglichkeiten und Grenzen des Quartiersansatzes. In: Kessl, Fabian/Otto, Hans-Uwe (2004): Soziale Arbeit und Soziales Kapital. Zur Kritik lokaler Gemeinschaftlichkeit. VS Verlag für Sozialwissenschaften Wiesbaden. S. 157-168.

Eberhart, Cathy (1995): Jane Addams (1860-1935). Sozialarbeit, Sozialpädagogik und Reformpolitik. Schäuble Verlag Rheinfelden/ Berlin.

Eckart, Frank (2004): Soziologie der Stadt. Transcript Verlag Bielefeld.

Elsen, Susanne (1997): Gemeinwesen als Orte der Existenzsicherung. In: Ries, Heinz A./ Elsen, Susanne/Steinmetz, Bernd/Homfeldt, Hans Günther (Hrsg.): Hoffnung Gemeinwesen. Innovative Gemeinwesenarbeit und Problemlösungen in den Bereichen lokaler Ökonomie, Arbeitslosigkeit, Gesundheit, Benachteiligung. Luchterhand Verlag Neuwied/ Kriftel/ Berlin. S. 123-151.

Elsen, Susanne (2004): Gemeinwesenarbeit und lokale Ökonomie. Überlegungen aus der Perspektive der Sozialen Arbeit. In: Odierna, Simone/Berendt, Ulrike (Hrsg.): Gemeinwesenarbeit. Entwicklungslinien und Handlungsfelder. Jahrbuch Gemeinwesenarbeit 7. AG SPAK Bücher Neu-Ulm. S. 197-214.

Etzioni, Amitai (1998): Das kommunitaristische Programm: Rechte und Pflichten. Kapitel in: Etzioni, Amitai (1998): Die Entdeckung des Gemeinwesens. Das Programm des Kommunitarismus. Fischer Taschenbuch Verlag Frankfurt a.M. S. 281-299.

Evers, Adalbert/ Nowotny Helga (1985): Über den Umgang mit Unsicherheit. Die Entdeckung der Gestaltbarkeit von Gesellschaft. Suhrkamp Verlag Frankfurt a.M.

Farwick, Andreas (2001): Segregierte Armut in der Stadt. Ursachen und soziale Folgen der räumlichen Konzentration von Sozialhilfeempfängern. Leske und Budrich Opladen.

Farwick, Andreas (2004a): Segregierte Armut: Zum Einfluß städtischer Wohnquartiere auf die Dauer von Armutslagen. In: Häußermann, Hartmut/Kronauer, Martin/Siebel, Walter (Hrsg.): An den Rändern der Städte. Armut und Ausgrenzung. Suhrkamp Verlag Frankfurt a.M. S. 286-314.

Farwick, Andreas (2004b): Soziale Segregation in schrumpfenden Städten – Entwicklungen und soziale Folgen. vhw FW 5, Okt.-Nov. 2004. S. 257-261.

Fattore, Toby/Turnbull, Nick/Wilson, Shaun (2003): 'More Community!' Does the Social Capital Hypothesis Offer Hope for Untrusting Societies? In: The Drawing Board: An Australian Review of Public Affairs. Vol 3, No 3. S. 165-179.

Fehren, Oliver (2006): Gemeinwesenarbeit als intermediäre Instanz: emanzipatorisch oder herrschaftsstabilisierend? In: Neue Praxis 6/2006. S. 575-595.

Fitzpatrick, Suzanne/Jones, Anwen (2005): Pursuing Social Justice or Social Cohesion? Coercion in Street Homelessness Policies in England. In: Journal of Social Policy, 34, 3, S. 389-406.

Flap, Henk/Snijders, Tom/Völker, Beate/Van Der Gaag, Martin (2003): Measurement instruments for social capital of individuals.

Florence, Kelley (1898): Hull House. In: New England Magazine 18, no. 5. S. 550-566.

Forrest, Ray/Kearns, Ade (2001): Social Cohesion, Social Capital and the Neighbourhood. Urban Studies 38(12). S. 2125-2143.

Fraser, Nancy (2004): Gerechte Ungleichheit? Vortrag auf der Tagung „Zukunft der Gerechtigkeit. Herausforderungen und Leitlinien für den Sozialstaat 2020". 10./11. Dezember 2004, Berlin.

Freire, Paulo (1970): Pädagogik der Unterdrückten. mit einer Einführung von Ernst Lange. Kreuz-Verlag Stuttgart.

Friedrichs, Jürgen/Jagodzinski, Wolfgang (1999): Theorien sozialer Integration. In: Friedrichs Jürgen/Jagodzinski Wolfgang (Hrsg.): Soziale Integration. Westdeutscher Verlag Opladen. S. 9-43.

Friese, Peter (1989): Milieuarbeit – Begriffe und Methoden. In: Ebbe, Kirsten/Friese, Peter (Hrsg.): Milieuarbeit: Grundlage präventiver Sozialarbeit im lokalen Gemeinwesen. Ferdinand Enke Verlag Stuttgart. Übersetzt von Axel Maychrzak. Mit einem einl. Beitrag von Wolf Rainer Wendt. Originalausgabe: Ebbe, Kirsten/Fries, Peter (1985): Miljoarbejde. S. 39-63.

Friese, Peter/Jensen, Kirsten (1989): Die gesellschaftliche Funktion von Milieuarbeit. In: Ebbe, Kirsten/Friese, Peter (Hrsg.): Milieuarbeit: Grundlage präventiver Sozialarbeit im lokalen Gemeinwesen. Ferdinand Enke Verlag Stuttgart. Übersetzt von Axel Maychrzak. Mit einem einl. Beitrag von Wolf Rainer Wendt. Originalausgabe: Ebbe Kirsten/Friese Peter (1985): Miljoarbejde. S. 162-177.

Früchtel, Frank/Cyprian, Gudrun/Budde, Wolfgang (2007): Sozialer Raum und Soziale Arbeit. Textbook: Theoretische Grundlagen. VS Verlag Wiesbaden.

Fuchs-Heinritz, Werner/Lautmann, Rüdiger/Rammstedt, Otthein/Wienold, Hans (1994) (Hrsg.): Lexikon zur Soziologie. 3. völlig neu bearbeitete und erweiterte Auflage. Westdeutscher Verlag Opladen.

Fulcher, James/Scott, John (2003): Sociology. Oxford University Press Oxford. 2. Auflage.

Gans, Herbert J. (1962): Urban Villagers. Group and Class in the Life of Italian-Americans. Free Press of Glencoe.

Ganzeboom, Harry B.G./Treiman, Donald J. (1996): Internationally Comparable Measures of Occupational Status for the 1988 International Standard Classification of Occupations. Social Science Research 25. S. 201-239.

Ganzeboom, Harry B.G./Treiman, Donald J. (2003): Three Internationally Standardised Measures for Comparative Research on Occupational Status. In: Hoffmeyer-Zlotnik, Jürgen H.P./Wolf, Christof (Hrsg.): Advances in Cross-National Comparison. A European Working Book for Demographic and Socio-Economic Variables. Kluwer Academic Press New York. S. 159-193.

Gebhard, Stefan Christian (2002): Soziale Gruppenarbeit als Hilfe zur Erziehung. Zur Relevanz einer klassischen Methode der Sozialen Arbeit. Unveröffentlichte Magisterarbeit an der Universität Heidelberg.

Gestring, Norbert/ Janßen, Andrea/ Polat Ayca (2003): „Als Gegend eine der schönsten Hannovers" - Migranten in einer Großsiedlung. In: Informationen zur Raumentwicklung Heft 3/4.2003. S. 207-216.

Gillich, Stefan (Hrsg.) (2004): Einführung. In: ders. (Hrsg.): Gemeinwesenarbeit: Die Saat geht auf. Grundlagen und neue sozialraumorientierte Handlungsfelder. Triga\Verlag OHG Gelnhausen. 1. Auflage. S. 7-13.

Goetze, Dieter (1992): „Culture of Poverty" – Eine Spurensuche. In: Leibfried, Stephan/ Voges, Wolfgang (Hrsg.): Armut im modernen Wohlfahrtsstaat. S. 88-103.

Goodman, Paul (1971): Gedanken eines Steinzeitkonservativen. Interview mit dem Mitbegründer der Gestalttherapie. In: Psychology Today, November 1971, Vol. 5, No. 6. Das Interview führte Robert W. Glasgow im Jahre 1971 mit Paul Goodman. Aus dem Amerikanischen von Ludger Firneburg. URL: http://www.gestaltkritik.de/ goodman_interview.html, 4.4.07.

Götze, Robert (o.J.): Die Settlement-Bewegung. URL: http://www.stadtteilarbeit.de/ Seiten/lernprogramm/gwa/settlement/index.htm; 23.07.2007.

Simmel, Georg (1917): Grundfragen der Soziologie. Individuum und Gesellschaft. Berlin/Leipzig: Göschen'sche Verlagshandlung.

Groenemeyer, Axel (1999): „Soziale Desorganisation" in der Stadt als soziologisches Fundament für Prävention und „gemeindenahe Polizeiarbeit"? In: Polizei-Führungsakademie (Hrsg.): Planung der Kriminalitätskontrolle im Rahmen gemeinwesen- und bürgernaher Polizeiarbeit. PFA-Schlussbericht Nr: 3/1999. Münster. S. 13-38.

Groh, Olaf/Keller, Carsten (2001): Armut und symbolische Gewalt. In: Rademacher, Claudia/Wiechens, Peter (Hrsg.): Geschlecht – Ethnizität – Klasse. Zur sozialen Konstruktion von Hierarchie und Differenz. Leske und Budrich Opladen. S. 177-200.

Grundmann, Matthias/Dravenau, Daniel/Bittlingmayer, Uwe H./Edelstein, Wolfgang (2006): Handlungsbefähigung und Milieu. Zur Analyse milieuspezifischer Alltagspraktiken und ihrer Ungleichheitsrelevanz. Lit Verlag Berlin.

Gude, Sigmar (2004): Armutsstrukturen und Problemgebiete in ostdeutschen Städten. Das Beispiel Eisenhüttenstadt. In: Walther, Uwe-Jens/Mensch, Kirsten (Hrsg.): Armut und Ausgrenzung in der „Sozialen Stadt". Konzepte und Rezepte auf dem Prüfstand. Schader Stiftung Darmstadt. S. 66-85.

Habermas, Jürgen (1988): Theorie des kommunikativen Handelns. Band 1 und 2. Suhrkamp Verlag Frankfurt a.M.

Halleröd, Björn (2006): Sour grapes: Relative Deprivation, Adaptive Preferences and the Measurement of Poverty. In: Journal of Social Policy 35, 3. S. 371-390.

Hamilton, Alice (1943/1990): Hull-House Within and Without. In: McCree, Bryan Mary Lynn/ Freeman, Davis Allen (Hrsg.): One Hundred Years at Hull-House. Indiana University Press Bloomington. S. 109-116.

Hartmann, Michael (2002): Der Mythos von den Leistungseliten. Spitzenkarrieren und soziale Herkunft in Wirtschaft, Politik, Justiz und Wissenschaft. Campus Verlag Frankfurt a.M.

Hartwieg, Wilfried (o.J.): Das Nachbarschaftsheim als Ausgangspunkt für Soziale Arbeit im Gemeinwesen. In: Geschäftsstelle des Verbandes Deutscher Nachbarschaftsheime e.V. (Hrsg.): Gemeinwesenarbeit. Berlin. S. 48-64.

Hauser, Richard/Hauser, Hephzibah (1971): Die kommende Gesellschaft. Handbuch für soziale Gruppenarbeit und Gemeinwesenarbeit. Verlag J. Pfeiffer München. nach dem englischen Originalmanuskript „The New Society", übersetzt von Elisabeth Siegel.

Häußermann, Hartmut (2000): Die Krise der „sozialen Stadt". In: Aus Politik und Zeitgeschichte B10-11/2000. URL: http://www2.bpb.de/publikationen/DUX6L3,0,0, Die_Krise_der_sozialen_Stadt.html; 23.04.2007.

Häußermann, Hartmut (2001a): Aufwachsen im Ghetto? In: Bruhns, Kirsten/Mack, Wolfgang (Hrsg.): Aufwachsen und Lernen in der Sozialen Stadt. Kinder und Jugendliche in schwierigen Lebensräumen. Leske und Budrich Opladen. S. 37-52.

Häußermann, Hartmut (2001b): Städte, Gemeinden und Urbanisierung. In: Joas, Hans (Hrsg.): Lehrbuch der Soziologie. Frankfurt/ New York. S. 505-532.

Häußermann, Hartmut (2003): Armut in der Großstadt. Die Stadtstruktur verstärkt soziale Ungleichheit. In: Informationen zur Raumentwicklung 3/4.2003. S. 147-159.

Häußermann, Hartmut (2004): Zwischenevaluation des Bund-Länder-Programms „Stadtteile mit besonderem Erneuerungsbedarf - Die Soziale Stadt". Bisherige Ergebnisse. In: Walther, Uwe-Jens/Mensch, Kirsten (Hrsg.): Armut und Ausgrenzung in der „Sozialen Stadt". Konzepte und Rezepte auf dem Prüfstand. Schader Stiftung Darmstadt. S. 268-287.

Häußermann, Hartmut/Kapphahn Andreas (2000): Berlin: Von der geteilten zur gespaltenen Stadt? Sozialräumlicher Wandel seit 1990. Leske und Budrich Opladen.

Häußermann, Hartmut/Kapphan Andreas (2004): Berlin: Ausgrenzungsprozesse in einer europäischen Stadt. In: Häußermann, Hartmut/Kronauer, Martin /Siebel, Walter (2004) (Hrsg.): An den Rändern der Städte. Suhrkamp Verlag Frankfurt a.M. S. 203-234.

Häußermann, Hartmut/Siebel, Walter (2000): Wohnverhältnisse und Ungleichheit. In: Harth, Annette/Scheller, Gitta/Tessin, Wulf (Hrsg.): Stadt und soziale Ungleichheit. Leske und Budrich Opladen. S. 120-140.

Häußermann, Hartmut/Siebel, Walter (2004): Stadtsoziologie. Eine Einführung. Campus Verlag Frankfurt a.M./ New York.

Heite, Catrin (2008): Soziale Arbeit im Kampf um Anerkennung. Professionstheoretische Perspektiven. Juventa Verlag Weinheim/München.

Heitmeyer, Wilhelm (1997): Einleitung: Auf dem Weg in eine desintegrierte Gesellschaft. Einleitung zu: ders. (Hrsg.): Was treibt die Gesellschaft auseinander? Bundesrepublik Deutschland: Auf dem Weg von der Konsens- zur Konfliktgesellschaft. Band 1. Suhrkamp Verlag Frankfurt a.M. S. 9-28.

Helliwell, John F./Putnam, Robert D. (2005): The social context of well-being. In: Huppert, Felicia A./Baylis, Nick/Keverne, Barry (Hrsg.): The Science of Well-Being. Oxford University Press Oxford. S. 434-459.

Helmbrecht, Michael (2005): Erosion des „Sozialkapitals"? Eine kritische Diskussion der Thesen Robert D. Putnams. Transcript Verlag Bielefeld.

Hennig, Eike (1999): Chicago und Chicagoland: „Shoveling/Wrecking/Planning/Building, breaking, rebuilding...". URL: http://www.uni-kassel.de/fb5/politikwissenschaft/ Chicago/chicago.html; 16.07.2007.

Henseler, Joachim (2000): Wie das Soziale in die Pädagogik kam. Juventa Verlag Weinheim/ München.

Herriger, Norbert (2006a): Empowerment in der Sozialen Arbeit. Eine Einführung. 3., erweiterte und aktualisierte Auflage. Kohlhammer Verlag Stuttgart.

Herriger, Norbert (2006b): Sozialräumliche Arbeit und Empowerment - Plädoyer für eine Ressourcenperspektive. In: Deinet, Ulrich/Gilles, Christoph/Knopp, Reinhold (Hrsg.): Neue Perspektiven in der Sozialraumorientierung. Dimensionen - Planung - Gestaltung. Frank & Timme Verlag Berlin. S. 64-77.

Hinte, Wolfgang (1986): Von der Gemeinwesenarbeit zur stadtteilbezogenen Sozialen Arbeit – oder: die Entpädagogisierung einer Methode. In: Mühlfeld, Claus/Oppl,

Hubert/Weber-Falkensammer, Hartmut/Wendt, Wolf Rainer (Hrsg.): Gemeinwesen-
    arbeit. Verlag Moritz Diesterweg GmbH & Co. Frankfurt a.M., 2. Auflage. S. 23-42.
Hinte, Wolfgang (1994): Intermediäre Instanzen in der Gemeinwesenarbeit: Die mit den
    Wölfen tanzen. In: Bitzan, Maria/ Klöck, Tilo (Hrsg): Jahrbuch Gemeinwesenarbeit
    5. Politikstrategien – Wendungen und Perspektiven. München: AG SPAK S. 77ff. –
    und   im   Internet.   URL: http://www.stadtteilarbeit.de/seiten/lernprogramm/
    gwa/aufsaetze/hinte_intermediaere_instanzen.htm; 01.03.07.
Hinte, Wolfgang (2002a): Von der Stadtteilarbeit zum Stadtteilmanagement. Sozialraum-
    orientierung als methodisches Prinzip Sozialer Arbeit - von der Stadtteilarbeit zum
    Stadtteilmanagement. In: Hinte, Wolfgang/Lüttringhaus, Maria/Oelschlägel, Dieter
    (Hrsg.): Grundlagen und Standards der Gemeinwesenarbeit. Ein Reader für Studi-
    um, Lehre und Praxis. Votum Verlag Münster. S. 83-89.
Hinte, Wolfgang (2002b): Vortrag anlässlich der Tagung „Vom Mauerblümchen zum
    Vergißmeinnicht" am 23.10.2002 in Linz. URL: http://www.sozaktiv.at/alt/texte/
    gwa_hinte.pdf; 26.01.2007.
Hinte, Wolfgang (2003): Mit Bürgern gemeinwesenbezogen arbeiten. http://orae.fes.de:
    8081/fes/docs/BUERGER/Hinte4.htm (17.08.03). – Und: http://www.stadtteilarbeit.
    de/seiten/lernprogramm/gwa/aufsaetze/hinte_mit_buergern.htm; 01.03.07.
Hinte, Wolfgang (2004): Empfehlungen zur Sozialraumorientierung in Graz. In: Magistrat
    Graz: Empfehlungen zur Sozialraumorientierung in Graz. Dokumentation des Vor-
    trages von Prof. Dr. Wolfgang Hinte in Graz am 14.5.2004. Graz. S. 6-29. URL:
    http://www.graz.at/cms/dokumente/10040655/2a42b7c8/Sozialraumorientierung_Hi
    nte.pdf; 26.02.2007.
Hinte, Wolfgang (2005): Gemeinwesenarbeit. URL: http://www.sos-kinderdorf.de/spi/
    download/pdf/Heft2002/heft2002_10.pdf und http://www.stadtteilarbeit.de/seiten/
    lernprogramm/gwa/aufsaetze/hinte_gemeinwesenarbeit.htm (06.06.05).
Hinte, Wolfgang (o.J.): Bewohner ermutigen, aktivieren, organisieren. Methoden und
    Strukturen für ein effektives Quartiermanagement. http://www.stadtteilarbeit.de/
    Seiten/Theorie/Hinte/Quartiermanagement.htm; 26.02.2007.
Hinte, Wolfgang/ Grimm, Gaby (2003): Soziale Stadt: Tops und Flops. In: Sozial extra
    Nr. 1/03. S.25ff. URL: http://www.stadtteilarbeit.de/seiten/lernprogramm/gwa/auf-
    saetze/grimm_hinte_soziale_stadt.htm (15.05.05).
Hinte, Wolfgang/Karas, Fritz (1989): Studienbuch Gruppen- und Gemeinwesenarbeit.
    Eine Einführung für Ausbildung und Praxis. Luchterhand Verlag Neuwied/ Frank-
    furt a.M., 1. Auflage.
Hinte, Wolfgang/Lüttringhaus, Maria/Oelschlägel, Dieter (2001): Grundlagen und Stan-
    dards der Gemeinwesenarbeit. Reader: Münster. S. 17ff. URL: http://www.stadtteil-
    arbeit.de/seiten/lernprogramm/gwa/aufsaetze/hinte_luettringhaus_oelschlaegel.htm
    (01.03.07).
Hoffmeyer-Zlotnik, Jürgen H.P./Geis, Alfons J. (2003): Berufsklassifikation und Messung
    des beruflichen Status/Prestige. ZUMA-Nachrichten 52, Jg. 27, Mai 2003. S. 125-
    138.
Holborn, Martin/Haralambos, Michael (2000): Sociology. Themes and Perspectives. 5.
    Auflage, Harper Collins London.

Honneth, Axel (1995): Einleitung. In: Honneth, Axel (Hrsg.): Kommunitarismus. Eine Debatte über die moralischen Grundlagen moderner Gesellschaften. 3. Auflage. Campus Verlag Frankfurt/Main. S. 7-17.

Illich, Ivan (1972): Entschulung der Gesellschaft. Entwurf eines demokratischen Bildungssystems. Mit einem Vorwort von Hartmut Hentig. Kösel-Verlag GmbH & Co München.

Itzwerth, Ralf (1989): Selbsthilfegruppen – erste empirische Befunde und sozialpolitische Aspekte. In: Olk, Thomas/Otto, Hans-Uwe (Hrsg.): Soziale Dienste im Wandel 3. Lokale Sozialpolitik und Selbsthilfe. Hermann Luchterhand Verlag Neuwied/ Frankfurt. S. 155-172.

Iwaskiewicz, Herbert (1972): Bürgerinitiative und Bürgerpartizipation. In: Schultze, Annedore (1972) (Hrsg.): Soziale Gemeinwesenarbeit. Arbeitshilfen für die Praxis. Lambertus-Verlag Freiburg. S. 20-23.

Janßen, Andrea (2004): „Es ist ‚ne soziale Gegend". Benachteiligende Effekte in Migrantenvierteln? In: Walther, Uwe-Jens/Mensch, Kirsten (Hrsg.): Armut und Ausgrenzung in der „Sozialen Stadt". Konzepte und Rezepte auf dem Prüfstand. Schader Stiftung Darmstadt. S. 26-42.

Karas, Fritz/Hinte, Wolfgang (1978): Grundprogramm Gemeinwesenarbeit. Praxis des sozialen Lernens in offenen pädagogischen Feldern. Jugenddienst-Verlag Wuppertal.

Karas, Fritz/ inte, Wolfgang (1980): Grundprogramm Gruppenarbeit; Arbeits- und Aktionshilfen für Bürgergruppen. Jugenddienst-Verlag Wuppertal.

Karstedt, Susanne (1998): Was diese Welt im Innersten zusammenhält - Soziologische Krisenstimmung und Durkheims Wiederkehr. In: Soziologische Revue 21. Jg. 1998. Oldenbourg Verlag München. S. 13-20.

Kaufmann, Franz-Xaver (2006): „Verantwortung" im Sozialstaatsdiskurs. In: Heidbrink, Ludger/Hirsch, Alfred (Hrsg.): Verantwortung in der Zivilgesellschaft. Zur Konjunktur eines widersprüchlichen Prinzips. Campus Verlag Frankfurt/ New York. S. 39-60.

Keating, Ann Durkin (1988): Building Chicago. Suburban Developers & the Creation of a divided Metropolis. Columbus.

Kessl, Fabian (2005): Der Gebrauch der eigenen Kräfte: eine Gouvernementalität Sozialer Arbeit. Juventa Verlag München.

Kessl, Fabian (2006): Aktivierungspädagogik statt wohlfahrtsstaatlicher Dienstleistung? Das aktivierungspolitische Re-Arrangement der bundesrepublikanischen Kinder- und Jugendhilfe, in: Zeitschrift für Sozialreform, 52. Jg., Heft 1, 2006. S. 217-232.

Kessl, Fabian/Landhäußer, Sandra/Ziegler, Holger (2006): Sozialraum. In: Dollinger, Bernd/Raithel, Jürgen: Aktivierende Sozialpädagogik. Ein kritisches Glossar. VS Verlag Wiesbaden. S. 191-216.

Kessl, Fabian/Otto, Hans-Uwe (2007): Von der (Re-)Territorialisierung des Sozialen. Zur Regierung sozialer Nahräume. Eine Einleitung. Einleitung zu: Kessl, Fabian/Otto, Hans-Uwe (Hrsg.): Territorialisierung des Sozialen. Regieren über soziale Nahräume. Verlag Barbara Budrich Opladen/ Farmington Hills. S. 7-21.

Kessl, Fabian/Reutlinger, Christian (2007): Sozialraum. Eine Einführung. Mit einem Beitrag von Ulrich Deinet. VS Verlag Wiesbaden.

Kessl, Fabian/Reutlinger, Christian/Ziegler, Holger (2007) (Hrsg.): Erziehung zur Armut? Soziale Arbeit und die ‚neue Unterschicht'. VS Verlag Wiesbaden.

Kessl, Fabian/Ziegler, Holger (2007): Gesellschaft/ ‚das Soziale'. In: Hanses, Andreas/ Homfeldt, Hans-Günther (Hrsg.): Lebensalter und Soziale Arbeit. Schneider Verlag Hohengehren Baltmannsweiler. (i.E.)

Klagge, Britta (2000): Disparitäten der Sozialhilfedichte in westdeutschen Städten. Entwicklung, Ausmaß und Hintergründe. Forschungsbericht Nr. 12, ZWE „Arbeit und Region" der Universität Bremen.

Klagge, Britta (2005): Armut in westdeutschen Städten. Strukturen und Trends aus stadtteilorientierter Perspektive – eine vergleichende Langzeitstudie der Städte Düsseldorf, Essen, Frankfurt, Hannover und Stuttgart. Franz Steiner Verlag Stuttgart.

Klein, Alex/Landhäußer, Sandra/Ziegler, Holger (2005): The Salient Injuries of Class. Zur Kritik der Kulturalisierung struktureller Ungleichheit. In: Widersprüche 98, Dezember 2005. S. 45-74.

Klinger, Cornelia/Knapp, Gudrun-Axeli (2005): Achsen der Ungleichheit – Achsen der Differenz. Verhältnisbestimmungen von Klasse, Geschlecht, »Rasse« / Ethnizität. In: Transit – Europäische Revue, Nr. 29. S. 72-96.

Klöck, Tilo (o.J.): Das Arbeitsprinzip Gemeinwesenarbeit als Qualitätsmerkmal von Sozialraumorientierter Sozialer Arbeit, Stadtteilarbeit und Quartiersmanagement. URL: http://www.stadtteilarbeit.de/Seiten/Theorie/Kloeck/Arbeitsprinzip_Gemeinwesenarbeit.htm; 19.01.2007.

Knopp, Reinhold (2006): Soziale Arbeit und Soziale Stadt. In: Deinet, Ulrich/Gilles, Christoph/Knopp, Reinhold (Hrsg.): Neue Perspektiven in der Sozialraumorientierung. Dimensionen – Planung – Gestaltung. Frank & Timme Verlag Berlin. S. 78-104.

Kollobay, Ingo (2001): Wie die Entstehung von Problemen in Wohngebieten mit ihrer Größe und Homogenität zusammenhängt. In: Rotschuh, Michael/Begemann, Dirk/ Carls, Dorthe/Hornburg, Alexander: Wege zur Sozialen Stadt. FH Hildesheim/ Holzminden/Göttingen. S. 30-32. URL: http://www.stadtteilarbeit.de/Seiten/Theorie/Rothschuh/Wege_Zur_Sozialen_Stadt.pdf; 26.02.2007.

Kreissl, Reinhard (2004): Community. In: Bröckling, Ulrich/Krasmann, Susanne/Lemke, Thomas (Hrsg.): Glossar der Gegenwart. Suhrkamp Verlag Frankfurt am Main. S. 37-41.

Kronauer, Martin (2005): Ausgrenzung und physisch-sozialer Raum. In: Anhorn, Roland/ Bettinger, Frank (Hrsg.): Sozialer Ausschluss und Soziale Arbeit. Positionsbestimmungen einer kritischen Theorie und Praxis Sozialer Arbeit. VS Verlag Wiesbaden. S. 167-184.

Kronauer, Martin/Vogel, Bethold (2004): Erfahrung und Bewältigung von sozialer Ausgrenzung in der Großstadt: Was sind Quartierseffekte, was Lageeffekte? In: Häußermann, Hartmut/Kronauer, Martin/Siebel, Walter (Hrsg.): An den Rändern der Städte. Suhrkamp Verlag Frankfurt a.M. S. 235-257.

Lagemann, Ellen Condliffe (2002a): Introduction to the Original Edition. In: Addams, Jane: On education. Jane Addams. Herausgegeben von Ellen Condliffe Lagemann. 2. Auflage. Transaction Pub. New Brunswick/London. S. 1-43.

Lagemann, Ellen Condliffe (2002b): Introduction to the Transaction Edition. Why Read Jane Addams? In: Addams, Jane: On education. Jane Addams. Herausgegeben von Ellen Condliffe Lagemann. 2. Auflage. Transaction Pub. New Brunswick/London. S. vii-xv.

Lahusen, Christian/Stark, Carsten (2003): Integration: Vom fördernden zum fordernden Wohlfahrtsstaat. In: Lessenich, Stefan (Hrsg.): Wohlfahrtsstaatliche Grundbegriffe. Historische und aktuelle Diskurse. Campus Verlag Frankfurt/New York. S. 353-371.

Landhäußer, Sandra/Micheel, Heinz-Günter (2005): Kollektives Sozialkapital als individuelle Ressource? Vortragsmanuskript der Tagung „Soziale Netzwerke und Sozialkapital" der Sektion „Soziale Ungleichheit und Sozialstrukturanalyse" in der Deutschen Gesellschaft für Soziologie in Bielefeld, November 2005. URL: http://www.soziologie.uni-stock.de/sozialstruktur/tagungen/sektion/netzwerke/praes/Landhaeusser_Micheel_Netzwerke_Vortrag_Nov_2005.pdf; 28.08.2007.

Landhäußer, Sandra/Otto, Hans-Uwe/Ziegler, Holger (2005): Zwischenbericht. Zwischenbericht des Projekts „Räumlichkeit und soziales Kapital in der sozialen Arbeit,. Zur Governance des sozialen Raums" an die DFG. Bielefeld.

Klingler, Birte/Landhäußer, Sandra/Otto, Hans-Uwe/Ziegler, Holger (2007): Abschlussbericht. Abschlussbericht des Projekts „Räumlichkeit und soziales Kapital in der sozialen Arbeit,. Zur Governance des sozialen Raums" an die DFG. Bielefeld.

Landhäußer, Sandra/Ziegler, Holger (2005): Social Work and the Quality of Life Politics – A Critical Assessment. In: Social Work & Society, Volume 3 Issue 1. p. 30-58. URL: http://www.socwork.net/2005/1/articles/472/LandhaeusserZiegler2005.pdf; 14.05.2007.

Lanz, Stephan: Der Staat verordnet die Zivilgesellschaft. In: Widersprüche 78/ 2000. S. 39-51.

Larsen, Jørgen Elm (2004): The Politics of Marginal Space. In: Andersen, John/Siim, Birte (Hrsg.): Politics of Inclusion and Empowerment – a gender and citizenship perspective. Palgrave Macmillan Basingstoke/New York. S. 205-222.

Lavalette, Michael/Mooney, Gerry (1999): New Labour, new moralism: the welfare politics and ideology of New Labour under Blair. In: International Socialism Journal. Issue 85. URL: http://pubs.socialistreviewindex.org.uk/isj85/lavalette.htm; 28.09.2007.

Levitas, Ruth (1998): The inclusive society? Social Exclusion and New Labour. Palgrave Macmillan Hampshire/New York.

Levitas, Ruth (2003): The Idea of Social Inklusion. Paper of the Social Inklusion Research Conference in Ottawa, Ontario. URL: http://www.ccsd.ca/events/inclusion/papers/rlevitas.htm; 14.6.07.

Liedtke, Andreas/Juchems-Voets, Agnes (2006): Flexibilisierung und sozialräumlliche Ausrichtung erzieherischer Hilfen in Siegen. In: Sozialextra Juni 2006. S. 17-20.

Lindner, Rolf (2004): Walks on the wild side. Eine Geschichte der Stadtforschung. Campus Verlag Frankfurt a.M.

Lovett, Robert Morss/Ludmann, Oscar (1969): Hull-House, 1921-1937. In: McCree, Bryan Mary Lynn/Freeman, Davis Allen (1990) (eds.): One Hundred Years at Hull-House. Indiana University Press Bloomington. S. 166-172.

Löw, Martina/Steets, Silke/Stoetzer, Sergej (2007): Einführung in die Stadt- und Raumsoziologie. Verlag Barbara Budrich Opladen/ Farmington Hills.

Luft, Margaret (2002): About Jane Addams. URL: http://www.hullhouse.org/about.asp; 23.09.2002. bzw. URL: http://www.bolender.com/Sociological%20Theory/Addams,%20Jane/addams,_jane.htm; 23.07.2007.

Lüttringhaus, Maria (2004): Erfolgsgeschichte Gemeinwesenarbeit - Die Saat geht auf? In: Gillich, Stefan (Hrsg.): Gemeinwesenarbeit: Die Saat geht auf. Grundlagen und neue sozialraumorientierte Handlungsfelder. Triga\Verlag OHG Gelnhausen. 1. Auflage. S. 16-26.

Mauch, Peter/Reschl, Richard (2003): Stadtregion Stuttgart 2030: Teil II : Teilvorhaben. 1. Experten-Delphi StadtRegion Stuttgart 2030. S. 25-60. URL: http://stadtregionstuttgart2030.de/pdfs/2030Bericht25bis60.pdf; 28.09.2007.

Mayer, Margit (2001): Soziales Kapital und Stadtentwicklungspolitik - ein ambivalenter Diskurs. In: Haus, Michael (Hrsg.): Lokale Politik, soziales Kapital und Bürgergesellschaft. Leske und Budrich Opladen. S. 33-58. Online unter: http://www.workfare.ipn.de/sozialkap.html; 13.06.2005.

Mayer, Margit (2004): Vom Versprechen lokaler Kohäsion. In: Kessl, Fabian/ Otto, Hans-Uwe (Hrsg.): Soziale Arbeit und Soziales Kapital. Zur Kritik lokaler Gemeinschaftlichkeit. VS Verlag Wiesbaden. S. 63-78.

McDowell, Mary E. (1929): Interview with Jane Addams, Mary E. McDowell and Graham Taylor. In: Addams, Jane: The Settlement as a Way of Life. In: Neighbourhood 2, no. 3. S. 139-158.

McPherson, Miller J./Smith-Lovin, Lynn (1986): Sex Segregation in Voluntary Associations. In: American Sociological Review, Vol. 51, No. 1. S. 61-79.

McPherson, Miller J./Smith-Lovin, Lynn (1987): Homophily in Voluntary Organizations: Status Distance and the Composition of Face-to-Face Groups. In: American Sociological Review, Vol. 52, No. 3. S. 370-379.

Mead, George Herbert (1907-08): The Social Settlement: Its basis and function. In: University of Chicago Record 12. S. 108-110.

Menand, Louis (2001): The Metaphysical Club – A Story of Ideas in America. Farrar, Straus and Giroux New York.

Metzger, Wilhelm (1913): Ferdinand Tönnies, Gemeinschaft und Gesellschaft. Weltwirtschaftliches Archiv, Vol 2, Issue 1. S. 184-187.

Micheel, Heinz-Günter (2003): Explorative Typisierung von Ratingskalen. In: Otto, Hans-Uwe/Oelerich, Gertrud/Micheel, Heinz-Günter (Hrsg.): Empirische Forschung und Soziale Arbeit. Ein Lehr- und Arbeitsbuch. Reinhardt Ernst Verlag München/ Unterschleißheim. S. 401-417.

Mielenz, Ingrid (1981): Die Strategie der Einmischung – Soziale Arbeit zwischen Selbsthilfe und kommunaler Politik. In: neue praxis, 11. Jahrgang, Sonderheft 6, 1981. S. 57-66.

Miller, Zane L. (1973): The Urbanization of modern America: a brief history. New York.

Moore, Dorothea (1897): A day at Hull-House. American Journal of Sociology, S. 629-632, 634-636, 638-640. Veröffentlicht In: McCree, Bryan Mary Lynn/Davis, Allen F. (1990): One hundred years at Hull-House. Bloomington & Indianapolis. S. 42-48.

Müller, Hans-Peter/Schmid, Michael (1992): Arbeitsteilung, Solidarität und Moral. Eine werkgeschichtliche und systematische Einführung in die „Arbeitsteilung" von Emile Durkheim. Nachwort zu: Durkheim Emile (1893/1992): Über soziale Arbeitsteilung. 1. Auflage. Suhrkamp Verlag Frankfurt a.M. S. 481-532.

Müller, Siegfried/Olk, Thomas/Otto, Hans-Uwe (1983): Kommunale Sozialarbeitspolitik. In: Peters, Friedhelm (Hrsg.): Gemeinwesenarbeit im Kontext lokaler Sozialpolitik. AJZ Druck + Verlag GmbH Bielefeld. S. 133-152.

Müller, Wolfgang C. (1971): Die Rezeption der Gemeinwesenarbeit in der Bundesrepublik Deutschland. Müller, Wolfgang C./Nimmermann, Peter (Hrsg.): Stadtplanung und Gemeinwesenarbeit. Texte und Dokumente. Juventa Verlag München. S. 228-240.

Müller, Wolfgang C. (2006): Wie Helfen zum Beruf wurde. Eine Methodengeschichte der Sozialen Arbeit. Neuausgabe. Juventa Verlag Weinheim/München.

Münchmeier, Richard (2003): Sozialraumorientierung. Interview an der Fachhochschule Feldkirchen, 3. Dezember 2003. http://www.cti.ac.at/cms/dateien/Interview_Muenchmeier.pdf; 15.10.2006.

Neckel, Sighard (1997): Zwischen Robert E. Park und Pierre Bourdieu: Eine dritte „Chicago School"? Soziologische Perspektiven einer amerikanischen Forschungstradition. In: Soziale Welt. Zeitschrift für sozialwissenschaftliche Forschung und Praxis. Jahrgang 47, Heft 1. S. 71-83.

Neckel, Sighard (2003): Kampf um Zugehörigkeit. Die Macht der Klassifikation. Leviathan 2/2003. S. 159-167.

Neckel, Sighard/Sutterlüty, Ferdinand (2005): Negative Klassifikationen. Konflikte um die symbolische Ordnung sozialer Ungleichheit. In: Heitmeyer, Wilhelm/Imbusch, Peter (Hrsg.): Integrationspotenziale einer modernen Gesellschaft. VS Verlag Wiesbaden. S. 409-428.

Newman, Janet (2004): Through Thick or Thin? The Problem of „the Social" in Societal Governance. Paper presented to the Contemporary Governance and the Question of the Social Conference, University of Alberta, 11-13 June.

Newton, Kenneth (2001): ‚Trust, social capital, civil society, and democracy'. In: International Political Science Review. Vol 22, No 2. S. 201-214.

Nolan, Brian/Whelan, Chris (2000): Urban Housing and the Role of 'Underclass'. Processes: the Case of Ireland. In: Journal of European Social Policy 10, 1. S. 5-21

O'Malley, Pat (1999): Social Justice After the „Death of the Social". In: Social Justice Vol. 26, No. 2. S. 92-100.

Oelschlägel, Dieter (2001): Gemeinwesenarbeit. In: Otto, Hans-Uwe/Thiersch, Hans (Hrsg.): Handbuch der Sozialarbeit/Sozialpädagogik. 2. völlig neu überarbeitete und aktualisierte Auflage. Luchterhand Verlag Neuwied/ Kriftel. S. 653-659.

Oelschlägel, Dieter (2004): Selbständig in der Lebenswelt – der Beitrag der Gemeinwesenarbeit. URL: http://www.asfh-berlin.de/hsl/docs/3025/selbststaendigkeit.pdf (Juni 2004)

Office of the Deputy Prime Minister (2004): The Social Exclusion Unit. London. URL: http://www.cabinetoffice.gov.uk/social_exclusion_task_force/documents/publicatio ns_1997_to_2006/seu_leaflet.pdf; 21.09.2007.

Olk, Thomas/Heinze, Rolf G. (1989): Selbsthilfe im Sozialsektor – Perspektiven der informellen und freiwilligen Produktion sozialer Dienstleistungen. In: Olk, Thomas/ Otto, Hans-Uwe (Hrsg.): Soziale Dienste im Wandel 3. Lokale Sozialpolitik und Selbsthilfe. Hermann Luchterhand Verlag Neuwied/Frankfurt. S. 233-268.

Olk, Thomas/Müller Siegfried/Otto, Hans-Uwe (1981): Sozialarbeitspolitik in der Kommune – Argumente für eine aktive Politisierung der Sozialarbeit. In: neue praxis, 11. Jahrgang, Sonderheft 6, 1981. S. 5-25.

Olk, Thomas/Otto, Hans-Uwe (1979): Wertewandel und Sozialarbeit – Entwicklungsperspektiven kommunaler Sozialarbeitspolitik. In: neue praxis, 9. Jg. (1979), Heft 2. S. 99-146.

Olk, Thomas/Otto, Hans-Uwe (1989): Einleitung. In: Olk, Thomas/Otto, Hans-Uwe (Hrsg.): Soziale Dienste im Wandel. Band 3: Lokale Sozialpolitik und Selbsthilfe. S. 1-20.

Otto, Hans-Uwe et al. (2003): DFG-Antrag des Projekts „Räumlichkeit und soziales Kapital in der Sozialen Arbeit. Zur Governance des sozialen Raums." Bielefeld. URL: http://www.uni-bielefeld.de/paedagogik/agn/ag8/antrag_dfg_pub.pdf; 15.06.2007.

Otto, Hans-Uwe/Ziegler, Holger (2005): Sozialraum und sozialer Ausschluss. Die analytische Ordnung neo-sozialer Integrationsrationalitäten in der Sozialen Arbeit. In: Anhorn, Roland/Bettinger, Frank (Hrsg.): Sozialer Ausschluss und Soziale Arbeit. Positionsbestimmungen einer kritischen Theorie und Praxis Sozialer Arbeit. VS Verlag Wiesbaden. S. 115-146.

Pates, Rebecca/Fach, Wolfgang (2004): Zivilgesellschaft. In: Bröckling, Ulrich/Krasmann, Susanne/Lemke, Thomas (Hrsg.): Glossar der Gegenwart. Suhrkamp Verlag Frankfurt am Main. S. 312-318.

Philpott, Thomas Lee (1978): The slum and the ghetto. Oxford University Press New York.

Picht, Werner (1913): Toynbee Hall und die englische Settlement-Bewegung. Ein Beitrag zur Geschichte der sozialen Bewegung in England. Mohr Verlag Tübingen.

Pimlott, J.A.R. (1935): Toynbee Hall and the settlement movement, 1884-1934. In: Contemporary Review Vol. 147. S. 447-453.

Polacheck, Hilda Satt (1989): I came a Stranger: The Story of a Hull House Girl. University of Illinois Press Urbana.

Portes, Alejandro (2000): The Two Meanings of Social Capital. In: Sociological Forum, Vol 15, No 1. S. 1-12.

Prisching, Manfred (2003): Solidarität: Der vielschichtige Kitt gesellschaftlichen Zusammenlebens. In: Lessenich, Stefan (Hrsg.): Wohlfahrtsstaatliche Grundbegriffe. Historische und aktuelle Diskurse. Campus Verlag Frankfurt/New York. S. 157-190.

Propper, Carol/Burgess, Simon/Bolster, Anne/Leckie, George/Jones, Kelvyn/Johnston, Ron (2006): The Impact of Neighbourhood on the Income and Mental Health of British Social Renters. CMPO Working Paper Series No. 06/161.

Putnam, Robert D. (1993): The Prosperous Community: Social Capital and Community Life. In: The American Prospect. S. 35-42.

Putnam, Robert D. (1995): Tuning In, Tuning Out: the Strange Disappearance of Social Capital in America. In: Political Science and Politics, XXVIII, 4, S. 664-683.

Putnam, Robert D. (2000): Bowling alone: The Collapse and Revival of American Community. Simon & Schuster New York.

Putnam, Robert D./Goss Kristin A. (2001): Einleitung. Einleitung zu Putnam, Robert D. (Hrsg.): Gesellschaft und Gemeinsinn. Bertelsmann Gütersloh. S. 15-43.

Regiestelle LOS (2004): Bundesprogramm Lokales Kapital für Soziale Zwecke (LOS). Handbuch „Lokales Kapital für Soziale Zwecke". URL: http://www.los-online.de/content/e284/los_handbuch_programm_ger.pdf; 21.09.20007

Regiestelle LOS (o.J.): Programmkonzeption „Lokales Kapital für soziale Zwecke" (LOS). URL: http://www.los-hof.de/download/los_konzept.pdf; 22.09.2007.

Reimer, Everett (1972): Schafft die Schule ab! Befreiung aus der Lernmaschine. Rowohlt Taschenbuch Verlag Reinbek bei Hamburg.

Reinders, Robert C. (1982): Toynbee Hall and the American Settlement Movement. In: Social Service Review März 1982. S. 39-54.

Reulecke, Jürgen (1985): Geschichte der Urbanisierung in Deutschland. Suhrkamp Verlag Frankfurt am Main.

Ritter, Joachim/Gründer, Karlfried/Gabriel, Gottfried (2007): Historisches Wörterbuch der Philosophie. Schwabe Verlag Basel.

Rockefeller, Steven C. (1991): John Dewey – Religious faith and democratic humanism. Columbia University Press New York.

Rosa, Hartmut (2001): Die politische Theorie des Kommunitarismus: Charles Taylor. In: Brodocz, Andre/Schaal, Gary S.: Politische Theorien der Gegenwart II. Eine Einführung. Leske und Budrich Opladen. S. 55-88.

Rose, Nikolas (2000): Community, Citizenship, and the Third Way. In: American Behavioral Scientist Vol 43, No 9. S. 1395-1411.

Rose, Nikolas (2000): Tod des Sozialen? Eine Neubestimmung der Grenzen des Regierens. In: Bröckling, Ulrich/Krasmann, Susanne/Lemke, Thomas (Hrsg.): Gouvernementalität der Gegenwart. Studien zur Ökonomisierung des Sozialen. Suhrkamp Verlag Frankfurt a.M. S. 72-109.

Ross, Murray G. (1956): Conceptual Problems in Community Organization. In: Social Service Review 30:1/4. S. 174-181.

Ross, Murray G. (1968): Gemeinwesenarbeit. Theorie, Prinzipien, Praxis. Lambertus-Verlag Freiburg i.Br. übers. von Dora von Caemmerer. (Leichte Kürzung der) Originalausgabe: Ross Murray G. (1955/1967): Community Organization. Theory, Principles, and Practice. Harper & Row New York.

Salomon, Alice (1901): Settlementsbewegung und Gruppen für soziale Hilfsarbeit. In: Feustel, Adriane (1997) (Hrsg.): Frauenemanzipation und soziale Verantwortung. Bd. 1. Luchterhand Verlag Neuwied, Kriftel, Berlin. S. 79-85.

Sampson, Robert J. (1991): Linking the Micro- and Microlevel Dimensions of Community Social Organization, Social Forces, 70:1. S.43-64.

Sandel, J. Michael (1984/1995): Die verfahrensrechtliche Republik und das ungebundene Selbst. In: Honneth, Axel (Hrsg.): Kommunitarismus. Eine Debatte über die moralischen Grundlagen moderner Gesellschaften. 3. Auflage. Campus Verlag Frankfurt/Main. S. 18-53.

Sandermann, Philipp/Urban, Ulrike (2007): Zur ‚Paradoxie' der sozialpädagogischen Diskussion um Sozialraumorientierung in der Jugendhilfe. In: neue praxis, Heft 1/2007. S.42-58.

Sanders, Marion (1970): The professional Radical. Conversation with Saul D. Alinsky. In: Harper's Magazine, 240:1436. S. 35-42.

Schaber, Peter (1998): Gründe für eine objektive Theorie des menschlichen Wohls. In: Steinfath, Holmer (Hrsg.): Was ist ein gutes Leben? Philosophische Reflexionen. Suhrkamp Verlag Frankfurt a.M. S. 149-166.

Schmid, Thomas (1988): Gemeindefreiheit. Über die Kontinuität einiger staatsabgeneigter Traditionen. In: Schmid, Thomas (Hrsg.): Entstaatlichung. Neue Perspektiven auf das Gemeinwesen.

Schulze-Krüdener, Jörgen/Homfeldt, Hans Günther (2001): Kommunale Sozialarbeitspolitik auf dem regionalen Prüfstand. Auswirkungen von Sparmaßnahmen auf die Kinder- und Jugendarbeit. In: deutsche jugend 1/2001. S. 22-26.

Schwarzer, Thomas (2001): Hatte Hannover die Wahl? Bis zu 69% Wahlenthaltung in benachteiligten Stadtteilen. In: agis Info Nr. 12 Oktober 2001. S. 4-6.

Schwarzer, Thomas (2002): Auf dem Weg zur ‚Sozialen Stadt'? In: agis Info Nr. 13 Juni 2002. S. 2-3.

Schwarzer, Thomas (2004): Integrativ oder ausgrenzend? Stadtteile, soziale Milieus, lokale Infrastrukturen. In: Walther, Uwe-Jens/Mensch, Kirsten (Hrsg.): Armut und Ausgrenzung in der „Sozialen Stadt". Konzepte und Rezepte auf dem Prüfstand. Schader Stiftung Darmstadt. S. 143-168.

Schwendter, Rolf (1989): Zum Doppelcharakter der Selbsthilfebewegung in der Bundesrepublik Deutschland. In: Olk, Thomas/Otto, Hans-Uwe (Hrsg.): Soziale Dienste im Wandel 3. Lokale Sozialpolitik und Selbsthilfe. Hermann Luchterhand Verlag Neuwied/Frankfurt. S. 145-154.

Seigfried, Charlene Haddock (1999): Socializing democracy: Jane Addams and John Dewey. In: Philosophy of the Social Sciences, Vol. 29 no. 2, June 1999. S. 207-230.

Seippel, Albrecht-Sigbert (1974): Konfliktorientierte Gemeinwesenarbeit als Erwachsenenbildung. In: Bahr, Hans-Eckehard/Gronemeyer, Reimer (Hrsg.): Konfliktorientierte Gemeinwesenarbeit. Niederlagen und Modelle. Luchterhand Verlag Darmstadt/ Neuwied. S. 112-135.

Simmel, Georg (1908): Exkurs über das Problem: Wie ist Gesellschaft möglich? In: Simmel, Georg (1995): Schriften zur Soziologie. Eine Auswahl. herausgegeben und eingeleitet von Heinz-Jürgen Dahme und Otthein Rammstedt. Suhrkamp Verlag Frankfurt a.M. 5. Auflage. S. 275-294.

Simmel, Georg (1917): Grundfragen der Soziologie – Individuum und Gesellschaft. G. J. Göschen'sche Verlagshandlung GmbH Berlin und Leipzig.

Smith, Dennis (1988): The Chicago School. A Liberal Critique of Capitalism. Macmillan Education Ltd. Houndmills/Basingstoke/Hampshire.

Specht, Harry (1971): Disruptive Taktiken in der Gemeinwesenarbeit. In: Müller, C. Wolfgang/Nimmermann, Peter (Hrsg.): Stadtplanung und Gemeinwesenarbeit. Texte und Dokumente. Juventa Verlag München. S. 208-227.

SPI/Regiestelle des Programms E&C (2000): Soziale Arbeit als Koproduktion. Entwicklung und Chancen junger Menschen in sozialen Brennpunkten. Berlin. URL: http://www.eundc.de/pdf/01200.pdf; 19.09.2007.

SPI/Regiestelle des Programms E&C (2006): 6. Zwischenbericht. URL: http://www.eundc.de/pdf/73000.pdf; 28.09.2007.

Starr, Ellen G. (1895): College Settlement Work: Hull-House. 4th paper published by the Society of the Companions of the Holy Cross.

Stemmer, Peter (1998): Was es heißt, ein gutes Leben zu leben. In: Steinfath, Holmer (Hrsg.): Was ist ein gutes Leben? Philosophische Reflexionen. Suhrkamp Verlag Frankfurt a.M. S. 47-72.

Stövesand Sabine (2004): Stadtteile machen mobil. Von GWA, Gewalt und Gouvernementalität. In: Odierna, Simone/Berendt, Ulrike (Hrsg.): Gemeinwesenarbeit. Entwicklungslinien und Handlungsfelder. Jahrbuch Gemeinwesenarbeit 7. AG SPAK Bücher Neu-Ulm. S. 233-252.

Strasser, Johano (1979): Grenzen des Sozialstaats? Soziale Sicherung in der Wachstumskrise. Europäische Verlagsanstalt GmbH Köln/Frankfurt a.M.

Strohmeier, Klaus Peter (2006): Segregation in den Städten. (unter Mitarbeit von Safet Alic) Herausgegeben von der Friedrich-Ebert-Stiftung, Abteilung Wirtschafts- und Sozialpolitik. Bonn. URL: http://library.fes.de/pdf-files/asfo/04168.pdf; 28.09.2007.

Strohmeyer, Klaus (2000): James Hobrecht (1825-1902) und die Modernisierung der Stadt. Potsdam. URL: http://www.klaus-strohmeyer.de/modern.html; 26.3.2007.

Szynka, Peter (2003): Aktivierende Gespräche bei Saul Alinsky. In: Lüttringhaus, Maria/ Richers, Hille: Handbuch Aktivierende Befragung. Stiftung Mitarbeit Bonn.

Taylor, Marilyn (2003): Public Policy in the Community. Palgrave Macmillan Hampshire/ New York.

Thatcher, Margaret (1993): The Downing Street Years. Harper Collins London.

Timberlake, Justin (2007): ''Scratchin' and Surviving'' or ''Movin' on Up?'' Two Sources of Change in Children's Neighborhood SES. In: Population Research and Policy Review. URL: http://www.springerlink.com/content/g22lrm4kr6320458/fulltext.pdf; 7.5.2008.08

Tröhler, Daniel (2001): Der Republikanismus als historische Quelle und politische Theorie des Kommunitarismus. In: Zeitschrift für Pädagogik, 47. Jg. 2001, Nr. 1. S. 45-65.

Tröhler, Daniel (2005): Moderne Großstadt, soziale Gerechtigkeit und Erziehung. Der frühe Pragmatismus am Beispiel von Jane Addams. In: Tröhler, Daniel/Oelkers, Jürgen (Hrsg.): Pragmatismus und Pädagogik. Pestalozzianum Zürich. S. 87-114.

Trolander, Judith Ann (1982). Social change: Settlement houses and Saul Alinsky, 1939-1965. Social Service Review, 56(3). S. 346-365.

Trolander, Judith Ann (1991): Hull-House and the settlement House Movement. A Centennial Reassessment. In: Journal of urban history. Vol 17 Nr. 4. S. 410-420.

Uslaner, Eric M. (2001): Trust as a moral value. Prepared for the Conference „Social Capital: Interdisciplinary Perspectives" University of Exeter, United Kingdom, 15.-20. September 2001. URL: http://www.ex.ac.uk/shipss/politics/research/socialcapital/papers/uslaner.pdf; 08.10.2007.

Uslaner, Eric M. (2006): Trust as a Moral Value. In: Van Deth, J. W./Castiglione, D. and Wolleb, G., (Hrsg.), The Oxford Handbook on Social Capital. Oxford University Press Oxford. (i.E.)

Van Der Gaag, Martin/Snijders, Tom A.B. (2003): A comparison of measures for individual social capital. Paper presented at the conference „Creation and returns of Social Capital"; October 30-31, Amsterdam, The Netherlands. URL: http://www.xs4all.nl/~gaag/work/comparison_paper.pdf; 12.09.2007.

Van Der Gaag, Martin/Snijders, Tom A.B. (2005): The Resource Generator: Social capital quantification with concrete items. Social Networks 27:1-29 / Paper presented at the XXII Sunbelt international Social Networks Conference, February 13-17, New Orleans, US (2002). URL: http://www.xs4all.nl/~gaag/work/; 12.09.2007.

Van Der Gaag, Martin/Snijders, Tom A.B./Flap, Henk D. (2006): Position Generator measures and their relationship to other Social Capital measures. In: Lin N./Erickson B. (Hrsg.) „Social capital: advances in research" (i.E.) / Paper presented at the XXIII Sunbelt international Social Networks Conference; february 12-16, Cancún, Mexico. URL: http://www.xs4all.nl/~gaag/work/; 12.09.2007.

Vester, Michael/von Oertzen, Peter/Geiling, Heiko/Hermann, Thomas/Müller, Dagmar (2001): Soziale Milieus im gesellschaftlichen Strukturwandel. Zwischen Integration und Ausgrenzung. Suhrkamp Verlag Frankfurt a.M.

Vogel, Martin Rudolf/Oel, Peter (1966): Gemeinde und Gemeinschaftshandeln. Zur Analyse der Begriffe Community Organization und Community Development. W. Kohlhammer Verlag GmbH Stuttgart/Berlin/Köln/Mainz. Mit einem Vorwort von Hans Muthesius.

von Braunmühl, Ekkehard (1975): Antipädagogik. Studien zur Abschaffung der Erziehung. Beltz Verlag Weinheim und Basel.

Walker, David (2004): Margins for Error. Guardian, 17 November. URL: http://society.guardian.co.uk/publicmanager/story/0,,1352545,00.html; 10.08.2007.

Wallace, Andrew (2007): We have had nothing for so long that we don't know what to ask for: New Deal for Communities and the Regeneration of Socially Excluded Terrain. In: Social Policy & Society 6:1. S. 1-12.

Weißenstein, Regina (2006): Erfahrungen mit einem regionalen Budget in den Hilfen zur Erziehung. In: Sozialextra Juni 2006. S. 21-25.

Wendt, Wolf Rainer (1989): Gemeinwesenarbeit. Ein Kapitel zu ihrer Entwicklung und zu ihrem gegenwärtigen Stand. In: Ebbe Kirsten/Friese Peter (Hrsg.): Milieuarbeit: Grundlage präventiver Sozialarbeit im lokalen Gemeinwesen. Ferdinand Enke Verlag Stuttgart. Übersetzt von Axel Maychrzak. Originalausgabe: Ebbe Kirsten/Friese Peter (1985): Miljoarbejde. S. 1-34.

Winkleby, Marilyn/Cubbin, Catherine/Ahn, David (2006): Effect of Cross-Level Interaction Between Individual and Neighborhood Socioeconomic Status on Adult Mortality Rates. In: American Journal of Public Health, Dec 2006; 96. S. 2145 - 2153.

Woods, Robert Archey (1899): 'University settlements: their point and drift', Quarterly Journal of Economics, Harvard University, Cambridge, October. Republished as Chapter III of R. A. Woods (1923) The Neighborhood in Nation-Building. The running comment of thirty years at South End House, Boston: Houghton Mifflin Com-

pany. URL: http://www.infed.org/archives/settlements/woods_settlement_drift.htm;
23.07.2007.

Ziegler, Holger (2007): Sozialpädagogik nach dem Neo-Liberalismus. Skizzen einer post-
sozialstaatlichen Formierung sozialer Arbeit. In: Bütow, Birgit/Chassé, K.A./Hirt,
Rainer (Hrsg.): Soziale Arbeit nach dem Sozialpädagogischen Jahrhundert. Positionsbestimmungen Sozialer Arbeit im Post-Wohlfahrtsstaat. Leske und Budrich
Opladen.

Anhang

Positionengenerator

In dem Forschungsprojekt „Räumlichkeit und soziales Kapital in der Sozialen Arbeit – Zur Governance des sozialen Raums" wurden die Netzwerke der Befragten anhand von zwei ‚Item-Batterien'[75] untersucht. Hierbei handelt es sich zum einen um den so genannten „Positionengenerator" (vgl. Van Der Gaag/ Snijders/Flap 2006) und zum anderen um den so genannten „Ressourcengenerator" (vgl. Van Der Gaag/Snijders 2005). Beim Positionengenerator wird abgefragt, inwiefern man mit jemandem bekannt ist, der einen bestimmten Beruf ausübt (Fragetext: „Im Folgenden nenne ich Ihnen eine Reihe von Berufen und frage Sie jeweils ob Sie mit jemandem privat bekannt sind, der diesen Beruf ausübt: z.B. ein Bauarbeiter, ein Arzt, etc."). Den Berufsbezeichnungen werden anschließend Berufsstatuswerte nach dem ISEI, d.h. dem „International Socioeconomic Index of Occupational Status", zugeordnet (vgl. Ganzeboom/Treiman 1996), die am sozioökonomischen Status ausgerichtet sind. „Die berufliche Tätigkeit wird mit Informationen über das Einkommen und die Bildung kombiniert" (Hoffmeyer-Zlotnik/Geis 2003: 129). Um die Antworten hierauf zu illustrieren, können unterschiedliche Maße verwendet werden. In Anlehnung an Henk D. Flap, Tom Snijders, Beate Völker und Martin Van Der Gaag (2003) eignen sich folgende:

> **Ausmaß**: Größe des Netzwerkes und Zahl der Zugänge
> **Vielfalt**: Ausdifferenzierung und Heterogenität der Zugänge
> **Hierarchie**: Höhe der Reichweite

Das Ausmaß wird durch die Anzahl an genannten Positionen und die Summe aus allen Berufsstatuswerten berechnet. Die Vielfalt lässt sich durch die Varianz an angegebenen Werten bestimmen. Außerdem geben der Durchschnitt sowie der höchste und niedrigste genannte Berufsstatus einen Hinweis auf die hierarchische Einordnung des Bekanntennetzwerkes bezüglich des beruflichen Prestiges. Die nachfolgende Tabelle zeigt eine Auflistung der gegebenen Antworten zur

---

75 Der Ressourcen- und der Positionengenerator wurden von den niederländischen Netzwerk- und Individual-Sozialkapitaltheoretikern Martin Van Der Gaag, Tom A.B. Snijders und Henk D. Flap adaptiert. Ihre Entwicklung fand im Zusammenhang mit dem „Survey on the social networks of the Dutch" statt (vgl. Van Der Gaag/Snijders 2003).

Positionengeneratorfrage. Der Fragetext lautet: „Im Folgenden nenne ich Ihnen eine Reihe von Berufen und frage Sie jeweils ob Sie mit jemandem privat bekannt sind, der diesen Beruf ausübt":

		Berufsstatus-wert	Anzahl an „ja" (Prozent)
1	Bauarbeiter	30	185 (37,7)
2	Arzt	85	147 (29,9)
3	Reinigungskraft	20	208 (42,4)
4	Verkäufer	25	258 (52,5)
5	Ingenieur	69	197 (40,1)
6	Postbote/ Zusteller	39	87 (17,7)
7	Vorarbeiter	37	127 (25,9)
8	Vorstand/ Aufsichtsratmitglied eines Unternehmens	70	65 (13,2)
9	Friseur	29	204 (41,5)
10	Koch	30	162 (33,0)
11	Gewerkschaftsführer	58	30 (6,1)
12	Lokomotivführer	36	29 (5,9)
13	Musiker/ Künstler/ Schriftsteller	61	112 (22,8)
14	Sekretär/ in	51	148 (30,1)
15	Versicherungsvertreter	59	175 (35,6)
16	Buchhalter	54	95 (19,3)
17	Polizeibeamter	50	93 (18,9)
18	Lehrer	67	201 (40,9)
19	Mechaniker/Techniker	34	247 (50,3)
20	hochrangiger Beamter	70	75 (15,3)
21	Immobilienmakler	59	55 (11,2)
22	Wissenschaftler	70	56 (11,4)
23	Krankenschwester/ -pfleger	38	259 (52,7)
24	Bauer/ Landwirt	23	115 (23,4)
25	Manager	68	60 (12,2)
26	Computer/ IT Experte	71	187 (38,1)
27	LKW Fahrer	34	190 (38,7)
28	ungelernter Arbeiter	20	237 (48,3)
29	Rechtsanwalt	85	109 (22,2)
30	Politiker	70	30 (6,1)
31	nichts von alledem	--	9 (1,8)

Tab. 52:   Häufigkeiten des Positionengenerators

Die *Anzahl* an unterschiedlichen genannten Berufen streut von 0 bis 26, bei einer maximal möglichen Zahl von 29. Jedoch zeigt sich hierbei eine deutliche Ballung im niedrigen Feld, wenn etwa 50% der Befragten bis zu maximal 7 Positionen angeben. Ein weiteres Viertel der Antworten verteilt sich auf 8-11 Positionen und das letzte Viertel auf den Bereich zwischen 12 und 26. Die Anzahl steht in großem Zusammenhang mit der *Summe* aller angegebenen Werte, jedoch liefert sie darüber hinaus noch Informationen zur Höhe der addierten Berufsstatuswerte. Die Summenwerte verteilen sich über ein Spektrum von 0^{76} bzw. 20 bis 1276. Teilt man die Befragten in vier gleich große Gruppen, so verteilen sich die Werte in der summenniedrigsten Fraktion bis max. 154, in der zweiten bis max. 326 und in der dritten bis max. 514. Wenn die Werte bei der summenhöchsten Gruppe aber von 519 bis 1276 streuen, wird deutlich, dass hier eine weitaus größere Streuung zu beobachten ist als in den übrigen Vierteln. Dies bedeutet, dass – entsprechend zur Anzahl – die extrem hohen Summen- (und Anzahl)werte vergleichsweise selten vorkommen.

Die Vielfalt an unterschiedlichen Positionen kann beschrieben werden durch die Varianz (definiert als die Summe der quadrierten Abweichungen aller Messwerte von ihrem arithmetischen Mittel, geteilt durch die Anzahl der Messwerte (vgl. Benninghaus 1992: 56)), welche die Verteilung der Merkmalsausprägung einer Variablen um den Mittelwert repräsentiert. Hierbei streuen die Werte von 0 bzw. 1 bis 1281. Ein Viertel der Befragten erhält eine Varianz von max. 185, wobei die Werte in diesem Bereich stark und eher gleichmäßig streuen. Ein weiteres Viertel variiert mit ihren Angaben bis max. 348 sowie das dritte Viertel bis max. 450. Im oberen Viertel ist die Streuung am größten, bis 600 variieren die Werte noch stark, zwischen 600 und 700 schon weniger, vier Befragte weisen einen Wert zwischen 700 und 800 auf und weitere drei Befragte liegen über 1000. Auch hier fällt auf, dass enorm große Varianzen seltener vorkommen als niedrige. Interessant ist in diesem Zusammenhang auch die Spannweite, als relativ einfaches Streuungsmaß, definiert als die Differenz zwischen dem größten und dem kleinsten Messwert einer Verteilung. Die Werte können zwischen 0 bzw. 1 und 65 liegen. 65 wird als Spannweite erreicht, wenn jemand eine Person mit dem höchstmöglichen Berufsstatus von 85 kennt und gleichzeitig eine mit dem niedrigsten von 20. Hierbei verteilt sich das erste Viertel der Befragten auf die erste Hälfte der Skala bis zu einem Wert von 33. Das zweite Viertel streut von 34 bis 48. Beim dritten Viertel ist die Bandbreite von 49 bis 62 und das Vierte weist exakt einen Wert von 65 auf. Dies bedeutet, dass bei einem Viertel der Befragten der größte und kleinste Wert relativ weit auseinander liegen, d.h.

---

76   Eigentlich ist der niedrigste mögliche Berufsstatuswert 20. 0 als niedrigster Wert entsteht dadurch, dass insgesamt 9 Befragte angeben, mit keinem einzigen Mensch dieser genannten Berufsgruppen bekannt zu sein. Dieser Umstand scheint relativ unwahrscheinlich und erklärungsbedürftig, kann an dieser Stelle jedoch nicht geklärt werden, da diese 9 Befragten keine spezifischen soziodemografischen Merkmale aufweisen. Weiterhin sind keine Interview- bzw. InterviewerInneneffekte erkennbar, in der Hinsicht, dass die Interviews etwa unterschiedliche Dauer aufweisen, von verschiedenen InterviewerInnen geführt wurden, etc.

dass sie sowohl mindestens eine Person mit vergleichsweise statushohem als auch mit statusniedrigem Beruf kennen.

Bezüglich einer *hierarchischen Anordnung* nach der Höhe des Berufsstatus lässt sich festhalten, dass der *Durchschnittswert* des arithmetischen Mittels auf einer Skala von 0-74 bzw. 20-74 zu finden ist, da 0 nur bei Befragten auftritt, die angeben, überhaupt keinen Menschen mit den angegebenen Berufen zu kennen. Dies antworten insgesamt 9 Untersuchte. Etwa das erste Viertel der Befragten haben einen Durchschnittswert von 20-37, das zweite verteilt sich auf den Bereich zwischen 38 und 43, das dritte Viertel auf 44-50 und das letzte – mit nach oben hin abnehmender Tendenz – auf die Werte 51-74.

Ein weiteres Maß für eine hierarchische Verteilung stellen der *rangniedrigste angegebene Beruf* sowie der ranghöchste dar. Beim niedrigsten Wert fällt auf, dass knapp 62% der interviewten Personen angeben, jemanden mit dem Wert 20 zu kennen. Weiterhin drängen sich insgesamt 93,1% der Befragten im Bereich 0 bis 34, so dass lediglich knappe 7% einen kleinsten Wert angeben, der größer 34 ist. Somit ist auffällig, dass es relativ weit verbreitet ist, eine Person zu kennen, die einen statusniedrigen Beruf ausübt. Jedoch enthält das Sample auch 24 Fälle (7%), bei denen der niedrigste Wert relativ hoch liegt und folglich diese eher mit statushöheren Personen zu tun haben. Beim *ranghöchsten angegebenen Beruf* zeigt sich ein anderes Bild. Hier finden sich immerhin 14% der Befragten, die angeben, maximal einen Menschen mit einem Beruf vom Wert 50 zu kennen. Weitere 8% verteilen sich auf den Bereich zwischen 50 und 60, insgesamt 60% decken den Bereich bis 71 ab, so dass immerhin gut 37% 85 als höchsten Wert anführen. Hieraus ergibt sich die Schlussfolgerung, dass es wesentlich üblicher ist, Personen mit statusniedrigen Berufen zu kennen, als dies umgekehrt der Fall ist.

Um die vorhandenen Daten zu reduzieren, wird eine multivariate Analysemethode angewendet, um untereinander hoch korrelierende Variablen zu einer Komponente zusammenzufassen. Mit diesem Ziel findet eine varimaxrotierte Hauptkomponentenanalyse[77] Anwendung, bei der drei Komponenten voneinander unterschieden werden und an Variablen der Durchschnitt, die Summe, die Anzahl und die Varianz einbezogen werden.

---

77 Zur Abgrenzung und Präferenz des Begriffs Hauptkomponentenanalyse von dem der Faktorenanalyse (vgl. Micheel 2003: 406f.). Mit fehlenden Werten wurde bei dieser und allen folgenden Hauptkomponentenanalysen so umgegangen, dass zunächst mit paarweisem Fallausschluss gerechnet und dieses Ergebnis mit dem, bei dem fehlende Werte durch das arithmetische Mittel ersetzt werden, verglichen wurde. Da diese sich meist nicht wesentlich voneinander unterscheiden, wurde dann mit der ‚ersetzten' Lösung weitergerechnet.

	Komponente		
	1	2	3
Positionen Summe	,946	,248	,182
Positionen Durchschnitt	,195	,957	,216
Positionen Varianz	,204	,217	,955
Positionen Anzahl	,977		,164

Tab. 53:   Rotierte Komponentenmatrix – Positionengenerator. Extraktionsmethode: Hauptkomponentenanalyse. Rotationsmethode: Varimax mit Kaiser-Normalisierung.

Komponente 1 wird bestimmt durch die „Summe" und die „Anzahl" der Berufs-statuswerte. Sie kann bezeichnet werden als die „Menge" an Zugängen zu be-stimmten Berufsgruppen. Komponente 2, festgelegt durch den „Durchschnitt", wird im Folgenden als „Schnitt" bezeichnet. Komponente 3, auf welche die Va-riable „Varianz" hoch lädt, kann definiert werden als „Breite" an Zugängen. Diese Hauptkomponentenanalyse bildet einen Ausgangspunkt für weiterführende Analysen (vgl. Kap. 4.1.5.1).

Ressourcengenerator

Beim Ressourcengenerator handelt es sich um ein Instrument, mit dem potenziel-le Ressourcen im Netzwerk abgefragt werden können. Hierzu sollen die Befrag-ten angeben, ob sie mit jemandem bekannt sind, der bestimmte Merkmale auf-weist (z.B. „Sind Sie mit jemandem bekannt, der Abitur hat, der viel über gesetz-liche Vorschriften weiß", etc.) oder verschiedene Unterstützungsleistungen über-nehmen könnte (z.B. „Sind Sie mit jemandem bekannt, der Ihnen beim Umzug helfen könnte, der Ihnen 500 Euro leihen könnte", etc.). Zusätzlich wird die Ressourcenquelle weiter qualifiziert und gefragt, ob es sich um ein ‚enges Fami-lienmitglied', einen ‚Verwandten', einen ‚Freund' und/oder einen ‚Bekannten'[78] handelt. Geben die Untersuchten jemanden aus dem Bekanntenkreis an, so wird nachgehakt, ob dies ein Nachbar, ein Arbeits- oder Parteikollege und/oder ein sonstiger Bekannter ist. Bei bestimmten Fähigkeiten, Qualifizierungen oder Be-schreibungen wird zusätzlich noch ermittelt, ob man dies selbst kann bzw. ist oder hat.

---

78   Die Interpretation von Menschen im Netzwerk als „enges Familienmitglied", „Verwandter", „Freund" oder „Bekannter" wurde der subjektiven Einschätzung der Befragten überlassen.

SIND SIE PERSÖNLICH MIT MENSCHEN BEKANNT, …	„JA"	FAMILIE	VERWANDTE	FREUNDE	BEKANNTE
die Ihnen beim Umzug helfen können	451 (93,0)	311 (64,1)	237 (48,9)	337 (69,5)	213 (43,9)
die mit Ihnen diskutieren, welche Partei man wählen soll	278 (57,6)	179 (37,1)	99 (20,5)	200 (41,4)	119 (24,6)
die Ihnen mit kleinen Jobs rund um das Haus helfen können	347 (71,8)	221 (45,8)	137 (28,4)	199 (41,2)	118 (24,4)
die Ihren Einkauf erledigen können, wenn Sie krank sind	450 (91,6)	351 (72,8)	171 (35,5)	243 (50,4)	149 (30,9)
bei denen Sie u.U. für eine Woche wohnen können	436 (90,6)	306 (63,6)	195 (40,5)	266 (55,3)	95 (19,8)
die Ihnen 500 Euro leihen können	380 (80,5)	291 (61,7)	144 (30,5)	171 (36,2)	60 (12,7)
die Ihnen eine gute Referenz für einen Job geben können	281 (62,7)	115 (25,7)	80 (17,9)	158 (35,3)	132 (29,5)
die Ihr Kind babysitten können	357 (79,5)	251 (55,9)	148 (33,0)	220 (49,0)	91 (20,3)
die Ihnen bei der Steuererklärung helfen können	278 (59,4)	150 (32,1)	50 (10,7)	82 (17,5)	72 (15,4)
die einen Ferienjob für ein Familienmitglied finden können	192 (40,8)	83 (17,6)	56 (11,9)	97 (20,6)	73 (15,5)
denen Sie Ihre Hausschlüssel geben, wenn Sie weg fahren	452 (92,6)	273 (55,9)	135 (27,7)	185 (37,9)	189 (38,7)
die in Ämtern oder Behörden arbeiten	164 (33,7)	50 (10,3)	36 (7,4)	59 (12,1)	74 (15,2)
die arbeitslos sind	350 (71,9)	121 (24,8)	83 (17,0)	185 (38,0)	170 (34,9)
die in einer Partei aktiv sind	110 (22,6)	27 (5,6)	16 (3,3)	41 (8,4)	53 (10,9)
die Sozialhilfe bekommen	265 (55,1)	73 (15,2)	77 (16,0)	111 (23,1)	142 (29,5)
die netto mehr als 3000 Euro im Monat verdienen	181 (40,7)	76 (17,1)	53 (11,9)	75 (16,9)	58 (12,0)
die keinen deutschen Pass besitzen	263 (54,8)	101 (21,0)	70 (14,6)	138 (28,8)	152 (31,7)
die Abitur haben	407 (84,1)	259 (53,5)	189 (39,0)	265 (45,8)	183 (37,8)
die ein Auto reparieren können	347 (71,4)	149 (30,7)	89 (18,3)	151 (31,1)	113 (23,3)
die eine Fremdsprache sprechen und schreiben können	395 (81,3)	261 (53,7)	174 (35,8)	229 (47,1)	145 (29,8)
die geschickte Heimwerker sind	388 (80,0)	227 (46,8)	146 (30,1)	181 (37,3)	125 (25,8)
die sich gut mit Computern auskennen	444 (91,4)	248 (51,0)	138 (28,4)	252 (51,9)	158 (32,5)
die ein Instrument spielen können	345 (71,1)	166 (34,2)	105 (21,6)	156 (32,2)	107 (22,1)
die eine Meisterprüfung abgelegt haben	251 (52,4)	92 (19,2)	50 (10,4)	95 (19,8)	106 (22,1)
die eine (wissenschaftliche) Fachzeitschrift lesen	225 (48,6)	108 (23,3)	61 (13,2)	120 (25,9)	85 (18,4)
die über Fußball Bescheid wissen	404 (83,6)	265 (54,9)	180 (37,3)	264 (54,7)	195 (40,4)
die Arbeitgeber sind	215 (44,3)	65 (13,4)	46 (9,5)	69 (14,2)	110 (22,7)
die viel über gesetzliche Vorschriften wissen	222 (46,7)	88 (18,5)	50 (10,5)	86 (18,1)	81 (17,1)

Tab. 54: Häufigkeiten des Ressourcengenerators

Netzwerk durch „enge Familienmitglieder"

n=491	Mittelwert/ Fehlende Werte	
Fam. Umzug	,64	6
Fam. Job ums Haus	,46	8
Fam. Einkauf	,73	9
Fam. Woche wohnen	,64	10
Fam. 500 Euro leihen	,62	19
Fam. Babysitten	,56	42
Fam. Schlüssel	,56	3
Fam. arbeitslos	,25	4
Partei aktiv	,06	5
Fam. Sozialhilfe	,15	10
Fam. 3000 Euro Verdienst	,17	48
Fam. kein dt. Pass	,21	11
Fam. Abitur	,54	7
Fam. Autoreparatur	,31	5
Fam. Fremdsprache	,54	5
Fam. Heimwerker	,47	6
Fam. PC	,51	5
Fam. Meisterprüfung	,19	12
Fam. Fachzeitschrift	,23	28
Fam. Gesetz, Verordnungen	,19	16

Tab. 55: Deskriptive Statistik zum Familiennetzwerk

	Komponente				
	1	2	3	4	5
Umzug	,634		,124		
Job ums Haus	,639		,112	,227	
Einkauf	,747			,130	
Woche wohnen	,695	,225	,110		,185
500 Euro leihen	,639	,179		-,17	,237
Babysitten	,714	,142			-,12
Schlüssel	,718		,129		
arbeitslos			,122	,735	,134
Partei aktiv		,572	-,20	,430	-,13
Sozialhilfe			,773		
3000 Euro Verdienst	,263	,658			-,12
kein dt. Pass		-,23		,289	,566
Abitur		,619	,115	-,11	,369
Autoreparatur	,166		,630	,105	-,36
Fremdsprache	,211	,148	,172		,684
Heimwerker	,286		,631		
PC		,212	,528	,163	,277
Meisterprüfung		,282	,542		,124
Fachzeitschrift		,536	,275		
Gesetz, Verordnungen		,545	,168		

Tab. 56: Rotierte Komponentenmatrix Familiennetzwerk

Die zahlreichen Items des Ressourcengenerators werden ebenfalls einer Hauptkomponentenanalyse unterzogen. Diese werden für die Familienmitglieder, die Verwandten, die Freunde und die Bekannten getrennt berechnet. Um die einbezogenen Items zunächst hinsichtlich ihrer deskriptiven Statistik darzustellen, findet sich in oben aufgeführter Tabelle zum einen der Mittelwert abgebildet, um einen Eindruck davon zu vermitteln ob der überwiegende Teil der Befragten über die Ressource verfügt oder nicht.[79] Zum anderen gibt das fehlende N Aufschluss darüber, wie viele Menschen die jeweilige Frage nicht beantwortet haben. Insgesamt fällt bei den fehlenden Werten auf, dass diese recht gering ausfallen. Besonderheiten stellen hier lediglich die beiden Fragen nach einem Babysitter sowie nach einem Familienmitglied, das mehr als 3000 Euro netto monatlich verdient, dar. In der rotierten Komponentenmatrix lässt sich die gewählte 5- Faktorenlösung mit ihren Ladungen nachvollziehen: In der ersten Komponente sind Variablen zusammengefasst, die den ‚Zugang zu Alltagshilfe' durch enge Familienmitglieder beschreiben. In der deskriptiven Statistik zu diesen Items fällt auf, dass dies die Zugänge sind, die größtenteils mehr als die Hälfte der Befragten hat und die insgesamt die am häufigsten genannten Zugänge darstellen. Hierzu gehört, Menschen zu kennen, die beim Umzug helfen, die mit kleinen Jobs rund ums Haus helfen und die den Einkauf erledigen können, wenn man krank ist, bei denen man u.U. für eine Woche wohnen kann, bei denen man sich 500 Euro leihen könnte, die ein Kind babysitten könnten und denen man den Hausschlüssel anvertrauen würde, wenn man wegfährt. Weiterhin werden mit dem zweiten Faktor folgende Items zusammengezogen: Menschen zu kennen, die in einer Partei aktiv sind, die netto mehr als 3000 Euro im Monat verdienen, die Abitur haben, die eine (wissenschaftliche) Fachzeitschrift lesen und die sich mit Gesetzen und Verordnungen auskennen. Diese lassen sich beschreiben als ‚Zugang zu ressourcenstarken Menschen mit kulturellem und ökonomischem Kapital'. Der ‚Zugang zu Menschen mit spezifischen, handwerklichen Fähigkeiten', die nächste Komponente, setzt sich zusammen aus den Items Menschen zu kennen, die ein Auto reparieren können, die sich gut mit einem PC auskennen, die geschickte Heimwerker sind und die eine Meisterprüfung abgelegt haben. Insgesamt betrachtet werden die Variablen Heimwerker und PC eher häufig, von etwa der Hälfte der Befragten genannt. Anders hingegen das Antwortverhalten dabei, Menschen zu kennen, die ein Auto reparieren können (M=.31) und die eine Meisterprüfung abgelegt haben (M=.19). Diese Zugänge besitzen wesentlich weniger Personen. Den ‚Zugang zu sog. „marginalisierten" Personen' im eigenen Familienkreis weisen alles in allem eher wenige Befragte auf. Deutlich wird das an einem Mittelwert von lediglich .25 bei dem Item, jemanden zu kennen der

---

79 Die Antwort „nein" wurde codiert mit 0, „ja" mit 1. Je näher folglich der Mittelwert an 1 liegt, umso mehr Befragte haben mit „ja" geantwortet.

arbeitslos ist und .15, ob man jemanden kennt, der Sozialhilfe erhält. Auf dem fünften Faktor laden die beiden Variablen „Familienmitglied mit nicht-deutschem Pass" und „Familienmitglied, das eine Fremdsprache fließend sprechen und schreiben kann". Allerdings wird hierbei das Item „kein deutscher Pass" weitaus seltener genannt (M=.21). Die „Fremdsprache" wird von etwas mehr als der Hälfte der Befragten angegeben.

Netzwerk durch „weitere Verwandte"
In dem Netz durch weitere Verwandte gestaltet sich die erste Komponente entsprechend dem ersten Faktor der engen Familienmitglieder und bildet den ‚Zugang zu Alltagshilfe' ab. Anhand der Mittelwerte fällt auf, dass die Anzahl an positiven Antworten bei den Verwandten deutlich unter denen zu engen Familienmitgliedern liegt. Von daher scheint der Zugang zu persönlicher Unterstützung in viel größerem Maß durch Familienmitglieder gegeben zu sein als durch die weitere Verwandtschaft. Allerdings liegen die Mittelwerte hier immer noch größtenteils im Bereich zwischen 0,28 und 0,41, mit der Ausnahme der Verfügbarkeit von Personen, die beim Umzug helfen können. Diese ist mit einem Durchschnitt von .49 vergleichsweise hoch. Auch der zweite Faktor, der die Zugänge zu Menschen mit spezifischen, handwerklichen Fähigkeiten ausdrückt, gestaltet sich entsprechend dem oben ausgeführten dritten Faktor. Jedoch liegt auch hier der Mittelwert deutlich unter denen zu den Familienmitgliedern. Auf der dritten Komponente laden die Variablen, die als ‚Zugang zu sog. „marginalisierten" Personen' bezeichnet werden können. Anders als bei den Familienmitgliedern fällt hierunter nicht nur der Zugang zu Arbeitslosen und SozialhilfeempfängerInnen, sondern auch das Kennen von Menschen, die keinen deutschen Pass besitzen. Der ‚Zugang zu ressourcenstarken Menschen mit kulturellem und ökonomischem Kapital' bestimmt die vierte Komponente und lässt sich beschreiben durch die Items Menschen, die in Ämtern und Behörden arbeiten, die in einer Partei aktiv sind und die netto mehr als 3000 Euro Verdienst haben. Jedoch ist auffällig, dass die einzelnen Variablen insgesamt nur von sehr wenigen Befragten bejaht werden, so liegen die Mittelwerte zwischen 0,3 und 0,12.

	Mittel-wert	Fehlende Werte
V Umzug	,49	6
V Job ums Haus	,28	8
V Einkauf	,35	9
V Woche wohnen	,41	10
V 500 Euro leihen	,31	19
V Babysitten	,33	42
V Schlüssel	,28	3
V Amt, Behörde	,07	5
V arbeitslos	,17	4
V Partei aktiv	,03	5
V Sozialhilfe	,16	10
V 3000 Euro Verdienst	,12	46
V kein dt. Pass	,15	11
V Autoreparatur	,18	5
V Heimwerker	,30	6
V PC	,28	5
Meisterprüfung	,10	12

Tab. 57: Deskriptive Statistik zum Verwandtennetzwerk

	Komponente			
	1	2	3	4
V Umzug	,67	,16	,15	
Job ums Haus	,65	,31		
V Einkauf	,74		,17	
Woche wohnen	,73	,19		,12
500 Euro leihen	,63	,23		
V Babysitten	,67			
V Schlüssel	,69	,12	,26	
Amt, Behörde				,77
V arbeitslos	,16	,28	,71	
V Partei aktiv	-,15	,10	,12	,65
V Sozialhilfe	,14	,28	,70	
V 3000 Euro Verdienst	,27	,14	-,26	,52
V kein dt. Pass	,18	-,23	,60	
Autoreparatur	,19	,68	,19	-,23
V Heimwerker	,35	,65	,13	
V PC	,23	,51	,24	,22
Meisterprüfung	,13	,57	-,16	,29

Tab. 58: Rotierte Komponentenmatrix Verwandtennetzwek

Freundesnetzwerk

(n=491)	Mittel-wert	Fehlende Werte
Fr Umzug	,69	6
Fr Job ums Haus	,41	8
Fr Einkauf	,50	9
Fr Woche wohnen	,55	10
Fr 500 Euro leihen	,36	19
Fr Babysitten	,49	42
Fr Ferienjob	,21	20
Fr Schlüssel	,38	3
Fr Amt, Behörde	,12	5
Fr arbeitslos	,38	4
Fr Partei aktiv	,08	5
Fr Sozialhilfe	,23	10
Fr 3000 Euro Verdienst	,17	46
Fr Abitur	,55	7
Fr Heimwer-ker	,37	6
Fr Meister-prüfung	,20	12
Fr Fachzeit-schrift	,26	28
Fr Gesetz, Verordnungen	,18	16
Fr Arbeitgeber	,14	6
Fr kein dt. Pass	,29	11

	Komponente			
	1	2	3	4
Fr Umzug	,624	,111	,237	
Fr Job ums Haus	,626	,162		,107
Fr Einkauf	,677		,108	,101
Fr Woche wohnen	,705	,124	,244	
Fr 500 Euro leihen	,469	,272	,257	
Fr Babysitten	,677			
Fr Ferienjob	,257	,534	-,153	,125
Fr Schlüssel	,661			
Fr Amt, Behörde		,528	,244	
Fr arbeitslos	,137			,754
Partei aktiv		,653		
Fr Sozialhilfe	,126			,783
Fr 3000 Euro Verdienst	,105	,722	,136	
Fr Abitur	,392	,498		,186
Fr Heimwer-ker	,344		,532	,174
Fr Meister-prüfung	,170	,111	,737	
Fr Fachzeit-schrift	,243	,478	,156	
Gesetz, Ver-ordnungen		,496	,404	,126
Arbeitgeber		,356	,544	
kein dt. Pass			,301	,543

Tab. 59:   Deskriptive Statistik zum Freundesnetzwerk

Tab. 60:   Rotierte Komponentenmatrix Freundesnetzwerk

Auch bei der Beschreibung des Freundeskreises ergibt sich ein Faktor ‚Zugang zu Alltagshilfe', auf dem die gleichen, bereits bekannten Items hoch laden. Hierbei liegen die Mittelwerte wieder relativ hoch und zwar zwischen 0,36 und 0,71.

Weiterhin laden auf der Komponente ‚Zugang zu ressourcenstarken Menschen' folgende Items: Menschen zu kennen, die einen Ferienjob für ein Familienmitglied finden können, die auf Ämtern und Behörden arbeiten, die in einer Partei aktiv sind, die netto mehr als 3000 Euro im Monat verdienen, die Abitur haben, eine (wissenschaftliche) Fachzeitschrift lesen und die sich gut mit Gesetzen und Verordnungen auskennen. Die Mittelwerte liegen hierbei im Wesentlichen zwischen .12 und .26. Einen Ausreißer stellt das ‚Abitur' mit .55 dar, was darauf schließen lässt, dass es eher üblich, jemanden mit Abitur zu kennen.

‚Zugang zu spezifischen, handwerklichen Fähigkeiten' besitzen Befragte, die den Variablen zustimmen, jemanden im Freundeskreis zu haben, der ein geschickter Heimwerker ist, der eine Meisterprüfung hat und der Arbeitgeber ist. Mit .20 und .14 wird die ‚Meisterprüfung' und der ‚Arbeitgeber' eher selten genannt. Anders hingegen der ‚geschickte Heimwerker', der einen Wert von 0,37 aufweist. Auf dem vierten Faktor ‚Zugang zu sog. „marginalisierten" Personen' laden die Items ‚Sozialhilfe', ‚Arbeitslose' und ‚keinen deutschen Pass', wobei die ersten beiden deutlich höher laden, als die dritte Variable. In ihren Mittelwerten streuen die Antworten hier von 0,23 bis 0,38.

Bekanntennetzwerk
Die dritte Komponente, bezeichnet als ‚Zugang zu „marginalisierten" Bekannten', gestaltet sich analog zu den oben bereits angeführten Faktoren. Von daher korrelieren die jeweiligen Items auch in Bezug auf das Bekanntennetzwerk untereinander ziemlich hoch. Die Mittelwerte liegen etwa um 0,3. Im ‚Zugang zu Alltagshilfe' (Komponente 1) ergibt sich eine Verschiebung insofern, dass hier der ‚Ferienjob' hinzukommt, jedoch der ‚Hausschlüssel' wegfällt. Die Querschnitte weisen Werte zwischen 0,13 und 0,44 auf. Als weitere Komponente (2) bleibt noch der ‚Zugang zu ressourcenstarken Menschen mit kulturellem und ökonomischem Kapital', zu dem neben den bereits bekannten Items nun auch der ‚Arbeitgeber' hoch lädt. Mit Mittelwerten zwischen .11 und .23 liegen die Werte unter denen aus den anderen Komponenten, d.h. ‚ressourcenstarke' Bekannte sind seltener vertreten als „marginalisierte" Bekannte, solche mit ‚spezifischen Fähigkeiten' und denen, die Alltagsunterstützung bieten können.

(n=491)	Mittelwert	Fehlende Werte
B Umzug	,44	6
B Job ums Haus	,24	8
B Einkauf	,31	9
B Woche wohnen	,20	10
B 500 Euro leihen	,13	19
B Babysitten	,20	42
B Ferienjob	,15	20
B Amt, Behörde	,15	5
B arbeitslos	,35	4
B Partei aktiv	,11	5
B Sozialhilfe	,30	10
B 3000 Euro Verdienst	,13	46
B kein dt. Pass	,32	11
B Fachzeitschrift	,18	28
B Arbeitgeber	,23	6
B Gesetz, Verordnungen	,17	16

Tab. 61: Deskriptive Statistiken zu dem Bekanntennetzwerk

	Komponente		
	1	2	3
B Umzug	,642		,104
B Job ums Haus	,628	,212	
B Einkauf	,728		,219
B Woche wohnen	,628	,183	,264
B 500 Euro leihen	,533		,223
B Babysitten	,636	,110	
B Ferienjob	,563	,225	
B Amt, Behörde		,600	
B arbeitslos	,223	,135	,699
B Partei aktiv		,528	
B Sozialhilfe			,808
B 3000 Euro Verdienst	,166	,560	
B kein dt. Pass		,218	,649
B Fachzeitschrift	,113	,666	
B Arbeitgeber		,631	,235
B Gesetz, Verordnungen	,224	,601	

Tab. 62: Rotierte Komponentenmatrix Bekanntennetzwerk

Mein herzlicher Dank gilt:

- meinen BetreuerInnen Hans-Uwe Otto und Sabine Andresen
- Gertrud Oelerich, die den ersten Anstoß für meine wissenschaftliche Laufbahn gab
- den beiden Herausgeber Fabian Kessl und Christian Reutlinger
- Veronica Horbach für Korrektorat und Formatierungen
- dem Netzwerk der AG 8 für zahlreiche Debatten, dabei insbesondere Holger Ziegler, für seine Diskussionsbereitschaft, seine Anregungen und Unterstützung durch unseren gemeinsamen Projektzusammenhang, Heinz-Günter Micheel für die Beratung in statistischen Fragen, Udo Seelmeyer für die Unterstützung rund um die Disputation sowie Alex Klein, Birte Klingler, Catrin Heite und Nina Oelkers für hilfreiche und kritische Anmerkungen
- Elke Kobbert, Melanie Kuhn, Michael Noack und Sabrina Struckmann für unzählige Korrekturen und Anmerkungen
- Christian Tahedl für zahlreiche Stunden auf der Autobahn, emotionalen Zuspruch, Korrekturen und Formatierungen
- meinen Eltern Ulrike und Klaus Landhäußer
- meinen Großeltern Hildegard und Artur Schorb
- sowie meinen Großeltern Sonja und Johann Landhäußer. Johann Landhäußer gedenke ich mit dieser Arbeit ganz besonders.

Schwerpunkt Sozialraum

Fabian Kessl / Christian Reutlinger
Sozialraum
Eine Einführung
2007. 131 S. Br. EUR 14,90
ISBN 978-3-531-14946-2

Was ist ein „Sozialraum"? Was müssen
Studierende in den Fachbereichen Soziale
Arbeit und Sozialpädagogik, Soziologie,
Geographie und Architektur von sozialräumlichen Arbeiten in Theorie und Praxis
wissen? Das Lehrbuch stellt einen syste-
matischen Überblick disziplinärer Positionen und relevanter Handlungsfelder zur
Verfügung.

Fabian Kessl / Christian Reutlinger /
Susanne Maurer / Oliver Frey (Hrsg.)
Handbuch Sozialraum
2005. 659 S. Geb. EUR 49,90
ISBN 978-3-8100-4141-8

Christian Reutlinger /
Fabian Kessl (Hrsg.)
**Schlüsselwerke der
Sozialraumforschung**
Traditionslinien in Texten und Kontexten
2008. 238 S. Br. EUR 19,90
ISBN 978-3-531-15152-6

Detlef Baum (Hrsg.)
Die Stadt in der Sozialen Arbeit
Ein Handbuch für soziale und
planende Berufe
2007. 404 S. Br. EUR 39,90
ISBN 978-3-531-15156-4

Erhältlich im Buchhandel oder beim Verlag.
Änderungen vorbehalten. Stand: Juli 2008.

Frank Früchtel / Gudrun Cyprian /
Wolfgang Budde
**Sozialer Raum und
Soziale Arbeit**
Textbook: Theoretische Grundlagen
2007. 228 S. Br. EUR 19,90
ISBN 978-3-531-15143-4

Frank Früchtel / Wolfgang Budde /
Gudrun Cyprian
**Sozialer Raum und
Soziale Arbeit**
Fieldbook: Methoden und Techniken
2007. 335 S. Br. EUR 19,90
ISBN 978-3-531-15144-1

Wolfgang Budde / Frank Früchtel /
Wolfgang Hinte (Hrsg.)
Sozialraumorientierung
Wege zu einer veränderten Praxis
2006. 317 S. Br. EUR 24,90
ISBN 978-3-531-15090-1

Marlo Riege / Herbert Schubert (Hrsg.)
Sozialraumanalyse
Grundlagen – Methoden – Praxis
2005. 331 S. Br. EUR 29,90
ISBN 978-3-531-33604-6

www.vs-verlag.de

VS VERLAG FÜR SOZIALWISSENSCHAFTEN

Abraham-Lincoln-Straße 46
65189 Wiesbaden
Tel. 0611.7878 - 722
Fax 0611.7878 - 400

Handbücher Soziale Arbeit

Thomas Coelen / Hans-Uwe Otto (Hrsg.)

Grundbegriffe Ganztagsbildung

Das Handbuch.
2008. ca. 1.000 S. Geb. ca. EUR 59,90
ISBN 978-3-531-15367-4

Ganztagsbildung ist zu einem Schlüsselbegriff in der gegenwärtigen Bildungsdebatte geworden, der neue Perspektiven auf ein Bildungsverständnis in der Wissensgesellschaft eröffnet. Das Handbuch bietet pädagogischen Leitungs- und Fachkräften sowie WissenschaftlerInnen und Studierenden erstmalig einen umfassenden Überblick, in dem das Handlungsfeld terminologisch systematisiert wird.

Barbara Kavemann /
Ulrike Kreyssig (Hrsg.)

Handbuch Kinder und häusliche Gewalt

2., überarb. Aufl. 2007. 475 S.
Br. EUR 39,90
ISBN 978-3-531-15377-3

„Dieses Buch war überfällig, seitdem in breiteren Kreisen bewusst geworden ist, dass Gewalt gegen Frauen auch die Kinder belastet und schädigt. Hier wird der gegenwärtige Erkenntnisstand aus Forschung und Praxis auf international höchstem Niveau verfügbar gemacht. Versammelt in diesem Band sind die herausragenden ExpertInnen aus allen relevanten Fachgebieten. Dies wird ein unentbehrliches Handbuch für Ausbildung, Praxis,

Politik und weitere Forschung in den kommenden Jahren.“
Prof. Dr. Carol Hagemann-White,
Universität Osnabrück

Werner Thole (Hrsg.)

Grundriss Soziale Arbeit

2., überarb. und akt. Aufl. 2005. 983 S.
Br. EUR 44,90
ISBN 978-3-531-14832-8

Der „Grundriss Soziale Arbeit" ist ein sozialpädagogisches Lehrbuch mit der Funktionalität eines Nachschlagewerks und das sozialpädagogisches Nachschlagewerk mit ausgesprochenem Lehrbuchcharakter.

Ulrich Deinet /
Benedikt Sturzenhecker (Hrsg.)

Handbuch Offene Kinder- und Jugendarbeit

3., völlig überarb. Aufl. 2005. 662 S.
Geb. EUR 59,90
ISBN 978-3-8100-4077-0

„Den Herausgebern, beide ausgewiesene Kenner der Materie, ist es gelungen, fast eine Enzyklopädie, jedenfalls ein Produkt vorzulegen, welches den Charakter eines Standardwerks der Offenen Kinder- und Jugendarbeit (OKJA) für sich beanspruchen darf, das die ganze Breite des Arbeitsfeldes repräsentiert.“
Forum für Kinder- und Jugendarbeit,
03/2005

Erhältlich im Buchhandel oder beim Verlag.
Änderungen vorbehalten. Stand: Juli 2008.

www.vs-verlag.de

VS VERLAG FÜR SOZIALWISSENSCHAFTEN

Abraham-Lincoln-Straße 46
65189 Wiesbaden
Tel. 0611.7878-722
Fax 0611.7878-400